ギブソン心理学論集

# 直接知覚論の根拠

# REASONS FOR REALISM

## Selected Essays of James J. Gibson

Edited by Edward Reed and Rebecca Jones

エドワード・リード
レベッカ・ジョーンズ……編

境 敦史
河野哲也……訳



keiso shobo

ジェームズ J. ギブソン（カリフォルニア州デーヴィス，1978）

# 訳者まえがき

ジェームズ・ジェローム・ギブソン（James Jerome Gibson, 1904-1979）の没後，彼の共同研究者であった，R. E. ショウ（Shaw），W. M. メイス（Mace），M. ターヴィー（Turvey）らは，心理学に新しい視点をもたらしたギブソンの業績を称え，その新しいアプローチのさらなる発展を願って，「生態心理学の資産（Resources for Ecological Psychology）」と題したシリーズの出版を企画した。

本書は，そのシリーズの最初の書物にあたる，ギブソンの論文集，Reasons for Realism : Selected Essays of James J. Gibson（1982）から抜粋した論文の邦訳である。（ここでは，便宜的に「論文集」と呼んではいるが，そこには，講演録・講義録・覚え書きなど，一般的な論文の形式を取っていないものも含まれている。）原著の編者は，エドワード・リード（Edward Reed）とレベッカ・ジョーンズ（Rebecca Jones）である。編者らは，ギブソンの既発表・未発表の論考から選んだ32編を，「生態光学の基礎」（第Ⅰ部），「対象の運動と自己の運動：行為・事象の知覚」（第Ⅱ部），「画像・絵画の知覚」（第Ⅲ部），「生態学的実在論の意味」（第Ⅳ部）の四部に分けて配列し，各部に解説を加えた。さらに原著には，ギブソン夫人であるエレノア女史による序，さらにギブソンの自伝と全業績の一覧が収められている。

訳者らは，ギブソンの没後に出版されたこの書物に，三つの点で重要性を見出し，邦訳を企図した。第一に，原著の論文集には，一般にはよく知られていない，ギブソンの最終的な考えが述べられている。ギブソンは，生涯に三冊の書物を著した。『視覚世界の知覚』（1950），『知覚系として捉えられる諸感覚』（1966），『生態学的視覚論』（1979）の三冊である。ギブソンが亡くなった年に出版された『生態学的視覚論』は，「遺作」としばしば呼ばれる。しかしながら，「遺作」とは本来，死後見出された未発表の作品を言う。とすれば，『生態学的視覚論』は，遺作ではなく「最後の著書」である。しかし，ギブソンは，この最後の著書を以てその思索を終えたわけではない。第Ⅰ部の序において編者らも述べている通り，ギブソンは，最後の著書を書き終えると直ちに，自らの考えにさらに検討を加え始めている。このようなギブソンの最終的な考えを知ることは，ギブソンの理論を理解する上で非常に重要である。第二に，この論文集には，ギブソンの理論上，重要な思索やその変遷が述べられている。その過程を克明に辿ることもまた，ギブソンの理論の的確な理解にとって基本的である。第三に，この論文集には，これまであまり紹介されてこなかった，画像・絵画の知覚（第Ⅲ部）に関するギブソンの論考が収められている。これを理解することも重要である。

このような見地から，訳出にあたり我々は，原著の32編の論文から18編を選定した。その際，上記の我々の考えに従って，(1) 未発表の論文，(2) ギブソンの理論やその変遷を知る上で重要であると考えられる論文，の二つの条件を充たす論文を優先した。別表に，原著に所収の論文等と，本書で訳出した論文との対応を，章番号，翻訳担当者等と共に示した。

原著の書名（Reasons for Realism）は，直訳すれば「実在論の根拠」となる。しかしながら，ギブソンにとっての実在論とは，直接実在論であり，さらに言えば，ギブソンの理論は，「世界にどのような事柄が実在するのか」という実在論であると同時に「そのように実在する事柄を我々が直接認識する」という認識論でもある。従って，Realismを単に「実在論」と訳したのでは，ギブソンの理論を的確に指し示すことができない。そこで我々は，本邦訳書の標題を「直接知覚論の根拠」とした。ギブソンは，生涯をかけて，このような実在論・認識論に到達した。そして，まさにその根拠を，本書は示しているのである。

境　敦史・河野哲也

| 原著の目次 | 本書の章番号 | 訳者 |
|---|---|---|
| 原著への序（エレノア J. ギブソン） | | 境 |
| 自伝（ジェームズ J. ギブソン） | | |
| 本書をお読みいただくにあたって（E. リード & R. ジョーンズ） | | 境 |
| 第Ⅰ部：生態光学の基礎（E. リード & R. ジョーンズ） | | 境 |
| 1.1　飛行士の選抜と訓練における潜在的要因としての空中の空間と距離に関する知覚及び判断 | | |
| 1.2　視知覚を成立させる刺激として捉えられた，光学的運動と変形（変換） | | |
| 1.3　光に含まれる情報について | 1.1 | 境 |
| 1.4　生態光学 | 1.2 | 境 |
| 1.5　視空間知覚の諸理論について | | |
| 1.6　生態光学を支える諸概念の歴史的背景：生態光学ワークショップにおける基調講演 | 1.3 | 境 |
| 1.7　光配列における変化に関する分析 | | |
| 1.8　面の知覚を規定するのは何か | 1.4 | 境 |
| 第Ⅱ部：対象の運動と自己の運動：行為・事象の知覚（E. リード & R. ジョーンズ） | | 境 |
| 2.1　自動車の運転に関する場の理論的分析 | | |
| 2.2　網膜上の運動の手がかりによって距離および空間を判断する能力について | | |
| 2.3　動物における，視覚によって制御された移動と視覚的定位 | | |
| 2.4　自己受容感覚の効用と自己を特定する情報の抽出 | 2.1 | 境 |
| 2.5　刺激作用と知覚における時間順序の問題 | 2.2 | 境 |
| 2.6　運動の知覚は何から生じるのか | 2.3 | 境 |
| 2.7　可視から不可視への変化：光学的推移に関する研究 | | |
| 2.8　事象知覚の問題 | 2.4 | 河野 |
| 2.9　生態物理学・奇術・実在 | 2.5 | 河野 |
| 第Ⅲ部：画像・絵画の知覚（E. リード & R. ジョーンズ） | | 河野 |
| 3.1　視覚的現実の代わりとしての絵画 | | |

| | | |
|---|---|---|
| 3.2　画像知覚の理論 | 3.1 | 河野 |
| 3.3　画像・パースペクティブ・知覚 | 3.2 | 河野 |
| 3.4　絵画において利用できる情報 | 3.3 | 境 |
| 3.5　視知覚における“形のない不変項”の概念について | | |
| 3.6　直接的な知覚と間接的な把握に関する覚え書き | 3.4 | 境 |
| 第Ⅳ部：生態学的実在論の意味（E. リード & R. ジョーンズ） | | 河野 |
| 4.1　形とは何か | | |
| 4.2　知覚学習：分化か豊富化か | | |
| 4.3　心理学における刺激の概念 | 4.1 | 境 |
| 4.4　感受性の有用なディメンションについて | | |
| 4.5　実在論の新たな根拠 | 4.2 | 河野 |
| 4.6　行為についての覚え書き | 4.3 | 河野 |
| 4.7　持続性と変化に関する新しい考えと，それによって退けられる古い考え | 4.4 | 河野 |
| 4.8　受動的知覚という神話：リチャーズへの反論 | | |
| 4.9　アフォーダンスに関する覚え書き | 4.5 | 境 |

# ギブソン心理学論集　直接知覚論の根拠……………目　次

**第Ⅲ部：画像・絵画の知覚**



**第Ⅳ部：生態学的実在論の意味**

## 凡　例

⑴　書名は，邦訳を『　』内に入れてゴシック体で表記し，初出には（　）内に原語を添えた。

⑵　論文標題は，邦訳を“　”内に入れ，（　）内に原語を併記した。

⑶　原著の強調のためのイタリックは，訳文ではゴシック体で表記した。

⑷　地の文での人名は，カタカナで表記し，（　）内に原語を併記し，さらに巻末に人名索引を付した。

⑸　原語を示すため，《　》を用いた。

⑹　訳出上必要な場合に，「　」を用いた。

⑺　原文の“　”は，訳文でも“　”とした。

⑻　序数・個数は漢数字で，その他は算用数字で表記した。

⑼　訳者による註は，［訳者註：　］として，文中に挿入した。

⑽　原著のうち，邦訳した章の番号については，例えば，「1.3章［本書1.1章]」のように，原著の章番号に後続して［　］内に邦訳の章番号を付記した。従って，このような付記がない章は，原著の章番号であり，邦訳はない。

# 原著への序

夫ジェームズ J. ギブソンの論文集がこのような形で刊行されることを嬉しく思いますとともに，これは時宜を得た出版だと考えます。というのは，ここに収められた論文の多くが現在では手に入りにくくなっているからです。学生たちが“青焼き本《purple perils》”と呼んでいた，夫の講義録には，未発表のままになっているものもあります。また，例えば『動画による検査と研究（Motion Picture Testing and Research）』に収められた論文のように，出版されてはいても容易には手に入らなくなっているものもあります。これは，著名な本ではありませんし，この本を蔵書に加えている図書館もごくわずかだからです。しかしこの本には，現在でもまだ新鮮さを失わない革新的な着想や研究がふんだんに盛り込まれており，私は，この本が完全なかたちで復刻されることを願っています。ジェームズ・ギブソンは，「我々は，外界（さらには，その配置，そこに備わっているもの，そこで生じていること）に関する認識を，どのようにして得るのか」という問題に関して，長年にわたって独創的で根気強い考察を重ねました。ジェームズにとって最後の著書となった『生態学的視覚論（The Ecological Approach to Visual Perception）』には，この過程を経て彼が到達した究極の知とも言うべき成果が，詳細に，しかもわかりやすく述べられています。このことも，本書が時宜に適っていると私が申し上げるもう一つの理由なのです。この本に述べられた考えは急進的で，決して，旧来の理論に従うものでも，敵対者に（さらには友人にさえも）気に入られるものでもありませんでした。そのためこの本には，出版後まもなく，賞賛や批判や自称支持者からの補足が立て続けに表明されました。この本に寄せられた多くの論評には，好意的なものも批判的なものもありましたが，それらは皆真摯な意見でした。ですから，『生態学的視覚論』に至る考察の展開を予見しその基盤となった論文をこのように集めることで，『生態学的視覚論』本来の意味を明らかにすることは，とても重要です。

ジェームズ・ギブソンは，一人の科学者・認識論者として，過去の科学者や哲学者が何世紀にもわたって検討を重ねてきた，ある問題について，思索を深めていきました。その知の変遷は，本書に収められた論文に如実に語られている。私はそう思います。この問題に関するジェームズの考え方や，この問題を論じるために彼が作り上げた概念には，50年以上にわたって何度も変更が加えられたのですが，彼はそのことを気にかけていました。以下，そういった考え方や概念の変遷について，ある程度の概略を述べたいと思います。彼の自伝は，詳細にわたっていますが（但し，これは亡くなる13年前に彼が書いたものですから，現在では，その13年間にあった様々なことを書き加えられるでしょう），ここでは，本書に収められた論文を読者が的確かつ歴史的に体系づけられるように，彼の生涯のうち，本書に関連する時期についてだけ述べたいと思います。

ジェームズの初期の研究は，“視覚的に知覚された形の再生”に関する博士論文を以て始まります。これは，当時の伝統に完全に従った論文で，若き日のジェームズが心理学実験の多様な技術を修めていく様が見て取れます。これらの初期の論文の多くは，実験心理学の上級クラスの学生の実習実験に端を発したもので，本書には収めていませんが，知覚，言語学習，記憶，さらには条件付けといった，広い範囲に及んでいました。（条件付けと逆行抑制《retroactive inhibition》に関する二篇では私が，また，“一次”記憶《“primary” memory》と条件付けに関する二篇では門下の最も優秀な学部学生の一人であるシュマイドラー（Gertrude Raffel Schmeidler）が，それぞれ共著者となっています。）初期の論文のうち本書に収められたのは，自動車技師のローレンス・クルックス（Lawrence Crooks）と共著の，自動車の運転に関する論文（1938）だけです。この論文は，純粋に記述的・理論的で，当時は，それまでのジェームズ・ギブソンの研究の展開やその頃の知覚研究の特質だった精神物理学的な方法論を外れているような印象を与えました。しかし，査読を担当したボーリング（E. G. Boring）は，“我々がどのようにして車を運転するのかについて，レヴィン（Kurt Lewin）の概念を用いて述べたあなたの論文は，たいへん素晴らしい”とジェームズに書き送っています。自動車の運転を支配している知覚過程を精神物理学的に記述することなど不可能です。そして，あのボーリングでさえ，そのことは重々承知していたというわけです。今から考えてみれば，この論文は“アフォーダンス《affordance》”の概念を非常に明確に予見しているのですが，これは驚くべきことです。アフォーダンスは，概念としては当時既に誕生していて，35年後になって名前を与えられたのです。

その後ジェームズは，伝統を離れた独創的な研究や理論構築で，知覚心理学者としての名声を確立して行きます。その第一期に当たるのは，屈曲や傾斜に対する順応に関する研究です。この研究とそれを支えた着想は，革新的かつ重要なものでした。というのは，ジェームズの考えが，「知覚とは，光や色の点に対応する単純感覚群の複合体である」とする仮説と真っ向から対立したからです。この研究は時を経てもその価値を失わず，彼が見出した負の残効《negative aftereffects》を伴う順応効果は，現在でも心理学の教科書に基本的事実として採り上げられています。残念なことに，これらの知見は時に，「新しい種類の要素が存在する証拠であり，その要素と神経系の“特徴検出器”との対応を考えるべきだ」と解釈されます。これは，当時の夫の解釈とは異なっていますが，これらの知見自体は，依然として精神物理学の伝統に沿ったものでした。彼は，“拮抗過程《opponent process》”説にいくらか類似した，正と負の両極を持つ，経験の“ディメンション”によって，これらの知見を理解できると考えました。ゲシュタルト心理学者は，これらの知見に研究テーマを見出し，ケーラー（Wolfgang Köhler）は，負の残効を，脳における“力動的な再配置”の表れだと考えました。負の残効に関するジェームズの論文は，いずれも本書には収録されていません。というのは，彼の思索が間もなく別の方向に転じたからです。それは，彼が後に“包括的精神物理学《global psychophysics》”（1953年にモントリオールで行われた国際心理学会の後にコーネル大学で開催された知覚に関する研究会議で，R. B. マクラウド（MacLeod）が提案した用語）と呼んだ研究スタイルさえ放棄するほどの変化でした。

第二次世界大戦中，ジェームズは，陸軍航空隊への勤務を命じられました。着任早々直面したのは，現実世界において我々は，「どのように知覚するのか」，「知覚によって移動をどのように制御するのか」といった問題でした。それまで実験室で取り組んできた問題とは，何もかもが全く違っていたのです。ジェームズの初期の研究で，航空隊での研究や考察に結び付いたのは，自動車の運転に関する論文ただ一つでした。この論文では，まさに，乗り物に乗った状態での移動の制御について検討していました。上に述べた『動画による検査と研究』（内容を的確に表現したタイトルではありませんが）と題した書物から抜粋した論文をいくつか示せば，それ以外に説明の必要などないでしょう。航空機の飛行や着陸のような実地に即した現実的な問題の前には，古典的な“奥行きの手がかり”は役に立ちませんでした。というのは，「手がかり」は全て，静止した環境と静止した知覚者を前提としていたからです。運動は，それ自体が運動を特定する情報を含んでいるに違いありませんが，変化しない何かが持続することも確かです。このように考察を展開する過程で明確になってきたのは，「変わることなく持続し安定したものとしての地面」や，「移動の際の地面と観察者とを基準とした光の流動パターンが，観察者がどこに向かっているかを特定する情報である」といった考えでした。地面に沿った肌理の勾配は，静止条件においてと同様に，奥行きや距離を特定する情報をもたらします。ジェームズは，この可能性を，1950 年の著書『**視覚世界の知覚**（The Perception of the Visual World)』で詳細に検討しました。

ジェームズは，戦後も数年間，奥行きを特定する情報としての刺激勾配に関する検討を続けましたが，私たちがコーネルに移った後には，運動と移動に，さらに知覚におけるそれらの役割に，一層関心を持つようになりました。当時，彼には多くの学生がいました。彼らの助力によって，研究や考察が推し進められ，新たに見出された「情報」が明確に記述されたのです。それは，フランク・ローゼンブラット（Frank Rosenblatt），ウォルター・キャレル（Walter Carel），ビル・パーディ（Bill Purdy），ジョン・ヘイ（John Hay），ハワード・フロック（Howard Flock）などの人々です。この中には，ゼネラル・エレクトリック社に勤めて，新しい知見を着陸シミュレータの設計に応用した人々もいます。これは実用面での成果ですが，理論面でも成果がありました。不変項《invariants》と変形（変換）《transformations》という二つの概念が，明確に定義されたのです。

ジェームズ・ギブソンの思索の展開における第三期を，“システム”アプローチの期間と呼びたいと思います。これは，通例言うような意味での“システム理論”ではなく，知覚に必ず関与しているシステムについての彼独自の考え方を指しています。彼は，“網膜像”を視知覚の基礎とする考えを放棄し，視知覚を（変化と不変項とを求めて）“見ること”という能動的過程と捉えるようになりました。この過程には，単に受容するだけに留まらない，拡張された受容器システムが，必ず関与しています。両眼・頭部・胴体の調節が全て必ず生じ，知覚者は静止してはいません。知覚者は動き回り，それにつれて光景だけでなく刺激作用の流動も常に変化します。ジェームズは，このような考え方を，著書『**知覚系として捉えられる諸感覚**（The Senses Considered as Perceptual Systems)』（1966）で詳細に論じましたが，その予兆は本書に収められたいくつかの論文に見られます。その最も初期のもの（これは私の好きな論文でもあります）は，1958年に英国心理学会誌（British Journal of Psychology）に発表された“動物における，視覚によって制御された移動と視覚的定位”という論文です。編集委員のイアン・ハンター（Ian Hunter）は，この論文が斬新であることを認め，歓迎の意を表して次のように書き送ってくれました。“この機会に，お伝えしたいと思います。あなたの論文を非常に興味深く読ませていただきました。編集委員の任に当たっていてこのような喜びに出会うことは，多くはありません。しかし，今回はそうでした。私の印象では，あなたの論文は多くの人々に歓呼をもって迎えられる第一級の業績であり，我我の学会誌への掲載を決定することを喜ばしく思います。”

ジェームズの思索の第四期は，『**知覚系として捉えられる諸感覚**』の執筆中に始まりました。彼は，“刺激”や“刺激作用《stimulation》”の地位を引き継いだ「情報《information》」の概念を，数年かけて練り上げました。それまでの刺激作用の概念では，知覚による移動の制御を持続的に進行する構造化された過程として説明するのに不充分ですが，それだけではありません。静止した刺激配列の中に文字通りの意味での線や縁《edges》が全く存在しない場合でも，私たちは，例えば縁のような構造を抽出できます。その実例は枚挙に暇がありませんが，それらも旧来の刺激作用の概念では的確に説明できないのです。“配置《layout》”の概念は非常に重要ですが，時間経過と共に変化する配列も検討しなければなりませんし，特定の感覚に依存しない情報が関与している可能性も考慮に入れねばなりません。変形（変換）《transformation》

や変化といった概念は抽象的ですが，それらは何らかの感覚によって表象されているのではなく，配置の中で持続する構造を特定する情報を持っているのです。例えば，縁で生じる削除《deletion》や添加《accretion》によって，遮蔽（即ち，何かが“背後に退いて”持続するが，一時的に“表れ”なくなること）を特定する情報が与えられます。さらに，ある対象の形状を特定する情報は，手で探ることによっても，対象が観察者の周囲を移動する際にその対象を見ることによっても，或いは，観察者が対象の周りを動き回ることによっても，得られます。

「世界に存在する対象や事象を特定し，能動的な知覚者にとって利用可能な情報」という概念は，少なくとも10年の間，夫の研究や思索の中心を占めることになりました。このような「情報」を，いったいどのように記述すればよいのでしょうか。古典的な精神物理学で刺激を記述したのと同じやり方で，物理学者の用語によって「情報」を的確に記述できるでしょうか。できない，つまり，「情報」を物理学的に捉えることは，光配列を記述するには全く不充分だということが，すぐに明らかになりました。光配列は，事物が移動し変化しても，空間的配置や時間を貫いて存在します。そして，大地・空・地平線のような不変の諸相の持続性《persistence》や，（例えば，物質のような）事物の多くの特性の持続性は，この光配列の中で特定されます。夫が示した解答は，動物が生きていくために知っていなければならない世界の諸特性（即ち，面や物質）に見合った，新しいかたちの物理学的記述でした。視覚的に知覚された世界に関する研究から出発したので，彼は，この新しい物理学を“生態光学《ecological optics》”と呼んだのです。

1970年の夏に夫は，海軍から援助を受けて，コーネル大学で生態光学に関する研究会議を開催しました。一週間に及んだこの会合で撮影された多くの写真を見る度に，これは，新しい知覚理論を生み出したという意味で，歴史的な祭典だったのだと思います。懐かしい学生たちの多くが，そして他の大学からも多くの友人たちが，集まりました。エディンバラ大学のデイヴィッド・リー（David Lee），ミネソタ大学のボブ・ショウ（Bob Shaw），ウプサラ大学のグンナー・ヤンソン（Gunnar Jansson）とスヴァカー・ルネソン（Sverker Runeson）といった人たちです。事象を特定する“包囲光配列”（これは，夫の新しい光学の基礎です）や光配列構造に生じる乱れ《disturbance》といった概念を巡って，白熱した議論や論争が繰り広げられました。

“生態光学”には，常に詳細な検討が重ねられ，その成果は『生態学的視覚論』として出版されました。しかしこれは，決して一朝一夕に成った書物ではありません。これは，著述・思索・再考に費やした10年の歳月そのものなのです。学生のために開催した多くのセミナーや，講義のために用意した多くのノート（翌週或いは翌年には，改訂されたものです）が，この本に結実しました。夫がセミナーのために用意した講義録のフォルダは今でも取ってありますが，二つばかりの講義録については，一つの理論が発展して行く様を示す例として，もっと推敲を経たかたちで本書に収められなかったことが残念です。『生態学的視覚論』の完成前に，新しい概念が誕生しました。“アフォーダンス《affordances》”の概念です。知覚を成立させる情報を慎重に記述しようとする場合，数学的な表現を借りれば簡潔な記述が実現できますが，それでは動物と環境（殊に，ニッチや棲息環境）との相互依存関係《reciprocity》が充分には伝わりません。動物と環境（しかも，動物にとって意味のある環境）との間に成立する，このような相互依存関係こそが，生態光学が必要とされる根拠です。環境に存在する面や物質は，様々な種類の機会《opportunity》を動物の活動に提供するとともに，動物が環境の中でうまく生きていく基盤を与えます。これらの機会が，環境の“アフォーダンス”（造語）なのです。

知覚系《perceptual systems》について論じた『生態学的視覚論』の特質は，機能主義者の考え方です。この考え方に，アフォーダンスの概念によって，生態光学という新しい理論が導入されたことで，その内容はさらに深まりました。これによって，断片的な知見は全て統合され，情報の概念は詳細に説明され，その機能的な意義が強調されました。知覚に関する現象学的な記述の重要性も，再認識されました。普通の人々は，どのようなことを知覚するのでしょうか。ある文化の下で生活している子供は，或いは，チンパンジーは，どのようなことを知覚するのでしょうか。それは，事物のアフォーダンス（つまり，「その事物を用いてどのようなことができるのか，その事物がどのようなことを意味しているのか」）なのです。私たちは，これ以前に示された考えに導かれたのと同じように，この着想に導かれて，何十年にもわたる研究を展開することになりましたが，この着想は，私たちが進むべき道をはっきりと示しています。

本書に収められた論文には，夫の研究のもう一つの側面が表れていますが，それについてはまだお話ししていませんでした。それは，絵画《pictures》の知覚に関する研究です。ジェームズの研究歴の中に，絵画の知覚だけを専ら研究していた時期があるわけではありません。また，一見すると，絵画の知覚というテーマは，彼の理論の本流からは外れていて，理論の発展に直結しているわけでもなさそうです。夫は，常に線画に関心を持っていました（その証拠に，彼は，学位論文で形の再生を論じていましたし，早い時期に“形とは何か”という論文を書いています）。しかし夫は，特に第二次世界大戦中の経験から，（旧来の知覚研究のほとんどが行ってきたように）線画を呈示して実験を行っても，知覚の心理学に役立つような成果は何も得られないことを，はっきりと理解するようになりました。現実の世界の中では，事物は，立体的で空間に広がっています。私たちは，世界の中を歩き回り，また，しばしば事物の方が私たちの周りを動き回ることもあります。このような変化から生じる混乱だと当初思われたことが，実際には空間の知覚に好都合にはたらくことが明らかになりました。一方，静的な知覚は非常に不毛だということもわかりました。にもかかわらず私たちは，確かに絵画から情報を得ます。しかもそれは，現実の包囲光配列から得られるのと，ある程度同じ情報です。このようなことが，どうして成り立つのでしょうか。絵画は現実の包囲光配列の描写《representations》ではないからだ，ということはあり得ます。絵画は，静止した知覚者に見合った情報の呈示《presentations》であり，事象・場所・人物などのアフォーダンスを，絵という媒体（色を塗ったり痕を残したりされる，平坦な面）において特定するよう意図されています。例えばカリカチュアが人物の情報を伝えるように，絵画が充分な情報を伝達する場合もあるでしょう。しかしそれは，非常に特殊な例です。絵画が情報を伝えるのは，包囲光配列をコピーするという方法によってではありません。そして絵画は，常に二重の情報を含んでいます。画家が描写したかったアフォーダンスに関する情報だけでなく，絵画そのものの「面」に関する情報も含んでいるのです。この問題に対するジェームズ・ギブソンの関心は，恐らくは副次的なものだったかも知れませんが，常に途絶えることはなく，夫が亡くなるまで15年或いは20年以上続いた二人の人物との親交から，非常に大きな影響を受けました。一人は，エルンスト・ゴンブリッチ（Ernst Gombrich）卿，もう一人は，『レオナルド』誌の編集者であるフランク・マリナ（Frank Malina）氏です。私たちが彼らを訪問することもありましたし，彼らがイサカの地を訪れることもありました。特に，ゴンブリッチ教授は，員外教授として七年にわたってコーネル大学に滞在しました。彼らとともにいると，会話は弾み，時は瞬く間に流れ，様々な主張が飛び交いました。マリナ氏の雑誌『レオナルド』は，芸術家，心理学者，芸術哲学者，さらには理工学の専門家の知恵を結集しようとしていましたので，夫はこの雑誌に強い関心を持っていました。

私はこの序文で，多くの人々の名前を挙げてきましたが，それは，その人々が夫の思想において重大な役割を果たしているからです。彼は，構えるところなく他者に接する人でしたし，好敵手と議論することも大好きでした。例えば，夫が友人のジュリアン・ホッホバーグ（Julian Hochberg）と何ヶ月かぶりに会うときなど，彼らはちょうど前に終わったところから議論を再開したものです。私が名前を挙げた全ての人々，それ以外にもたくさんの人々，特に彼の学生たちは，夫の思索の展開において極めて重要な役割を果たしています。ですから私は，こういった人々からの刺激がなかったならば，夫の理論はこれほどまでには発展していなかったのではないかと思うほどです。夫は既にこの世になく，彼に本書を捧げることもかないませんが，夫が存命であれば，彼は友人や学生たちに本書を捧げたことでしょう。

エレノア J. ギブソン

(Eleanor J. Gibson)

# 本書をお読みいただくにあたって

「我々はどのようにして知覚するのか」を理解するためにJ. J. ギブソンが展開してきた理論的・実証的研究の数々は，革新的で，議論を呼び，しばしば急進的でもあるが，全て深い洞察に支えられている。ギブソンの着想の多くは，知覚に関する科学的探究に革命を引き起こしてきた。さらに，ギブソンが及ぼした影響は，世界の至る所で発展し続けている。知覚心理学に関するギブソンの論考のうち，特に重要なものを編んだのが本書である。我々は，ギブソンの全ての論文から，生態光学，事象知覚，絵画描写，心理学の概念的基礎など，様々な問題について論じた三十数編を選び出した。本書の出版にあたって我々は，二つのことを企図した。第一に，未公刊のものも含めて，ギブソンの最も重要な論文や講演に，本書を通じて容易に触れてもらえるようにすること。第二に，ギブソンの生涯の様々な時期の論考を集成して，ギブソンの思索の変遷を明らかにすることである。

本書のテーマは，ギブソンの実在論である。即ち，ギブソンは，我々がただそのように試みさえすれば世界をそのまま直接的に知覚できると確信していた。さらに彼は，「我々は，どのようにして外界を意識し外界に働きかけるようになるのか」を説明することが心理学者の責務であるならば，心理学者は外界を理解しようと努めねばならないと考えていた。このような実在論は，生涯を通じて，ギブソンの研究や理論構築に，如実に現れている。初期の研究（Gibson, 1929, 1937b, 1941a ; Gibson & Mowrer, 1938）では，ギブソンは，経験主義・行動主義の立場を堅持してはいたが，研究で扱っている行動的・知覚的な能力が発揮される文脈やそれらの能力が持つ機能を，丹念に記述した。この点に，ギブソンの実在論的アプローチが明確に表れている。最初の研究成果報告書（Gibson, 1947）の出版の後，ギブソンは，自身が実在論を採る根拠を明確に述べようと努め（Costall, 1981 ; Lombardo, 1973 ; Mace, 1977 ; Ch. 4. 5），最後の著書となった『生態学的視覚論（The Ecological Approach to Visual Perception)』(1979a）において，実在論の根拠を詳細に論じている。

ギブソンにとって，実在論は，哲学的信条にとどまらず，科学を追究するために不可欠な方法であった。彼は，次のような考えに立っていた。即ち，“理論の構築というものは，その理論が‘反証可能である’場合に（つまり，理論構築の後に，その理論に対する反証を挙げる実験的研究が可能であり，しかも，その理論を完全に却下できるだけの反証を挙げることができない場合に），最も有用である（Gibson，1950a，p. vii）。”ギブソンの全ての研究に表れている通り，彼は，自らの理論を反証可能性を維持したかたちで構築するべく努めていた。そうすることでギブソンは，多くの実験家が仮定のまま放置するのに甘んじてきたことを，仮説として検証の俎上に載せた。例えば，多くの実験家は，実験において何が刺激として妥当かは既知であるという前提に立っているが，ギブソンは研究生活の大部分を「知覚者に相応しい刺激と見なし得るのは何か」を明らかにすることに捧げた。ギブソンは，伝統的な刺激観の様々な仮定が誤っていることを度々見出している。ギブソンは実在論に傾倒していたがゆえに，自らの着想に明晰性と一貫性を求め，着想と実験から得られた知見とを可能な限り正確に対応させようと試みた。彼は，決して倦むことなく，仮説を検証し，自身の理論を修正し，実験事実を見据え続けたのである。

本書に収めた論考は，科学に対するギブソンの実在論的アプローチの典型例ばかりである。ギブソンは，容赦のない批判家であったが，殊に自身の研究に対しては厳しく，旧来の諸概念を折衷するだけで事足れりとすることは決してなかった。心理学に対するギブソンの批判的なアプローチの背景には，「我々は，生きる場である実在世界をどのようにして認識し，実在世界にどのようにして働きかけるのか」をさらに深く理解するという目的がある。彼は，知覚と心理学とに対する**生態学的**アプローチの体系を構築しようと努めていたのである。

ギブソンの関心が及んだ範囲は広大だが，我々は，彼の思索において重要な四つのテーマを採り上げ，それらを中心として本書を編成した。ギブソンの思想の広がりと鋭敏な分析の奥行きとを共に読者に伝えたいとの考えからである。第Ⅰ部では，**生態光学**《*ecological optics*》の誕生と発展を採り上げた。生態光学は，ギブソンが創始した研究領域であり，その目的は，光に含まれる情報に関して，心理学的に妥当でしかも実証的根拠に基づいた記述を行うことである。第Ⅱ部に集めたのは，環境事象の分析について検討した論文と，対象の運動や動物の動きを知覚するための情報に着目した論考とである。第Ⅲ部のテーマは画像・絵画の知覚《picture perception》であり，「絵画はどのようにして描写の機能を発揮するのか」という問題に答えようとするギブソンの試みが辿った変遷をそのまま示している。第Ⅳ部で採り上げた論文では，ギブソンは，知覚に対する自身の生態学的アプローチが科学としての心理学に与えた影響やその意義について，幅広く論じている。生態学的アプローチによって，知覚・行動・認識・発達といった多くの重要な概念が再検討を迫られることになったが，第Ⅳ部ではこれらの概念についても論じている。

四つのテーマの各々の下に含めた論文は，テーマごとに，六編程度の既刊論文と数編の未公刊原稿とを候補として選定しており，それぞれのテーマに関するギブソンの着想が展開され練り上げられていく様が如実に見て取れる。各テーマに導入部を設け，そこで採り上げた論文を歴史的に位置づけた上で，その内容と関連するギブソンやその他の人々による研究についても解説した。我々は，論文の多くに編者として脚注を加えた[1)]。これは，各々のテーマに関する，より新しい文献を読者に示すため，また，ギブソンの著作に見られる多くの関連事項を相互に参照していただくためである。本書には知の伝記という側面もあるので，ギブソンの人柄や経歴について述べた序文が相応しい。その意味で，J. J. ギブソンに匹敵する唯一の現代知覚心理学の重鎮であるエレノア J. ギブソン教授が，夫の著作の集成である本書に序を寄せて下さったことを，我々は大変光栄に，また喜ばしく思う。さらに，J. J. ギブソン自身が自らの生涯や研究をどのように考えていたか紹介するために，彼の自伝（1967）も本書に再録した。

どのようなテーマに関しても，ギブソン自身の著作（1947, 1950a, 1966b, 1979a）以上に詳細な考察を個別の論文の集積によって展開することは，もとより不可能であり，我々もそのような企図で本書を編んだのではない。我々は，

1）ギブソン自身による注と区別するため、編者脚註には、末尾に「（編者註）」と付記した。

ギブソンの主要な著作を補う意味で，また，他では入手し難い資料（例えば，ギブソンの最初の著作から採録した，1.1，2.2，3.1章）を提供する目的で，論文を選定した。その際我々が選択の基準としたのは，以下の項目である。即ち，その論文が，各部のテーマに重要な関わりを持っているか否か，重要な理論的主張を示しているか否か，ギブソン以前の研究に関する批判的な概説を含んでいるか否か，また，将来の研究に対する示唆を含んでいるか否か，であった。各部のテーマに関するギブソンの思想の展開を示すために，テーマごとに論文を年代順に配列した。但し，ギブソンが後年，論文に簡潔だが重要な注解を加えている場合には，その注解を年代に関わりなく原論文と並置しておいた。

本書に収めた論考には，以前には出版されていないものも含まれているが，これについては特筆すべきことがある。ギブソンは，自らの思考と所説を厳密なものにしたいと考えていたので，一つのテーマについて論じた，或いは一つの主張を展開した，短い覚え書きを作成して，度々修正を重ねた。これらの覚え書きの多くは，後に“青焼き本《purple perils》”として知られることになった（“パープル・パールズ《purple pearls》”とも呼ばれる）。これらは通例，数ページの，アルコール複写機でコピーされた原稿であり，ギブソンは，長年にわたって毎週開催された知覚に関するセミナーで，同僚や学生にこれを配布した。ギブソンは，自身が主張・問題・論争点を明示してきた過程についてセミナーの参加者から発言を引き出す目的で，これらの覚え書きを作成したのである。ギブソンがこれらの原稿を著書や論文を書くのに利用した場合には（そのような場合は度々あったが）常に，原稿での主張を，拡張し修正し，さらに明確にした。これらの原稿からいくつかを我々が出版することについては，ギブソンも同意してくれたが，それらはいずれも，出版することを念頭に置いて書かれたものではなかった。我々は，“青焼き本”のうちいくつかの原稿を本書に収めたが，それには二つの理由がある。第一に，これらの原稿からは，ギブソンの創造的な思考過程の一端を窺い知ることができ，ギブソンが自らの着想をどのように展開し変化させていったかが明らかになる。第二に，本書に含めた未公刊論文の多くで，ギブソンが他では論じていない重要なテーマが検討されている。従って，それら未公刊の論文には，ギブソンが探し求めていた新たな展望の一部が示されているのである。

我々編者が果たした最後の貢献は，ギブソンの既発表の論文・レヴュー・映像の総覧を作成したことである。これは，各部の導入や再録した論文の全ての引用文献と共に，本書の末尾に付した。読者のお役に立てば幸いである。

本書では，多岐にわたるギブソンの関心のいくつかを，可能な限り詳しく採り上げた。しかしながら，紙幅に限りがあるので，詳細を可能な限り完全に描き切れてはいない。本書を編むに当たって我々は，ギブソンの実験的な研究よりも理論的な著作を重点的に採り上げることにした。そもそも，ギブソンの研究歴の理論的側面と実験的側面の双方を詳細に論じるためには，それぞれの側面について一冊ずつの書物を編む必要があろう。そして我々は，ギブソンの理論面に関する一冊の書物を編む目的で，論文を選択した。それにもかかわらず，理論的な論文の間にいくつかの実験論文（例えば，2.7，4.1，4.2，4.4章）を含めておいた。これらの章から，ギブソンがいかに実験を重視していたか，ご理解いただけよう。ギブソンの実証的な研究に関心がある読者のために我々は，各部の導入において彼の実験論文を多数示し，脚注にもギブソンやその他の人人による実験的研究のレヴューを挙げた。

紙幅から受けたもう一つの制約として，ギブソンの思索の展開を理解する上で非常に重要な三つの理論的考察を掲載できなかった。即ち，負の残効を伴う順応に関する論文（Gibson, 1937b），「構え《set》」の概念に関するレヴュー（Gibson, 1941a），知覚の精神物理学に関する概説（Gibson, 1959a）の三論文である。これらの論文にはいずれも，知覚研究における重要なテーマに関するギブソンの考えが明確に述べられており，これらを検討することなく彼の研究の変遷の背景を充分に理解することは不可能である。しかしながら，いずれも小さな書籍に匹敵する枚数に及ぶため掲載できなかったが，その重要性についてここで簡潔に述べておく。

ギブソンは，初期に実際的な研究方法を採っていた。湾曲や傾きへの順応に関するギブソンの研究や理論構築（Gibson, 1933, 1937a, b ; Gibson & Radner, 1937 ; Radner & Gibson, 1935）には，このことがよく表れている。これらの研究によって，「知覚の諸特性はディメンションを成す」というギブソンの考えはさらに練り上げられた。ギブソンは，元来，次のような経験主義的仮説を検証するために，順応に関する実験を行った。それは，「プリズム眼鏡によって生じる湾曲に対する視覚的順応は，視空間（湾曲して見える）と触空間（直線であることが触知される）との不一致から生じる」という仮説である。ギブソン（1933）はまず，プリズム眼鏡を掛けた被験者に一点を凝視しながらじっと座っているよう求めることで，視覚からの情報を修正するような触・運動感覚を排除した。負の残効を伴う順応の量は，減りはしたものの依然顕著であった。その後ギブソンは，さらに明確な検証を試みた。即ち，プリズム眼鏡を掛けていない被験者に，実際に湾曲した線分を凝視するよう求めたのである。この実験条件では，視覚と触覚との間にいかなる不一致も存在しないが，それにもかかわらず，ほとんど全員の被験者で，負の残効を伴う順応が[2)]，軽度ではあるが一貫して見られた。これらの実験結果を目の当たりにして最も驚いたのは，経験主義の立場をとってきた当のギブソン自身だったのだ。

これら湾曲や傾きに対する順応現象やその他の順応現象に関する理論（Gibson, 1937b）をギブソンが提唱したのは，現実の知覚事態を実在論的に説明したい，即ち，「知覚者にとって心理学的に実在するのは，どのような刺激か」を明らかにしたいと考えたからである。順応実験の結果に基づいてギブソンは，知覚にとって，点状の感覚要素もゲシュタルト心理学者の言う形態も基本的ではなく，刺激の全体的なディメンションこそが重要だと主張した。このように刺激作用の関係論的側面を早くから重視していたことが，ディメンションに沿った勾配（1.1，2.2，3.1章），ディメンション間の対照的な特徴（1.8章［本書1.4章］，4.2章），さらに，刺激作用の変動を超えた不変項（1.2章）による後年の刺激観の基礎になった。近年，神経心理学者は，「負の残効を伴う順応」というギブソンのパラダイムを，視覚（Braddick, Campbell, & Atkinson, 1978；Mollon, 1977a, b）や聴覚（Eimas & Miller, 1978）の神経機構の選択的感受性を見出す手段として用いるようになってきている。

ギブソンは，「構え《set》」の概念に関する研究（Gibson, 1941a）で，行動や知覚に影響を及ぼす認知的要因の多様性とその特性について説明している。これは，ギブソンが長きにわたって関心を寄せ続けた問題であった。ギブソンは，既に学位論文（Gibson, 1929）で，（記憶の再生においても体制化の原理が

2）これは、“ギブソン効果”と呼ばれている。

成り立つとするゲシュタルト心理学の考えに反対して）形の記憶の再生を構造化する際に経験が果たす役割について検討していたのである（Bartlett, 1932）。経験・体制化・期待・動機づけ・仮説検証などは全て，「構え」の一種だと考えられてきた。さらに，これらの「構え」は，既存の行動パターンを変容させると見なされていた。「構え」の概念の根幹を成しているのは，「行動は，刺激に即した（不随意的な）ものから認知に基づいた（随意的な）ものへと至る連続体の上で変化する」という考えである。しかしギブソンは，次のように主張する。刺激に即した行動と認知に基づいた行動とを両極とするディメンションが存在するとされているが，詳細に検討すると，そのようなディメンションは見いだせない。検討を経ても，いくつかの要因は残るが，それらはいずれも明確に定義されていない。これらの要因の多くが行動と知覚に関与していることは明らかだが，ギブソンは，「構え」の概念を放棄するか，もっと練り上げるべきだと主張した。そうすることで，認知や動機づけなどの効果が知覚に及ぼす影響の性質と範囲を，もっと明確に，しかも「随意的行動か不随意的行動か」という人為的でどちらかと言えば無意味な区別から制約を課されることなく，特定できるという。ゲシュタルト理論（4.1章），知覚発達と学習（4.2章），認知（3.2章［本書3.1章］），記憶（2.5章［本書2.2章］），行動（4.6章［本書4.3章］，4.9章［本書4.5章］）に関する後年のギブソンの主張は全て，「構え」に関する初期の研究に端を発しているのである。

ギブソンの論文，“刺激作用の関数として捉えた知覚（Perception as a function of stimulation）”は，コッホ（Koch）が編集したシリーズ，Psychology : A Study of a Science（1959a）の第1巻に収められている。これは，精神物理対応《psychophysical correspondence》という適用範囲の広い仮説の，明確かつ強固な宣言である。この論文でギブソンは，現象世界の諸相は全て，刺激作用のエネルギー流動の変数と対応しているとして，知覚の精神物理学に賛同する主張を展開した。この急進的な提案を宣言する際に，ギブソンは明瞭かつ厳密な論調を貫いた。この姿勢が，後年の理論構築を強く促し，延いてはこの説自体を放棄することにも繋がった。過去にも現在にも，精神物理対応という仮説を支持する非常に多くの事実が存在する。しかしギブソンは後に，知覚の精神物理学は，生態学的な面で不充分であるがゆえに，的確な視覚論に到達する手段にはなり得ないことを示した（1.6章［本書1.3章］，4.4章；Gibson, 1979a, p.149）。生態学的情報は非常に豊富であるので，このような精神物理学的理論で刺激作用と知覚との間に想定された一対一の対応という考えをそのまま容認することはできないし（4.8章），「実在環境」に対するものとして「現象的環境」を想定するという考えも立ち行かない（Gibson, 1971b；4.9章［本書4.5章］）。結局，知覚とは，意識性《awareness》であるだけでなく，自分の周囲の環境の中で自分の行動を制御する能力でもあるのである。ギブソンは，後年の理論構築（1966b, 1979a；2.4章［本書2.1章］，4.4，4.8章）において，刺激作用が知覚を決定するという推測を放棄し，「刺激に含まれる情報が，知覚と行動とを規定する」という新たな仮説の検討を重ねていった。

上記の三つの論文だけでなく，社会心理学（Gibson, 1950b, 1951a, 1953a）や視知覚系以外の知覚系（Gibson, 1962a）に関する興味深い論考，視知覚に関する多数の論文（Gibson, 1948, 1950c, 1952b, 1958a, c）も，本書には収めていない。しかし，この論文集には，ギブソンという20世紀で最も重要な知覚心理学者による，視覚研究への最も重要な貢献が，ほとんど全て含まれている。ギブソンは，重要な問題群を散逸させることなく把握し，問題に関連する全ての知見を採り上げ，さらには中途半端な解決には決して満足しない。これが，ギブソンが天才たる所以である。本書は，ギブソンの長きにわたる知の遍歴の記録である。その過程でギブソンは，知覚心理学の古典的諸問題に関する考察から出発して，現代の我々が向き合わねばならない新たな諸問題を創造するに至った。ギブソンの足跡を辿って我々が自ら（但し，熱意を持って深く）考えるならば，これらの新たなテーマや問題を，我々なりに論じることができるであろう。

エドワード・リード
レベッカ・ジョーンズ

# 第Ⅰ部　生態光学の基礎

## はじめに

第Ｉ部に収めた論文は，生態光学《ecological optics》が誕生し発展する様をつぶさに物語っている。生態光学は，視覚を成立させる情報を分析するためにギブソンが創始した研究領域である。「環境の中の何が知覚されるのか」を記述することや「生活体はどのようにして情報を抽出し利用するのか」を検討することと並んで，生態光学は，生態学的アプローチによる視覚研究の柱である。第Ｉ部のテーマは生態光学であるが，生態光学では，視覚の対象となる環境の特性と，情報を抽出する際の動物の活動との双方に基づいて，光学的情報を分析する。従ってここでは，生態学的アプローチの三つの柱の全てに論及することになる。

生態光学の創始は，知覚研究に対するギブソンの偉大な貢献の一つである。生態光学は，環境の諸事実に見合った水準で情報を分析する枠組を提供する。さらに，ギブソンの主張によれば，生態光学は，“実在論の新たな根拠”（4.5章［本書4.2章］）を我々に示してくれる。ここに収めたのは，網膜上の刺激勾配（1.1章）の概念に始まって，光学的運動《optical motion》と変形（変換）《transformations》（1.2章）から，光配列《optic array》の入れ子構造に生じる乱れ《disturbance》の概念（1.7章）に至るまで，生態光学の発展に繋がった研究や論考であり，これらには，ギブソンが刺激作用に含まれる情報の的確な分析を模索する過程が克明に示されている。

第Ｉ部の冒頭に掲げたのは，第二次世界大戦中の航空隊での研究に関する報告書，『動画による検査と研究（Motion Picture Testing and Research)』（1947）からの抜粋論文である。飛行士の選抜や訓練といった実際的な諸問題に直面して，ギブソンは，古典的な空間知覚論の根底にある仮定に疑義を抱かざるを得なかった。「我々は，自分の眼から遠ざかっていく直線に沿った奥行きを，奥行きを持たない感覚的手がかりの助けを得て知覚するのであり，そのような感覚的手がかりは，再構造化されたり解釈されて奥行き知覚を生み出す」と考えるのが古典的理論の常道であった。ギブソンは，このような古典的理論からは視覚の実際的な諸問題を論じるのに役立つ枠組が全く得られないことを理解して，これらの仮定を却下したのである。

もっと有用かつ実際的な空間知覚理論を打ち立てようとするギブソンの試みは，「何が知覚されるのか」に関する新たな捉え方と，刺激作用に含まれる諸変数の新たな記述法とを，明確に述べることだった。彼の新しい“大地説《ground theory》”によれば，我々は，“空間”を知覚するのではなく，環境に存在するあらゆる面や縁《edge》の下に連続して広がっている地面を知覚するのである。この，全く新しい“空間”知覚の捉え方から出発して，ギブソンは，奥行きの視覚を成立させる刺激として，**肌理の勾配**《*texture gradients*》という著名な概念を提唱するに至った。ギブソンによれば，地理的な距離に対応する刺激作用のディメンションは，「網膜上に投影される地面の肌理に生じる，遠近による密度の違い」である。つまりこれは，「知覚された奥行きは，このような網膜上の肌理の勾配と相関している」という主張である。

肌理の勾配と様々な知覚との間に，どのような相関があるのか明らかにするために，多くの精神物理学的実験が行われた。即ち，大きさの知覚（Gibson, 1947, pp. 196-217 ; Gibson & Purdy, 1954），傾きの知覚（Flock, 1964a, b ; Gibson & Cornsweet, 1952），面そのものの知覚（Gibson, 1950c ; Gibson & Carel, 1952 ; Gibson & Dibble, 1952 ; Gibson, Purdy, & Lawrence, 1955）などに関する実験である。ギブソンの勾配説は，非常に多くの事実を的確に説明し，実地面にも広く応用された。しかし，「地理的構造と網膜上の構造とが相関している」という説では，対象の運動が網膜像に及ぼす影響を考慮に入れていない。この点は，ギブソンにとって重大な問題であった。というのは，ギブソンは視覚による移動の制御や運動の知覚に関心を持っていたからである（Gibson, 1954b）。

“視知覚を成立させる刺激として捉えられた，光学的運動と変形（変換）”（1. 2 章）でギブソンは，運動によって引き起こされる変形（変換）にまで勾配説を拡張し，それによって初期の自説に見られた欠点を補った。Musatti（1924），Metzger（1934），Wallach and O'Connell（1953）といった研究に基礎を置きながら，ギブソンらは，陰の形に一定の変形（変換）を加えると，剛体や弾性体の運動の投影に見えることを実証した（Gibson, 1958c ; Gibson & Gibson, 1957 ; von Fieandt & Gibson, 1959）。これらの知見に基づいてギブソンは，「網膜は光学的変形（変換）そのものを感受できる」という当時の最先端の理論を打ち立てた。つまり，ギブソンは，**高次変数群**《*higher-order variables*》こそが視覚を成立させる刺激の根幹を成すと主張したのである。

“生態光学を支える諸概念の歴史的背景”（1. 6 章［本書 1. 3 章］）で詳しく述べられている通り，「高次の刺激変数に基づいた知覚の精神物理学」というギブソンの理論にはいくつかの難点があり，そのためギブソンは最終的にはこの理論を棄却することになった。一つの問題は，網膜上の肌理の密度勾配と知覚される面の傾きとの対応が不正確だということであった（Flock, 1964a, b ; Purdy, 1958）。ギブソンが求めていたのは，その程度の近似的関係ではなかった。彼は，正確な因果関係こそが理論構築の基盤に相応しいと考えていたのである（Autobiography, p. 12）。高次変数説のさらに致命的な問題は，近刺激と遠刺激との明確な区別を欠いていることだった。ギブソンがかつて述べたところでは，両者の区別は“混乱して”いた。つまり，見られるべく環境に存在する対象は，それを見るために利用できる情報と混同される傾向にあったのである。この問題は，観察者が移動している際の視知覚に関するギブソンの研究において特に明らかになってきた。というのは，観察者の移動によって，環境に存在する肌理と相関しない変形（変換）が，網膜上の刺激作用に生じるからである。

ギブソンは，**光学的構造**《*optical structure*》（Gibson, Purdy, & Lawrence, 1955）の概念を導入して，近刺激と遠刺激との区別に再検討を加えて生態学的概念を導く最初の一歩を踏み出した。光学的構造は，網膜上の（近）勾配でもなければ地面の肌理の（遠）勾配でもない。光学的構造は，近刺激作用とは違って，観察者の移動によっては変化しない。また，遠対象とは違って，観察者の知覚系《perceptual systems》に作用し得る。

“光に含まれる情報について”（1.3章［本書 1.1章］）と“生態光学”（1.4章［本書 1.2章］）では，光学的構造の概念を拡張して「情報」説を立て，生態光学という新たな研究領域の根幹を明らかにする仕事に取りかかった。これらの論文では，「**光配列**《*optic array*》」が基本概念として導入された。照明された環境では，光はあらゆる物質の面から反射し，それらの面の配置や色によって構造化される。従って，あらゆる観察位置に，360°の立体視角が存在する。この立体視角に備わった，光の境界と推移《transitions》の入れ子構造は，環境の配置に対応している。構造化された光で，ある観察位置に存在する眼に達する光は，包囲光配列《ambient optic array》を構成する。生態光学の中心課題は，光配列に関する研究，殊に，光配列に含まれる光学的情報の分析である。

視覚の光学的基礎に関する分析は，ギブソンの生涯を通じたテーマだった。初期の研究（1.1章，1.2章；Gibson, 1950 a；Gibson, Olum, & Rosenblatt, 1955）でギブソンは，網膜上の光学的刺激作用を分析する際に，射影幾何学に重きを置いていた。生態光学の発展に伴って，ギブソンは，射影幾何学の効用を重視しなくなって行く。というのは，光学的推移の複雑な入れ子構造を，また，光配列に生じる変形（変換）を記述するには，射影幾何学では不充分だからである。1.5章に，ギブソンとスウェーデンのウプサラ大学のグンナー・ヨハンソン（Gunnar Johansson）教授との間で取り交わされた書簡を掲載したが，そこでは，視覚を成立させる情報をどのようにして分析するのかが論じられている。

ヨハンソン（1950, 1964）は，近刺激に関するゲシュタルト心理学者の分析を，多くの部分で射影幾何学に基づきながら，運動と空間の視知覚の研究に拡張して，素晴らしい成果をあげた。ギブソンとヨハンソンはともに，刺激作用のパターンの変化に見出される「知覚を成立させる情報」を分析することに関心を抱いており，1950 年代・1960 年代に，このことについてしばしば討論を重ねている。書簡の中でヨハンソンは，生態光学に，そしてギブソンによる知覚系の理論（1966b；4.4 章を参照）に，いくつか賛成できない点があると明言している。返書でギブソンは，ヨハンソンの疑義と批判に応え，それによって自らの見解を明確にしようと試みている。

ギブソン（1966b；1.4 章［本書 1.2 章］）は，生態光学において投影を用いずに光学的構造を分析した。また，知覚にとって移動が重要だと考えた。これらの点についてヨハンソンは，いくつか疑問を挙げた。ヨハンソンは，刺激作用の変化パターンを分析する必要があるという見解についてはギブソンに賛同したが，その分析手段としては射影幾何学が最も相応しいと主張している。また，ヨハンソンは，他の知覚研究者らが静止した対象の多義性を強調しているのは誤りだという見解には賛同したものの，近刺激における変化パターンでさえ，環境に存在するその変化の源を特定することはできないと述べた。このようにしてヨハンソンは，外界に合致したかたちで生活体がものを見るためには，知覚の過程において，生活体からの関与による何らかの刺激解読原理がはたらくにちがいないと主張した。ヨハンソンはさらに，ギブソンが移動を重視することによって，「空間知覚が視覚のみに基づいて可能か否か」という重要な問題を充分に検討できなくなってしまうのではないか，と指摘した。

ヨハンソンへの返書の中でギブソンは，射影幾何学は視覚的な近刺激を記述するには充分であるかも知れないが，光配列の入れ子構造を分析するには不充分であることを強調している。ギブソンはまた，移動を重視することは正当だと主張した。空間を見ることは，環境の自分以外の部分を基準として自分の位置を見ることであり，そのような視覚による自己受容能力は，移動と密接に結びついているからである（2.3, 2.4 章［本書 2.1 章］；Gibson, 1979a, Ch. 13）。視知覚理論に関してギブソンとヨハンソンの見解が完全に一致することは決してなかったものの，彼らは互いを理解し尊敬して，互いの理論を深め合ったのである。

生態光学という新しい研究領域が誕生して 10 年後に，ギブソンの門下生や共同研究者の多くが，生態光学のワークショップのためにコーネル大学に集まった。“生態光学を支える諸概念の歴史的背景”（1.6 章［本書 1.3 章］）と題した基調講演でギブソンは，物理光学や生理光学を視覚研究に応用しようと試みた際に直面した難問の多くについて論じた。ギブソンによれば，物理光学や生理光学は，視覚の光学的基礎を記述するために千年以上にわたって用いられてきたが，我々に誤解を強いてきただけである。光がどのようにして**情報**《*information*》を運ぶのか，的確に解き明かしてはくれないからである。伝統的な光学や知覚理論におけるいくつかの問題を検討した結果，ギブソンは，光学的構造の概念を提唱し，生態光学という学問を創始した。この基調講演で彼は，それらの問題について非常に興味深い談話を聴衆に提供している。

“光配列における変化に関する分析”（1.7章）は，グンナー・ヨハンソンの引退にあたってギブソンが献呈した，The Scandinavian Journal of Psychology 誌への特別寄稿論文である。この論文でギブソンは，光学的構造の記述に対する自身とヨハンソンのアプローチの相違を，一層明確に対比している。ヨハンソンは，伝統的な光学的分析を拡張する際に，光学的要素を「環境に存在する要素群の眼への投影」と考え，光学的要素群とその運動に関する検討に重点を置いた。これに対してギブソンは，光配列を構成している立体視角の全水準で，入れ子構造を検討するよう提案している。光学的構造を投影と捉える分析の最大の欠点は，遮蔽《occlusion》を明確に記述できないことだ，とギブソンは主張した。遮蔽とは，ある視点から見ている場合に，ある面が他の面に覆われることから，或いは，他の面が取り除かれてその面が現れることから生じる，光学的肌理の添加《accretion》と削除《deletion》のことである（2.7章を参照）。ある面によって他の面が次第に隠されていったり，ある面の背後から別の面が次第に現れてくることは，環境の配置に関する基本的な事実であり，光学的情報に関する分析項目に含めるべきである。

知覚に対する生態学的アプローチに含まれるのは，生態光学だけではないが，生態光学は，このアプローチの根幹を成す研究領域である。生態学的心理学にとってもう一つの重要な研究領域は，**生態物理学**《*ecological physics*》である（2.9章［本書2.5章］参照）。これは，「環境に存在して知覚されるのはどのような事柄か」を明らかにする研究である。知覚を成立させる生態学的情報（時間を貫いて空中或いは水中に存在する化学的・音響学的・光学的構造，時間を貫いて複数の面同士の境界に存在する力学的情報）は，環境の媒質の中で利用できるが，その情報が特定する（従って，生活体が知覚する）事柄は，様々に結びついたかたちで環境に存在する**面**《*surfaces*》と**物質**《*substances*》である（Gibson, 1948；1950b；1979a, part1）。

“面の知覚を規定するのは何か”（1.8章［本書1.4章］）でギブソンは，生涯最後の著書となった『生態学的視覚論（The Ecological Approach to

Visual Perception)』で論じた，面に関する生態物理学を，拡張し練り上げた。生態物理学では，知覚し行動する動物に関連する面の諸特性を検討する。ギブソンは，面の諸特性を分析する際に，部分的にはゲシュタルト心理学者の現象学的方法に拠っている（Gibson, 1950b；Katz, 1935）。しかし彼は，問題にしている面の諸特性は，単に現象的な特性であるだけでなく，実在する特性でもあることを示した。

ギブソンは，「知覚を成立させる情報とは何か」という問いに答えることに生涯のほとんどを捧げた。この過程でギブソンは，物理主義者の分析という不毛な還元論や，現象論という限定的な主観論を回避しようと試みたが，双方のアプローチの良い面は採用して改善を加えた。従って，『生態学的視覚論』における面の知覚に関する理論を論評し改訂したこの論文は，生態光学に関する論考を集めた第Ｉ部の掉尾を飾るに相応しい。良い問題ほど答えを示すことは困難であり，その問題に的確な答えを示すためには，忍耐強く批判的検討を重ねる以外に道はない。ギブソンが貫いたこのような信念の証が，『生態学的視覚論』の出版の僅か数ヶ月後に書かれたこの論文なのである。

エドワード・リード
レベッカ・ジョーンズ

# 1.1 光に含まれる情報について*

最近発表された実験（Walk, Gibson, & Tighe, 1957）の結果について検討することにしよう。幅 4 インチ，長さ 30 インチの木製の高架走路に，ラットを置く。よく知られている通り，このような走路からラットが転落することはごくまれである。走路の 3 インチ下方で，一枚の透明な板ガラスが走路の両側に広がっていて，上方への反射光は可能な限り弱くなるよう抑えてある。実際，ラットは，この堅いガラス面に降りてその上を歩くことができる。問題は，ラットがそうするか否かである。3 インチの段差がつけてあるのは，ラットが前脚をガラス面に載せない限り鼻や鼻孔付近の感覚毛がガラスに触れないようにするためである。おそらくラットは，反響定位によって聴覚的に，或いはガラス面の最も明るい部分や舞い上がった埃によって視覚的に，ガラス面の存在を知ることができよう。しかし，ラットがガラス面の存在を認識する可能性は，走路の両側で等しい。問題は，「ガラス板を**通過して**ラットの眼に伝わる光が走路の両側で異なっている場合，それによってラットの行動が規定されるか否か」ということであった。

肌理の粗いパターンのある紙を，走路の片側ではガラス板の真下に，もう一方の側ではガラス板の 60 インチ下に置き，双方に等しい照明を当てた。

従って，紙の物理的な肌理から反射されラットが占めている測点《station point》に投影される光学的肌理の密度には，走路の両側の間で約 15 倍の相違があることになる。また，ラットが移動するにつれて生じる，走路の縁（へり）における肌理の光学的な剪断《shearing》，即ち，相対的な運動視差には，

* *Acta Psychologia*, 1960, *17*, 23-30. この論文は，1957 年にブリュッセルで開催された国際心理学会における『空間知覚に関するシンポジウム』で発表された論文の改訂版である。

走路の両側の間で約15倍の違いがある。ラットの両眼の視野同士には重なりがほとんどないので，ラットは，僅かに異なる二つの位置に同時に投影された光同士の非対応《disparity》からは影響を受けないと考えられる。だとすれば，走路の両側からの刺激同士の相違のうちラットが反応すると考えられるのは，これら，いずれも15倍に及ぶ，光学的な肌理の密度差と相対的運動視差**だけ**である。

フードを付けた多数のラットを，この状況に置いてみた。ラットは，走路を探索し，走路の両側の縁から身を乗り出して凝視した。やがてラットの多くは，走路の下のガラス面に降りた。走路面とガラス面との段差は走路の両側で物理的には等しいにもかかわらず，約90％のラットが，視覚的に近い側の面に降りた。ガラスの透明度が不充分であるがゆえにガラスが光学的な肌理を帯びていたとしても，それは走路の両側で等価であり，実験結果を不明確にする要因として働いていた可能性が残るだけである。ラットが降りる側の選択頻度に生じたこのような差異の原因は，光を反射する紙からガラス面までの距離以外にはあり得ない。というのは，肌理のある紙を走路の**両側**でガラス板の真下に置いて実施した統制実験では，ラットは走路の両側に等しい頻度で降りたからである。

私がこの実験に特に関心を持つのは，まず第一に非常に巧妙な実験だからであり，第二に著者の一人が私の家内だからである。彼らは，この装置を“光学的断崖《optical cliff》”と呼んでいる。彼らは，次のことを証明した。即ち，ラットは，視覚刺激作用に基づいて，走路面とガラス面との垂直な段差が自分の身体の大きさと釣り合っていないと見た場合には段差を降りようとは決してしないが，釣り合っていると見た場合には降りるのである。ラットは，思い切って段差を降りてみることはあっても，思い切って断崖を飛び降りることはない。このことについては，様々な解釈が成り立つだろう。陸棲動物には，強い“転落への恐怖”や，転落**後の**地面との衝突への嫌悪に基づく恐怖があるかも知れない。恐らく陸棲動物は，“身体の支えの喪失”を嫌い，堅い地面との接触を維持することを好むだろう[1)]。「動物は，視覚的手がかりによって奥行きを知覚し，落下したり跳び越えたり一歩降りたりすることで垂直方向の距離を理解する」と言う人もいるだろう。「動物は，転落しやすい場所を生得的に知っていて，そういう場所を本能的に回避するに違いない」とか「転落を伴う過去経験に基づいて知覚学習や習慣が形成されているはずだ」と考える人もいるだろう。実験者たち（Walk, Gibson, & Tighe）は，後者の可能性について実際に検討した。完全な暗闇の中で飼育されたラットは，照明のある環境下で飼育されたラットと同様に，段差の高低を識別した。しかし私は，生得主義や経験主義について，或いは本能についてや，さらには，通常用いられているような意味での空間知覚について，議論したいわけではない。むしろ私はここで，この実験で用いられた外部刺激である光の重要性を指摘し，さらに，この光こそが情報を含んでいる，或いは，光こそが意味を伝達するという，一風変わった主張を展開したい。光を反射する立体の幾何学的関係は，光の中に**備わっている**《*given*》，或いは，光によって**特定される**《*specified*》，と主張したいのである。

長い間，特にバークリ主教がそのような主旨のことを述べて以来，「光は，その源である対象に関するごく僅かな情報しか眼にもたらさない」ことが前提とされてきた。「光そのものが，対象までの距離を特定することはあり得ないし，そのことから考えれば当然，対象の大きさを特定することもない」と考えられてきた。我々がせいぜい手に入れられるのは，対象の形・傾き・移動速度・色・明暗などに関する“手がかり《cue/clue》”だけだ，というのである。それでも，例えば，分光器を用いれば，光源（例えば，太陽やその他の発光体）の温度を知ることができる。情報という用語の意味をこのように捉えるならば，「光がその源である対象に関する情報を伝達する」という主張も賛同を得られるだろう。スペクトル線の分析によって，発光体を構成している化学元素を突き止めることさえ可能である。光が分光器に情報を与えるのであれば，眼には情報を与えないと，どうして言えるだろうか。

このような論法が許されるならば，さらに歩を進めて，眼が受け取ると考えられる，光に含まれる情報について，分析できる。それは，宇宙空間に関する情報ではなく，地上環境に関する情報である。さらに，その情報は，放射光に

1）Gibson（1977b；1979a, Ch. 9）は後に，視覚的断崖《visual cliff》の上の陸棲動物は，「断崖の縁《edge》が移動の障害をアフォードすること」を知覚すると主張している（4.9章［本書4.5章］参照）。（編者註）

よってではなく反射光によって伝達される。ここでは，物理光学は，部分的にしか役立たない。重要なのは，**生態**光学とか**環境**光学と呼ばれる領域である。光が持つ多くの機能のうち，照明の機能を検討する必要がある。光が，完全には滑らかではない不透明な面に当たって，透明な媒質の中で多重に反射すると，媒質の中で測点となり得る全ての位置に向かって投影される。つまり，どの位置においても，観察者を取り囲む包囲光《ambient light》は，方向に応じて異なる強度（と組成）を持つことになる。このような光線の結合を，弧にして数秒或いは数分の小さな角度のユニットで捉えたものを，私は**光配列**《*optic array*》と呼んでいる。光配列の推移《transitions》によって，光学的な**肌理**《*texture*》が生じる。肌理には，射影幾何学や透視幾何学の原理の多くがあてはまる。**光配列は，光配列を発する対象群に関する情報を伝えると考えて良いだろう。**情報とは，反射光の源である，肌理を持つ面の配置《layout》のことである。そのような配置は，例えば，見通しのよい空の下の地面のように，光配列の球体の少なくとも半分を常に充たす。また，例えば，部屋の内壁面のように，球状の光配列全体を充たす場合もある。"配置"という言葉で私が表したいのは，**縁（へり）**《*edges*》・**角（かど）**《*corners*》・**傾き**《*slants*》・**凸面**《*convexities*》・**凹面**《*concavities*》といった，面の幾何学的諸特性のことである。

この実験で，ラットに与えられた光配列は，上方の光源によって天井や壁から生じる，細かい肌理を持つ上半球（図6には描かれていない）から成る。下半球の中には，塗装されていない木製の走路面から反射された光（路面の木目から生じるので肌理が粗い）から成る大きなセクターと，同じ肌理のパターンから成るが密度は異なる二つのセクターが存在する。下向きのセクターはラット自身の身体によって部分的に遮蔽される（これも図6には描かれていない）ことに留意されたい。面の角や縁によって生じる，この光配列の主な経線は，重力方向と一致する。もちろん重力は，視覚以外の感覚によって特定される。従って，下という方向は，複合的な情報によってラットに与えられるのである。

もう一度言うが，これまで述べてきたのは網膜像についての話では全くない。網膜像は，動物にどのような視覚の仕組みが備わっているかに応じて（つまり，頭部に占める眼の位置，水晶体調節，その動物に可能な眼球運動の種類などに

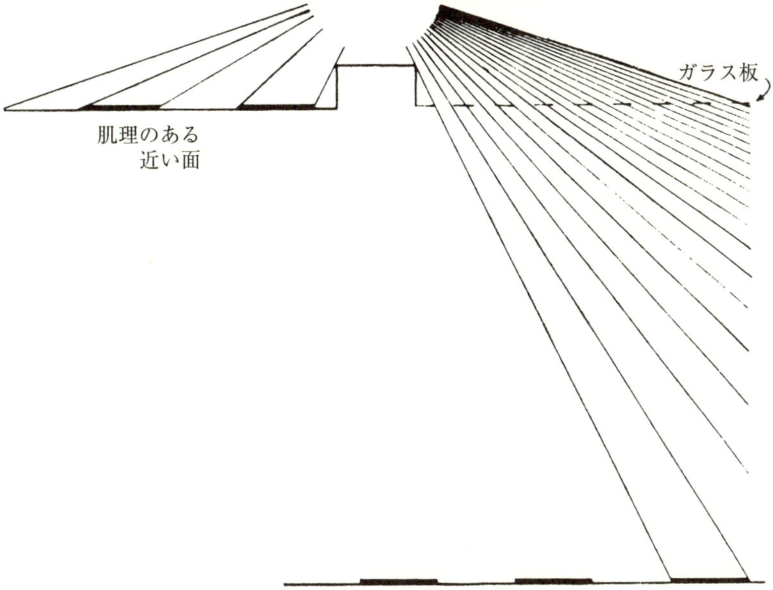


図6.　ラットが占める測点の断面図。これは模式図である。直線は，強度の推移《transition》を表している。この図は，光学的な肌理が，走路の片側ではもう一方の側においてよりも密であることを示している。走路面の光学的な肌理は，省略してある。走路の縁における肌理の相対的運動も，断面図の上方向の半円にあたる肌理も，省略した。

応じて）異なる。種類の異なる動物同士の網膜像は，互いに異なる。中には（無脊椎動物の眼のような）複眼を持った生物もあって，そのような生物では網膜像は存在さえしない。しかし，全ての生物は，光配列の構造を（時間を貫いて連続的に）取得できる。網膜像が成り立ち得るのも，結局は，この「光配列の構造」ゆえである。

包囲光に含まれる情報は，常に潜在的な情報である。動物や人間が情報を取得できるか否かは，視覚系の解剖学的構造・生理学的構造に，また視覚系の発育・成熟段階に，さらには恐らく，情報の抽出に関する経験の度合いや注意の水準に，かかっている。上に述べた実験の状況では，走路面の縁やその縁の高さの程度は，ラットがそれらを知覚するか否かに関わらず，ラットが占める測点に達する光の中に特定されている。地面の縁やその縁の高さは，肌理の密度や肌理の運動といった変数によって伝達されるのである。

## 光の幾何学構造に含まれる情報

光学的構造は，その構造に対応する環境側の特性を特定する。この光学的構造に共通の特性とは，どのようなものか。光の波長だけでは，面に関する情報は視覚系に全く伝わらない。しかし，波長のスペクトル分布についても同じことが言える。相対的な強度構造は，相対的な反射率構造（或いは，相対的な面の構造）に対応していると期待できるが，光の強度だけでは，（面が受けている照明の強度は別にして）どのような面の特性にも対応していない。従って，分析する必要がある変数は，構造・パターン・肌理である。しかしながら，これらの変数を実際に分析することは，容易ではない。自然な光配列では，構造が階層を成しており，パターンの中にパターンがあり，形の中に形があって，極小の構造にまで至っている。環境光学に数学的方法を用いることの是非については，直ちに結論を下すことはできない。しかし，確実な原理がいくつかあるので挙げておく。

### 1. 肌理の有無

光配列のうち均質な領域は，空気という遮るもののない媒質に対応する。光配列のうち，肌理を持つ領域は，相対的に堅い面に対応する。前者は，面色のような色《filmy color》（或いは，非物質的な色）として知覚される。後者は，表面色《surface color》として知覚される。視野にこれらの領域が存在する場合，これらは，移動に関して互いに全く異なる意味を持つ。前者は自由な前進を意味するが，後者は障害物を意味する。前者は空虚な空間（“何もないこと”）を指すが，後者は充たされた空間（“何かがあること”）を指す。これ以上重要な情報があるだろうか。下方向に存在する光配列では，肌理は，障害物ではなく地面を特定する。これは，身体の**支え**《*support*》，即ち，地面が足を上に向かって押すことを意味する。下方向に肌理が存在しないことは，支えの**喪失**に対応し，通常は転落を伴う。

### 2. 肌理のパターン或いは形

光学的肌理は，推移《transition》を構成している要素群の種類・間隔・規則性に応じて様々な形を取り得る。木目があるもの，小石が散らばったもの，斑らなもの，規則的に並んだもの，不規則なもの，波打ったものなど，場合によって様々である。光学的肌理がこれほどまでに多様なのは，環境に存在する，光を反射する面の構造が，実に多様だからである。従って，光の下では，水・ガラス・木・岩は，非常に的確に特定される。ここで，光学的肌理が持つ形に関して，重要な事実を指摘しておこう。光学的肌理の形は，幾何学者が言う通り，変換《transformation》を経ても不変である。例えば，一方が三角形から，他方が矩形から成る，二種類の肌理が，拡大されたり遠近法に従って奥行きを縮約して描かれたとしても，それらが三角形や矩形から成っていることは変わらない。肌理の形に関するもう一つの重要な事実は，「光の強度が変化しても肌理の形は変化しない」ことである。つまり，光配列の構造は，そのエネルギー・レベルとは無関係なのである。

### 3. 閉じた輪郭を持つ肌理

内側に肌理があり鮮明な境界線を持つ錐形の光配列は，環境に存在する遊離対象《detached object》に対応する。視野のうちこのような明確な境界を持った領域は，肌理の有無に関わらず，「図と地」の知覚を引き起こすと言われている。しかし，次の点が重要である。内側に肌理は**ない**が鮮明な境界線を持つ錐形の光配列は，（例えば，洞穴の入り口や，空に向かって開いた窓のような）環境に存在する穴に対応する。この刺激には，「図と地」現象の現象特性は，あてはまらない。図と地の現象特性は，この場合，逆転していて，通常の「図」に見られる現象特性が「地」に相当する領域に見られ，通常の「地」の特性が「図」に現れる。このことから考えると，次のような結論も成り立ち得る。輪郭と肌理とは，外界において互いに別個で独立した刺激ではない（線で輪郭図形を描く際に，我々が，輪郭と肌理とを人為的に分けて扱っているだけである）。しかも，輪郭と肌理という光の二つの特性は，両者が組み合わせられたときにだけ情報を与え得るのである。

このように考えると私は，次のような疑義を抱かざるを得ない。即ち，対象の知覚や，その対極にある“穴の知覚”は，これまで考えられてきたように図と地の知覚に基づいて生じるのではなく，逆に，もっと単純で直接的ではないのか。ゲシュタルト心理学者は，この問いにどのように応えるだろうか。

### 4. 輪郭そのものの形状と大きさ：抽象的な形

輪郭が閉じた形状《shape》は，運動や肌理を伴わない場合には，環境に存在する対象の形状を特定しない。これは，単に曖昧な情報に過ぎない。傾きが様々に異なっても一つの形状を測点に投影する立体の集合が存在するからである。同様に，輪郭の大きさも，対象の大きさを特定しない。小さくて近くにある対象の輪郭と，大きくて遠くにある対象の輪郭とが，同じ大きさであり得るからである。これと同じ論理で，いわゆる線遠近法の「手がかり」（一対の直線の輪郭線が収束すること）も，対象の手前面が奥行き方向にどの程度後退しているかを特定しない。対象の縁は，物理的に平行かも知れないし平行ではないかも知れないからである。これは実際のところ，他の「手がかり」と共に，環境に存在する面を確率論的に指し示しているに過ぎない。しかし，これら「手がかり」は全て，明るい所にある抽象的な形（即ち，輪郭そのもの）だけに関する考察から導き出された。輪郭だけを取りだして考えるという我々の習慣は恐らく，輪郭図形を描いたり見たりすることに由来しているのだろう。自然界の光配列は，形**の中に**形があるという入れ子構造を持っている。このような自然界の光配列について検討していたならば，空間知覚に関する「手がかり」論へと駆り立てられることもなかったし，「手がかり」論の改良版として「奥行き知覚は図と地の知覚に基づく」とする理論に行き着くこともなかっただろう。

### 5. 肌理の密度そのもの

光学的肌理の密度そのものは，曖昧である。というのは，近くにある面の微細な構造にも遠くにある粗い構造にも対応し得るからである。しかし，**同一**の肌理パターンに生じている密度差は，同じ物質《substance》が異なる距離に存在することに，高い確率で対応する。同じ肌理が作る密度**勾配**《*gradient* of density》は，同じ物質から成る面の距離が増大していく方向に，さらに高い確率で対応する。

輪郭における視差を生じる運動の増大と結びついて，肌理の密度が一段増大することで，環境に存在する面の縁（即ち，ある面の**背後に**他の面が存在すること）が特定される。密度差の程度によって，奥行きが決まる。上に述べた実験でラットが反応していたのは，おそらくこの情報に対してである。縁における視差《parallax》が頭部や身体の運動から生じる運動感覚性刺激と共変関係にあるならば，立体的な環境に関する情報の信頼性は，統計的にはこの上なく高くなるだろう。

### 6. 変形（変換）

光配列のパターンの変形（変換）《transformation》は，パターン全体に及ぶものもパターンの各部分の全てに生じるものも共に，測点の変化（即ち，動物の視点の変化）に対応している。環境を構成している面の集合体について考えると，動物の移動に伴って，集合体のうち一つの面が拡大され，別の面が縮小され，それら二つの面の間にある全てのものの遠近が変化する。輪郭にも肌理にも，遠近法（或いは，投影法）上の変形（変換）が生じる。これによって，動物には，移動を導き制御する情報が与えられる。このことについては既に他で論じた（Gibson, 1958b）ので，ここでは繰り返さない。私がここで主張したいのは，形や肌理に生じるこの種の変化は，“形”が対象に関して伝達すると想定されている情報を破壊するどころか，実際には，対象に関して得られる最も的確な情報だということである。時間経過に伴う一群の変形（変換）を，視覚に見合った刺激と捉えるよう提案したい。パターンが変化することは，パターンが変化しないことと全く同様に，視覚にとっての事実である。さらに，「視覚系は，不変のパターンを基本的過程として取得し，パターンの変化を副次的過程として取得する」と想定する正当な根拠は存在しない。例えば，昆虫の眼では，変化しないパターンに対する感度よりも変化するパターンに対する感度の方が，ずっと高い。“形の知覚”に関する我々の関心が，写真に対する我々の関心を反映した理論的な先入観だという可能性はないだろうか。眼はカメラに似てい**ない**し，当然ながら，眼はフィルムを巻き上げることなく**連続的に**情報を取得する。さらに，カメラを動かせば写真は台無しになるが，眼を前後左右に動かすことは知覚にとって好都合にはたらく。

### 7. 不変の特性

三次元環境の非常に多くの特性は，二次元平面上の一点に対する投影の中でも変わることなく存続する。幾何学者の言う通り，それらの特性は，投影されても不変である。光配列に含まれた直線の輪郭は，外界に直線の縁が存在することを示す確たる証拠である。光配列に含まれた角（かど）は，環境に角（かど）が存在する確証である。光配列の中の三角形は，環境に三角の形状が存在することを意味する。光配列の円錐曲線は，外界に少なくとも他の円錐曲線が存在することを特定している。私が「肌理のパターン」とか「肌理の形」と呼んでいるのは，肌理の透視図《perspective》と全く同じものである。各々の透視図は，測点の位置の相違に応じて生じる肌理の変形（変換）である。例えば，肌理の間隔（或いは，密度）の勾配は，異なるだろう。しかし，それは同じ肌理である。ほとんどの場合，隣接する肌理の構成要素の序列構造は，あらゆる投影において維持される。構成要素間の距離と角度にだけ，変化が生じるのである。環境に存在する，光を反射する立体が，物理的連続性を維持する限り（しかもこの場合に**限って**），投影の中にも光の連続性が存在する。対象は，なぜ現象的に恒常であるのか。また，現象的環境は，なぜ我々が移動している間も安定して見えるのか。これらの謎への最終的な解答は，まさに刺激の中に見出せるのではないだろうか。このように私は提案したい。

## 結論

光が事物に関する情報を伝達する《convey》という仮説の正当性を立証しようと試みた。両眼非対応《binocular disparity》，色の恒常，起伏，陰影，距離の推定などに関してもここで論じることは可能ではあったが，敢えて触れなかった。光は，投影という機能を持つがゆえに，ある個体が一生の内に探索し抽出できる以上の情報を含んでいる。照明条件が最適であれば，一般には，知覚を成立させるのに充分な量を超えた（つまりは冗長な）情報が存在する。しかし，饒舌でくどい話し手とは違って，光は無限の含意に満ちた言い回しを好む。空気が澄んでいるならば，光に含まれる情報は全く明確であり，その情報を抽出するのに失敗するとすれば，その非は我々の側にあるのだ。

# 1.2 生態光学

## 第1部：生態光学*

人間や動物には，眼に与えられる刺激作用によって成立する活動がある。このような活動を理解することが，視覚研究の包括的な問題である。それは，波長・強度・フリッカー〔訳者註：光の点滅。点滅か継続的点灯かの弁別閾は，疲労の指標として用いられる。〕などの弁別のような問題だけでなく，面・形・空間・運動などに関する研究も含む。このような広い意味での視覚を理解するためには，事実に即して述べれば，文字通りの「古典的な」光学では不充分である。古典的な光学からは，厄介な問題や理論上の矛盾が生じてしまう。視覚研究者は恐らく，物理学から借用してきた，光に関する基本的な仮定のいくつかについて，再検討を迫られるだろう。

周知の通り，物理光学の大部分は，視覚の研究には適さないばかりか，無関係ですらある。光学機器の設計を支える理論は，非常に重要ではある。しかし，それを借用して眼に当てはめることは不可能である。眼は光学機器では**ない**からだ（とはいえ，どの教科書も眼を光学機器に喩えている）。眼は，当然，全ての光学機器に先立って存在しており，光学機器とは相容れるところを持たない。光学機器というものは，結局のところ，眼を通じて利用されることを意図して制作された装置である。

眼に適した刺激は光だ，という通念がある。事実，以前から知られている通り，下等動物に見られるような類の光受容器に相応しい刺激は，その受容器に当たる光である。どの程度の波長や強度の光が受容器に興奮を引き起こすのか，

---

* *Vision Research*, 1961, *1*, 253-262.

その有効範囲が測定されてきた。このような考えに立てば，「高等動物の眼に相応しい刺激は，光受容器から成るモザイクに当たる光である」と仮定するのはたやすいことである。しかし，この類推は誤りである。というのも，眼にとって特徴的な活動は，単一の光受容器の活動などではないからだ。脊椎動物や高等軟体動物のカメラ眼も高等昆虫の複眼も含めて，眼というものがあるがゆえに，眼の所有者たる生物は，光にだけでなく光を反射する事物にも反応できる。そのような眼を刺激するのは，正確には何なのか。眼は何を受け取るべく自ずから適応したのか。神経細胞から成るモザイクではなく一個の器官と捉えたとき，眼は何に対して感受性を持つのか。その答えが“光”だというのでは，余りにも単純すぎる。もっと的確な答えが必要である。私はまず，「眼は**包囲光**《*ambient* light》を取得する」という答えを提案したい。そしてこの論文では，以下，この答えを練り上げていく。

“包囲《ambient》”という語を選んだのは，光が個体を全面的に取り囲んでいることを示したいからである。私が言いたいのは，それだけではない。特に言及しておきたいのは，空間内のある位置に全方向から届く光についてである。このような光は，個体がその位置を占めていようがいまいがその位置に届いている。この光が，全方向で同じ強度を持つのではなく，方向に応じて異なる強度を持つ場合，これを**光配列**《*optic* array》と呼ぶことにする。「配列」の語を選んだのは，強度の変化が**配置**《*arrangement*》を構成しているからである。

我々が生きている世界は，主に空気と面からできているが，そこでは，空気は光を通し，面は光を反射する。面は光を乱反射するのであって，一様に規則正しく反射するのではない。自然界には，鏡のように規則的に反射するものは，希にしか存在しない。さらに，面による反射は，ある面から別の面に向かって，さらにまた別の面に向かって，多重に生じる。このような乱反射と多重反射の結果として，光を伝える媒質の中に，反射し合う光学的流動が生じる。光線を単位として分析すると，そのような「反射し合う光学的流動」は，光線束が密集し交叉する網状構造を成すと言える。光線束は，共通の一点に集まる光線の集合と定義できる。光線束には，散開するものと収束するものの二種類があろう。散開する光線束の例は，面の上にある点光源から放射された光である。収束する光線束の例としては，媒質中のある観察点《point of observation》に達する光を挙げられる。前者の状況を“放射《radiant》”，後者の状況を“包囲”と呼べるだろう。普通に照明された環境に存在する，収束する光線束の各各が，光配列である。

点光源から発する放射光線束を物理エネルギーとして扱ったり物理エネルギーとして測定することには，何ら問題はない。しかし，観察点に達する収束光線束は，エネルギーそのものとしてではなく，**潜在的に刺激する**エネルギーとして扱うべきではないか。そしてそれは，物理エネルギーと同じ方法では測定できないのではないか。包囲光の光線は，放射光の光線とは異なると考えるべきだ[1]と提案したい。

包囲光に関する知見は，光学や関連諸学の領域において充分に理解されてきたとは言い難い。遠近法（或いは，透視幾何学）に関する書物の中では，包囲光も多少は顧みられてはいる。しかし，遠近法は早くから完成された領域であり，画家や建築家が絵画を制作するという目的に適った一群の規則が確立されている。これらの特殊な規則は，**絵画面**《*picture plane*》と**測点**《*station point*》に当てはまるものだ。我々は，これら絵画的遠近法の特殊規則を，環境の眺望《perspective》に関する普遍的研究にそのまま当てはめて事足れりとしてはならない。絵を見ることは，環境を見ることと，決して同じ問題ではない。しかし，多くの研究者には，これらを混同する傾向があった。

上に述べた状況は，スクリーンに画像を映写する技術に関しても，程度に差はあれ暗黙のうちに成立している。**投影**《*projection*》という概念は，一点で交差する光線束という発想に基づいており，対象とその像との対応を分析することに繋がる。抽象的に捉えれば，投影という概念は，射影幾何学の基礎である。しかし，遠近法も射影幾何学も，視覚という問題に，直接には関係がない。「光が眼を刺激すること」を表すのに“投影”の語を用いるのは，不適切である。眼に光が入るのは，投影というよりも投入《introjection》と呼ぶべき事象だからである。照明工学もまた，応用面において，上に述べたのと同じ基本

1)　詳細については，Gibson（1979a, p. 48ff.）を参照されたい。（編者註）

的状況に直面しているが，理論的な検討や展開[2]は，まだ行われていないようである。

このような考察を経て，私は次のような確信に至った。即ち，心理学者・生理学者をはじめ，視覚に関心を持つその他の領域の研究者は，直面している問題に見合った特別な分野を光学の中に打ち立てようと試みるべきである。その特別な分野を，私は，**生態光学**《*ecological optics*》と呼びたい。生態光学では，眼に対する刺激として有効な光の特性に専ら関心を注ぐことになろう。生態光学は，ある種の物理エネルギーを扱うという意味では物理学である。一方，この物理エネルギーである光と（光を反射する）具体的な環境との関係を問うという点では，生態学的だと言えよう。以下，生態光学の前提であるいくつかの仮定を敢えて示しておきたい。これらの仮定を読めば，視覚に関して私が行っているような類の実験の根底にどのような主張があるのか，容易に理解いただけよう。また，これらの仮定は，私以外の実験者にも役立つことが解ってもらえるかも知れない。しかし，そのような私の目論見が外れたとしても，少なくとも光学理論の再検討を促すことには繋がるだろう。

## 1. 光配列の概念

生態光学は，次のような基本仮定に立脚している。即ち，高等動物の眼に相応しい自然界の刺激は，私が提唱した**光配列**《*optic array*》である。光配列とは，照明された環境を満たす透明な媒質中の任意の位置に収束する光で，方向に応じて異なる強度を持つ。光のスペクトル組成が異なれば，それに伴って強度も異なる場合がある。幾何学的には，光配列は，一点に収束する**光線**の束である。この光線は，肌理を持つ面から出発し，収束する一点とは，眼の結節点である[3]。光線は，観察点に収束するだけでなく，反射点（或いは，発光点）から散開する場合もあることについては，既に述べた。しかし，散開する光線束は，光配列では**ない**。光配列に必要不可欠な条件とは，パターン或いは

2） Benedikt（1979）は，これらの問題について建築構造との関連で検討し始めている。（編者註）
3） これは，後出の“生態光学に関する覚え書き（A Note on Ecological Optics）”における論考のうち，最も重要な主張である。（編者註）

構造が備わっていることである。放射光線束には，パターンはない。

照明された環境を満たす媒質が透明ではない場合には，即ち，霧や埃のために光の反射流動が全体に拡散する場合には，光配列は，媒質の中に存在し得ない。同様に，完全な暗黒中では，光配列は，成立し得ない。

### 刺激としての光配列

上記の仮定には，驚く読者もいるだろう。光配列は，空間的にも時間的にも広がっている。これに対して，“刺激《stimulus》”という語からは，（針でひと刺しするような）何か点状の，瞬間的にしか存在しないものが思い起こされる。光配列は，眼の外にある。それが突然一斉に作用するなどということは，あり得ない。特に，光配列の概念は，「網膜像が刺激である」という通念に抵触する。しかしながら私は，次のことを指摘しておきたい。我々は今，この刺激という語の意味そのものを再検討しているのである[4)]。

「ある感覚器官は，刺激を受け取ることができる」と想定することは，ちょうど，「単一の受容器細胞は，刺激を受け取ることができる」と想定するのと同じように，理に適っている。だとすれば，感覚系《sensory system》全体も，刺激を受け取ることができると考えられる。感覚器官にも受容器細胞にも，或いは感覚系全体にも，各々に相応しい刺激作用の水準（或いは，規模）がある。光配列は，眼のシステム《ocular system》に相応しい刺激である。網膜像は，それだけを単独に採り上げて考えれば，網膜に相応しい刺激である。しかし，網膜像に捕らわれる余り，他の諸事実を排除してはならない。一つの眼が受け取るのは，ある時点における光配列全体のうち一つの**セクター**《sector》だけである。しかし，これから述べる通り，能動的に動き回る動物の眼は，いくつかの方法で，球状の光配列全体に応答できる。周知の通り，光配列に対する人間の最初の反応は，その人間が目覚めているならば，光配列に焦点を合わせ，配列を凝視し，その強度を調節し，そして特に，配列を**探索する**ことである。光配列は，**潜在的な**《*potential*》刺激である。さらに，**点状の**

4)　この考察では，「視覚を成立させる刺激は何か」という問題と「網膜像とは何か」という問題とが分離されていない。4.3章［本書4.1章］では，刺激の概念のみについて検討しており，網膜像の概念については，1.6章［本書1.3章］と2.6章［本書2.3章］で論じている。（編者註）

《*punctate*》刺激ではなく，**至る所に普く存在する**《*global*》刺激である。

網膜に与えられる刺激作用と，眼に与えられる刺激作用とは，区別しなければならない。前者は眼の内側にあり，後者は外側にある。（人為的に網膜像を“静止”させて）人間の網膜に一定の像を呈示し続けると，刺激は，短時間のうちに全く効果を失い，見えなくなる。しかし，一定の光配列を眼に呈示し続けても（これは自然界ではごく普通の状態だが），そのような結果にはならない。眼の動きが，それを妨げるのである。網膜への刺激作用と眼への刺激作用とが異なることを示す根拠は，もう一つある。即ち，昆虫の複眼と脊椎動物のカメラ眼とは，共に光配列に応答できるが，網膜像が生じるのはカメラ眼においてだけだという事実である。つまり，光配列は，全ての動物の視覚にとって不可欠な特徴であるが，これに対して網膜像は，一部の動物でだけ生じるのである。

視覚を生じる刺激について論じる際には，同時作用と継時作用を区別しなければならない。頭部の両側面に眼があって広い範囲を眺められる眼のシステム《panoramic ocular system》を備えた種の動物にとっては，光配列全体が（或いは，ほぼ全体が）同時に刺激となる。我々人間のような，両眼が前方を向いている動物にとっては，光配列は測点《station point》に物理的に存在するが，継時的に重なり合うセクターとしてサンプリングされなければならない。要するに，ある一定の姿勢を動物がとっている場合に，単眼は，光配列の半分しか受け取れないが，眼のシステム《ocular system》は，光配列全体を取得できるだけでなく光配列を探索することもできる構造を持っている。どちらのメカニズムによっても，動物は，環境に対して反応できる。神経系は，どのようにして，網膜における入力の継時的パターンを統合して入力の同時的パターンと等価なものに作り上げるのか。このことは，もちろん問題である。

眼は，動物の種によって様々に異なる。しかし，動物にとって自然な刺激は，光配列，即ち，「包囲光に含まれる**差異**」である。これは，視覚を成立させる“充分”条件である。このような関係の下で，何百万年にもわたる進化を経て，眼は発達してきた。もちろん，あらゆる種類の人為的な（或いは，“不充分”条件としての）刺激が，眼に与えられる場合もある。我々が視覚を研究するために行う実験も，その例である。人為的な刺激には，自然界に存在する刺激と，全く異なるものもあれば，似ているものもある。極端な例を挙げれば，網膜の興奮は，電流を用いても引き起こせる。被験者が実験者からの言語命令に従って眼を開けていてくれるならば，一定の光線を眼に（ひいては，網膜上に）投じることができる。或いは，画像を眼の前に呈示して，自然な光配列を再現することもできる（現前するのとは異なる環境に向かって開いた，一種の窓だと言える）。これは，心理学者が好んで用いる方法である。単眼或いは両眼に達する光線を制御する方法は，無限にある。視覚に関する精神物理学実験は，際限なく可能なのだ。しかし，実験のために光学装置を組み上げる際にも，眼はどのような種類の刺激を取得するように出来ているのかを念頭に置くべきである。

#### 様々な測点における光配列の集合

眼を持つ動物は，環境内を動き回る。一般に，ある位置における光配列は，任意の他の位置における配列とは異なる。つまり，位置に応じて配列のパターン同士は互いに異なるのである。このことが成り立つのは，視差《parallax》の法則と透視図《perspective》の法則による。二つの異なる位置から見た外界の“透視図”が全く同じだということは，あり得ない。ある静止した光配列が別の配列に変化すること自体が，眼のシステム《ocular system》にとって一種の刺激だと仮定される。複眼も含めて全ての種類の眼が“動き”を感じ取れることが知られているので，この仮定は妥当だと言える。私はさらに，「移動しつつある視点に存在する光配列は，静止した視点に存在する光配列と全く同様に，有効な刺激である」と仮定したい（Gibson, 1958b）。

ある環境において，一つの光配列が別の配列へと変化する。このような変化の集合は，帰するところ，動きつつある光配列の集合と同じである。両者は共に，環境に存在する全ての静止した光配列の集合**全体**と等価である。「静止した光配列の集合全体」は抽象概念であり，視覚研究者によりも幾何学者によく知られている。しかしこれは，有用な概念である。この概念を置くことで，ここで論じている環境に光学的刺激作用が永続的に潜在していると明言できる。この「光学的刺激作用」とは，もちろん潜在的刺激作用である。特定の動物や人間にとって事実上の（或いは，有効な）刺激は，潜在的刺激作用よりも少ない。動物や人間は，自らが置かれている環境をどれだけ徹底的に探索したとしても，潜在的刺激作用の中から有効な刺激作用を発見し尽くすことはできないのである。この「眼に対する潜在的刺激が環境に無尽蔵に蓄積されており，それを生活体が探索する」という考えは，視覚論にとって非常に有益である。

ある静止した光学的配置から別の配置へのパターンの変化は，「パターンの変形（変換）」と呼べる。身体の両側に眼があって広い範囲が見える眼のシステム《ocular system》を備えた動物にとっては，その動物の位置変化から生じる包括的な変形（変換）は全て，同時に存在する潜在的刺激である。この潜在的刺激は，恐らく，そのような動物の移動を制御する入力としてはたらく。両眼が前方を向いた，我々人間のような動物に関しては，問題はもっと複雑である。移動中の光配列の変形（変換）全体は，継時的なサンプリングによってのみ取得できる。しかし，両眼が前方を向いた動物は，両眼に与えられる僅かに異なる二つの光配列の間に生じる同時的な不一致（即ち，両眼視差《binocular parallax》）を，身体の前方で抽出できる。そして，このように両眼視差を感じ取れる能力は，明らかに他での不利を補償する強みである[5]。

## 2. 光配列の内容

光配列は，“光線《rays》”から成ると言われる。しかし，生態光学においては，光線を光の流れ《beam of light》と捉えてはならないし，ましてや幾何学的な線と同じ仮想の線だと考えてはならない。光配列は，一つの光の流れと次の流れとの間の推移《transition》と理解されるべきである。推移とは，配列全体にわたる光エネルギーの変化の軌跡である。二次元で考えると，光配列は，点の群からではなく，点の群同士の境界から成っている。従って，仮に光配列がいずれの方向に沿った推移も持たない場合には（即ち，光配列がエネルギーやスペクトル組成に関して均質であるならば），光配列は眼にとって刺激ではないばかりか，全く，配列と呼べるものですらない。推移を含まない包

5）前方を向いた眼と両側を向いた眼による視覚の相違という問題は，ここでの論述以上に複雑である。Hughes（1977）を参照されたい。（編者註）

囲光のエネルギーは，機器を用いれば測定できる。しかし，推移を含まない包囲光が眼を刺激して本来の眼の活動を引き起こすことは，決してない。この推論を支持する知見が，多数得られている。

「光の流れは，ほとんど存在しないくらい細くなってもなお，一定の強度とスペクトル特性を持つ」と想定すると，面倒なことになる。このような虚構は，幾何光学にとっては有用かも知れないし，屈折力を持つ媒質を通過する光線の通り道を辿るには便利かも知れない。しかし，光の流れは眼を刺激しないのである。生態光学でいう光線は，推移の軌跡であるから，純然たる幾何学において光線に想定されているように無限に密集することはない。生態光学は，波動や素粒子といった問題にも，屈折・反射・回折の諸法則にも関わる必要はない。生態光学で論じるべき基本問題は，光配列に存在する，縁・境界・コントラスト・比率・差異・肌理である。

従って，光配列の刺激特性は，大まかに「光配列の構造」と呼ばれているものによって規定される。光配列には，ミクロな構造とマクロな構造の双方が備わっていよう。普通，日中の光には，弧の単位で「秒」の水準に微小構造，「分」の水準に粗大構造がある。全体としての構造は，「度」で計られる水準にある。屋外では，光配列の上半分は空から，下半分は地面から生じる。この場合，微小構造は，非常に小さな（或いは，非常に遠い）物から発した光線に対応する。一方，全体としての構造は，非常に大きな（或いは，非常に近い）物から発した光線に対応する。このように，構造は，複数の水準を成していて，眼がしかるべき位置にあってこれらの水準を抽出すべく待ち受けているか否かに関わりなく，存在する。眼が，複数の水準にある構造をどのような制約条件の下で取得するのかは，別の問題である。そのような制約条件は，その動物にどういった種類の眼が備わっているかに応じて規定されるのであり，生態光学によって規定されるのではない。

光の構造と物質の構造とを混同してはならない。焦点を合わせ得る光学的肌理と，その光を反射する面の肌理とは，同じではない。但し，前者は，重要な点で後者に**対応する**場合が多い。空間における不透明な物質の配置と，光配列における明るさの推移との厳密な幾何学的関係は，生態光学によって解明されなければならない。

視覚刺激を，光の点そのものとしてではなく「光の点同士の間の推移」と定義することには，非常に好都合な面がある。この定義によって，視覚研究の実験で，物理学から借用した絶対強度ではなく相対強度を用いることに根拠が与えられる。生理学者は，視覚にとって基本的な刺激は，単一の受容器に作用する，波長の面でも強度の面でも範囲が限定された，細い光線だと仮定していた。生理学者はさらに，これらの基本的刺激とその効果に関する知見から視覚の全てを明らかにできると想定していた。生理学者のこのような研究計画は，私の見る限り，失敗に終わったようだ。刺激としての光配列は，広い範囲に及ぶ光の強度（即ち，照度）とは無関係である。この事実から出発していれば，生理学者は，もう少しましな結果を得ていただろう。正午から日没まで，**コントラスト**は変わることなく同じである。光エネルギーに関してのみ，しかも断片的に捉えた場合にだけ，光配列は，正午から日没にかけて変化する。この仮説は，測光や放射測定の知見を軽んじていると解されるかも知れない。光の測定に関して，長々述べるつもりはない。ただ，次のことを指摘しておきたいだけである。即ち，単眼を用いる方法で光を測定する試みは，現在多数行われているが，それらはいずれも，重大な問題を孕んでいるのではないだろうか。正午と日没は，確かに違って見える。そして，我々の眼はある程度，光受容器としての機能も持ってはいる。しかしそれは，我々の眼の**特質である**機能ではない。

## 3. 光配列に含まれる刺激変数

ニュートン以来，“光”の最も重要な刺激変数は，波長と強度（或いは，エネルギー量）だと考えられてきた。これらの変数は，基本的な物理学の単位によって測定できる。色相は波長と，明るさは強度と，それぞれ精神物理対応《psychophysical correspondence》を成している。彩度は，波長の“純度”か何かの測度と対応しているが，これも考えに入れるならば，色という感覚経験について基本的だと考えられる三つのディメンションが得られる。光の流れ《beam of light》は，これら三つの物理的側面において変化し，これに対応して，光によって経験される色の点も，三つの側面について変化する。そこで，視覚は色の感覚に基づくと考えられるようになる。この定型的な見解は，単純であり，しかも単純な物理的測定値と関連づけられている。しかし，この見解には，次のような難点がある。即ち，この考えにどれだけ修正や補足を加えても，視覚の全ての事実に当てはまらないどころか，色覚の事実に限っても全てには当てはまらないのである。生態光学の考えでは，視覚にとって本質的な刺激変数は，光の流れの中には存在し**ない**し，そのような刺激変数は，波長やエネルギー量では**ない**。刺激変数は，光配列に依存して規定され，配列の構造を分析することで見出されるのである。確かに，構造やパターンといった変数は，それほど容易には，基本的な物理的測度に関連づけられない。これらの変数は，厳密さに欠けるような印象を与える。しかし，旧来の理論が不充分であるならば，新しい理論に基づく探求を始めなければならない。“色”が視覚の説明にならないのであれば，“パターン”が視覚の説明になるのか否か検討しよう。そうすれば，恐らく，色の現象も視覚の説明に関わることが明らかになるだろう。別の言い方をすれば，眼がどのように機能するのかを理解しない限り，網膜がどのように機能するのか，我々は恐らく理解できないだろう，ということである。

自然な光配列に含まれる推移《transition》は，主に強度の推移である。これは，環境の配置《layout》，環境の化学的・構造的組成，環境に存在する固体・液体・気体に与えられる照明，の三者によって規定される。つまり推移は，縁《edges》，隅《corners》，その他の反射面の不規則性によって規定されるのである。強度の推移は通常，スペクトル組成の推移（照明のスペクトルを基準としたときの波長分布の変化）を伴うが，それは二次的な推移である。従って，光配列の基本的変数としては，次のようなものが挙げられるだろう。

(a) 推移の急峻性（境界の“鮮明さ《sharpness》”と大まかに呼ばれている）。推移が急峻でない場合には，明から暗へのなだらかな変化《penumbra》になり，推移が最も急峻な場合には，明確な縁が生じる。この変数をどのように測定するかは，依然として問題である。

(b) 推移の量。この変数は，隣接する強度同士の絶対的な差分としてではなく，それらの間の比として測定されよう。

(c) 境界線の形（例えば，直線形，曲線形，尖った形）。

(d) 境界線が閉じているか否か。

(e) 推移の密度，即ち，光配列の単位角あたりの推移数。

(f) 推移の密度変化。また，密度の変化率。後者が，肌理の密度《density of texture》の“勾配《gradient》”である。

(g) 他の境界線を基準とした，ある境界線の動き。或いは，全ての他の境界線を基準とした，各境界線の動き。後者は，変形（変換）《transformation》と呼ばれる。動きの勾配《gradients of motion》も存在し得る。

(h) 光配列の閉じた境界線の内側における，推移の有無。

このリストは，無限に拡張できるだろう。ここには“主だった”変数だけを挙げておいた（これについては，後にさらに詳しく述べる）。これらの変数はみな，実験によって分離され，有効な刺激であることが確認されている。ただしこれらは，たまたま私自身が検討を加えた経験がある刺激ばかりであり，光配列には他にも多くの潜在的な刺激が存在する。

## 4. 光配列に含まれる刺激変数が伝達する情報

上のように定義すると，光配列の諸変数は，光の源である環境に関する情報を伝達する《carry information》と言える。これが，生態光学の根幹を成す仮説である。“情報を伝達する”という言葉で私が表現したいのは，次のことだけである。光配列（殊に，動きつつある光配列）に含まれるいくつかの変数は，縁・面・事物・場所・出来事・動物などの何らかの特性と（即ち，環境の諸事実と）対応する。これらの変数はもちろん，環境の諸事実を，模写する《replicate》のではなく，特定する《specify》だけである。

この仮説に検討を加えることは充分可能であるから，この仮説がどの程度正しいのか（或いは，誤っているのか）を明らかにできる。問題は，どの学問領域にも，この仮説の検討（即ち，光学的刺激と自然界に存在するその源との結び付きを見出すこと）という責務を担おうとする動きが見られないことであった。これは，生態学・光学・生理学・心理学の連携に委ねられるべき課題である。いわゆる，知覚の「手がかり」に関する思弁的な理論はたくさん立てられてきた。しかし，「手がかり」が実際に対象を指し示すのか否かについて，実験的な検討は全く行われていない。故エゴン・ブルンスウィック（*Egon Brunswik*）は，手がかりの“生態学的妥当性《ecological validity》”に関する研究の重要性を説いたが（1956），彼の主張に耳を傾けた者はほとんどなかった。しかし，ブルンスウィックは，“近”刺激と“遠”対象との間に見出される可能性がある唯一の関係は，統計的な確率だと考えていた。そして，このことによって，問題は非常に厄介になったように思われる。私には，近刺激と遠対象との間に確率論的関係しか存在しないなどとは考えられない。確率という要素も考慮からは恐らく外せないが，光配列の概念は，統計学にではなく幾何学に立脚して問題を提起しているのである。

光配列に含まれるいくつかの変数が何らかの環境の事実を特定する際の法則として，ほとんど確実なものがある。これらには，詳しく検討を加える必要がある。手始めに，仮のリストを掲げておく。

(a) 光配列のうち，鮮明に区切られたセクターは，外界に存在する対象を特定する。一方，明から暗へのなだらかな変化《penumbra》は，外界に存在する陰を特定する。

(b) 光配列のうち，肌理を持つ小領域は，外界に存在する，進路を塞ぐ面を特定する。これに対して，均質な小領域は，空を特定する。両者の相違は，“表面色の質《surface quality》”と“面色の質《film quality》”との相違である。

(c) 光配列の小領域の肌理の種類によって，その面を構成している物質の種類（水・砂・ガラス・火など）が特定される。

(d) 光配列に含まれるまっすぐな境界線は，外界に存在するまっすぐな縁を特定する。光配列内の角《angles》は外界に存在する角を特定し，光配列内の曲線《curves》は外界に存在する曲線を特定する。但し，対象の形状《shape》は，光配列における形《form》によっては特定されない。

(e) 光配列に含まれる，**同種の**肌理によってできている密度勾配は，連続した面が観察者から遠ざかって行く方向を特定する。

(f) 光配列全体のパターンと肌理に生じる変形（変換）は，測点の移動を特定する。

(g) 光配列の中の，肌理を持ち境界線で囲まれた小領域だけに生じる変形（変換）は，外界に存在する対象の位置の変化を特定する。

確かに，このリストには新たな項目を付け加える余地があるし，これらから「どのような光学的変数は環境の事実を特定し**ない**のか」を示す法則を論理的に導くこともできる。例えば，光学的な大きさは，対象の物理的な大きさを特定しない。しかし，拡大は対象が観察者に近寄ることを，縮小は対象が観察者から遠ざかることを，かなりの信頼性をもって特定する。光配列の小領域の強度が，外界に存在する一つの面の反射率を特定することはない。しかし，光配列全体にわたる相対的強度は，面の全体的配置の相対的反射率を特定するであろう。「刺激は，環境に関する情報を示す」と素直に考えると，ある刺激が環境に関する情報を示さないことが明らかになる場合に，情報を示す他の刺激群が見出されるだろう。「“光”には情報が含まれていないので，光によって外界を認識することは不可能である」などと結論する根拠は，存在しない。

**光配列の変形（変換）の下での不変特性**

ある位置における光配列は，他の位置における光配列とは異なる。さらに，目覚めている動物は，常に動き回っている。この二点については，既に述べた。視点が横方向に僅か 2.5 インチ［訳者註：人間の標準的な瞳孔間距離で，約 6 センチに相当する。］移動するだけで，光配列の構造に変化が生じる。網膜像に関して言えば，これは，“両眼非対応《disparity》”と呼ばれている。何らかの測点移動によって生じる，形や肌理の変化について検討しよう。測点移動の際には，光配列の特性の一部だけが変化する。全ての特性が変化するのではない。そのような配列は，**可変**《*variant*》特性と**不変**《*invariant*》特性を持つ。即ち，“変数”には，変化するものもあれば，変化しないものもある。この，「不変の変数」とでも呼ぶべきものは，まだ特定され列挙されてはいないが，それは可能であり，そうすることが生態光学のもう一つの課題でもある。

射影幾何学から明らかな通り，ある形に遠近法に基づく変換が加えられた場合，その形の特徴には，変化するものとしないものがある。同じ規則が，光配列の全体構造にも当てはまる。

不変特性（不変項）を分離して個別に検討しなければならない理由は，不変項が潜在的刺激だからである。可変項と不変項とを，明確に区別する必要がある。旧来の理論では，次のように考えてきた。眼に与えられているパターンに変化が加えられると，それは，眼にとっては，単にそれまでとは異なる新たな刺激だというのである。このように考えると，不変特性の本質を的確に捉えることはできない。不変特性は，変わることなく一定であり，それゆえ**同一であり続ける**刺激である。不変特性は，変化しない対象や堅い面の印象の基礎になり得る（Gibson & Gibson, 1957）。この見解に従えば，光配列に含まれる可変項は，対象の動きや個体の動きを特定すると考えられる。一方，不変項は，環境の配置の永続的特徴を特定する。この点が，旧来の理論とは全く異なるところである。

古典的説明では，現象的対象の形の恒常性や大きさの恒常性は，何らかの高次心的過程によると考えてきた。しかし，それについて何も実証されてはいない。実際には，対象のみの恒常性ではなく，現象的環境全体の恒常性こそが問題なのだ。その意味での「恒常性」は，視覚研究の重要な課題である。私がここで提案した理論は，空間における対象の恒常性だけでなく，現象的空間の恒常性をも説明する。色の恒常については述べなかったが，照明の変化の下での不変項を検討することによって，同じ考え方で説明できると思われる。

「視覚による移動の制御と，運動対象の知覚」という問題に，心理学者は，ほとんど言及してこなかった。動きつつある光配列の可変特性が不変特性と分離されるとき，どのような事柄が不可欠な刺激情報であるのか，明らかになるであろう（Gibson, 1958b）。

## 5. 光配列の仮説から導かれること

光に関する上記の仮説に立てば，旧来の理論に生じた難問のいくつかが解明され，新しい実験の着想が導かれる。この仮説の長所として挙げられるのは，下記の通りである。

1. 光配列の概念を採用することで，感覚か知覚かの選択を迫られることなく，視覚を研究できる。様々な知見をすべて感覚と知覚という二つのカテゴリーのどちらかに分類することは不可能であるし，この理論的な区分そのものも，やがては無意味になるだろう。例えば，色の知覚や面の知覚については，両者相互の関係を考慮しつつ検討する必要がある。

2. 高次の光学的刺激を明確にすることによって，以前は“知覚的”と呼ばれていた経験の質に関して簡潔な精神物理学実験を行うことが可能になる。例えば，光学的な肌理の勾配を，傾き・奥行きの印象を規定する刺激として用いることができる。

3. 光配列によって，刺激エネルギーの**絶対的**規模だけでなく，眼に入る光の**相対的**規模を明らかにできる。また，周波数や強度ではなくパターンや順序《sequence》を系統的に変化させる，新しい実験の着想も得られる。例えば，光学的変形（変換）のいくつかのパラメータは，刺激として使える。

4. 面から光配列が発するという考えによって，“第三の次元［訳者註：奥行き］は，いかにして生じるのか”という古くからの理論上の謎が解決される。

5. 光配列の概念から，近刺激と遠刺激源との関係に関する理論が導かれる。これによって，大きさの恒常性，形の恒常性，色の恒常性といった諸問題を，新しい視点から捉え直すことが可能になる。そして，恒常性の諸問題は，ほとんど解明されていない何らかの心的活動の表れとしてではなく，視覚の特性として扱われることになる。

6. 光配列の概念によって，網膜像は，その本来の位置に戻される。つまり網膜像は，カメラ眼を持つ動物における，「見ること」という過程の一つの段階と捉えられるのである。

7. 光配列の概念によって，網膜像を絵画《picture》のようなものと捉える誤った類比は打破され，網膜像と絵画との関係が明らかにされる。絵画とは，自然界の光配列の一部を人間が再現するための手段である。

8. 光配列の概念を採用することで，絵画として理解された網膜像に関する積年のパラドクスをいくつか回避することもできる。例えば，両眼からの入力が二重であろうが単一であろうがそれに煩わされることなく，結合した両眼のシステムにおける情報抽出《information pickup》を検討できるようになる。

9. 光配列の概念を採用すると，眼の反応と網膜の反応とを，それぞれ個別にではなく，相互に影響を及ぼし合うものとして，検討せざるを得なくなる。定位したり探索する眼球運動は，網膜の構造と相俟って発達したのである。

10. 最後に，潜在的刺激としての光が環境に関する情報を伝達することが，生態光学で実証されるならば，「外界に合致した《veridical》知覚はどのようにして生じるのか」という古くからの問題は解決される。

## 6. 要約

以上，ここでは，光に関する旧来の仮説を修正して視覚研究をさらに進める方法を，試論として提案した。私はこれらに，“生態光学”の名を冠した。光配列を定義した上で，以下の通り，三つの主要な仮説を立てた。

1. あらゆる居住可能な環境には，その環境が照明された場合，光配列の集合が存在する。
2. 局所的な光配列の構造と局所的環境の構造との間に，また，光配列の集合と環境全体との間にも，何らかの対応がある。
3. 一つの光配列や光配列の集合には構造があり，その構造が持つ諸変数は，眼のシステム《ocular system》にとって潜在的刺激である。

これらの仮説によって，視覚研究に，全く新しい基盤が提供される。これらの仮説から，一つの仮定が導かれる。それは，常識では受け容れられそうな仮定だが，視覚研究者らはこれを排除しなければならないと考えてきた。

即ち，「眼のシステムは，本質的に，光配列の集合に含まれる，環境に関する情報を取得するための機構であり，そのような情報を取得することで，眼のシステムは環境に見合った行動を制御することが可能になる」という仮説である。

## 第2部：生態光学に関する覚え書き*

ボイントン（R. M. Boynton）は，前章において生態光学（生態光学は，現在まさに発展しつつある学問領域である）について自らの見解と批判を展開している。批判は歓迎するが，生態光学に関する彼の理解は余りにも不完全であるので，無礼との誹りを免れないかも知れないが，敢えてこの機会にその点を指摘しておきたい。

生態光学に関する一章を設けて，それを私自身が執筆することも可能ではあった。読者の中には，私がなぜそうしなかったのか不可解に思われる向きもおありだろう。その理由は，生態光学について，一つの章で論じ尽くすことはできないからである。生態光学は，視覚の科学の特殊な一領域という状態に甘んじることなく，それを超えてさらに進むことを目指している。生態光学は，もっとラディカルであり，もっと大きな可能性を秘めている。生態光学は，新しい視覚論の基礎であるが，一方，生態光学自体もまた，知覚対象である環境に対する新しい捉え方に立脚している。生態光学は，「認識はどのようにして成立するのか」という歴史ある問題に，新しい答えを示す。生態光学によって“視覚の科学が発展する”というのは疑わしいと思う。むしろ，視覚の科学に混乱を招く可能性の方が高いのではないだろうか（もちろん，混乱が時には進歩である場合もあるが)。これらの理由から，生態光学については，視知覚に関する一冊の書物全体をその議論に費やす必要がある。そして，そのような書物[6)]が間もなく出版される予定である。

私は次のように主張する。光学の分野でこれまで確立されてきた様々な研究領域は，視感覚《visual sensation》の研究には適しているが，視知覚《visual perception》の研究には向いていない。視知覚は，我々が抱く感覚にではなく，光に含まれる情報に対する注意《attention》に立脚している。生態光学の使命は，包囲光《ambient light》の中に情報が**存在する**と実証することである。しかし，物理光学・幾何光学・生理光学は全て，「光の中に情報（即

---

* *The Handbook of Perception*, Volume 1. E. C. Cartrette & M. P. Friedman (Eds.) Copyright 1974 by Academic Press.

6) Gibson (1979a) を指す。(編者註)

ち，反射光の源である普通の事物に関する情報）は**存在しない**」という共通の前提に立っている。現代の知覚理論では，この問題を避けて通るための言い逃れが横行しているが，これは，決して避けて通れない問題である。そしてこのことは，生態光学が理論の上で決定的に重要な理由である。それは，どの種類の光学を受け容れるかによって，どのような知覚理論をとるのかが自ずから規定されるからである[7)]。

伝統的な光学の研究者は，感覚生理学の研究者と同様に，彼らが哲学的な問題と見なした件については性急に結論を下す傾向があった。彼らは，科学は事実の蓄積によって進歩するのであって，論争術によってではないと考えている。にもかかわらず，"我々は，対象・縁・面・肌理と視覚的に接触しているのではない。我々が接触するのは，光量子《photon》とだけだ（pp. 300-301）"というボイントンの主張は，彼が選択した認識論に主導されている。これは，全く哲学的な結論である。私は，この主張に賛同しない。ここには，ヨハネス・ミュラー（Johannes Müller）に遡る"視覚的接触《visual contact》"というメタファーへの誤解がある。"視覚的接触"について私は，著書『知覚系として捉えられる諸感覚（The Senses Considered as Perceptual Systems）』（Gibson, 1966b）で繰り返し論じておいた。これは，「我々に見えるのは（或いは，少なくとも**直接的**に我々に見えるのは）**光**だけである」との主張に繋がる。

生態光学の核心を成すのは，「ある観察点における包囲光配列《ambient optic array》」の概念である。包囲する光の**配列**は，包囲**光**《ambient *light*》とは，区別しなければならない。包囲光配列は刺激情報であり，包囲光は刺激のエネルギーである。ボイントンは，一点（これを"ボイントン・ポイント"と呼ぶことにする）に達する包囲光エネルギーの概念を一貫して妥当と認めているが，「純粋に関係性のみを持つ配列や構造」という概念には疑義を抱いている。ボイントンは，私がかつて光線によって配列を定義したことを批判しているが，この点では彼は的確である。"光線が密集し交叉する網状構造"という表現は，誤りであった。この言葉で私が表したかったのは，「生活空間にお

7）この主張について，Jones & Pick（1980），Mace（1974, 1977），Neisser（1977）が，さらに詳細な検討を行っている。（編者註）

ける照明の定常状態は，**投影**による」ということだけである。現在では私は，包囲光配列を，**光線**《*rays*》としてではなく，「隣接する**立体角**《*solid angle*》が入れ子になった集合体」として定義している。各々の立体角は，環境に存在する大小の面の各々に対応している。立体角同士は，輪郭や対比によって分離されている。私の考えでは，これらの輪郭は，数学的には明確であり，観察者に依存して変化することはない。このように定義すると，配列そのものは正午から日没に至るまで不変である。

生態光学では，輪郭や対比は光学的な事実であり，有効な視覚が成立するためには，強度よりも重要な役割を果たすと考えている。この考えに従うならば，「視覚系の何らかの機構は，輪郭を直接的に取得する」と仮定する方が合理的である。「視覚系はまず最初に，各々の輪郭の両側で，別々の強度を明るさの感覚として取得しておかねばならず，そうすることによってのみ，差異を検出できる」と考える必要はなくなる。これが，「視感覚は視知覚の成立に関わりを持たない」と述べる際に私が主張したいことである。私が視知覚に無関係だと言っているのは，感覚《sensations》であって，差異に対する感受性《sensitivity》ではない。ボイントンは，最近までの我々の多くと同様に，情報抽出の問題と感覚を持つことの問題とを同一視している。しかし，これは混同である。情報抽出の機構には，自ずから，差異に対する感受性が備わっている。しかし，情報抽出機構は，いわゆるセンス・データを取得し解釈するといった類のものではないのである。

ボイントンは私に賛同して，次のように述べている。“配列の分析にどのような抽出の仕組みが用いられていようと，情報抽出機構をことさら気にかける必要はない。知らなければならないのは，配列そのものについてだけである。”しかし，当然ながら私自身は情報抽出機構に関心を持たざるを得ない。私とボイントンとの相違は，次の点である。私は，包囲光配列の構造をサンプルする仕組みがあると考えたい。これに対してボイントンは，網膜上のモザイクから生じる神経信号の集合に作用する仕組みを想定したいと考えている。

私とボイントンは共に，眼をカメラになぞらえるアナロジーには疑義を抱いているが，網膜像の概念を有用とは一切認めない点で，私の方が彼より徹底していると言える。ボイントンは依然として，“網膜像の発見は，視覚の的確な理解にとって記念碑的な意義があった（Boynton, 1974, p. 290）”と考えている。私の考えでは，網膜像が重要なのは，カメラ型の眼に立脚した**脊椎動物**の視覚を理解する場合だけである。これに対して光配列は，カメラ眼や複眼など様々な構造の眼に立脚した視覚全般にとって，さらに重要である。つまり私が言いたいのは，像を結ぶレンズを備えたカメラ眼は，包囲光に含まれる情報をサンプリングする方法のうちの一つに過ぎないということである。各々が異なる方向を向いた管状受容器群から成る眼も同じ目的を達成するが，そのような眼には，焦点を合わせるレンズは備わっていないし，焦点の合った像も成立しない。従って，環境を見ることは，像の形成に立脚しているわけではないのである。この結論には，知覚観を根底から変えるような重大な意味がある。ボイントンがこの結論を受け容れるか否かは，私には全くわからない。

このことに関連して，ボイントンは，私の誤りをもう一つ指摘している。それは，1959 年に私が，包囲光配列を密集した光線群と捉えたことである。私は，「配列は“焦点を合わせ得る光線”から成る」と確かに述べた。レンズの備わった眼のことだけを考えて，“焦点を合わせ得る光線は決して収束せず常に拡散する。焦点を合わせるために光線を収束させるのはレンズのはたらきである（Boynton, 1974, p. 298）”という事実を忘れていたのである。ボイントンの言う通り，光線は放射する。収束するのは，立体視角《visual solid angle》の方である。しかし，私のこの誤りが 1966 年の著書にも継承されていると述べた点では，ボイントンの主張は正しくない。

ところで，現在では私は，光配列に含まれる全ての視角の頂点を，**測点**《*station point*》ではなく**観察点**《*point of observation*》と呼んでいる。その理由は，観察点が静止して《stationary》いることは極めてまれであるし，光配列の構造はほとんど常に固定されることなく変化しているからである。透視幾何学で言う「透明な面に投影された画像に対する測点」という概念を，生態光学における「包囲光配列に対する観察点」と混同すべきではない。両者は，私がかつて考えていたほど似通ってはいない。“遠近法の諸法則”は，光配列における不変項と同じではないのである[8]。

8)　3.3 章［本書 3.2 章］と 3.4 章［本書 3.3 章］を参照されたい。（編者註）

ボイントンは，包囲光も放射光と同様に光学においてしかるべき扱いを受けるべきだと考えるようになった。彼は，一点（**流れ込み点**《*point sink*》）に向かう強度ベクトルも，一点（**流れ出し点**《*point source*》）から発する強度ベクトルと同様に認識されるのではないかと提案している。このようにして物理光学から導かれた包囲**光**《ambient *light*》の概念は，新しい抽象的幾何光学から私が導いた包囲光**配列**《ambient *array*》の概念と，どのように関連しているのだろうか。これは，重要な問題である。私は，包囲光は刺激のエネルギーであり，包囲光配列は刺激情報だと考えたい。しかし，ボイントンはこの考えに賛同せず，私が提案した“幾何学的概念に，何か物理学の生命を吹き込みたい”と考えている。読者には，できればこれら相異なる見解同士の統合をお願いしたい。

生態光学の目的は，星や灯台やスペクトルの色が見えるのを説明することではない。また，光学機器の設計や眼鏡の機能を改善することでもない。生態光学は，目眩や残像とも無関係である。生態光学の目的は，動物がどのようにして環境（主に，照明を受けた面）を見るのかを説明することである。そして，残念ながら，このような説明は，これまで試みられることさえなかった。生態光学の関心は，「光そのものを見ること」にではなく，「光**によって**事物を見ること」にある。従って，私の考えでは，生態光学は，放射測定学・測光学・精神物理学といった諸学を**一つにまとめる**ことができ，生態光学自体の基礎を光配列の不変特性に置くことができる。これら，光配列の**不変**特性という幾何学的概念は，光量子の物理特性より明確に，実在世界に即していることが明らかになろう。

時間経過に伴って変化する光配列には，不変項が存在する。この点に着目することで，視覚研究者は，他の方法では扱えないような諸問題を検討できるようになる。伝統的な光学（つまり，物理光学・幾何光学・生理光学）では，不透明な面が散在する環境の中で我々が生きている（従って，ある観察点からは隠れていて見えない事物もある）という事実を，全く扱うことができない。しかし，生態光学からは，遮蔽縁，角張った縁と湾曲した縁，観察点の移動によって生じる遮蔽の変化などに関する研究が生まれてくる。ある対象の背面も，或いはその対象の背後にあった面も，観察点が適切に移動することで，見えるようになる。通例，一方の縁における遮蔽の解消《disocclusion》は，他方の縁における遮蔽を伴う。遮蔽の変化を特定する光学的推移《optical transition》については，詳細な検討が行われている（Gibson, Kaplan, Reynolds, & Wheeler, 1969)。この場合，知覚とは，別の面の背後にある面に関する知覚である。観察者は，付け加えられた奥行きを持つパッチワークを見るのではない。空間を見るのでもない。「地」の上の「図」を見るのでもない。観察者は，遮蔽された面を知覚する。但し，その際，その遮蔽された面に対応する感覚を抱くことはない。恐らく，遮蔽された面の知覚は，時間を貫いて存続する不変項に立脚している。

従って，静止した光配列と，我々が実際に知覚する，面が散在した環境との間には，一対一の投影関係は全くない。何らかの方法で抜き出した，環境の一部分に関する網膜像や絵画については，尚更である。我々が見るものは，投影でも網膜像でも絵画でもなく，面の配置《layout of surface》である。そして，このような面の配置の知覚を成立させる情報は，観察者が不変項に気づくことで得られる。不変項とは，観察者自身の探索的運動によって生じる光配列の変化の下でも変化しない事柄を指す。

# 1.3 生態光学を支える諸概念の歴史的背景：生態光学ワークショップにおける基調講演*

## はじめに

“生態光学”という学問の領域が誕生して，今年で10年になりました(Gibson, 1958b, 1961a, 1966b ; Purdy, 1958)。生態光学の成果を顧みるべき時期が来ています。ここでは最初に，私が自ら解決できなかった一連の難問について述べます。それらは，私が生態光学に転じるきっかけとなった問題でもあります。次に，我々や他にも生態光学に取り組むことになった人々が見出したいくつかの事実について述べたいと思います。三番目に，物理光学・幾何光学・生態光学の三者間の相違について私なりの考えを申し上げたい。私を含めて誰もが，種類の異なるこれらの光学を混同してきました。物理光学は，物理学の一部です。幾何光学は，光学機器の設計者が主に用いており，ほとんど数学に近い。そして，ご承知の通り，生理光学があります。私の知る限り，最初の『生理光学（Physiological Optics）』(Helmholtz, 1866) は，約100年前に出版されました。眼科学や視力測定法の基礎や，視感覚に関する研究の基礎を担うという面では，生理光学は，確かに大きな成功を収めてきました。しかし私の考えでは，生理光学は100年以上にわたって，知覚の諸現象を説明するのに失敗し続けてきたとも言えるのです。この講演の最後に，生態光学において，あ

＊　この論文は，ニューヨーク州イサカのコーネル大学で1970年6月に開催された，生態光学に関するワークショップの基調講演である。Anthony G. Barrand と Mike Riegle が，この講演の記録を文字原稿に書き起こし編集した。この原稿は，本書以前には出版されていない。

る程度一般に用いられている用語や定義の一覧表[1]を掲げることにします。これらの定義は，今回のワークショップの会期を通じて議論の下地となることでしょう。

## I

私が生態光学へと転じるきっかけとなったのは，どのような難問でしょうか。五つ挙げることができます。

1. メッツガー（Metzger）による等質視野（ガンツフェルト）の実験結果を解釈する際に生じる問題。
2. コフカ（Koffka）による近刺激《proximal stimuli》・遠刺激《distal stimuli》の分類が不充分であること。
3. 網膜上の肌理の勾配という，以前の私の考えに含まれる難点。
4. 知覚は刺激作用の関数として規定されるという常套句の欠陥。
5. 速度の勾配は網膜上で生じるという仮定の問題点。

これらについて，今からお話しします。多くのみなさんにとっては，なじみの深い問題でしょう。

最初は，等質な視覚刺激作用に関する有名な実験，即ち，いわゆるガンツフェルト実験の結果を解釈する際に生じる問題です。ガンツフェルト実験は，網膜像の光学的特性の面から，“全視野《total field》”実験とも呼ばれています（この呼び名を誤りだと考えているのは私だけですが）。メッツガー（1930）は，視野のほぼ全体を含み得る，非常に大きな，しかも肌理の細かい漆喰の壁を被験者の目の前に用意して，“何が見えるか”と尋ねました。照明を充分暗くしたときには，被験者は，“何も見えない”と答えました。（“霧，霞，空，何かそういった類のものが見える”と答えた被験者もいました。）コフカはこれを

1） これは，Gibson（1979a）に「付録 1」として示された一覧表の下敷きとなったリストを指す。このリストは，このワークショップで配布された。（編者註）

『ゲシュタルト心理学の原理（The Principles of Gestalt Psychology）』（Koffka, 1935, pp. 111-124）において，基本的な知見として扱い，以後，この実験の追試が繰り返されました（例えば，Avant, 1965；Cohen, 1957；Gibson & Waddell, 1952；Hochberg, Triebel & Seaman, 1951）。追試実験の結果には，多少とも相違はありましたが，それらの論文は皆，長大な考察を含んでいました。ガンツフェルト実験が意味するところについて，私の解釈を，“等質な光学的刺激作用と，それが視知覚にとって持つ意味について”[2)]と題した覚え書きに記しておきました。

既に述べた通り，メッツガーは，大きくて表面が滑らかな漆喰の壁に観察者を向かわせたのですが，これは原理から言えば劇場の円形パノラマに似ています。これに対して，私の実験で，最もうまくいった例では，光を拡散させる半透明のプラスティックの半球で瞼を覆いました。（ガンツフェルトに関する私の最初の研究では，半透明のガラスの半球で顔を覆いました。アイキャップや一種のマスクを使った場合もあります。）私が用いた器具に関して重要なのは，メッツガーの装置とは違って，被験者は水晶体調節《accommodation》が，困難というより全くできないということです。我々は，眼から 0.25 インチ前方，或いは鼻から 1.5 インチ前方の拡散面に対して，水晶体を調節して焦点を合わせることができません。水晶体調節は，私の実験条件では不可能でしたが，メッツガーの実験やその追試の多くでは，理論上は可能でした。パノラマ型のスクリーンと被験者との間に，実験によって異なりますが，2～4 フィートの距離が取られていたからです。これだけの距離を取ったまま水晶体調節を生じさせないようにするためには，スクリーン表面の塗装を非常に注意深く行い，漆喰の肌理を非常に細かくする必要があります。ごく小さな汚れがあるだけでも，実験は台無しになります。

私が言いたいのは，「眼の結節点に達する光に，多様な強度の不連続性がない限り，水晶体調節はできない」ということです。これはごく単純な事実ですが，光学や物理学のどんな教科書にも述べられていません。私は最終的に，こ

2）1969 年の未発表原稿。コーネル大学文書館蔵。製本された“青焼き本《purple perils》”が，1970 年のワークショップの参加者全員に配布された。（編者註）

の「眼が焦点を合わせられない光が存在する」という事実を理解しました。そしてそのことが，生態光学を展開するに至った理由の一つです。物理学的な光線《ray》の理論では，この事実を説明できません。光線と言えば放射光《radiant light》のことであり，水晶体による光線への焦点調節が関わってきます。これに対して，先の事実は，**包囲**光《*ambient* light》を指しています。つまり，ガンツフェルトの実験から実証されたのは，「眼に与えられる光が完全に未分化で差異を持たない場合には，網膜像は存在し得ない」ということです。従って，視覚理論にとっては，網膜像よりも，観察点に存在する包囲光こそが重要な問題だと言えるでしょう。にもかかわらず我々はこれまで，網膜像が視覚理論の根底を成すと考えてきたのです。眼に入ってくる光に対して焦点を合わせることができない場合には，網膜を刺激するその光は，網膜にとって**刺激作用**《*stimulation*》であることに変わりはないでしょうが，刺激**情報**《stimulus *information*》にはなりません。

脊椎動物の眼は，眼のシステム《ocular system》が像を結べる場合にだけ，包囲光から情報を抽出できる。そして包囲光には，抽出されるべき構造がある。包囲光は，配置《arrangement》を持つ光配列《optic array》を構成しているに違いない。以上が，生態光学の根幹を成す仮説です。“光配列”は，「一点で交差する光線の集合」，即ちいわゆる“束《sheaf》”（一点で交差する光線全てが無限に密集した集合体）としてでは**なく**，「観察点における，隣接する立体角の集合」と定義するのが至当です。つまり，私の定義は，方向の違いに応じた強度の差を意味しています。これは，方向に応じて**様々な**強度が存在することとは違います。この言い方では，議論すべき理論上の重要な相違がみなさんに明確には伝わらないでしょうか。つまり，私の定義は，光配列全体にわたる強度分布ではなく，配列に含まれる縁《margin》や差異を指しているのです[3)]。この定義の利点は，縁や差異を，光学だけで定義でき，生理学によって“説明する”必要がないことです。例えば，眼の外部に存在する縁や差異は，夜明けから日没に至る照度の変化の下で不変です。ある意味では，この新しい

---

3)　この着想は，Gibson（1979a, pp. 50-52）と本書の 1.7 章において，さらに展開される。（編者註）

考えによって，光学や知覚に関する多数の問題は解決されてしまいます。従って，この定義を採用するならば，網膜についての考えを全く改めなければなりません。網膜は，受容器から成るモザイクであるだけではなく，一つの器官でもあると考えるべきです。網膜を光受容器の集合と捉えると，均質な光によって刺激された場合にも，網膜は，神経インパルスを視神経に送り出すことになります。“古典的な”知覚理論では（さらに言えば，情報処理論でも），視神経の神経インパルスは知覚の基盤で，知覚が成立するためにはそれらインパルスが処理されなければならないと考えています。

すると，我々が晴れわたった青空を凝視していて“何も見えない”場合にも，視神経の中で神経インパルスが生じていることになります。では，どんな理論ならば，この事実を説明できるでしょうか。この場合，光による刺激作用は存在し続けているし，視神経では神経インパルスが発生し続けている。にもかかわらず，知覚は成立しないのです。光の感覚は生じるかも知れません。10年前になりますが，ホッホバーグ（Hochberg）と私は，この問題を検討しました。この時の疑問は現在でも私を悩ませています。そして，この研究が生態光学の諸概念を導くきっかけになりました。しかし，網膜とは外界の光配列から情報を抽出するシステムの一部分に過ぎないと考えるならば，均質光によって刺激された場合にこの器官が機能しないのは当然でしょう。つまり，網膜は構造を抽出する器官であり，外界に構造が存在しないがゆえに網膜も機能しないというわけです。二つに割ったピンポン玉で眼を覆う場合や，晴れわたった青空を凝視する場合，我々の眼は機能できない。こういった条件の下では，配列を探索できないことに加えて，眼のシステム《ocular system》への入力があったとしても，システムの全機能・全活動が停止するのです。以上が，私が最終的にこの新しい概念に思い至るきっかけとなった，第一の問題です。

第二の問題は，遠刺激と近刺激との間に設けられた旧来の区別が不充分だということです。数年前，この区別の変遷について調べました。この考えがかつてアメリカに到来する前に，これを最初に提唱したのはハイダー（Heider）だと思います[4]。そして，エゴン・ブルンスウィック（Egon Brunswik）もこの考えを採用しました（1940, 1944, 1956）。さらにコフカ（Koffka）は，その著書『ゲシュタルト心理学の原理（The Principles of Gestalt Psychology）』の根幹に当たる箇所で，この区別に従っています（1935, pp. 79-80）。ご承知の通り，近刺激とは網膜像であり，遠刺激とは，外界に存在する物体です。コフカはそう言っていますし，ハイダーもそのように考えていました。ハイダーは“事物と媒質（Thing and medium）”（Heider, 1926/1959）と題した論文を書き，「空気（即ち，対象と網膜像との間にある媒質）の中には，物体や事物が何らかの意味で存在するのか否か」と問いました。これについての彼の結論は，物理光学からの結論と同様に，「存在しない」でした。しかし，これこそまさに，生態光学が異議を唱えている学説の一つなのです。

どういう点が不充分なのでしょうか。一つには，外界に存在する対象は，厳密に言えば単なる物体ではないという点です。対象には，場所も，人も，出来事も含まれています。人は，もとより物体ではありません。また，出来事を物体と見なせるとは思いません。外界には，これら以外にも様々な種類の刺激源が存在するでしょう。従って，「光の刺激作用の発生源」と「光の刺激作用そのもの」とを区別する方が明快だと思います。この区別は次に，光源を区別することに繋がります。太陽やこの部屋の照明（編者註：天井の蛍光灯を指さしながら）のように光量子を放つものと，**反射**光を生じるものとを区別するのです。反射光の源には，様々なものがあると思います。しかし，物理学の教科書を開いてみても，光を反射する面と光を放射する面との間に何か違いがあるなどとは，決して書いてありません。物理光学における反射の理論では，光が物質の表面に当たる場合，光線が一定の角度で射入し射出されるだけでなく，物質表面の原子が刺激されて光を放つとされています。これは驚きです。物理学では，反射を還元して，原子が刺激されて生じる発光と捉えているわけです。確かに，原子の水準においては，これは事実です。しかし，その水準は，**我々**人間が光を論じるのに必要な水準ではないのです。

4）知覚理論や近刺激・遠刺激の区別に関するハイダーの著作の多くは，Heider（1959）に収められている。（編者註）

ハイダー，ブルンスウィック，コフカによる近刺激と遠刺激との区別に対して，もう一つ異論があります。それは，遠刺激（つまり，光の源）は，刺激などでは全くないということです。「対象は眼を刺激しない」とコフカが主張していたことは，もちろん私も承知しています。アメリカの心理学者の90％以上が，さらにはほとんどの一般の人々が，対象と刺激について述べる時に，このことを忘れています。ご承知の通り私は，この混同に対する反論を論文（Gibson, 1960c）にまとめましたし，対象が刺激であるとか，事象が刺激であるなどと，一度たりとも言わないよう努めてきました。対象や事象は，刺激情報の源です。**光**は刺激ですが，人々や対象や事象は，何らかのかたちで発見されるべき刺激情報の**源**です。そこで，もう一つの異論があります。即ち，刺激情報の源は，決して刺激ではないのです。

“刺激”という語は，“逃げ口上”です。例えば，コフカが近刺激と遠刺激とを明確に区別し損なったがために，刺激は曖昧な概念になってしまいました。コフカ（1935, pp. 114 - 115）やメッツガー（1930）が用いた“微小構造《microstructure》”という語は，ある重要な点で曖昧です。“微小構造”は外界にあるとも，網膜像にあるとも考えられていない。しかし，外界と網膜像の双方にあるとされてもいるのです。漆喰の壁を被験者に観察させたメッツガーの実験では，照明の強度を上げると，一定の距離に，特定の色，特定の傾きを持った面が知覚されました。面が見えたのは，照明の強度を上げた場合**だけ**です。メッツガーが“微小構造”という言葉で表したかったのは，壁の細かい漆喰の砂粒のことです。しかしメッツガーは同時に，この漆喰の壁を**見る**ときに眼球の背後に生じる網膜像の細かい粒のことも“微小構造”と呼んでいます。となるとこれは，受け容れがたい考え方です。

この問題については，ブロダッツ（Brodatz）の写真集（1966）が参考になります。この本には，彼の言う“テクスチュア（肌理）”の写真が収められています。この写真集を見れば，物質の持つ構造の全てが肌理として捉えられるわけではないことがよく理解できると思います。中には，形の中に形があるものもあります。例えば，砂や小石の多い浜辺には，大きさの水準の階層構造が存在します。このような場合には，物の表面が何からできているのかを“肌理”の一語で言い表すのは無理です。さらに，メッツガーもコフカも，“肌理”や

“微小構造”という語を光と物質の双方に用いています。しかし，ブロダッツの写真集を見れば，光学的肌理と物の表面の肌理とを同列に論じることは全く不可能だとわかります。写真を一枚一枚よく見れば，「外界の構造」と「外界から眼に達する光の構造」との相違がよくわかると思います。これらは，区別しなければなりませんが，コフカは両者を区別しませんでした。外界の構造に関する**情報**を含んでいるのは，外界から眼に達する光の構造だけなのです。

以前の著書『**視覚世界の知覚**（The Perception of the Visual World）』（Gibson, 1950a）で初めて“肌理”という語を用いた際には，この区別に関する私の考えはまだ固まっていませんでした。私は，「外界に存在する肌理」と「光の中の肌理」との双方を表すのに“肌理”という語を用い，両者の間に一対一の投影のような対応関係があると考えていました。けれども私はこの本で，“光学的構造《optical structure》”という語を初めて採用し，この概念から，様々な水準の大きさにおける“包囲光配列”や“包囲光配列の**構造**”という考えが生まれました。こちらの方が，ずっと良い考えだと思います。

第三の問題は，“網膜上の肌理の勾配”という 1950 年の私の概念に見られる難点です。（私がこの言葉を使うときには，いつも網膜上での肌理の**密度**のことを指していました。）網膜像における密度の勾配は，面の傾きの知覚を成立させる**刺激**だと私は主張しました（Gibson, 1950a, pp. 77-100）。「身体に突き刺さる針は，反射を引き起こす刺激だ」というのと同じ意味で「刺激」の語を使っていたのでしょうか。当時は，そういう意味で使っていました。しかし，これは誤りです。これらの概念から生じてくる問題は，他にもあります。私は，「眼の前にある画像《picture》は，網膜像と等価である」と仮定せざるを得ませんでした。『**視覚世界の知覚**』の第 4 章で，私はそのように断言しました。「網膜像を画像になぞらえることは可能であり，それは光学が興って以来妥当とされてきた」と私は主張しました。外界に存在する画像が正立していれば，網膜像は倒立しているが，それは問題ありません。心《mind》が網膜像をもう一度正立させてくれる。或いは，ストラットン（Stratton, 1896, 1897）によれば，網膜像を正立させることを我々は**学習する**のです。

しかし，そうではないのです。現在では私は，外界の画像と網膜像とは互いに相容れる部分を全く持たないことを理解しています。網膜像を画像になぞらえることは，全く不可能です。それは，「画像は眼にとって見るべき対象だが，網膜像は眼にとって見るべき対象ではない」からです。これ以上わかりやすい理由があるでしょうか。「眼の前にある画像は，網膜像と等価である」との仮定に立つことは即ち，“脳の中の小人”が網膜像を見るという説の矛盾に捕らわれてしまうことに他なりません。

私は，「網膜像は画像と等価である」との主張に疑念を抱き始めました。この疑念を抱くことは，全く新たな方向へと飛び込むことでもあります。「面の傾きの知覚を成立させる刺激は，網膜上の密度勾配である」との考えも，疑い始めました。つまりこの考えは，あくまでも1950年の時点での「名案」だったわけです。外界に関する空間知覚は，面の様々な傾きの知覚に立脚している。面の傾きは，光の色や強度と同様に変数である。面の傾きは，感覚である。そして，精神物理学（神聖なる精神物理学！）によって，肌理の密度勾配と面の傾きとの間に対応を見出すことができる。このように私は考えたのです。

例えば，ハワード・フロック（Howard Flock）は，この仮説を検討するのに四年の歳月を費やしました（Flock, 1964a, 1964b, 1965）。ハワードが，まだこの考えに取り憑かれたままではないかと心配です。この仮説は，きっとうまくいかないでしょう[5]。これを実証することは不可能だと思います。面の傾きの知覚に関する最初の実験では，半透明のスクリーンに背後から，様々な肌理の密度勾配を持つ像を投影しました。勾配の程度は様々で，上に向かって密度が増大する場合や，下に向かって密度が増大する場合がありました。被験者には，この投影像に知覚される面の傾きについて判断するよう求めました。しかし，単純な精神物理対応《psychophysical correspondence》を見出すことはできませんでした。被験者が見たものは，傾いた面の**画像**《picture》でした。さらに，傾いた面を覗き穴の背後に呈示した場合でさえ，知覚される面の傾きは肌理の勾配から予測されるものより**小さく**なる傾向が顕著でした。傾いた面は，面色と同じように，覗き穴のある面に定位され，その穴を満たすように見えました。いずれにせよ，面の傾きと肌理の密度勾配との間に精神物理対応があるという傾向を確証することはできなかったのです。

5)　さらに詳細な考察については，Gibson（1979a, pp. 149-150）を参照されたい。（編者註）

現在では私は，視線と直交する面から外れる面の傾きという，いわゆる変数は，外界を構成する変数では**ない**と考えています。そうではなくて，外界は，二面角《dihedral angle》と曲線から成っている。これは，面の傾きのような単純な計量的変数より高次の変数です。重要な変数というものは，単純にゼロから最大値に至るような計量的なものではありません。現在私は，隅・縁・凹凸曲線・隆起・くぼみといった諸概念が視覚世界を構成する単位だと考えています。

次は，第四の問題です。1959年に私は，“刺激作用の関数として捉えた知覚（Perception as a function of stimulation）”（Gibson, 1959a）と題して，コッホ（Koch）の編集によるシリーズの第1巻のうち，一章を執筆しました。当時は，次のような精神物理学的仮説が正しいという確信を最も強めていた時期で，この論文もそれを反映していました。それは，「感覚が精神物理対応によって説明されてきたのと同じ方法で，知覚も精神物理対応によって説明されるだろう」という仮説です。しかし，この「知覚に関する精神物理関数」という考えは，当初思ったほどには良くありませんでした。知覚は刺激作用に依存して生じると考えたために，“刺激作用の高次変数群《higher order variables》”を仮定せざるを得なくなったのです。私は，周波数や強度を指してではなく，高次のエネルギー変数を指して，この言葉を使いました。しかし，“高次変数群”が何を指しているのかと尋ねられたとき，私は説明できませんでした。この概念は，数式に含まれる変数の数をただ指しているのでも，微積分学における高次導関数を指しているのでもない，曖昧な言葉でした。“不変項”とか“不変の変数”と言うべきだったのでしょう。しかし，当時はそこまで考えが及びませんでした。従って，知覚における精神物理関数という概念は，このワークショップで議論すべきことかも知れませんが，次のことだけは，ここで申し上げられます。“変数”の概念がうまくいくだろうとは，私は思っていない，ということです。詳しくは，後ほどお話ししましょう。この問題は，当面，未解決のままにしておきます。ただ，よく聴かれる「知覚は，刺激作用の変数の数学的**関数**として規定される」という考えが誤りであることだけは，確かです。

第五の問題は，“網膜上の運動”や“光学的運動《optical motion》”の概念に関するものです。20年前に私は，視覚野《visual field》に速度の勾配が存在し，この速度勾配は肌理の密度勾配と似ていると考えていました（Gibson, 1950a, pp. 117-137）。運動視差《motion parallax》という奥行き知覚の手がかりの代わりに，今度は網膜像の子午線に沿った数学的な速度勾配を手に入れたわけです。明らかにこれは進歩でした。しかし私は，この速度が網膜を基準として規定されると考えました。私が自分の皮膚を引っ掻くのと同じように，光線束が我々の網膜を引っ掻かない限り，我々はいったいどうやって運動を知覚できるのでしょうか。皮膚を一本の針で引っ掻くと，皮膚上で移動が知覚される。同様に，光線束の針が網膜を引っ掻く場合には，視覚的な移動が知覚される。このことを疑う者は，私も含めて誰もいませんでした。しかし，この考えには大きな問題があります。網膜を含めた眼球は，常に微動《tremor》しています。さらに，一定の頻度（1秒につき，ほぼ5～10回程度）で，ある位置から別の位置への飛越運動《saccadic jumps》も生じます。これらの眼球運動によって，網膜を基準とした網膜像の移動が生じるにもかかわらず，そのような眼球運動は，全く知覚されないというのが事実です。従って，網膜上での網膜像の運動は，決して，運動の知覚を生じる刺激ではあり得ません[6)]。

とすれば，「我々が運動を知覚するのは，網膜を基準とした光学的運動が存在するからではなく，他の運動を基準とした光学的運動が存在するからだ」ということはあり得るでしょうか。つまり，運動は“ゲシュタルト”としてしか知覚されない。言い換えれば，運動は，他の運動との関係においてのみ知覚される。従って，光配列全般にわたる速度の勾配は，眼のシステム《ocular system》が抽出する（多くの運動ではなく）ただ**一つの**運動です。現在では，こちらの考えを採用して，「個々の刺激速度が様々な勾配を示し，脳はこれらの勾配を統合しなければならない」とする古い考え方は放棄したいと思っています。この新しい考え方はさらに，「勾配，即ち“ゲシュタルト”は，網膜上

---

6）この主張は，最近の実験で詳しく検討されている。それは，（座った姿勢での）通常の頭部の回転によって引き起こされる眼球運動の量に関する実験である。伝統的には，前庭－眼球反射は，身体の運動によって生じる眼球の大規模な運動をすべて補償すると考えられてきた。しかしながら，最近の実験的検証によれば，この仮説は誤りであることが明らかになっている。ゆったりと腰掛けた被験者の頭部の僅かな回転によってさえ，反射によっては補償できないほど大規模な眼球の運動が生じるという（Skavenski, Hansen, Steinman & Winterson, 1979 ; Steinman & Winterson, 1980）。（編者註）

にあるのではなくて，包囲光配列に含まれている」という仮説（Gibson, 1968a）に繋がります。「運動の知覚を生じさせるのは，網膜を基準とした網膜像の運動である」という古い仮説では，多くの未解決のパラドクスから逃れられません。

## Ⅱ

生態光学の端緒を開くきっかけとなった，旧来の光学の問題点に関するお話は，以上で終わりです。次に，生態光学が的確であることを示す実証的な根拠をいくつか挙げます。一連の知見が得られていますが，中にはここコーネル大学で得られたものもあって，新たな方向への展開に繋がりました。

何年も前になりますが，“負の残効《negative aftereffect》”を伴う“湾曲に対する順応”と題した実験を行いました（Gibson, 1933, 1937b）。湾曲に対する順応に関する最初の発見は（他にも多くの発見がありましたが），特殊な眼鏡を掛けるという手続きを用いて得られました。これは，普通の眼鏡のように，ただ光線への焦点合わせを助けるのではなく，眼に入る光の構造に偏倚を生じる眼鏡でした。この眼鏡を用いた実験に関するインスブルック大学のイヴォ・コーラー（Ivo Kohler）の著書（Kohler, 1951/1964）を，1952年頃に読みました。この本のおかげで私は，「眼鏡による光学的な歪みに対する現象的な順応は，網膜上での順応である必要は全くない」ことを痛感させられたのです。当然のことですが，眼鏡を掛けたまま頭を回転させると，眼鏡の背後にある眼も眼鏡とともに動きます。眼鏡を掛けたたままでも現象的な世界が順応状態に達するならば，それは，網膜上で生じる局所的順応によっては説明がつきません。網膜は常に移動しているからです。コーラー自身は元々，この発見を，網膜上で生じる“条件付き残効”と呼んでいました。彼は，「眼を動かす度に，網膜の局所的な順応状態が変化する」という異様な仮説を示しました。ヘルムホルツ（Helmholtz）はかつて，「網膜上の各受容器はそれぞれ局所指標《local sign》を持ち，眼を動かす度に，ちょうど動かした距離分の変化が局所指標に生じる」という説を立てましたが，コーラーの仮説は，ヘルムホルツのこの説に匹敵するくらい，驚くべき考えです。むしろ私の考えでは，イヴォ・コーラーが本当に証明して見せたことは，「順応は，必ずしも網膜で生じなければならないわけでは決してない」ということだと思います。

コーラーの発見から，私は，順応は網膜にだけでなく視覚システム《visual system》全体に生じ得るのではないかと考えるようになりました。私が視覚システムと言っているのは，眼と頭部から成る探索システムのことで，網膜上の受容器から成る単なるモザイクを指しているのではありません。網膜全体に及ぶ形の移調可能性《transposability of form》という考えは，マッハ（Mach）や“形態質《Gestalt-quality》”学派に遡ります。少なくとも，次のことだけは明らかです。「形の移調可能性」は，我々が立ち向かうべき問題とは少しも関係がない。三角形は，網膜上のどこに投影されようとも同じ三角形だということだけでは充分ではない。それだけでは，生理学者が取り組んできた問題と同じです。形は網膜全体にわたって移調可能だということだけでは，不充分なのです。むしろ，網膜が動くことは，私の言う「包囲光配列」の構造を抽出することにはほとんど無関係だと考えられます。従って，眼鏡の着用時に見られる順応過程は，眼に入る光の構造に対する順応であって，網膜像の構造に対する順応ではないのです。

私を生態光学へと導いた，もう一つの知見は，モリル・ホール[7)]（Morrill Hall）で行われた「視覚的疑似トンネル《optical pseudotunnel》」と呼ばれる装置を使った実験で得られました（Gibson, Purdy, & Lawrence, 1955）。視覚的疑似トンネルとは，円筒状の堅い面の知覚を成立させる情報を生み出す，40フィートに及ぶ面の配置で，これを被験者が覗き込むのです。円筒の内側には，被験者には見えない光源があります。密で堅い面からできたトンネルの印象を与えるのは，穴の開いた大きなプラスチック板の集合体で，立体ではありません。被験者は，奥行き方向にその穴の連なりを見るわけです。プラスチック板の枚数は，最も多い場合で30枚でした。プラスチック板の切り口をできるだけ薄くすると，全部のプラスチック板の色を黒に統一した場合には，被験者には暗い霧しか見えませんでしたし，プラスチック板の色を白で揃えた場合には，

7) モリル・ホールは，コーネル大学の心理学科が置かれていた建物である。心理学科は，後にユーリス・ホール（Uris Hall）に移転し，現在に至っている。（編者註）

白い霧以外には何も見えませんでした。眼に与えられる光配列に差異が含まれていなかった，従って，眼が縁を検出できなかったからです。縁は確かに存在していましたが，白から白へ，或いは黒から黒への移行は差異を生じない。従って，光配列には構造が存在しなかったのです。しかし，照明を変えないで黒い板と白い板を交互に配置すると，中心を同じくする環の連続から成る光配列ができあがる。この場合には，奥行き方向に約 40 フィート遠ざかる，白黒に塗り分けられた堅い円筒形の面が見えます。どの被験者も皆，もし実験者がトンネルの向こうの端にボールを置けば，自分が座っている場所まで転がり落ちてくるだろう，と述べました。白と黒の板の交替数を 8 以下まで減らしてようやく，被験者は，自分が見ているものが立体ではないと述べるようになりました。面の知覚を成立させる情報は，この条件ではもはや強制的な効力を失ったわけです。

網膜像と対立する概念として光配列の仮説を立てるきっかけになったのは，この実験でした。特筆すべきは，この実験が，刺激エネルギーと対比される，刺激情報《stimulus information》の仮説に繋がったことです。つまり私は，この実験では刺激作用だけでなく**情報**も制御された，と考えたのです。配列を構成する白と黒のリングの組の数が 4 であろうと 14 であろうと，さらには 40 であろうと，光エネルギーの**量**は同じです。しかし，配列の密度は変化して，白と黒の交替数という条件に応じて，堅い面の知覚が生じたり，「堅くなく面でもないもの」の知覚が生じたのです。そういうわけで，この実験では，刺激作用の変数だけでなく，刺激情報も制御できたと私は考えたのです。

私の視覚的トンネルに関する実験と並行してほぼ同時期に，妻はディック・ウォーク（Dick Walk）と共に“視覚的断崖《optical cliff》”について研究していました（Walk & Gibson, 1961）。これは，視覚的トンネルが疑似的トンネルであるのと同様に，疑似的な断崖です。視覚的断崖は，完全に均質なガラス面からできていて，その上を乳児やラットやヒヨコが移動できます。ただ，ガラス面直下にあって光学的な肌理を眼に投影する模様は，ある位置でガラス面から 6 フィート下方に落ち込んでいます。ガラスに汚れや曇りが全くなければ，つまりガラスが見えなければ，実体としては存在しない断崖が出来上がるわけです。断崖の縁はあくまでも視覚的なもので実体として存在するわけではありませんが，ご承知の通り，乳児も動物も，この縁を超えて進もうとはしませんでした。それは，多分，恐れからだと思います。動物は，身体の支持を必要としている。この実験から，このことがいかに重要かは明らかです。力学的な身体の支持（動物の足下に存在して，転落を防いでいる物質）だけでなく，**視覚的な**身体の支持も重要なのです。陸棲動物は，肌理を持つ面と視覚的に接触している自らの足を**見る**必要がある。動物は，前庭系情報，運動感覚情報，触覚情報などとともに，身体の支持を示す光学的情報《optical information》をも必要としているのです。光には，刺激情報が含まれている。そのような刺激情報によって，空間の知覚ではなく，自らの足下の地面も含めた環境の配置の知覚が成立する。そして，その刺激情報を制御することは，可能である。この考えは，視覚的トンネルと視覚的断崖という二つの実験によって，ますます強まりました。

我々が得た成果の三番目は，運動視の研究に動画を用いたことでした。この研究から，外界には特殊な運動が存在することがわかりました。私は長年，次のような考えを温めていました。アイザック・ニュートン（Isaac Newton）の運動の諸法則は，基礎的であるがゆえに，ある種の制約の中にあるのではないか。ニュートンの諸法則は，力学や機械文明の基礎になっています。ニュートンの運動観は，重要です。しかし，我々は視知覚の法則を探求しているのであり，「光学的運動《optical motion》は，物体の運動とは全く異なる」という理解が浸透し始めています。例えば，観察者が移動しつつある場合，視野内で生じる光学的運動には，慣性がありません。放射エネルギーの光量子は，光受容器に神経興奮を生じる刺激ですが，ある意味で慣性を持っています。しかし，視野における位置の変化や変換（変形）は，慣性を持ちません。いずれにせよこれは，検討に値する問題です。

私と妻は，光学的変換（変形）を傾斜の変化の知覚を成立させる情報と考えて，動画を作成しました（Gibson, 1955b, 1957a ; Gibson & Gibson, 1957）。この動画から我々は，これらの光学的運動《optical motions》には，事象の知覚や，外界に存在する光学的運動の源の知覚を生じる強い力があることに気づきました。この研究とウプサラ（Uppsala）大学のヨハンソン（Johansson）の事象知覚《event perception》に関する研究（Johansson, 1950）によって我々は，これらの光学的変化が持つ潜在力を痛感しました。重要なのは，これらの研究から，奥行き知覚に関する典型的な実験結果が単に得られただけではない，ということです。運動が“奥行き効果《depth effects》”を生じる場合があることは，以前から知られていました[8]。運動は，奥行き知覚の“手がかり”だとされていました。これに対して，我々が見出しつつあったのは，光学的変換（変形）というパラメータでした。

これらの実験からも，「運動している面の剛性の知覚の根底には，形と大きさの，いわゆる“恒常性”が存在する」という仮説が導かれます。大きさと形の恒常性は，一世紀にわたって，心理学における未解決の謎でした。これら恒常現象に関しては，今なお様々な実験結果が発表されています。にも関わらず我々は，この謎の解決に少しも近づいていないように思えます。仮にこの，剛性の背後に恒常性があるとする仮説が的確であるならば，旧来の恒常性問題に代わって，より重大な問題が浮かび上がってきます。「網膜像の形が変化しても現象的な形は不変である」という，形の恒常性の謎は，問題ではなくなります。このことは，我々がこのワークショップで後ほど検討する予定にしている“形を持たない不変項《formless invariants》”の仮説に繋がります。これは，対象が運動したり観察者が移動している際に，対象を，また，外界の剛性を，特定する情報のことです。

第四に，“地面”或いは大地の知覚に関する一連の実験全てが挙げられます。例えば，モリル・ホール前の芝生の中庭で行った，地面に沿った距離の推定に関するいくつかの実験です（例えば，Purdy & Gibson, 1955）。これは，人工的で単純化された実験室の環境ではなく自然環境において精神物理学的判断を被験者に課する，私の知る限り最初の真摯な試みでした[9]。大地の知覚に関するこれらの実験から，「包囲光配列は二つの半球として捉えられる」という仮説が導かれました。上の半球は空に対応し，下の半球は地平線の下の大地に対応します。地面の知覚に関するこれらの実験で必需品だったのは，ターゲットを付けて最長200ヤード向こうまで走った自転車でした。被験者は，自身から自

8) ブラウンスタイン（Braunstein, 1976）は，この文献をレビューしている。（編者註）
9) Gibson（1947）に報告された実験や，本書1.1章，2.2章，3.1章に論じられた実験は，知覚の精神物理学に関する最初の自然主義的な実験であった。（編者註）

転車に付いているターゲットまでの距離と，ターゲットから地面に沿って様々な位置に置かれた標識までの距離との比を，中庭の向こう側の端に至るまで，視覚によって正確に判断できました。地面に沿って存在する対象に関する距離判断の精度は，このように非常に高いわけですが，これは，空中の対象に関する距離判断についての知見とは非常に対照的です。一般に，空中に存在する対象に関して大小や遠近を判断することは，不可能です。

従って，地面に沿った距離の知覚は的確であるのに対して，空中での距離の知覚は不明確だという違いがある。このことから「包囲光配列の下半球における面の配置を特定する情報は豊富だが，空中における対象の配置を特定する情報は非常に乏しい」という仮説が導かれます。

## Ⅲ

最終的に生態光学に繋がった問題や発見のうち，いくつかを選んで述べてきました。私は先ほど，物理光学・幾何光学・生態光学の間の相違についてもお話ししたいと述べました。しかし，次の質問をするだけにとどめようと思います。これら三種類の光学に従えば，照明を受けた面を我々はどのようにして見ることになるのでしょうか。つまり，照明を受けた面を見ることは，どのようにして**可能**だというのでしょうか。

物理光学によれば，面が見えるのは，ただ，面に当たる光量子によって面の原子が刺激され光量子を放つからです。つまり，面が見えるのは，面が光を放射する事実による，というのです。物理光学では，面を見るためには，当然，光を見なければならないと考えているわけです。そしてこれは，私が異議を唱えたい仮説の一つです。私は，「光によって面を見ることは，光を見ることに**依存して**はいない」と考えます。

光によって生み出される差異が見えるためには，まず光の感覚を抱くために光を見なければならない，との仮定に立つことは，「外界には現実の面は存在しない」と考えるという落とし穴に陥る危機に瀕していることに他なりません。これは，哲学的な罠です。もちろん，面は外界に実在します。地面は，足の裏に衝突する原子から出来ているのではありません。この罠に陥った自然科学者は，採用すべき分析水準を混同してしまいます。つまり，光を（私が提案した）構造を持つ配列ではなく単なるエネルギー放射と捉えるのであれば，エディントン（Eddington, 1929）と同じ錯誤に陥ることになるのです。

物理光学に関しては以上です。照明を受けた面を見ることができるということを，幾何光学ではどのように捉えるのでしょうか。幾何光学によれば，抽象的な光線が法則に従って面から反射するといいます。しかしこの主張に登場する面といえば，常に完全な平面，即ち，鏡や完全に**滑らかな**レンズ面ばかりです。幾何光学によって，鏡映像について論じられるようになりますし，光学機器の設計も可能になります。しかし幾何光学では，我々が環境に存在する面をどのようにして見るのか，説明しません。古典光学には“散乱反射《scatter reflection》”と呼ばれる概念があるようですが，これを数理的に表現する試みはあまり上手く行きませんでした。自然科学者はこれについて多くを語らないようですが，それは厄介だからです。つまり，光線の幾何学的な反射に関する既存の知識では，面が見える理由を説明できないのです。

面を見ることを，生態光学ではどのように捉えるのでしょうか。生態光学では，面が放射光によって照明されていることを前提としています。また，地上の媒質中の光の多重反射は，ほとんど瞬時に定常状態に達すると考えています。従って生態光学では，光量子，光量子の進路，光線などについてさらに言及することをやめ，包囲光について論じるのです。包囲光の特徴は，立体角から成る光配列全体に共通の頂点が，媒質中の一点に存在することです。点や光線束といった概念ではなく，対象の面から一点に達する立体角の概念が重要になります。従って，包囲光を「方向に応じた多様な強度」ではなく，「方向の違いに応じた強度差」と定義することになり，このことから，「立体視角《visual solid angles》の集合が光配列を構成する」と言えるわけです（Gibson, 1966b, pp. 186-223）。

「不変の構造を備えた包囲光配列」という概念に，我々は到達しました。そして，どのようにして面を見ることができるのか説明できました。つまり，面は，この包囲光配列の構造によって見えるのです。

# 1.4　面の知覚を規定するのは何か*

『**生態学的視覚論**（The Ecological Approach to Visual Perception）』（1979a）で提唱した理論では，色・形・位置・運動など伝統的に挙げられてきた対象の質ではなく，面の特性《properties》を最初に述べている。**面**《*surface*》のどのような特性を，我々は知覚できるのだろうか。以下の提案では，『生態学的視覚論』第2章での主張をさらに拡張する。そのような面の特性として，少なくとも九種類を挙げることができる。その多くについては，既に現象学者が着目していたが，私はこれらが，現象学的に記述される特性であるだけでなく，**実在**する特性でもあると考えている[1)]。

面には，対象とは異なる点がいくつかある。このことを念頭に置くべきである。第一に，面は，遊離対象《detached object》のように**分離して空中に浮かんでいる**《*discrete*》ものではない。従って，面がいくつあるか数えることはできない。むしろ，面は上位の面と入れ子になっているのである。第二に，対象と違って，面は**位置**《*location*》（即ち，空間内に占める場所）を持たない。代わりに，面は，私の言う，環境の**配置**《environmental *layout*》の一部である。面は，大地（即ち，身体の支持面）に支えられた棲息環境にある，他の面との関係で，相対的に位置づけられる。ニュートンの言う物体《body》は，数学的空間の三つの座標軸を基準として位置を持つが，これら三軸は知覚されない。存在すると**想定されている**のである。従って，「我々は，どのよう

*　未発表原稿（1979年5月，Gibson，1950c を参照）。

1）　現象学の創始者フッサール（Husserl）は，「対象《object》の特性は，意識流の外にあるが，一つの全体としての意識に含まれる」と考えた（Aquila，1977，Ch. 1）。後の現象学者は，「客体《object》の諸特性は実在するが，それら諸特性は主体《subject》によって構築される」と主張している（Thinès，1977，Ch. 1）。（編者註）

にして三次元空間を**知覚する**のか」という問題は，偽の問題である。さらに，「我々は，（皮膚或いは網膜の“局所指標《local signs》”に基づいて）どのようにして三次元空間内の**位置**を知覚するのか」という未解決の謎も，誤った謎である。第三に，面は，物理光学で言うような意味での**色**も，平面幾何学で言うような意味での**形**も持たない。

私の理論においては，対象とは，面の配置の残りの部分（即ち，大地）から際立って見える「面」に他ならない。そのような面は，遮蔽縁《occluding edge》によって，その境界が区切られているからである。これは生態学的な事実であり，図ー地現象《figure-ground phenomenon》は，この事実に付随して生じる。

面は，我々が知覚し得るどのような特性を備えて**いる**だろうか。ここに面の特性の部分的なリストがある。即ち，堅いー柔らかい，発光するー反射する，照明されたー影を投じられた，反射率の高いー反射率の低い，反射率が均等なー反射率に点状の不均衡がある，肌理が滑らかなー肌理が粗い，不透明なー透明な，鈍いー光る，熱いー冷たい，である[2)]。次のことを念頭に置かれたい。視覚システムと触覚システムの双方で知覚される特性も，視覚によってしか知覚されない特性もある。最後の「熱いー冷たい」は，皮膚のシステムによってのみ知覚できる特性である。

**1．剛性・粘性・流動性。**　この特性は，面を見ることなく，手で触る，つつく，たたくことで観察できる。また，ウプサラ大学のルネソン（Runeson）が最近示した通り[3)]，面に触らなくても，衝突の“衝撃特性”を見ることで観察できる。或いは，双方を共に体験することでも，面のこれらの特性は知覚できる。「剛性《rigidity》ー粘性《viscosity》」と「固さ《firmness》ー柔らかさ《softness》」とを区別することは，環境に存在する多様な物質を後ほど区

2） これらの特性は，ディメンションを成している。ここでの分析は，知覚におけるディメンション型特性に関するギブソンの初期の理論構築（Gibson, 1933, 1937b, 1948）に由来している。（編者註）

3） ルネソン（Runeson, 1977）は，因果の知覚に関するミショットの研究（Michotte, 1963）を，古典力学と生態物理学を参照しつつ展開した。（編者註）

別することにとって，的確な基礎である。乳児は，環境内の物質を名前で呼ぶことを学習するよりずっと前の幼い時期に（E. J. Gibson, Owsley & Johnston, 1978 ; E. J. Gibson, Owsley, Walker & Megaw-Nyce, 1979），これを実行していると考えられる。

**2. 放射か，反射か。** 明るい面は，光を発している。普通，面は照明を反射しているだけである。光を放射している面と反射している面とは，どのようにして見分けられるのだろうか（例えば，「光を発している」という質に関するワラックの研究[4]）。光が熱を伴うのであれば，皮膚の向きを変えることで光源を検出できる。

**3. 弱い照明を受けているか，強い照明を受けているか。** 環境の配置の中のいずれかの面が照明を受けている場合，他の全ての面も照明されており，空中のあらゆる点に包囲光配列が存在する。しかし，環境の配置の中には，比較的“光を受けた”面もあれば，比較的“影を投じられた”面もあるが，このことは，空中の光の量とは無関係である。この特性は，一つには，面が光源の方向にどの程度傾いているかに依存して規定される。ある面が，弱い光の下にあるのか強い光を受けているのかを，我々はどのようにして見分けるのだろうか。午前中に弱い光を受けている面は，午後には強い光を受けるだろう。この逆のことも言える。包囲光配列を形成している立体視角の間の輝度**比**が，このことに関係しているに違いない。もちろん，面に触れることでは，その面が照明を受けているか否か，そして，どの程度強い照明を受けているかは，わからない。

**4. 面への入射光の反射率が，高いか，低いか。** 光を反射する面の反射率は，その面を形成している物質に固有である。つまり，面がどんな種類の物質かによって，面の反射率は決まる。反射率は，面を構成する物質に固有の特徴的な比，つまりは分数である。環境の配置に含まれる全ての面の相対的な反射率もまた，不変である。地表を照らす太陽光や人工照明の**変動**にも関わらず，

4) Wallach（1976, Ch. 1）を参照されたい。（編者註）

我々は，どのようにしてそれらを見るのか。私は，新しい著書（Gibson, 1979a, p. 86ff.）の中で，包囲光配列の**持続的**構造《*persistent* structure》が，**変わり行く**構造《*changing* structure》の基礎を担っているのではないかと提案した。「変わり行く構造」は，空を横切る太陽の移動によって，さらに太陽の移動に伴う，照らされる面と影になる面との交代によって，生じる。恐らくこのようにして我々は，環境の配置に含まれる面同士の相対的な傾斜とそれらの相対的反射率との**双方**を，見ることができる。これらは共に持続するが，影は変動する。事実我々は，影の**下にある**面の配置の凸状の部分も，そのような配置の色も，見ることができる。

**5. 面の反射率が一様か否か。**　面の反射率が一様である場合もあれば，面に大小の斑点が散在していたり，パターンがあったり，着色されていたり，まだら模様があったりなど，様々である。「面にはそれぞれ固有の“色”がある」と述べるだけでは不充分である。物質というものは，往々にして複合的な集成体である。ある面に**自然な**斑点がある場合，それは，面の肌理（後述）と同様に，その面を形作っている物質の特徴を表している。しかし，スケッチブック・キャンバス・壁・スクリーン・便箋など，**人為的な**斑点のある平面が人間の棲息環境に存在することによって，事態は複雑になる。元々斑点のない面も，しばしば認識される。斑点・痕跡・付着物は，人工物である。いわゆる**汚れ**や**ゴミ**は別にして，それらの人工物は，**図形**《graphic》と呼ばれる。また，いわゆる**純粋に装飾的なもの**を除いて，それら人工物は，**面そのもの以外の何かを表している**。従って，このような人工物からは，面に関する直接的知覚だけでなく，“面そのもの以外の何か”に関する媒介された意識性《mediated awareness》も生じるかも知れない。誰もがこういった複雑な事態に混乱し，この種の媒介的知覚に関する研究は難問に満ちている。しかし，ゲシュタルト理論を実証する実験の多くは，面の上の人工的な痕跡を用いて行われている。

**6. 滑らかか，ざらざらか。ざらざらだとすると，その肌理は粗いか細かいか。どちらの場合でも，肌理はどのような形をしているのか。**　この特性，殊に肌理の形（小さい波紋がある，細かい石がちりばめられている，顆粒状である，隆起がある）は，面を形作っている物質の特徴を非常によく表している。照明に明確な方向がある，即ち“斜めから光が当たっている”場合ならば必ず，肌理の形は正確に見える。照明が全方向から等しく当てられている場合には，肌理の形は，さほどはっきりとは見えない。従ってその場合には，照明は“一様”だと言われる。カッツ（Katz, 1925）が示した通り，肌理の滑らかさ・細かさ・荒さは，面を手で擦ることで検出できる（Gibson, 1966b, p. 126ff. 参照）。

**7. 曇りがあるか，輝いている（光沢がある）か。** この特性は，面が（鏡のように）磨き上げられているか否かということと関わる。光沢は，面の上の“ハイライト”が光配列の中に存在することで規定されると思われる。「磨き上げられている」という特性は，指先で面を擦ることで観察できる。これは，「光沢がある」という特性と同じだろうか。

**8. 不透明か透明か。** 棲息環境を形作る通常の物質は，入射光を全く透過しない（入射光の一部を反射し，残りは吸収する）。このような物質の表面は，不透明である。自然界には，程度に差はあれ光を透過する物質も少しは存在する。そのような物質の表面は，**光が入射する境界面が平面であるならば**，「透明《transparent》」だと言われる（正確には，「半透明《semi-transparent》」と言うべきだが）。面において，屈折が生じる。即ち，放射光線は，**曲げられる**。澄みきった水面に波が立っていない場合には，或いは，ガラスが曇りなく磨き上げられている場合には，包囲光配列の立体視角は，その面における屈折によって“歪み”が生じる前の構造と，**本質的には**同じ構造を持っている（歪みを生じる眼鏡の着用実験を参照されたい）。これが，「プールの静かな水面や厚さが均等なガラス板の平面は，**透明**である」ということの意味だと思う。つまり我々は，面の背後にある別の面の本質的特性を知覚できる。即ち，よく言うように，我々は“見通す”ことができるのである。重要なのは，（磨りガラスであろうと，粗い肌理がつけられていようと，光を拡散させるものであろうと）**半透明の**《*translucent*》シートは，光は通すが包囲光配列の構造は遮断することである。**不透明な**《*opaque*》シートやスクリーンは，光もその構造も遮断する。半透明のシートの縁は，不透明なシートの縁と同様に，背後のものを覆ったり《hide》隠したり《conceal》する。透明な《transparent》シートの縁では，そのようなことは生じない。メテリ（Metelli）のデモンストレーションのいくつかにおいて明らかな通り，ただ**部分的に**背後のものを隠したりぼやけさせる半透明なシートも存在し得る[5)]。

**9. 皮膚よりも温度が高いか低いか。** いわゆる“触ってみると”熱い・暖かい・ちょうどよい・冷たい・冷たすぎる，というのは，**相対的な**温度である。心理学者は「感覚」を重視してきたが，物質の状態に関する有用な知覚こそが問題なのである（Gibson, 1966b, Ch. 7）。それは，皮膚組織に流れ込む（或いは，そこから流れ出す）熱の方向及び量によって規定される。これを見ることはできない。触って感じられるだけである。

### 面の特性：持続するものと持続しないもの[6)]

以上より，面の特性のうち最も持続性が強いのは，上記4・5・6・7・8番，即ち，反射率・自然な斑点・肌理・輝き・透明であると言える。面の特性のうち，最も変化しやすいのは，3番の「照明が当たっているか影になっているか」である。これは，媒質の全般的照度が変動しやすいからである。媒質の全般的照度は，日中と夜間とで，真昼の白色光と日没時の赤色光とで，また太陽が雲に隠れたり雲から出たりすることで，さらには火や松明の明かりの明滅によっても，変動する。面に入射する光の照度も，午前から午後にかけて太陽光の変化に伴って，風に吹かれて変化する木漏れ日として，（例えば，夜に誰かが松明を手に持っている場合のように）灯りの移動に伴って，さらには，任意に“点け”たり“消し”たりされる人工照明によって，変動する。面に当たる照明は，これほどまでに移ろいやすいので，これを面の“特性”と呼ぶべきなのかどうか，疑問に思われる。

幾分は持続する特性は，9番の「面の温度と，その面を形作る物質」である。1番の「固体性《solidity》」は，通常の温度にある地球上の物質に関しては

5) Gibson（1976a）は，透明に関して詳細に検討している。Metelli（1974）やKanizsa（1979, Ch. 9）は，この分野の研究をレヴューしている。（編者註）
6) 4.7章［本書4.4章］を参照されたい。（編者註）

(この温度で溶けてしまう氷は別にして)，非常に安定している。2番の「光を発している」が成り立つためには，（熱を伴わない冷光《luminescence》という特殊な例は除いて）非常に熱い物質が必要である。

棲息環境に持続して存在する物質の諸特性を知覚することは，それらの特性が何をアフォードする《afford》のか，何の役に立つのか知るために，必要である。しかし物質は，時間経過・発酵・熟成・調理・溶解などに伴って変化する。面の変化は，見ればわかる。持続性《persistence》は，永続性《permanence》ではない。「子供は，“対象の概念”を獲得したときに，対象の“永続性”を理解するようになる」という，広く一般に受け入れられた仮説がある。この仮説は，誤りであり，不要である。我々は，面の特性のうち，いずれが持続し，いずれが変動し，いずれが不可逆的に変化するのか，どのようにして知覚するのだろうか。これこそが，問題なのである。

### 包囲光配列の変動

物質は変化し，面に当たる照明は周期的に変化する。しかし，いずれの変化も，ある観察位置における包囲光配列に，それらの変化を特定する何らかの変化がなければ，知覚できない。光配列の影の構造の変動については，統制された条件下での実験的検討は行われていない。そのような検討が行われているのは，変化しない影の構造についてだけである[7]。

例えば，我々は，ランプや照明器具の面を見て，それが光を放射している場合には発光していると判断し，放射していない場合には発光していないと判断できる。その際，定常状態の光配列を伴う室内の他の面を基準としている。しかしながら，明るさ《luminosity》が炎の面のように変動する場合には，この区別はもっと正確になり，知覚は鮮明になるのではないだろうか。

平面に投じられた影に明暗の移行部分がある場合には，これを影として知覚できる。しかし，線を描いて明暗の移行部分を消してしまうと，面の上に着色された領域があるように見える（ヘリングの“環に囲まれた”影)。さらに，

7) 色，明るさ，影，体制化に関する研究のレヴューについては，Katz（1935)，Hurvich & Jameson（1966)，Kanizsa（1979, Chs. 7, 8, & 10）を参照されたい。(編者註)

面の上に実際に色を塗り，人工的に明暗の移行部分を施せば，それは影として知覚される（MacLeod, 1932）。しかし私の観察によると，環に囲まれて着色領域と見えている部分も，環が移り変わる（即ち，変動する）と，再び影として知覚される。同様に，小さな白色の領域のように見えている光の斑点も，光が変動する際には，本来の光として知覚されるであろう。

我々は，包囲光配列に含まれる，光と影の静止パターンによって，平坦ではない面の凹凸（浮き彫り）を知覚できるが，そのような知覚は，ある程度曖昧にならざるを得ない。照明がそれまでとは逆の方向から当たっているように見せることができれば，凹凸は反転する。しかしながら，光源が面の配置の上方で実際にあちこちに移動して，光が当たっている面と影になっている面とが入れ替り，光配列の影の構造が変動すると，浮き彫りは曖昧ではなくなり，凹凸は反転しなくなる。私は，動画を用いた簡単な実験に基づいて，上のような結論に至った。

我々は，ハイライトが存在するか否かによって，固定された包囲光配列内の面に光沢《luster》があるか，或いはその面が曇っているか知覚できる（Beck, 1972を参照）。しかし私には，例えば花瓶を（或いは，自分の頭を）動かしたときに，つまり，肌理を静止させたままハイライトを移動させたときに，光沢はさらに明確になると思われる。

我々は，変化しない光配列を伴う面を透明だと知覚できる。そしてこのことは，既に述べた通り，実験によってシミュレートできる。しかし，光配列の散在する点のいくつかに一貫した動きがあり，残りの点には別の一貫した動きがある場合**にも**，透明をシミュレートできる[8)]。この変化には，隣接する序列構造《adjacent order》の置換が常に伴う。二つの面は，鮮明に分離して見え，重ねられた方の面が，透明に見えた。

最近の著書（Gibson, 1979a）の第9章で報告した実験から，**面性**《*surfaciness*》の知覚を成立させる光学的情報は，光配列の密度，即ち，**固定的**パターンの変数ではないかと考えられる。ランダムに散在する肌理に関する上記の実験（同書第10章）や，輪郭の片側における肌理の増減に関するカプラン

8) Gibson（1979a, pp. 179-180）と Mace & Shaw（1974）を参照。（編者註）

(Kaplan) の実験（同書第11章）[9]から，次のことが示唆される。即ち，面の**単一性**《*unity*》或いは**一貫性**《*coherence*》の知覚を成立させる情報は，固定的パターンではなく，時間と共に**変わり行く**パターンと関係しているに違いない。私が言っているのは，変わり行くパターンの持続的な局面のことである。面の知覚にとって重要なのは，「隣接する序列構造の**保存**」，即ち，「序列構造に**置換が生じない状態の持続**」であると提案した（同書179頁以降）。顕微鏡で観察されるブラウン運動は，面ではないもの，即ち，分子の集合を特定する。とすれば，実在の生態学的水準において，真の面が持つ持続的で途切れることのない連続性《connectedness》は，「ブラウン運動が存在しないこと」（という表現以外，私にはできないのだが）によって特定されることになる[10]。

自然界の光配列が成す，持続し変わることのないパターンは，観察者を取り囲む面に関して非常に多くのことを特定する。即ち，面は，観察中には変化しない。このことは重要である。自然界の光配列が成す，変わり行くパターンも，面に関してさらに多くのことを特定する。即ち，「観察の間に，面はどのように変化するのか」とか「観察者はどのように移動するのか」といったことである。曖昧さが入り込む可能性は，排除されている。ある画像から生じる特定の光配列に含まれる，**人為的に停止された**パターンは，また別の問題である。面の画像を見る場合，その面が，持続しているのか，変わり行く状態の瞬間的な断面に過ぎないのか，常に断言できるわけではない。

### 実在の生態学的水準[11]

面とは，物質と媒質との境界である。物質《substance》や物質性《substantiality》の程度といった概念と，物体《matter》という物理学の概念とを混同してはならない。このことは，「物体」の複雑な“三態”と関係している。（陸棲動物にとって）気体は全く非物質的であり，液体が固体になるに連れて，物質性は増していく。「物質性を備えた面の連続」は，物理学にとって

---

9) 2.7章を参照されたい。（編者註）

10) この仮説の妥当性は，Lappin, Doner & Kottas (1980) によって明確に立証された。（編者註）

11) 4.9章［本書4.5章］を参照されたい。（編者註）

は，論じるべき実在ではないが，生態学や生態学に立脚した心理学の立場からすれば，基本的な実在である。

動物は，面とその特性を知覚する。動物の行動は，面や面を成す物質がアフォードする事柄によって制御されるに違いないからである。（動物はまた，面の**配置**や配置の不変項がアフォードする事柄も知覚するが，このことは小論の主眼とするところではない。）面の知覚について研究するためには，現象学的視点と共に実在論的視点も必要である。私が提唱したアプローチは，入力処理（いわゆる“情報”処理《“information” processing》）の理論によりも，ゲシュタルト理論の方にずっと近い。私の理論は，一種の**生態学的な**ゲシュタルト理論《*ecological* Gestalt theory》である。

# 第Ⅱ部　対象の運動と自己の運動：行為・事象の知覚

## はじめに

第Ⅱ部には，伝統的に「運動知覚《motion perception》」と呼ばれている領域におけるギブソンの研究を収めた。この研究領域に対して，ギブソンは独創的な貢献をしている。というのも，ギブソンだけが，視覚による身体運動《bodily movements》の計画と制御に関心を持ってこの運動知覚の問題に取り組んだからである。マッハ（Mach, 1875）からブラウンスタイン（Braunstein, 1976）に至るまで，ギブソン以外に運動の視知覚を研究した人々は皆，「運動視知覚の研究の基本問題は，視野の中の別々の要素群の動きを我々がどのようにして見るのか，説明することだ」という前提に立っていた。この結果，こういった人々の理論の適用範囲は，非常に狭くなった。能動的で自ら動き回る観察者は，対象の運動と観察者自身の身体運動とを，構造を持った環境の中で，どのようにして知覚するのか。行為と事象の双方の知覚に関するギブソンの理論は，このことを包括的に説明している点で，他に類を見ない[1)]。

ギブソンが伝統的な領域を超えて運動視知覚の研究を拡大したいと考えるようになったのは，例えば，自動車の運転（2.1章），航空機の操縦（2.2章），一般的な定位（2.3章）のような，視覚の実地に即した局面に関心を抱いていたからである。これら視覚の基本的機能に関する考察に基づいてギブソンは，次のように主張した。「運動の視知覚の問題は，伝統的には単独の問題だと考えられてきたが，実際には，三つの関連問題を伴う（Gibson, 1954b, 1958c；2.6章［本書2.3章］）。即ち，運動している対象の知覚，多少とも安定した環境下での変化の知覚，環境内で動いている自己に関する知覚，の三つである。」運動知覚にこれら三種類の区別を立てたことからギブソンは，有効な《useful》知覚が成り立つには環境の空間・時間を貫く運動が必要であり，逆に，運動には知覚による誘導が必要だということを理解するに至った。ギブソンは，知覚する際の身体運動を重視して，空間知覚に関する全く新しい理論（1.1章；1950a）と，運動知覚に関する革命的な主張

1) Gibson（1954b）によれば，一般に，自己の位置の変化を指す場合に“movement”の語を用い，対象の位置変化を指して“motion”と言っている。このような用語法は，「環境の中で生じる事象についての知覚」と「環境の中で行動している自己に関する知覚」との区別をギブソンが重視していたことを思い起こさせる。（編者註）

(2.2章）とを，統合することができた。生態光学と情報抽出《information pickup》の理論（1.3章［本書1.1章］，1.4章［本書1.2章］，4.4章）を練り上げた後には，空間及び運動の知覚に関するギブソンの主張は，定位・移動・自己受容感覚・事象知覚（2.3-2.9章［本書2.5章］）に及ぶ全般的な理論の基盤となった。

“自動車の運転に関する場の理論的分析（A theoretical field analysis of automobile driving)”（2.1章）は，運動知覚に関するギブソンの最も初期の研究だが，自ら得意としていた自動車の運転という技能の知覚的な側面を理解したいという関心から生まれた。当時広く受け容れられていた学習理論は，運転という実地的技能に必然的に関与している計画や誘導を説明するのにも役立った。しかしギブソンと共同研究者のクルックス（Crooks）は，学習理論による説明に満足せず，社会的行動に関するレヴィン（Lewin）の場理論《field theory》(1936）を応用して，運転の視覚的な制御について独創的な説明を展開した。様々な知覚情報を用いることで，安全な移動という場の中で，運転者は，どのようにして自動車を巧みに操れるのか。このことについてギブソンとクルックスは，“良い理論こそ，最も実用的である”というレヴィンの提言に従うかのように，理論的説明を練り上げた。これは，本書に収めたギブソンの論考の中では，最も古い。ここには，視覚によって制御された移動（Gibson, 1979a；Lee, 1976），アフォーダンスの理論(Gibson, 1977b；4.9章［本書4.5章］）といった後年の概念の萌芽が既に見られる。この点に，ゲシュタルト心理学の場理論がギブソンの思想に及ぼし続けた影響の一端が表れている。

“網膜上の運動の手がかりによって距離および空間を判断する能力について（The ability to judge distance and space in terms of the retinal motion cue)”（2.2章）は，ギブソンが空間知覚の大地説（1.1章）を観察者が移動している場合の配置の知覚の問題に関連づけようとした，最初の試みである。ここでも，ギブソンの理論は，航空機の操縦士による距離の知覚という実地に即した問題がきっかけとなって，実験室の外での知覚にも適用できるように拡張され洗練されたのである。当時ギブソンは，安定した三次元環境の配置とそのような環境を基準とした観察者の移動との双方を知覚するために必要なものを“網膜上の運動の手がかり”と呼んでいた。航空機の着陸に際して知覚に必要な条件を検討した結果，ギブソンは，この“網膜上の運動の手がかり”に関する説明を系統的に述べた。変わり行く刺激作用が，知覚において決定的な役割を果たすことは，この論文で確証されたが，この考えは，ギブソンの後年の全ての思想の根幹を成すことになった。

“動物における，視覚によって制御された移動と視覚的定位（Visually

controlled locomotion and visual orientation in animals)”（2.3章）でギブソンは，配置の知覚（Gibson, 1952b ; Gibson & Mowrer, 1938），対象の運動《motion》の知覚（Gibson & Gibson, 1957 ; 1.2章），自己の運動《movement》の知覚（2.1, 2.2章 ; Gibson, Olum, & Rosenblatt, 1955）の三種類の研究結果を統合して，環境の知覚と環境内を移動する自己の知覚とを包括的に説明する理論を構築した。S-R（刺激－反応）モデルは目的ある行為《purposive actions》を説明するのに不適切だとしてこれを退け，認知地図理論では移動の制御に知覚情報が必要だと考えてないという理由でこれも却下して，ギブソンは，自己の運動の計画と実行に関する独自の理論を構築した。この理論には，次の二つが盛り込まれていた。第一に，変わり行く刺激作用に含まれる利用可能な情報（これは，その環境の空間の配置を，また，環境内を通過する観察者の移動を，特定する）に関する説明。第二に，そういった情報を動物がどのように利用するのか記述する，定型的な手順の言明。視覚によって誘導された運動に関するこの理論は，移動視《ambulatory vision》に対する初期の生態学的アプローチの代表例であり，後年，さらに洗練され精緻化されることになる（Gibson, 1979a, Ch. 13 ; Lee, 1976, 1980b）。

運動している際の自己の知覚に関する研究がきっかけとなって，ギブソンは，自己受容感覚に関する伝統的な説明について，また，行為と知覚との関係について，再検討することになった。“自己受容感覚の効用と自己を特定する情報の抽出（The uses of proprioception and the detection of propriospecific information）”（2.4章［本書2.1章］）では，自己受容感覚についての生態学的理論の概略を述べている。「全ての知覚は，刺激作用に含まれる情報に立脚している」との考えから出発して（1.3章［本書1.1章］，4.3章［本書4.1章］，4.4章），ギブソンは，自己を特定する情報とその機能に関する理論を展開した。この理論には，自己及びその運動を特定するのに利用可能な情報に関する記述と，その情報を動物が抽出し利用する方法に関する見解とが含まれていた。従ってギブソンは，自己受容感覚を，「自己受容器の神経興奮に基づいて生じる」とする旧来の理論も，「刺激の入力と遠心性の出力との比較の結果である」とする現代の理論も，共に却下した。代わりに彼は，自己受容感覚は，全ての知覚系《perceptual systems》が自己を特定する情報を抽出することに基づいている，と主張した。この論文と，特に彼の著書『知覚系として捉えられる諸感覚（The Senses Considered as Perceptual Systems)』（1966b）では，知覚と行為とがいかに関連しているか説明するために，自己受容感覚に関するこの革命的な理論がさらに展開されている。「感覚系と運動系」という二分法を，知覚と行為に当てはめて，「知覚は感覚系のはたらきであり，行為は運動系のはたらきである」とする説がある。ギブソンは，これを却下して，知覚も行為も共に，感覚過程と運動過程との双方を伴うと提唱した。知覚《perceiving》と行為《acting》は，互いに異なる（が，互いに支え合う）機能を持った，動物の目的ある行動《purposive behavior》の二つの在り方だ，と主張したのである。知覚の機能とは，環境を探査し，目標を設定し，行為を誘導することである。これに対して，行為の機能とは，運動を実行し，目標を達成し，新しい情報を知覚に提供することである。知覚と行為に対するこのような理解が，知覚の過程を「知覚系が情報の抽出によって環境の構造に適応すること」と捉えるギブソンの考えの根幹を成している。

知覚による行動の誘導を常に重視し続けたことから，ギブソンは，自己を特定する感覚機能群だけでなく外部感覚の機能や仕組みに関する新しい理論を構築するに至った。“刺激作用と知覚における時間順序の問題（The problem of temporal order in stimulation and perception）”（2.5章［本書2.2章］）では，知覚系の外部受容機能に関するギブソンの様々な考えがまとめ上げられている。移動能力を持つ生物は，感覚器官を備えているがゆえに行為を計画し制御できる。これが，感覚器官の通常の生物学的効用である。このことからギブソンは，知覚は，時間経過と共に生じるのであり，あらゆる知覚は（環境の安定した局面に関する知覚であっても），変わり行く刺激作用に基づいている，と主張した。生活体は，知覚の過程で，知覚するという目的に見合うように，感覚器官を移動させる。このような知覚の過程を説明するために，ギブソンは，神経系において時間的構造化《temporal organization》が生じるとするラシュレー（Lashley）の理論を再構築し拡張した。ギブソンの考えでは，知覚の過程は，末梢の受容器活動に対する中枢からの応答ではなく，観察者と，その知覚に関連ある環境の局面との間の，協応《coordination》の過程である。この協応過程が，（身体一即ち，効果器と受容器との間の神経ループだけでなく，効果器と受容器の双方一の移動を伴って）環境の媒質内の変わり行くエネルギーパターンに含まれる情報に，目的に見合うように適合化すること《attunement》によって，知覚は完遂される。

“運動の知覚は何から生じるのか（What give rise to the perception of motion?）”（2.6章［本書2.3章］）では，運動を特定する変わり行く光配列に含まれる，利用可能な情報について，さらに，視覚システムによる光配列のスキャンに必ず関わる過程について，詳細に論じている。ギブソンは，運動を特定する情報は，網膜上での運動ではあり得ないと主張している。外界に全く運動が生じていない場合でも我々の眼は動いており，網膜上の運動は1秒間に数回の割合で生じているからである。これに対してギブソンは，「包囲光配列には独特の変わり行く構造が存在して，対象の運動と観察者の運動の双方を特定する情報として機能する」と主張した。光配列の局所的な変形は，持続する背景の前での遊離対象の運動を特定する。光配列の赤道領域に沿った漸進的な変形は，頭部の回転を特定する。運動遠近法《motion perspective》（光配列の全体的な膨張或いは収縮で，光配列の中心領域から外側に向けて流れ出たり，中心領域に向けて流れ込んだりする）は，安定した環境での移動を特定する。動物は，構造を持つ包囲光全体にわたって眼を動かすことで，これらの事象を，或いはこれら以外の事象を，把握する。その際動物は，抽出しようとしている，事象を特定する情報に，求心性・遠心性のループ群の複合体を協応させる。認知，記憶，動機づけ，その他の諸要因は，ある事象のどの局面に注意を向けるかを規定し，注意を向ける過程の構造化にも影響を及ぼす。しかしそれらの要因は，情報そのものには影響を及ぼさない。

このように，対象の運動《motion》や自己の運動《movement》の視知覚は，環境に存在する変化や持続性から生じる，構造を備えた包囲光に立脚している。“可視から不可視への変化：光学的推移に関する研究（The change from visible to invisible : A study of optical transitions)”（2.7章）では，ギブソンは共同研究者と共に，不可視から可視への変化を伴う様様な種類の事象を特定する光学的情報を検討した。例えば，視界から出て行ったり視界に入って来ること，視界から突然消失したり視界の中に突然出現すること，などである。この研究から，外界における対象の運動は，どのような種類の運動であっても，包囲光配列の光学的変形《optical deformation》や光学的推移《optical transition》を，各々独自のかたちで生じることが明らかになった。ギブソンが特に重視した例は，遮蔽《occlusion》（即ち，ある面が別の面を覆い隠すこと）であり，これは，観察者が移動する際には必ず生じる。観察者が移動すると視点の位置も変わる。この結果，観察者の近くの面によって隠されていた対象が視界に入ってくる。観察者が逆方向に移動すると，対象は視界から出て行く。ある面の他の面による遮蔽やその解消《disocclusion》を特定する情報は，包囲光配列に含まれる光学的な肌理の，漸進的な添加《accretion》や削除《deletion》である。

視点の位置変化によって視界の外に出てしまった面は，逆方向の位置変化が生じた場合には再び視界に戻ってくる。これが，“可逆的遮蔽の原理《principle of reversible occlusion》”である（Gibson, 1970b, 1979a, pp. 191-195)。可逆的遮蔽の概念は，事象知覚の理論の根幹を成している。というのは，この概念によって，外界の知覚的連続性・一貫性が説明されるからである。我々の頭部の背後の世界は，見えないが消えて無くなっているわけではない。世界の持続性を特定する光学的情報が存在するのである。さらに，自動車の運転や航空機の操縦など，乗物の視覚的誘導に関するギブソンの初期の研究（2.1，2.2章）で提起された，「知覚された空間と運動との関係」という謎も，この遮蔽の理論によって解決を見ようとしている。「今，ここからは見えないもの」は，しばらく経てば，ここから見えるかも知れない（遮蔽された対象の運動に関する視覚的予言：Gottsdanker, 1956；Reynolds, 1968；Rosenbaum, 1975）。或いは，今でもどこか別の場所からならば，見えるかも知れない（ある光景に関する他者の眺望《perspective》の視知覚：Gibson & Pick, 1963）。或いは，しばらく経てば，その別の場所から見えるかも知れない（認知地図の形成：Heft, 1981；McIntyre, Hardwick, & Pick, 1976；Menzel, 1978）。遮蔽の理論によって，なぜ視空間と対象の運動の知覚とが不可分に結びついているのか，なぜ対象の運動の視知覚が自己の運動の視知覚と密接に関連しているのか，説明がつく。環境内で自己の位置と対象の運動とを見ることは，ここから見て何が視界の外にあるかを知ることである。同時にそれは，視界の外にあるものを視界に入れるためにはどのように移動すればよいか知ることでもある。

ギブソンは，対象の運動《motion》や自己の運動《movement》の視知覚に関心を抱いていた。その関心がきっかけになって，空間的・時間的に広がった事象を我々がどのようにして知覚するのか理解することが，いかなる知覚理論にとっても決定的に重要だと考えるようになった。“事象知覚の問題（The problem of event perception）”（2.8章［本書2.4章］）では，この興味深い問題に生態学的な視点から取り組んでいる。この論文には，「事象」の定義，生態学的事象《ecological events》の分類，事象を特定する情報に関する分析が収められている。事象に対する生態学的アプローチを具現するためには，事象を物理的に捉える観点も現象的に捉える観点も，ともに超越しなければならない。生態学的事象は，物理的空間内での対象の単なる運動ではない。環境内の対象の，方向・定位・遮蔽・質的変化こそが，観察している生活体にとって重要な事柄だからである。また，生態学的事象は，様々な状態の意識性が単に継起しているのでもない。生態学的事象は，環境の中で起きる，明らかに実在している出来事である。事象に関するギブソンの研究によって，生態学的な実在性の水準において環境を科学的に記述すること（4.9章［本書4.5章］）は，可能でありしかも実り多い企てだということが，実証されたのである。

奇術とは，生態学的な物理法則（或いは，我々が事象に関して暗黙裡に知っている諸法則）に反するように見える事象である。“生態物理学・奇術・

実在（Ecological physics, magic, and reality）”（2.9章［本書2.5章］）でギブソンは，生態物理学の法則をいくつか仮定した。そして，それらの法則を念頭に置きながら，奇術師は，どのようにして，実際に生じている事象を特定する情報を隠し，一方で同時に，実際にはあり得ない事象を特定する情報を与えられるのか，検討した。どのような条件の下で，存在する面が見えたり，見えないまま面が存在し続けたりするのか。この問題に関する説明は，事象の知覚において，さらには生態物理学の諸法則の解明において，重要な論点に繋がる。

過去の知覚理論において中心を占めてきた論点と言えば常に，パターン・対象・空間の，認識と検出とであった。このような概念的枠組の中で，対象の運動と身体の運動は，派生的な問題として扱われるようになり，要素・対象・身体の位置変化の単なる検出と捉えられた。生物学的に重要な事象は，身体の動きに伴う事象も含めて，非常に多様である。しかしこのことは，ほとんど顧みられてこなかった。事象の知覚や自己の運動の視知覚は，生物学的に基本的な機能である。しかし，これらの機能に関する問題は，ギブソンの研究が現れるまで，ほとんど提起されることがなかった。ギブソンは，数十年にわたって，次のように主張し続けた。即ち，視知覚研究の基本問題は，移動しつつある動物が，事象に満ちた環境と，その環境で生じる動物の行為との両者を，どのようにして知覚するのか説明することである。この主張によって，知覚の心理学は，非常に多くの成果を収めることができたのである。

エドワード・リード
レベッカ・ジョーンズ

# 2.1 自己受容感覚の効用と自己を特定する情報の抽出*

「感覚性神経系」や「運動性神経系」という表現は，的確ではない。全ての感覚性インパルスが感覚を生じるわけではないし，全ての運動性インパルスが運動を生じるわけでもないからである。生理学者は，「感覚性」や「運動性」の代わりに，「求心性」と「遠心性」という語を用いるが，これは厳密な表現だと言える。人間工学者《human engineer》は，「入力」と「出力」を用いる。これらは，遙かに的確な表現である。従って，神経系からの出力が再びその神経系に入力されることを，人間工学者に倣って「**フィードバック**」，或いは，生理学者に倣って「**再求心性入力**《*reafference*》」と呼ぶことができる（Von Holst & Mittelstaedt, 1950）。しかしながら，心理学から生まれた以下の用語は，「各モダリティに固有の感覚が意識される」とする説を暗示する意味を含んでいたり，あまりに古すぎる概念であったりする。「**筋感覚**《*muscle sense*》」は，1826年まで遡る用語だが，あまり役に立たない。関節からの再入力を考慮に入れていないからである[1)]。「**運動感覚**《*kinesthesis*》」は，1880年に初めて用いられた語で，運動に対する感受性を意味するが，一方では，四肢と胴体が取る姿勢に関する情報をも示すはずである[2)]。「**前庭感覚**《*vestibular sense*》」は，

＊　この論文は，1964年9月，知覚における再求心性刺激作用の役割に関するアメリカ心理学会のシンポジウムで発表された。本書以前には，出版されていない。

1)　筋感覚の概念は，トマス・ブラウン（Thomas Brown）とチャールズ・ベル（Charles Bell）の研究に由来する（Bastian（1880, appendix）と Sherrington（1900）を参照されたい）。（編者註）

2)　「運動感覚《kinesthesis》」は，バスティアン（Bastian, 1880）が新たに造った言葉である。Bastian（1887）には，ヒューリングス・ジャクソン（Hughlings Jackson）やデイヴィド・フェリア（David Ferrier）らによる運動感覚の概念に対する論評に関する討論が収められている。運動感覚に関する研究の最近のレヴューとしては，McCloskey（1978）を参照されたい。（編者註）

頭部の動きを取得しているが，それは加速度のみである。前庭感覚はまた，身体・頭部・眼球の姿勢の反射的な平衡状態に関与してもいる。「**身体感覚**《*somaesthesis*》」は，有用だが，大きすぎる概念である。ボーリング（Boring, 1942）はもちろん，これらの用語全てに精通する権威である。

**循環的反射**《*circular reflex*》は，行動理論に由来する古い用語だが，我々がここで論じようとしていることの一端を言い当てている。この言葉は，例えば，G. H. ミード（Mead）やE. B. ホルト（Holt）が，子供の言語発達の理論や社会的模倣の理論で用いている。**反応が生み出す刺激作用**《*response-produced stimulation*》というハル（Hull）の用語もある。これは便利な用語だが，この言葉を採用することは，ハルの理論を受け容れることを意味する。最後に，**自己受容感覚**《*proprioception*》という用語がある。

この言葉は，現代の語法では，事実上，運動感覚《kinesthesis》と同じ意味で用いられている。このシンポジウムの私以外の出席者も，自己受容感覚と運動感覚とを同義語として使っている。しかし，皆さんには申し訳ないが，私は「自己受容感覚」を，広義の自己感受性《self-sensitivity》の意味で用いたい。自己感受性とは，動物が様々な方法で自己に与える刺激に対する感受性である。動物は，見る・聴く・触る・嗅ぐ・味わうといった活動も含めて，低次のものから高次のものまで，ほとんど全ての活動によって，自己を刺激しているのである。

シェリントン（Sherrington）は，1906年に**自己受容感覚**《*proprioception*》と**外部感覚**《*exteroception*》とを区別した。これは，卓見である。彼は，「個個の動物は，環境の中で機能するために，環境に関する情報だけでなく自己の活動に関する情報をも必要としている」と提唱したが，この主張はもっとよく理解されて然るべきである。動物は，生きていくために，両方の情報を手に入れなければならないのである[3)]。しかしシェリントンは，「五官は，各々が感覚神経を持っており，互いに独立である」という古典的理論の影響をあまりにも強く受けていたがゆえに，「自己受容感覚は自己受容器群から，外部感覚は

3） Thinès（1977, Ch. 3）は，シェリントンの研究のこの局面について，非常に詳細に解説している。（編者註）

外部受容器群から，それぞれ生じる」と考えざるを得なかった。1906年という時代には，「受容器や神経を伝わる感覚の質は，感覚の種類によって固有である」とするヨハネス・ミュラー（Johannes Müller）の法則［訳者註：固有神経エネルギー説］にも，それらから生じる感覚こそ外界に関する情報を獲得するための唯一の拠り所だとの考えにも，疑いを抱く者は誰もいなかった。それから半世紀を経た現在でも，「自己受容感覚は，特殊感覚ではなく，総合的な機能である」との考えは，奇異に聴こえるかも知れない。しかし，フィードバックや再求心性入力といった現代の概念は，特殊感覚という考え方ではない。神経系への再入力が，筋・関節・内耳の受容器群だけでなく，あらゆる感覚経路を介して行われることは，現在ではよく知られている。動物の移動の制御は，視覚に依存している。手先の操作の制御は眼・関節・皮膚に，さらに音声の制御は聴覚に，それぞれ立脚している。しかしこれらは，用語の厳密な意味から言えば，「自己受容感覚」ではない。

ここで，繰り返し現れながらもまだ解決されていない，ある問題が浮かび上がってくる。即ち，ある個体自身の活動によって生じた入力と，外界の事象によって生じた入力が，同一の神経に与えられる場合，その個体は，両者の相違をどのようにして識別するのか。自己受容感覚が，他の外部受容器群とは分離された個別の解剖学的単位である自己受容器に限定されないのであれば，自己を特定する入力は，外部感覚への入力と，どのようにして区別されるのだろうか。例えば，視覚の場合，眼球の回転によって生じる網膜全体にわたる網膜像の移動は，外界の回転によって生じる網膜像の移動と，どこか違いがあるのだろうか。これが，「我々の眼が動くとき，外界が動くように見えないのはなぜか」という，古くからの問題である。他にも多くの例があるが，それらはあまりよく知られていない。静止した対象の上を皮膚が移動する場合もあれば，静止した皮膚の上を対象が移動する場合もある。とすれば，両方の場合で皮膚に同一の刺激作用が与えられることもあり得る。しかし，両者が知覚の上で混同されることはない。これは，なぜだろうか。

私の考えでは，この問題は，これらの例から示唆される以上に深遠で難解である。自動車を運転する際に，金槌で釘を打つ際に，暗闇の中で見慣れない対象の形状を手探りする際に，反応が生み出す刺激作用と環境が生み出す刺激作用との**混成体**《*mixture*》が，複合的に同時発生する。このことを，視覚刺激作用の場合について考えてみよう。視覚刺激作用の流動には，個体を特定する成分と，外界の事物の配置《arrangement》や外界の事象から制約を受ける成分とがある。皮膚に与えられる刺激作用の流動についても，同じことが言える。つまり，そのような流動のうち，ある部分は個体自身によって生じ，別の部分は対象によって生じるのである。さらに，前庭器官に与えられる刺激作用の流動にも，同じことがあてはまる。有毛細胞に加わる力には，個体に由来する成分と，外界からの圧力による成分が含まれており，さらにそれらの根底には，絶え間ない引力の影響がある。カクテルパーティーでは，自分の声は他者の声と混ざり合っている。多くの感覚から成るこのような混乱状態をどのように整理して，各々の声の源を知覚できるのだろうか。「感覚は受容器に（しかも，受容器にのみ）固有である」というヨハネス・ミュラーの主張が的確であり，しかも，「感覚は，唯一にして究極の知覚の源である」というロック（Locke）の見解が正しいのであれば，人間や動物は，神経系への入力とフィードバックとを，いったいどのようにして区別するのだろうか。自己を特定する情報と外部感覚への情報との相違とは，何だろうか。フォン・ホルスト（Von Holst, 1954）の用語に従えば，同一の神経に与えられる，再求心性入力の神経インパルスと前求心性《exafferent》の神経インパルスとの間には，どのような相違があるのだろうか。

フォン・ホルストがこの難問に対して示した答えは，私の理解するところによれば，次の通りである。即ち，中枢神経系に結合部を想定して，それが，運動系の命令に従って生じた感覚と運動系の命令に従うことが**なく**生じた同じ感覚とを識別できる，と考えるのである。この識別を実現するためには，脳は，出力された各々の感覚の“コピー”を保持していて，それが入力された感覚と一致するか否か判断する必要がある。一致する場合には，入力された感覚に自己受容感覚の質が与えられ，一致しなければ，外部感覚の質が与えられる。フォン・ホルストの理論は，意識の関与を必要としないが，「**神経支配の感覚**《*feeling of innervation*》は，運動性の神経経路の覚醒を常に伴う」との仮説と同じ伝統に繋がっている。この仮説は，旧来の感覚説を，極端に推し進めたものである[4)]。

この問題には，もっと革命的な解決が必要だと思われる。自己受容感覚が，古典的な感官の概念とは違って，知覚系《perceptual systems》全体が担う総合的な機能であるならば，感覚が主観的にどのような質を持つかということは，問題ではなくなる。私は，「情報の入力」と「意識される感覚の入力」とを明確に区別している。「神経への入力は，自己を特定する入力である場合と外部感覚への入力である場合とでは，異なる」と仮定するだけで，この難問は消滅してしまうのである。確かに，その源を特定するような入力は，解剖学的な起点だけしか特定しない入力よりも多量に与えられる。しかし，そのような入力は，確実に情報をもたらすのであり，生の感覚データから知覚が生じるために必要だと考えられていた訂正や補足は，必要ない[5]。

この説に立てば，自己受容感覚も，外部感覚と同様に，情報の抽出に役立つ解剖学的器官であれば何でも利用していると考えられる。神経への入力のパターンは，常に変化するが，それは，恒常的なものを特定する不変項と，変化するものを特定する可変項とを含んでいる。従って今後はこの観点から，自己受容感覚と外部感覚とを検討することに着手できる。我々は，次の二点を理解できるようになる。第一に，身体の状態と外界の状態とは相互依存関係にある。第二に，両者の状態は，知覚において見出されるに違いない。我々は，次のような現象的事実を考慮に入れることができる。即ち，我々の経験は常に，主観的なことと客観的なことの双方に同時に関連しているのである。

このアプローチを採用すると，それと引き替えに，これまで大切に扱ってきた多くの仮説を放棄しなければならなくなることは確かである。「意識の内容としての感覚は，知覚の原因でもなければ知覚の構成要素でもなく，単に知覚に随伴する事象に過ぎない」との前提に立たなければならない。知覚が情報の抽出に基づいているならば，知覚に感覚データが伴っているか否かは，問題ではなくなる。旧来の意味での感官《senses》の概念（即ち，「生の感覚データ

4）神経支配の感覚を巡る論争は，19 世紀の終わりに向けて非常に精力的に展開された。ジェームズ（James, 1890）が意志について述べた章は，この論争への導入として適切である。（編者註）

5）筋の協働を考慮すれば，筋や関節の自己受容感覚に再求心性入力を仮定する必要はなくなる，とするグラニット（Granit, 1973）の理論の背景にも，同じ着想があると考えられる（考察については，Miles and Evarts, 1979 を参照されたい）。（編者註）

を運ぶ器官」）は，大部分，分析的内観が生み出した仮構に過ぎないと考えるべきである。知覚系同士は，互いに独立ではない。このことを理解した上で，我々は，「知覚系の集合体」という新たな概念を明確にしなければならない。「受容器細胞や単一求心性ニューロンの群から成る受容野などから成る，知覚のための器官が存在する」と想定しなければならないが，それらの器官は，解剖学的にではなく，機能的に定義されるべきである。例えば，視覚を担う器官は，左右二つの眼から成る。単眼からではない。触覚を担う器官は，皮膚だけでなく，手足や胴体からも成り立っている。従って，ティチナー（Titchener）が重視していた，質・強度・広がり・持続といった感覚の属性は，受容器の興奮を反映しているかも知れないが，知覚のための器官群の作動を反映してはいないと考えられる。「あり得る感覚《sensations》を全て網羅した目録を作成する」という，偉大なるコーネル大学［訳者註：ティチナーが主導していた。］の研究方針は，知覚の研究には無関係だということになる。感覚を生じるためのエネルギーの閾値を強度や頻度として量的に測定するという研究は，受容器のみに関わることであって，知覚を担う器官には無関係である。強度や頻度を扱う精神物理学は，洗練された学問ではあるが，光・音・力学エネルギーに含まれる**情報**（即ち，環境と観察者の身体とに関する情報）に基づいた精神物理学には，決して結び付いて行かないだろう。

自己受容感覚に見合った情報が存在し，動物は，その情報を取得する。これが，私の仮説である。「再求心性入力《reafference》に由来する感覚」を問題にする必要は，全くない。これは，旧来の考えを打ち砕く仮説である。しかし，それゆえに我々は，旧来の考えとは異なる立場から自由に考察できるようになる。我々は長い間，感官が能動的で探索志向であると認められることを望んできたが，**感官**《*senses*》という用語そのものがそれを阻んできた。能動的な知覚器官と受動的な受容器とを的確に区別できないまま，今日に至ったのである。その結果，眼・耳・鼻・手の**定位**能力に関する研究は，理論的には空白のまま進められ，これらの能力は，行動と区別されないまま論じられざるを得なかった。知覚器官の**調節機能**《*adjusting*》（即ち，見る・聴く・嗅ぐ・味わう・触れる際の，注意の顕在的な動き）は，現在では，潜在的刺激作用《potential stimulation》からの不変項の抽出活動（即ち，外界からの情報抽出を最適化する行為）と捉えることができる。このことから，次のことが示唆される。即ち，眼・耳・鼻・口・手が示す調節は，発達し得る技能《skills》である。しかもそれらの技能は，各々が自立しているのであって，運動性の反応遂行《motor performance》に付随しているのではない。

この「能動的な外部感覚」という新しい概念に関して，「受動的な外部感覚」という旧来の概念と比較して特筆すべき点は，（例えば）網膜上の刺激作用を，視覚の調節機能《ocular adjustments》と切り離して考えることはできない，ということである。視覚の調節機能とは，水晶体調節《accommodation》，光強度の調整，自己身体の安定化，凝視，探索などであり，網膜像がどのようになるかは，これらの機能にかかっている。日常的に我々に成立する通常の網膜像は，実際には，**獲得した**《*obtained*》刺激であって，我々がこれまで想定してきたような，**強要された**《*imposed*》刺激ではないのである[6)]。これら視覚の調節機能は，光に含まれる潜在的情報を抽出するために，常に新しい網膜像を生み出し続けている。このことには，重要な意味がある。即ち，眼のシステム《ocular system》は，これらの調節を行うためには，網膜像の不完全性を感知できなければならない。つまり，眼のシステムが機能するためには，自己受容感覚を感知できなければならないのである。しかし，焦点合わせ・凝視・探索・追従などに随伴して生じる**感覚**《*sensations*》は，これらの機能が担う目的（即ち，明瞭な知覚を実現すること）とは無関係である。観察者の注視対象の変遷に伴って，ある箇所から別の箇所へと眼の中心窩が移動して，網膜像を基準とした網膜の位置が変化する場合には，視覚的入力は，単に注意の移動を反映・制御するだけである。そして，ここで「なぜ外界が移動するようには見えないのか」と問うことは，そもそも最初から誤りである。視界の片側で新しい情報が得られると同時にもう一方の側で古い情報が消失していくような，パターン全体の純然たる置き換えは，眼球運動を**特定する**。そして我々は，通常この情報を順当に取得し，外界の回転ではなく眼球の運動を知覚するのである。

6)　ギブソンは，触覚に（1962a），後には全ての知覚系に（1966b），この理論を当てはめた。Wall（1970）は，この理論を触覚及び運動感覚に応用している。（編者註）

視覚の調節機能や探索機能から網膜へのフィードバックについて研究する意義は，非常に大きい。しかし，（あるとすれば）どのような種類の感覚がこのフィードバックに伴うのか検討する際には，知覚の上でのフィードバックの目的を忘れてはならない。実験によってフィードバックのモダリティや質を意識するように仕向けるならば，それらは意識されるかも知れないが，フィードバックの意味は，あくまでも視覚の調節機能である。つまり，フィードバックとは，眼のシステム自体の状態に関する情報である。**再求心性入力**は，外界の刺激情報を探索する知覚器官の活動を制御するので，知覚過程の重要な部分を占めている。時間に余裕があれば，この法則が，能動的な聴覚的定位における耳－頭の系，能動的触知《active touching》における手－身体の系，能動的嗅覚やいわゆる“嗅覚に従う”という場合における鼻－呼吸器の系にも充分に当てはまることを示したかった[7]。知覚系は全て，パヴロフ（Pavlov）が名づけた定位反応《orienting response》を含んでおり，重力と周囲の環境とに対する姿勢定位を担う基本的な系と巧妙に結合されている。この姿勢定位系は，周知の通り，連続的・循環的に作動して平衡状態を達成する。これは，もっと高次の知覚系でも同じである。

従って，**再求心性入力**や自己受容感覚には，知覚の上で果たしている役割がある。顕在的行動におけるその役割とは，どのようなものだろうか。自己受容感覚については，サイバネティクスと呼ばれる領域の出現以後，かなりよく知られている。再求心性入力は，完全に一体で，知覚においても，反応遂行においてと同じように作動すると考えたくなるかも知れない。しかし，私の考えでは，それは誤りである。反応遂行は，環境と観察者の知覚との**双方**を変容させる。これに対して知覚は，環境から得られた刺激情報《stimulus information》のみを変容させ得る。即ち，注意を養成することで，観察者は，不変項を分離し，事物の重要な特徴を抽出し，僅かな差異を検出する能力を高めることができる。私は，行動による学習を軽視しようとしているのではない。ただ，見ることによる学習の可能性を主張したいだけである。

運動学習は，知覚学習を伴わない限り，完遂されることはない。しかし，知

7）これらについては，全て，Gibson（1966b）で詳細に論じられている。（編者註）

覚学習は，眼・耳・手の探索的調節を除けば，ごく僅かな筋の動作が伴うだけでも進行し得る。**反応が生み出す手がかり**によって知覚学習を説明する理論の誤謬は，「運動性の反応**それ自体**が，事物の弁別を上達させる」という仮説にある。全体としての運動性の反応には，該当する刺激を確定し明確化するための知覚器官の巧妙な活動が隠されている。知覚器官の活動と同時に，無関係な刺激を除去するための，神経系の中枢による，ある種の“同調《tuning》”が進行している。これは，顕在的な行動ではない。しかしこれは，「知覚活動《perceptual activity》」と呼ぶに相応しい活動であって，軽々に「運動性の反応」に含められるような事柄ではない[8)]。

知覚系は確かに筋を含んではいるが，その中には，眼筋のように，環境に変化を生じるような力は持たないものもある。そのような筋は，探索には用いられるが反応遂行には関与しない。知覚系への入力は最適化されているが，知覚系からの出力は最適化されていない。眼や耳の運動は，欲求低減による平衡状態ではなく，知覚の明瞭性という平衡状態の成立に向かっている。探索活動においては，観察者は**動く**ことが不可欠である。即ち，眼・頭・手を動かし，さらには新しい観察位置まで移動しなければならない。外界において何が法則性を持つのか，規則的なのか，周期的に生じるのかを知るためには，観察者は，動かなければならないのである。外界のこれらの特性を観察者が知ることは，自己が生み出す「変わり行く刺激作用の流動の中で不変であり続ける事柄」を分離して取り出すことによってのみ可能である。従って，永続的な対象とそれらの配置は，眺望《perspective》の流れから生じる。しかし観察者は，このような探索の際に，**必ずしも**課題を遂行したり目的を達成するわけではない。

私の言う自己受容感覚が，各モダリティごとに異なる特殊感覚《special sense》ではなく総合的な機能であり，しかも，通常は，全ての能動的外部感覚系の一翼を担っているとしよう。ならば，知覚系は，どのように分類できるだろうか。また，我々は，どのような用語法に従うべきだろうか。これは，展開を含んだ問いである。またも物議を醸すことになって恐縮だが，唯一の答え

8)　再求心性入力に関する現代の理論の多くは，行為を知覚情報への調節機能と捉えるギブソンの考えに反して，依然として，「運動性の出力（或いは，フィードバック）は，弁別のための情報をもたらす」と主張している。（編者註）

は，新たなコンセンサスが得られるまでは，柔軟な用語法に従うべきだということである。(「各モダリティごとに異なる特殊感覚」という分類法は，明確であってもらいたいものだが，実際のところ，この分類法自体が全くの混乱状態にある。)

知覚系という新たな分類を始めるにあたっては，知覚系が取得する情報を分類基準としなければならない。さらに，知覚に関しては情報の冗長度が非常に高い，即ち，同じ事物について複数の情報源がある（即ち，複数の等価な情報が存在する）ことは，現在では周知の事実である。従って，外界の情報を取得するための機能は，複数の知覚系の間で重複している。但し，もちろん完全に重複しているわけではない。眼だけが，面の色を取得できる。面の温度を取得できるのは，皮膚だけである。しかし，眼と手は共に，面の粗さ（即ち，肌理），面の大きさ，重力方向への面の傾きを取得できる。さらに，いずれの系も共に，約3フィート以内であれば，面までの距離を取得できる。3フィート以上の距離については，眼だけが距離の取得を引き続き担うことになる。知覚系は，各々が特別な長所を持っているが，利用可能な情報は他の系も取得するので，どの知覚系もそのような情報を見逃すことはない。情報抽出のための器官は，冗長性を活用すると思われる。火は，炎を見ること，燃える音を聴くこと，熱を感じること，焦げる匂いを嗅ぐことが同時に進行して，一つの「火」として経験される。これらが四種類の感覚として個別に経験されるわけではない。従って，感官は別々に切り分けて分類できたが，知覚系を分類して互いに重複するところのないリストを作ることは，不可能である。

外部感覚について“諸感覚の統一性”を説明しようとする努力は，今まで成功していない。私はその原因を，ここで恐らく明言できる。感官を「感覚を運ぶもの」と捉えると，諸感覚を統一することは不可能である。しかも，諸感覚の共同作用は，依然として謎のままである。しかしながら，感官を「情報を抽出するもの」と捉えるならば，諸感覚に共通している事柄が「諸感覚の統一性」であり，共通していない事柄が「諸感覚の多様性」だ，と言える。

このことが事実であるならば，一つの知覚系への入力が他の知覚系への入力と食い違っている場合に生じる順応は，情報の分析において問題となる。他の感覚モダリティを基準とした場合の，ある感覚モダリティにおける変化は，二次的な問題である。「我々は，**視覚を信じる**べきなのか触覚を信じるべきなのか」，「どの感官を信頼すべきなのか」という，バークリ（Berkeley）主教にまで遡る古くからの謎は，実際には情報抽出の問題なのだが，感覚モダリティだけが情報の取得経路として認容されていたがゆえに，感覚モダリティの問題と考えられたのである。

実験で得られた事実からは，「情報の不一致が生じた場合には，個体は，何が不変か学習する」ということが示唆される。従って，学習とは，「ある感覚モダリティが，別の感覚モダリティに変更や修正を加える」といった性質の事柄ではない。あるモダリティが別のモダリティよりも本来的に信頼に足りる，などということはない。これは，「外界に実在する配置《layout》を，何が特定するのか見出す」という事柄なのである。そして，この意味での順応は，視知覚系にも触知覚系にも生じ得る。それは，相互に無関係に生じる場合もあれば，双方の知覚系で同時に生じる場合もある[9)]。

プリズムによって視覚入力に生じる歪みに対する順応，頭部が動いたときにその結果として生じる現象的世界の不安定性に対する順応は，探索活動によって促進されると思われる。しかしこれは，「行動が知覚を規定する」という意味ではない。知覚は，行動と同様に，個体の活動だということを意味しているだけである。

9）触知覚に関する研究の新しい概説については，Pick（1980）を参照されたい。（編者註）

# 2.2 刺激作用と知覚における時間順序の問題*

## A. はじめに

1950年から1954年までの間に，ラシュレー（Lashley）は，“行動における継時的順序の問題（The Problem of Serial Order in Behavior）”（1951），“知覚における力動的過程（Dynamic Processes in Perception）”（1954），“記憶痕跡を求めて（In Search of the Engram）”（1950）と題した，相互に関連し合う三つの論文を著した。彼は，時間と記憶の謎に，さらに，時間順序が行動・知覚・学習にどのように関与するのかに，強い関心を抱いていた。ラシュレーは，記憶の生理学的基礎（即ち，記憶痕跡《engram》）を，生涯をかけて探し求めたが，自らを含めて誰も，記憶痕跡の真の性質に関しては何も見出せなかった，との結論を下さざるを得なかった。ラシュレーは，「経験が残した痕跡は，脳における感覚系と運動系の結合かも知れない」という考えも，「記憶痕跡とは，神経組織に刻み込まれた小さなイメージである」とする旧来の考えと同様に重視していた。これらの考えは共に，ラシュレーが行った実験の結果とは一致しなかった。彼は次のように述べている。“私は時に，「学習など不可能だ」というのが避けがたい結論なのではないか，と思うこともある。想定された条件を満たし得るメカニズムが存在すると考えることは困難である（1950, p. 477）。”“感覚器官から連合野を経て運動皮質に至る経路…に記憶痕跡があるとする理論が誤りであることは，確実だと思われる。…記憶痕跡が神経系のどこかに局在することを実証するのは，不可能である。…そして，いわゆ

---

* *Journal of Psychology*, 1966, *62*, 141-149. この論文は，1965年4月に，東部心理学会研究会議において開催されたサイ・キー講演《Psi Chi address》の記録である。

る連合野は，具体的な個々の記憶の貯蔵庫ではない（1950, p. 478）[1]。”

しかしながら，論文のいよいよ最後になると，ラシュレーの論調は変わってくる。彼は，次のように提案している。“学習の過程は，複合的システムの構成要素による適合化《attunement》から構築されているに違いない。適合化とは，例えば，神経細胞同士の特殊な結合や神経細胞群が構成するパターンが，学習を経験する前より容易に応答するようになる，といったかたちで進行すると考えられる”（1950, p. 479）。ラシュレーの言う適合化がどのように起きるのかは，誰にもわからないし，提案された内容も曖昧である。しかし，これが全く新しい着想だという点は，重要である。仮に，学習が神経系における一種の**共鳴**《*resonance*》（即ち，特定の入力に対して神経系が同調すること）であるならば，学習とは，決して，記憶痕跡の貯蔵や蓄積ではあり得ない，ということになる。この考えをさらに突き詰めてみよう。すると，そこから得られるのは，次のような驚くべき仮説である。即ち，学習は，従来の通念に反して，必ずしも記憶に立脚している必要はない。我々は，ラシュレーに倣って，時間順序の問題を再検討しなければならないだろう。ラシュレーの考察によって不可解な難問であることが判明した学習のメカニズムも，時間順序の問題を解くことで見出されよう。

## B. 記憶という難問

私の知る限り，記憶の定義として充分なものは，「憶えている能力」という，内観に訴える常識的な定義だけである。記憶を「過去経験の再覚醒」と定義することはできない。全ての記憶が意識的経験に関するものだとは限らないことが，明らかだからである。「神経機能の継続的な変容」と定義すると，成長を含むことになる。「過去に対する現在の全般的依存」と定義すると，記憶と因果とを混同することになってしまう。実験心理学者は通常，記憶を定義しようとさえしない。記憶は，彼らが実施する実験そのものとしてのみ定義されてい

1) Masterton & Berkley（1974）は，皮質を感覚野・運動野・連合野に分割する仮説が直面している問題点について概説している。Young（1971）の著書では，これら連合論者の考えの多くがどこに起源を持つのか，その歴史についてわかりやすく述べられている。（編者註）

る。記憶とは，「記憶の実験法に関すること」だというのである。しかし，このことについては，次のような問題がある。非常に多くの実験で，呈示した項目の再生や再認を求めているが，それらは，記憶の実験というより知覚の実験であったり，或いは，知覚の実験と明言されている場合も多々あるのだ。視覚的パターンを描画したり，視覚的パターンとサンプルとの異同を判断したりする行為は，形の知覚としても形の記憶としても捉えられる。客観的な操作という面からは，知覚と記憶とを区別することはできないのである。知覚と記憶という二種類の活動を隔てるのは，それらに対する我々の主観的な印象だけである。我々は，知覚は現在に限定されているのに対して，記憶は過去のことを指している，との印象を抱く。しかし（これは重要な点だが），この区別は，完全に内観に立脚している。さらに，後ほど明らかにする通り，この区別は，全く明瞭ではない。

お気づきかも知れないが，他に，知覚と記憶とを別個の活動と捉える考え方もある。即ち，「同時の入力に対する全ての感受性が知覚を構成し，継時的な入力に対する全ての感受性が記憶を構成する」と仮定するのである。我々の心理学的な思考の背後には，「形や空間は知覚されるが，順序《sequence》や時間は記憶される」という考えが，曖昧なまま潜んでいる。しかし，この考えは，明らかに誤りである[2)]。刺激作用のパターンと順序とは非常に密接に絡み合っており，空間と時間とは相互に依存し合っている。この命題が真であることを，以下に立証したいのである。

## C. 混乱の原因として，考え得る項目

### 1.「前一後」という関係

記憶にまつわるこのような混乱を招いた一つの原因は，時間順序の問題を我々が**実在に即して**《*objectively*》考察できていないことではないだろうか。我々は習慣的に，時間を，「先行するものと後続するものという関係によって規

2） これは，カント（Kant）が『純粋理性批判（Critique of Pure Reason）』（1781/1929）の“先験的感性論（transcendental aesthetic）”の中で練り上げた理論である。（編者註）

定されるディメンション」ではなく，過去・現在・未来から成ると考えてきた。ウィリアム・ジェームズ（William James）が述べた通り，意識の流れ《stream of consciousness》とは，現在の瞬間（即ち，“今”という感じ）が移動していくことであり，この「現在の瞬間」が，時間の流れを，一方向に広がっていく過去とそれとは逆方向に広がる未来とに分けるのである。しかし，刺激作用の流れには，そのような特別な瞬間は存在しない。これは，外界の諸事象の流動についても同じである。今を，人間は意識するが，時計は意識しない。従って，人間は“過去”を意識するが，時計は意識しない。時計はただ，「前一後」という関係に従って針を進めているだけである。実在の時間は，順に継起する事象群から成っているので，そこには，過去も記憶もないのである[3)]。

### 2. 知覚を現在に，記憶を過去に割り当てることの誤謬

記憶は，過去に関する事柄であり，知覚は，現在に限られている。そして，予期や予測と呼ばれる類の活動は，未来に関わる。このような考えを，我々は，一度たりとも検討することなく前提として受け容れてきた。これらの活動を分けて考え，各々の活動について，それぞれ個別の生理学的基礎を探し求めてきた。しかし，そのような区分を正当だとする根拠は，内観にしかないのである。この分類は疑わしい。この区分をただ甘受していてよいのだろうか。知覚・記憶・予期は，機能《faculty》として捉えられるのではないだろうか。

そもそも，現在と過去とを内観によって厳密に区分することは不可能である。従って，いつ知覚が終了し記憶が始まるのか，我々にはわからない。ジェームズの観察の通り，過ぎ行く現在の瞬間は，かみそりの刃のように薄いものではない。そのように薄い「現在」は存在しないからである。「我々が“感知し得る”現在」というものが存在する。しかし，その持続時間を計測できた者は誰もいない。もう一点付け加えるならば，いつ知覚が終わり**予期**《*expectation*》が始まるのか，これも我々にはわからない。例えば，コーネル大学で最近行わ

3) Čapek（1961）は，現代物理学ではもはや，この“客観的時間”は利用できないと主張している。Wiener（1948）による，時間に関する二つの概念についての考察を参照されたい。（編者註）

れている，視野に拡大する影絵を呈示する実験（Schiff, 1965）から，接近の知覚と衝突の予期とは別個ではないことが強く示唆されている。

運動の知覚に関して，私の主張を支持する，もっと説得力のある証拠を挙げられる。時間経過に伴う視覚的パターンの変化や，光配列の（残りの部分は静止したままで）一部だけに生じる位置の変化は，知覚されるのであって，記憶されるのではない。さらに，水面の渦や滝のような運動の知覚は，長時間持続し，場合によっては際限なく続くこともある。知覚は，活動である。かみそりの刃のように薄く圧縮された即時的事象などではない。リズムやあらゆる聴覚事象の継起の知覚に関しても，同じことが言える。下等な動物は，光学的な運動に反応する際，それを単一の刺激と捉えているかのようである。一方，動きのないパターンに対しては，全く反応を示さない。聴覚刺激だけでなく，運動刺激も，刺激として成り立つためには，一定の持続時間が必要であるに違いない。事実，ティチナーの基準によれば，「感覚である限り，持続性《protensity》という属性を備えていなければならない」のである。

### 3. パターンを知覚に割り当て，事象の継起を記憶に割り当てることの誤謬

心理学の領域では，時間は知覚されると考えられてきた。或いは，一部の心理学者は，時間が知覚されると考えてきた。しかし彼らは，現在に至るまで，知覚される時間と記憶された時間や主観的な時間との矛盾を全く直視してこなかった。我々は，「空間知覚」は確かに存在する問題だと考えてきた。しかし，「時間知覚」については，そう言い切れないもどかしさを感じてきたのである。我々はこれまで，「パターン（対象）を抽出する」という問題と，「継起（事象）を抽出する」という問題との区別を維持しようとしてきた。従って，パターンと継起（即ち，空間と時間）の等価性は，理解しがたい難題と解され，正面から向き合うより敢えて問題にしない方が得策だと考えられたのである。

例えば，一連の記銘材料を被験者に呈示する場合，（瞬間露出器を用いて）空間的に隣接した構造の下で呈示することも，（メモリードラムを用いて）時間的に連続した構造の下で呈示することも可能である。つまり，時間的分布として把握されたのと同じ記銘材料群が，空間的分布としても把握される。空間的分布は知覚の及ぶ範囲であり，時間的分布は記憶の及ぶ範囲なのだろうか。

把握《apprehension》されることは，どちらの場合でも等価である。

霊長類やヒトの眼は，走査《scanning》によって（即ち，光景の各部分に継時的に中心窩を向けることによって）機能する。ウサギやウマの眼では，このような走査は生じない。これらの動物は，ほとんど全周を同時に見ており，その網膜には中心窩がほとんど形成されていないからである。これは，「ウマは環境を知覚できるが，ヒトは記憶の助けを借りることでのみ環境を理解できる」ということを意味しているのだろうか。かつては私も，継起する網膜像が記憶によって統合されるに違いないという理論に基づいて，そのように考えていた（1950a，p. 158 ff.）。しかし現在では，これは誤りだと思っている。視覚系は，継時的な視覚と展望的な視覚とを，即ち，時間と空間とを等価なものとして扱うことができる。こう考える方が，より的確である。周囲を順に見回すことは，より詳細に見られるという点で有利だが，周囲を一度に見るのと等価である。脳にとって，空間的布置よりも時間的布置の方が統合しにくいなどということはない。

## D. 継時的な知覚に関する実験的研究

私は，記憶に関する伝統的な理論に対して疑念を抱いている。それは，15年間に及ぶ，動く事物の知覚や移動の制御に関する研究に基づいて生じた疑念である。これらの実験の多くは，研究がまだ完遂されていないがゆえに未発表になっている。失敗した研究，目的を遂げた研究の双方から，共通の結論が示されている。それは，刺激作用の流動《flow of stimulation》，刺激作用の変形（変換）《transformation》という概念は，刺激として通例用いられている，変化することのない形（即ち，画像）以上に的確に，知覚という活動の特質を言い当てている，ということである。事実，静止が運動の特殊例であるのと同様に，形というものは，非変形の持続に他ならない。従って我々は，空間が時間と相互依存関係にあることを念頭に置いて取り組まない限り，空間の知覚を理解することはできない。奥行き知覚の「手がかり《cues》」のうち曖昧でない項目は，静止したものではなく，運動を前提としている。それは，環境の中で動き回ることで生じる，視差情報である。

少し脇道にそれるが，述べておきたいことがある。光学的な運動と物体の運動（即ち，近刺激と遠刺激作用源）とが明確に区別された場合にだけ，しかも，対象の運動と光の運動とは全く異なるということが理解されて初めて，実験から明瞭な成果が得られる。眺望の変換《perspective transformation》は回転とは異なるし，拡大は接近とは異なるが，にもかかわらず，それらは各々，外界の客観的事象と**対応**している。ここでは，それらの実験の概要を述べることはしないが，中には興味深い関連性を示唆する実験もある[4)]。

持続的な光学的変換によって，非常に簡潔な知覚が生じること，さらにその際，同時に二種類の知覚（即ち，変化の知覚と非変化の知覚）が生じることを，我々は見出した（Gibson & Gibson, 1957）。例えば，長方形の眺望の変換は常に，「何か回転するもの」としてだけでなく，「何か長方形のもの」としても知覚される。このことから，以下の二点が示唆される。変換そのものが，一種の刺激情報《stimulus information》であり，運動を特定すること。さらに，変換の下での不変項も，別の種類の刺激情報であり，対象の恒常的な諸特性を特定すること。このような実験における現象的対象の恒常性は，一時的な感覚の変動によって，崩壊するどころか，さらに強められる（Gibson, 1963）。この，変化する刺激の流動の背後に持続的刺激が存在する（即ち，変化する変数を伴って，変化しない変数が存在する）という仮説には，非常に説得力がある。私は，これを仮説ではなく事実と見なしたい。これは，数学の領域では一般的な考えであり，もっと早く思い至るべきだったと思う。どのような変化にも，ほとんど常に，何らかの永続性《permanence》が埋め込まれているのである。次のことは，特に重要である。即ち，この「持続する刺激」（これを生活体が取得することが前提だが）によって，対象の現象的な恒常性と同一性とを，記憶過程における何らかの蓄積など全く引き合いに出すことなく説明できる。

ヒトや動物におけるパターンの視覚に関する研究は，長きにわたって続けられてきた。そのような研究に関する理論上の諸問題には，目新しいところはない。一方，私が（さしあたり）「パターンの変化の視覚」と呼ぼうと考えている事態に関しては，研究はその緒に就いたばかりであり，そこから新しい理論

4）1.2章，2.6章［本書2.3章］を参照されたい。（編者註）

上の諸問題が提起されている。この新たな領域で研究を進める際には，我々は，旧来の前提を放棄しなければならないだろう。時間経過に伴う変換は，視覚系の進化の過程において普通に存在する刺激であり，時間経過に伴う非変換は，まれで例外的であった（これらは可能性の高いことだと思われる）のならば，視覚において形やパターンが最も優位だという考えは，疑わしくなってくる。連続的な変換の中には“形”は存在しない。“形”は消え去り，残っているのは，不変項だけである[5]。二つの静止画像を呈示して検討されるような形の弁別は，ここでの議論には無関係である。個々の画像は，映画のフィルムには含まれているが，昆虫の視覚系には存在しない。従って，下等な動物が，静止パターンを見る能力では劣っていても，かなりの運動弁別力を持っていることは，驚くには当たらない。こういった基本的な感受能力は，画像の洗礼を受けた我我の視覚にも，依然としてその名残を留めている。回転する渦巻き模様を観察した後には，残像が生じる。拡大する渦巻きの残像は縮小であり，縮小する渦巻きの残像は拡大である。残像として知覚される運動の方向は，二つの異なる渦巻きパターンを二つの別々の時点で比較することによって決まるのではない。運動は，二つの静止画像の比較から知覚されるのではない。逆に，静止画像は，運動が存在しない特殊例に過ぎないのである。

## E. 新しい定理

視覚においてだけでなく，能動的な触覚や，明らかに聴覚においても，知覚器官に対する自然な入力は，変わり行く刺激作用の配列であって，変化のない配列ではない。変化の取得と，変化の背後に存在する永続性の抽出とが，神経系に委ねられた二つの仕事である。恐らく，ラシュレーが示唆した通り，脳は，変換の下での不変項全てに共鳴し，時間経過に伴って何度もその不変項が出現するうちに次第にそれに適合化する《attuned》ようになる。とするならば，記憶を痕跡の蓄積と考える仮説を一切持ち出すことなく，知覚と学習との双方を，説明できる。脳は，「自ら適合化する共鳴器」であって，貯蔵庫ではない。

---

5) 3.5 章を参照されたい。（編者註）

把握《apprehension》に関するこのような理論から，いくつかの定理が導かれる。ここで，それらを明示しておきたい。

1. 事象の継起が知覚されるために，その継起の構成要素を同時的な複合体に転換する必要はない。

ボーリング（1942, p. 576）が指摘している通り，一般に心理学者は，「項目の継起が理解されるのは，先に呈示された項目が後から呈示された項目と結びついて単一の複合体を構成できるように“持ち越される”場合だけだ」と考えている。痕跡説の根拠は，ここにある。痕跡説の主張は，次の三点である。(1) あらゆる知覚内容《percept》は痕跡を生じる。(2) 痕跡は，蓄積される。(3) あらゆる記憶痕跡は，その元になった知覚内容を，理論的には復元できる。こういった論理展開の過程は，全て不合理なこととして片付けてよい。痕跡説が立脚している命題を却下すれば，この説は克服できるのである[6]。

2. 刺激作用は通常，**空間的に隣接した構造**だけでなく**時間的に継起する構造**を持つ。双方は共に，受容器系を興奮させる。

即ち，刺激作用には，空間的隣接と時間的継起という二種類の序列構造がある（Gibson, 1950a, p. 63）。空間的隣接は，時間的継起と同じ基礎に立っている。視覚的な明暗の境界は，空間的隣接に属する刺激であり，時間経過に伴う明から暗への移行は，時間的継起に属する刺激である。いずれの場合にも重要なことは，強度の段階的移行の方向である。上方が明るくなっている明暗の境界は，下方が明るい明暗の境界とは決して混同されない。明かりが“つく《on》”ことと“消える《off》”ことも，決して混同されない。事実，網膜には，空間的な推移《transition》と時間的な推移の双方を検出する解剖学的単位が存在する。時間的継起の検出器は，**現在の**強度と**以前の**強度の記憶とを比較する必要はない（**off 型**受容器は，確かに記憶を必要としない）。同様に，空間的隣接の検出器も，明暗の境界の上側の強度と下側の強度とを（或いは，境界の左側の強度と右側の強度とを）比較する必要はない。

---

6) Loftus and Loftus（1980）は，記憶を研究して，痕跡説に反する主張に繋がると考えられるデータを示している。（編者註）

次のことは重要である。ここでは，刺激作用は，当然，相関的であると明言している。さらに，絶対的な明るさの感覚は，無関係なこととして考慮から外されている。

3. **以前とは異なっている**ことが抽出される場合は，**以前と同じである**ことは抽出されない。逆に，後者が抽出される場合には，前者は抽出されない。そして，両者は共に根本的である。

これは，変化《change》や変換《transformation》の知覚が無変化や無変換の知覚と相互に依存しあっていることを言っている。変化（或いは，変換）の知覚も無変化（或いは，無変換）の知覚も，比較のはたらきを必要としない。この原理を時間軸に沿って拡張するならば，再認とは「以前と同じであること」の抽出であると解釈できる。再認を「新しい知覚内容を古い知覚内容の痕跡と比較して，一致すると判断すること」と考える必要はなくなる。同様に，再認とは逆になるが，新奇性の知覚とは「以前とは異なっていること」の抽出であると解釈できる。「過去の痕跡を求めて記憶が検索され，一致するところが一つも発見されないこと」だと考える必要はなくなる[7]。

継起的刺激作用（例えば，動く影）を用いた実験において知覚される現象的同一性の問題は，継起的刺激作用を用いた記憶実験における再認の問題と，根本的に異なるところはない。

4. 時間的継起と空間的隣接という二種類の序列構造が複雑になって行くと，時間的に継起する単位と空間的に隣接した単位の双方に関する把握《apprehension》は，最終的に限界に達する。

これは，次の二つのことを述べている。第一に，刺激作用の時間的構造と空間的構造とは，共にまとまって単位となる（単位同士が，階層構造を成す場合もあれば，無関係な場合もある）。第二に，把握が及び得る範囲は，これらの，数の限られた単位にだけである。つまり，把握は，時間的な範囲を持って（より厳密に言えば，時間軸上の複数事象にわたって）広がっているが，これを記憶（或いは，“一次”記憶，“即時”記憶，“短期”記憶）の範囲と見なす必要はない。把握はまた，空間内の複数の対象に及んでいるが，それだけが知覚の

7) Shaw and Pittenger（1978）は，この着想をさらに展開した。（編者註）

範囲だと考える必要もない。脳は，同じ場所で継起する非常に多くの相異なる事象群だけを，さらに，相異なる場所に同一時間に存在する非常に多くの相異なる対象群だけを，取得できると思われる。

上記の定理の「**時間的に継起する単位**」の例として，次のことを考えてみよう。すぐ上の段落は，571 文字から，或いは 112 語から，或いは 26 個の句から，或いは 4 つの文から，或いは一つの考えから成っていると言える。我々は，この刺激作用源に関する記述として，どの単位を選ぶだろうか。（書き言葉ではなく話し言葉について考える場合でも，同じことが問題になる。）明らかに，どの単位も合理的である。どの単位も，上位の単位に入れ子になっており，しかも下位の単位から構成されている。上位，下位，いずれの方向にも，明確な限界はない。言語に当てはまるのと同じ，この「形の中に形がある」という原理が，自然界の事象にも当てはまる。事象には事象の**文法**があり，これに対応して刺激作用にも刺激作用の文法がある。普通は，心理学者が文句無く納得するような絶対的な単位は存在しないので，どの単位を選択するかは，心理学の理論に委ねられた問題ではない。これは，検討されている把握《apprehension》の水準に，その単位が見合っているかどうか，という問題に過ぎないのである。

5. この理論では，知覚の機能は，生活体と環境との接触を維持することだと考える。

事象に満ちた環境の中にいる能動的な生活体にとって，刺激のエネルギーは持続的な流動であるので，知覚にとって最も重要な問題は，外界の対象を特定する情報を抽出すること，即ち，変換の下で不変項を取得することである。これは，知覚の恒常性という難問への解答であるだけにとどまらず，記憶の理論における混乱をも解決する。というのは，いわゆる記憶や再認は，多くの場合，不変項抽出の特殊例に過ぎないことが，この理論で示唆されるからである。とすれば，想起《recollection》は，人間に許された一種の贅沢，即ち，過去に思いを巡らすことができるという付随的な能力だということになる。学習は，記憶が介在しなくても生じ得る。これは，思考が心像の介在なしに生じ得ること，さらには，知覚が感覚の介在なしに生じ得ること（これは私の考えだが）と，全く同じである。

## F. 結論

生活体は，外界の変化と永続性の双方を，どのようにして抽出するのか。この謎は，ほぼ二千五百年に及ぶ歴史を持っている。ヘラクレイトス（Heraclitus）やその学派の人々は，万物は流転しており，永続性は幻であると説いた。パルメニデス（Parmenides）は，世界は不変であり，変化こそ幻だと主張した。その弟子であるゼノン（Zeno）は，運動は幻であるとまで言った。この論争は，行き詰まっていたが，「原子は永続性を説明し，原子の分離と再結合が変化を説明する」という説によって，ようやく一応の解決を見たと考えられるようになった。しかしこれは，心理学者にとっては，納得のいく解決案ではなかった。変化と永続性の双方を理解するためにはどのような**情報**が必要か，という問題に，的確に答えていないからである。

フランスには，変われば変わるほど同じことになる《Plus ça change, plus c'est la même chose.》〔訳者註：フランスのジャーナリスト・作家，アルフォンス・カー（Alphonse Karr, 1808-1890）が1839年に発刊した風刺的な月刊誌『悪賢い女たち（Les Guéêpes）』で用いた表現。〕，という気の利いた言い回しがある。これは，変化の中に永続性が実在すること，変換の背後に不変項が実在することを言っているのだと思う。さらにこの言い回しからは，次のことも示唆される。即ち，事物の同一性や恒常性は，変わり行く環境の下で様々な局面を観察した場合にだけ，知覚される。事物の静止した形，その像や絵は，その事物の永続的特性などでは決してないのである。時間が経過しても静止したままの形は，曖昧な情報であり，我々の知覚器官にとって典型的な刺激ではない。我々は，眺望《perspective》が流動している場合にのみ，立体的な対象の明確な特徴に気づき得る。不変項を抽出できるのは，それらを変動と区別する機会が与えられた場合だけである。これは，明らかに，過去経験の全ての断面を蓄積するとか，更新された複合体に心的操作を加えるといった類の事柄ではない。記憶を，疑義を差し挟むことのできない神聖なもののように扱うことをやめよう。我々は，自分が思い出しているということを時々自覚するだけだからである。

## G. 要約

記憶の概念は，知覚との関係において混乱している。継時的な知覚という事実を認め，瞬間的なパターン知覚という虚構を退けるならば，事態はもっとわかりやすくなる。知覚が，固定された世界を把握すること《apprehension》ではなく，変わり行く世界を把握することであるならば，問題は，変換の下での不変項を抽出することである。永続性が抽出されるためには，ただ眺望《perspective》が変化しさえすればよい。眺望は，蓄積されたりまとめ上げられる必要のある複合体などではない。知覚学習のメカニズムは，刺激の流動の不変項に対する神経系の共鳴であり，ラシュレーも気づいていた通り，記憶痕跡の蓄積や検索ではない。過去を想起すること，即ち，（ある人々の考えによれば）「記憶像を意識に呼び出す能力」は，学習の基盤ではなくて，むしろ学習の随伴事象に過ぎない。

# 2.3 運動の知覚は何から生じるのか

## 第1部：運動の知覚は何から生じるのか*

運動の知覚，殊に運動の視知覚に関する過去の実験的研究では，古くからの謎を解決することも，一般性を持つ何らかの説明を示すことも，全く実現していない。このような難局を招いた原因は，どのようなことから知覚が生じるのかについての誤った考え（刺激に関する，誤りだがもっともらしい仮説）を抱き続けてきたことだと思われる。

運動の感覚や知覚を常に引き起こす有効な刺激とは，何だろうか。「外界における対象の物理的な運動」と答える人もいるだろうが，これは明らかに不充分な答えで，対象が照明されているか発光しており，しかもその対象が観察者の視野内にある場合にしか成り立たない。運動は，生活体に届く光の中に何らかのかたちで特定されていなければならないし，その光が眼に達する必要もある。行動の研究が示している通り，運動が光の中に特定されて眼に達する場合には，動物はほとんど常にこれを検出する。この意味において，「動物は“運動”に対して非常に敏感である」と言われるのである。しかし，物理的な運動は，光学的運動《optical motion》と同じではない。

動き得る対象だけが，運動の検出を引き起こす原因ではない。全ての対象が静止しているならば，観察者は，環境の中で自分自身が移動する際に，或いは移動させられる際に，運動視差が生じるが故に一種の運動を見る。この場合には，観察者は，対象の運動を“見かけの《apparent》”運動に過ぎないと述べ

---

* *Psychological Review*, 1968, *75*, 335-346. 本論文は，ギブソンの海軍研究契約任務の下で遂行された研究の概要として書かれた。最初の二つの研究概要は，Gibson（1954b）と Gibson（1957a, 本書 1.2 章）として発表されている。三番目の概要（Gibson, 1975c）は，海軍から入手できる。

る。対象の“運動《motion》”と観察者の“運動《movement》”とを区別すると（Gibson, 1954b），どちらの場合でも，眼に達する光に，ある種の光学的運動を生み出すことは明らかである。この光が，しかもこの光だけが，有効な刺激を含んでいるのである。

しかしながら我々はかつて，網膜像が視覚の近刺激であると仮定していた。光の刺激作用を，眼に達する光配列としてではなく網膜像として，分析してきたのである（以下に述べる通り，光配列と網膜像とは等価ではない）。このような理由から，**網膜上での網膜像の移動**が運動の印象を特定する有効な刺激に違いないという考えは，長い間，あたかも自明のことのように扱われてきた。私はこれを，**網膜像移動説**《*retinal image displacement hypothesis*》と呼ぶことにする。

網膜像移動説は，明らかに誤りである。凝視の合間のサッカードによる**走査**運動の間であろうと，凝視時の自発的な修正運動（或いは，眼球の振顫《tremor》）の間であろうと，網膜上での網膜像の移動は，運動のいかなる感覚をも引き起こさ**ない**。最初の事実は，古くからの謎（「眼が動くときに世界は動いて見えないのはなぜか」）であり，二番目は，凝視中に眼がどのような方法で網膜上の像を“静止させる”か明らかになって以後生じた，新しい謎である。しかしながら，網膜像移動説を克服する新たな考えが示されないまま，この説の欠点を繕うべく，その場しのぎの補強が何度も行われた。その一つが，網膜での感覚は，眼球運動の間にも**確かに生じる**が，脳で相殺されるという説である。

私は，網膜像移動説を棄却すべきだと主張したいが，ここではまず，この説がなぜそれなりの説得力を持ちしかもこれまで生き延びてきたのか，その理由について検討しよう。

1．網膜を基準とした網膜像の移動の中には，運動の感覚を生じると**確かに**思われるものもある。環境の中を移動する対象を追従して凝視する際，環境の像は網膜全体にわたって移動し，その対象の背後の現象的世界は“見かけの”運動を呈するとしばしば言われる。（しかし同時に，追視された対象の像は網膜上では全く移動していないにもかかわらず，その対象自体も動いているように見える。従って，ここに矛盾がある。）眼球震盪後には，人為的な身体の回転の持続が終わると眩暈《vertigo》が起こって，現象的世界には見かけの運動（この運動は，眼球振盪後の高速相ではなく低速相から生じると言われている）による混乱が生じる。眼球を指で押すなどして強制的に動かすと，環境は見かけの運動を示す。この観察については，ヘルムホルツ（Helmholtz）からフォン・ホルスト（Von Holst）までの一世紀に及ぶ理論化を経て，非常に多くの解釈が示されてきた。

2. 全体が一様に暗い視野の中でスポット光が突然移動すると，移動の感覚が誘発される（例えば，Hick, 1950）ことは，事実である。スポット光の急速な移動によって，光の**筋**《*streak*》の印象が生じる。しかし，スポット光の低速の移動は，運動としては知覚されない。また，静止したスポット光を暗室内でしばらく凝視していると，静止しているにもかかわらず，スポット光は動いているように見える（いわゆる自動運動現象《autokinetic phenomenon》）。

3. 網膜像移動説では，「運動の感覚は，網膜像の移動によって生じる」と考える。他の感覚に関しても，感覚を生じるのに有効な刺激は，これと似た考え方で捉えられている。網膜に投影された光点の位置によって，位置の感覚が生じるとされる。明るさの感覚は網膜に投影された刺激の強度によって生じ，色の感覚は刺激の波長によって生じると考えられている。形の感覚は刺激の形から生じ，広がりの感覚は刺激の視角の大きさから生じるとされる。網膜上に与えられる短いパルス状の刺激作用からは，短い閃光の感覚が生じると想定されている。従って，網膜上での刺激の運動からは，常に運動の感覚が生じるはずである。これらの刺激から各刺激に対応する感覚が生じることだけでなく，それらの感覚が個々の刺激に依存していることも，当然だと考えられている。これらの仮定は，全て疑わしい（Gibson, 1966b）が，仮定相互の間に矛盾がないがゆえに仮定同士が互いを支持しあっているように映るのである。これらの仮定は全て，「二次元の網膜像が二次元の視感覚をもたらし，これに奥行きが何らかのかたちで付け加えられるに違いない」とする古典的な理論の一翼を担っている。

4. 網膜像移動説は，「環境側の運動を凝視することで生じる残効が網膜側に定位されるという事実に見合っている」と解される。ここで言う残効とは，低速で回転する円盤や，プラトーの渦巻き《Plateau spiral》や，開口部の背後で動くベルトに描かれたパターン（或いは，滝）を観察した後に生じる，負の運動残像《negative afterimage》のことである。負の運動残像は，視野内の小領域における際立った運動として感じられる。このことが，色相や明度の負の残像が面色《filmy color》の小領域として感じられることに似ている，と言われる。しかし，後述するが，このような残効の捉え方は，不充分である。運動の残効は，小領域に現れる運動ではなく，円盤・開口部・滝などの**境界**に生じる光学的な変化の残効であることが明らかになるだろう。

5. ヴェルトハイマー（Wertheimer, 1912）の理論も含めて，ストロボ運動視に関する研究の歴史（Boring, 1942, Ch. 15）を貫いているのは，「網膜上での刺激の移動は，運動の知覚にとって必要条件である」との仮説である。常識や物理学の知識から考えれば，網膜上の切れ目なく連続した位置で，瞬間的な刺激が途切れることなく継起し続けていると思われる。しかし，網膜上での刺激の移動は，不連続である。ヴェルトハイマーは，この移動がなぜ不連続であり得るのか，その理由を説明することに専ら関心を抱いていた。ヴェルトハイマーは，脳に“短絡（ショート）する”神経過程があると考え，網膜像が脳に投射されると信じて疑わなかった。しかしながら，ストロボ運動は，像のパターンの変化の一種と捉えることも可能であり，刺激の移動と考える必要はない。

6. 気づき得る最小の運動速度や様々な速度の弁別に関する研究は，常に，「感覚は，網膜上での刺激の移動量が充分である場合に生じ，単位時間あたりの移動量が増大するにつれて感覚も増す」との仮説を前提として展開してきた。スピゲル（Spigel, 1965）は，運動知覚に関する論文集を編んで，精神物理学の伝統に則ったこれらの実験の多くを再掲し要約している。この本には，これらの実験に対して私が繰り広げた批判も収められている（pp. 125-146）。私の主張は，次の通りである。運動の感覚には絶対閾があると考えられているが，それは刺激作用の配列に応じて変化する。さらに，運動が標準刺激と比較刺激として視野に呈示される場合，両者の差弁別閾が測定できると考えられているが，差弁別閾の値は，両者がどの程度の距離をとっているかに応じて変化する。従って，運動の角速度は，精神物理学的測定に寄与するところはない。運動の角速度だけを取り出して検討しようと企てた実験には，上に述べた通り多くの難点があるからである。

総じて心理学者も生理学者も，スピゲルの表現に従えば（1965, p. 2），“網膜上の隣接した部位に生じる継時的な刺激作用”以外には，運動の知覚を成立させる視覚刺激として見込みのある候補を思い描くことは全くできなかった。私自身もかつては，次のように主張していた。即ち，網膜像は，眼の光学系が焦点を合わせた光の，網膜面という感受力を備えた解剖学的構造への二次元的投影であるから，“運動という言葉は常に，「網膜面を基準とした運動」という意味で用いるべきである（Gibson, 1950a, p. 31）”。現在では，この主張は誤りだと考えている。運動の知覚を成立させるのに有効な近刺激（より厳密に言えば，有効な刺激情報）は，全く別の考え方で捉えることができる。「網膜像**の**運動」は誤った概念であること，網膜像**に生じる**運動（即ち，パターンの変化）は，網膜を基準とした網膜像の移動ではないことを，私は主張したい。

### 網膜像移動説の根底にある誤った概念

網膜像とは，網膜というスクリーンに投影され像を結んだ絵であり，網膜像は移動し得るがスクリーンは固定されている。このように，何世紀にもわたって考えられてきた。網膜像は，網膜上で自由に位置を変え得るとされている。しかし，実際には全く逆である。網膜像は，外界に結び付いているので完全に静止している。網膜の方が，網膜像を基準として移動するのである。網膜は，網膜像の背後で，**継続的に**移動している。探索的眼球運動は，（我々の眼のような）中心窩が高度に発達した眼にとって，網膜像全体の細部に中心窩を継続的に向けるために必要である。さらに，眼球の振顫《tremor》は絶え間なく続いており，これを人為的に相殺すると視覚は成り立たない。このような眼球の振顫を相殺する実験［訳者註：Pritchard, 1961］では“静止網膜像《stabilized retinal image》”という表現を用いているが，これは誤った名称である。というのは，通常，網膜像は常に静止しており，この実験では，網膜の動きと同期させて像を動かしただけだからである。

網膜像が網膜上で自由に位置を変えると考えるならば，「網膜像が網膜上の別の位置の受容器群を興奮させる場合でも，視覚の上では変化がないのはなぜか」という問題が持ち上がる。しかし，この問いの立て方は誤りである。というのは，網膜が全体をざっと移動し停留しては微動することは，網膜本来の正常な機能に他ならないからである。この問題は，「位置を変える網膜像」の問題ではなく，「移動し得る網膜」の問題なのである。つまり，自然環境に由来する網膜像は，網膜の上で位置を変えることは**あり得ない**。網膜の方が，網膜像に対して位置を変えるからである。そして，その網膜像とは，眼がサンプリングによって探索する，拡張された潜在的な網膜像である（Gibson, 1966b, Ch. 12）。

これは，網膜と網膜像のうちどちらが他方を基準として動くのか，というだけの問題ではない。実際，この問題をもっと突き詰めれば，網膜像は本来，像などでは全くないと言えるのである。我々は，網膜像を想像する際に写真を思い描いて，網膜像を「ある瞬間のある測点における包囲光構造の，静止したサンプル」と捉えることが多い。このことから，網膜像は平面上の平坦な写真画像と類似していると考えられ，その結果，「網膜像の運動」という誤解は，さらに生き長らえることになったのである。しかし実際には，頭部が静止した状態で両眼が視野をサンプルし，包囲光配列全体をサンプルすべく頭部が回転し，環境内で景色《vista》を切り替えるべく身体が移動する。これを，ヒトだけでなく全ての高等動物が行う。網膜は，時間経過に伴う潜在的な網膜像全体にわたって大きく移動する。これによって，新しく増大していく光配列が明らかになり，古い配列は放棄される。これは，平面にではなく球面に投影された像である。眼と頭から成るシステムは，見回すことで，“直径1インチの球の内側に縮小された外界のパノラマ画のように（Gibson, 1966b, p. 259）”，環境の縮図を眼の内部に作り上げることができる。さらに言うと，このパノラマは，環境にあり得る移動経路の各々に対応している連続的変換群の中の一つに過ぎない。「環境の中で動き回るに連れて見える事柄は，網膜像によって規定される」と主張したいのであれば，網膜像を「小さな球状の暗室内の感受力を備えた解剖学的スクリーンに投影され像を結んだ，平坦なスナップショット」と考えることをやめなければならない。

従って，我々が抱いてきた網膜像の通念は，眼に達する光の配列とは異なること，さらには，眼に**入る**配列のセクターとも異なることが，明らかである。視覚の諸問題を論じるためには，像の形成にまつわる光学では不充分であり，生態光学《ecological optics》が確立されねばならない。生態光学は，像の光学よりも高い分析水準にある。

### 運動の刺激作用の原因と考えられること

運動の検出の基礎として，網膜像移動説を放棄するならば，他にどのような選択肢が残っているだろうか。網膜上の感覚が知覚を生じるためのデータであるという説も，放棄しなければならない。とすれば，他にはどのような情報が利用できるのだろうか。対象の運動の視知覚は，視覚的なセンス・データが存在しなくても生じる場合がある。このことを示す好例がある（Michotte, Thinès, & Crabbé, 1964）。つまり，視覚という様相を明示する属性を持たないという意味で“特定の感覚様相によらない《amodal》”知覚も生じ得るのである。我々は，遮蔽を特定する情報を取得できれば，遮蔽された運動を検出できる（Reynolds, 1968）[1]。自己の運動の検出に関しては，「運動感覚《kinesthesis》は，感覚様相の一種なのか，或いは複合的様相なのか，或いは“特定の感覚様相によらない”のか」という問題があった。心理学者は，この問題について，一世紀の間，報われることのない努力を重ねてきた（Boring, 1942）。「感覚機能《senses》の数には限りがある」という仮定は，おそらく的確ではない。従って今こそ，感覚データにではなく高次の情報に立脚した，知覚と自己受容感覚に関する理論を樹立する好機ではないだろうか。

新たな出発に際して，次のことを検討しよう。自然環境に棲息する動物の眼に達する光に含まれていて，光学的運動を引き起こし得るものは何か。（実験室の装置から，或いは運動を生じるよう計画された観察事態から生じるような種類の光学的運動に関しては，後ほど考察する。）眼に光が入った場合に対象の運動《motion》や自己の運動《movement》の経験を引き起こし得る光学事象に，どのような運動事象が対応しているのだろうか。そのような運動事象には，主に二種類ある。環境における対象の運動と，観察者の運動である。ただし，観察者の運動はさらに四つのカテゴリーに分類されるので，そのような運動事象は，全体としては次の五種類になる。即ち，対象の運動，環境における動物の全身の移動，動物の身体を基軸とした頭部の運動，頭部を基軸とした

---

1）　2.7 章を参照されたい。（編者注）

眼の運動，動物の四肢の運動である。

天文学や物理学では，上記以外の種類の運動も記述しているが，それらについては検討する必要はない。宇宙環境における運動は，我々が論じるべき問題ではない。光には，宇宙環境での運動について曖昧な情報しか含まれていないからである。動物を基準とした環境の運動は，いわゆる視線運動性《optokinetic》の装置を用いてシミュレーションできるものの，現実にはあり得ない。素粒子の運動は，包囲光配列を非常に拡大した場合に，光の中に存在することが明らかになるだけである。上記の五種類の運動が，光学的情報としてどのような事柄を内包しているのか検討することにしよう。

### 対象の運動

環境内に存在して光を反射（或いは，放射）するあらゆる面や対象は，永続的な環境を基準として様々な方法で移動し得る。このことによって，それらの面や対象の肌理や縁の眺望《perspective》は，包囲光の中で変化する。剛体はニュートンの法則に従って運動するが，そのような運動は，三つの次元における平行移動と三つの軸を中心とする回転移動として分析できる。粘性や弾性を持つ面の運動（例えば，液体の乱流《turbulent flow》や動物の皮膚の動き）の仕方を分析することは，非常に困難である。

剛体の運動に関する，上記の合わせて六つのパラメータに対応する光学的運動とは，どのようなものだろうか。それらは，複製や表象では決してない。それらは，数学的には，射影幾何学の方法に従って，眺望の変換の集合として扱うことができる[2)]（Gibson, 1957a；但し，Hay, 1966 が修正・拡張した分析も参照されたい)。しかしながらこの考え方が成り立つのは，平面，対象の小面，幾何学的多角形，包囲光配列におけるそれらの変換についてだけである。多面体，即ち，多数の面から成る立体の対象に関しては，どうだろうか。多面体が回転して，それまで投影されていなかった面が投影されたり，逆にそれまで投影されていた面が投影されなくなると，多面体の前面だけでなく背面に関する情報

2） 私は，1957 年には，ニュートン力学から定義される六種類の運動に対応して，眺望の変換にも六種類あると考えていた。しかし，この考えは誤りである。ヘイ（Hay）が示した通り，変換は運動を特定するが，両者の対応はそのように単純ではない。

も存在することになる。私は眺望の変換だけに限定したが，それら以外についての数学的な捉え方が必要になったわけである。遮蔽《occlusion》について，そして遮蔽の解消《disocclusion》についても，分析が必要になる。

さらにこのアプローチでは，立体対象の背面だけでなく，その背景も考慮に入れていない。通常は，空を背景として対象を見たり暗闇の中で対象を見たりすることはまれである。ある面が他の面を隠したり遮ったりすることと，逆にその面が取り除かれて，隠されていた面が現れて見えるようになることとは，地上の環境において生じる対象の運動の典型である。観察者に向かってくる対象の運動では，対象の「図《figure》」がより重きをなしているが「地《ground》」も関与はしている。観察者から遠ざかって行く運動には，これとは逆の関係があてはまる。正面で生じる対象の運動でさえ，我々が想定してきたように，視野における正面方向での位置の変化をただ生じるだけではない。“運動”に加えて，対象の縁の先頭では，遮蔽が次第に進行して背景が隠され，後縁では遮蔽が次第に解消されて背景が現れる。このことが，いわゆる「対象の運動」の知覚を特定するのに最も重要な情報であるのではないだろうか。その可能性は，非常に高い。

このような「遮蔽の変換」(と，ここでは呼んでおくが）を，投影の変換や大きさの変換と同様に，分析し実験によって分離しなければならない。このことは明らかである。

面に見られる，粘性や弾性を持った運動に対応する光学的運動については，ほとんど研究が行われていない。そのような運動については，分類すら行われていないのである。Fieandt and Gibson（1959）は，“伸縮性”に対応する光学的変換の研究に着手し，Gibson and Pick（1963）は人間の顔から発する光に含まれる変換の一種について検討しているが，これら以外には，この問題はほとんど論及されていない[3)]。

総じて，単純な位置変化以外の環境事象を特定する光の情報は（映画のスクリーンから発する光配列には，多量に含まれているが），軽視されてきたので

3) Johansson（1973）では，生物学的運動《biological motion》の知覚を研究するための手法を紹介しており，以後，それを応用したいくつかの研究が行われてきた（Johansson, von Hofsten & Jansson, 1980 を参照)。(編者註)

ある。こういった状況を生んだ一つの理由は，恐らく，我々が網膜像の移動にのみ関心を注いできたことにある。

### 観察者の移動

動物の身体に載った頭部にある眼の測点が，照明を受けた環境を基準として，能動的にであろうと受動的にであろうとその位置を変える場合には常に，包囲光配列全体に変換が生じる。このような変換を，**運動遠近法**《*motion perspective*》と呼ぶ（Gibson, Olum, & Rosenblatt, 1955）。これを，「奥行き知覚の手がかり」とされている**運動視差**《*motion parallax*》と混同してはならない（例えば，Gibson, Gibson, Smith, & Flock, 1959）。運動視差とは，網膜像の各部分の移動量が，網膜上でその部分が占める位置に応じて異なることである。観察者は，包囲光配列の全体に生じるこの変換を探索できる。それは，眼の測点が静止している場合に存在する静止した包囲光配列の完全な無変換を，観察者が探索できるのと，全く同じである。運動遠近法は，航空機の操縦に関する場合のように，地平線が続く地表について分析されてきた。また，速度の勾配は，平面の傾斜に関して分析されてきた（Flock, 1964a）。しかし，通常の環境には縁が存在するので，移動によって，遮蔽を伴う変換が縁において必然的に生じる。縁に生じるこのような運動は，知覚を成立させる情報として，速度の勾配よりも恐らく重要であろう。眼の測点のごく僅かな移動によっても，縁における遮蔽を伴う変換が明瞭に現れる。測点の移動が長く続くことは，即ち，動物が外界を通過する際に景色《vista》が移り変わることである。しかし，既に述べた通り，縁における遮蔽を伴う変換については，厳密な数学的記述はまだ行われていない。

次のことは，強調しておかねばならない。即ち，縁に生じる運動も含めて，運動遠近法は，対象の運動の知覚では**なく**，観察者自身の運動の検出を引き起こす。内観的な態度から言えることだが，自動車を運転しているとき，観察者は確かに，前方の視野に**見かけの**遠心性の流動が生じると報告する。しかし，観察者が通常意識するのは，変化しない世界の中で自分が移動していることだけである。これは，**視覚的**意識性なのか，それとも**運動感覚的**意識性なのか。いずれか一方だとすることは，不可能である。私はこれを，**視覚性運動感覚**

《*visual kinesthesis*》と呼んでいる。しかし，これは特定の感覚様相によらない（或いは，感覚に基づかない）と述べる方が的確だろう。つまり，古典的な感覚の概念はこの問題とは無関係なのである。

いずれにせよ，運動遠近法は，情報をもたらし，制御や能動的な移動をアフォードする。さらに，受動的な移動に関する情報の取得も可能にする。古典的な筋・関節の自己受容感覚と共に，意志が，能動的な移動には伴うが，受動的移動に関してはそうではない。しかし，運動遠近法の全体的流動は，それ自体が情報である。これは，例えば，向かい風の中を飛んでいる鳥に，地面を基準として移動しているか否かに関する**唯一の**的確な情報を与える。

次の相違を理解しておくことが，重要である。観察者の移動によって生じる運動遠近法は，肌理を持った包囲光配列**全体**の変化に他ならない。これに対して，対象の運動から必ず生じるのは包囲光配列の**部分**の変化だけであり，その部分以外は静止したままである。包囲光配列に生じる変化は，部分的なのか全体に及ぶのか。視知覚系がこの違いを抽出できるのであれば，外界に生じる運動と自己の移動との相違は，視知覚系への入力によって特定されていると言える。両者の相違を説明するために，「網膜で生じる感覚を，特別な脳内過程が補正する」と考える必要もなくなるのである。

### 身体を機軸とした，頭部の旋回と回転

脊椎動物では，頭部の旋回は，これを補償する眼球の旋回と正確に連動している。このことによって，眼球は，可能な限り長時間にわたって，包囲光配列に対する一定の位置関係を維持できる（Gibson, 1966b, Chs. 4 & 9）。頭部が旋回する，或いは旋回させられる際には，視野は包囲光配列全体を通過して移動し，両眼のシステムは新しい情報を取得する。霊長類では，頭部の可動範囲は，ほぼ半球形である。見上げたり見下ろして，頭部が両肩と平行な軸を中心として回転した場合にも，同じように，両眼のシステムは新しい情報を取得する。観察者は，取得できる光の半球全体を基準として視野が移動しているか否か，内観によって気づき得る。その際，観察者の周囲が開けていったり覆い隠されていく。しかし，このような視野の大規模な移動《sweep》は，身体が回転させられた後に生じる眩暈《vertigo》の場合を除いて，外界に生じる運動とし

ては知覚されない。通常我々は，静止した世界において頭部が旋回している（或いは，旋回させられている）と感じるだけである。首からの（或いは，受動的に旋回する場合には，三半規管からの）入力によって，このような頭部の旋回は，別の源からの情報によって確認される。しかしながら，頭部が一方に傾けられている場合，即ち，矢状軸［訳者註：前額面と直行する軸］を中心として受動的に回転させられている場合，運動の視感覚に気づくことは容易である。このような頭部の運動からは，包囲光配列の新たなサンプルは生じない。網膜像の背後で網膜が回転することによって，その前とほぼ同じ情報が取得される。主観的な視野は傾き，**ほとんど**世界は傾いているかのように見える。頭部を傾けた状態で，暗室内で発光する垂直線分だけを呈示して，取得できる包囲光配列に制約を加えると，線分**の方が**傾いているように見える（アウベルト現象《Aubert phenomenon》）。但し，知覚される傾きは，垂直線分が与える網膜像を基準とした網膜の実際の傾きよりも小さい。この場合，外界に合致しない視感覚は，視野の大規模な移動によってではなく，頭部の傾きによって生じ，それは，光配列を貧弱にすることで助長されると思われる[4)]。

頭部の回転を特定する情報は，（眼の測点が環境を基準としてその位置を変えない限り）光配列には含まれていない。このことは重要である。頭部の回転を特定するのは，**視野の縁**（即ち，鼻や眉と接した縁）の移動や回転だけである。移動するのは，光配列に向かって開いた，一種の**窓**である。片眼に筒を当てて周囲を見回してみれば，光配列の構造が遮蔽されたりその遮蔽が解消されたりするのを容易に観察できる。世界は移動しないが，筒先の窓は移動する。しかしながら，レンズを（或いは，倒立像を生じるレンズ系を）筒の中に配置して遮蔽を伴う変換に変化を与えると，世界が移動しているように見えるようになる。

---

4）「網膜像が傾いているにもかかわらず，現象的世界が直立していると知覚されるのはなぜか」という古典的な問題に関しては，非常に多くの実験論文があるが，これは，ここで検討している現象的世界の**安定性**《*stability*》と同じ問題では決してない。現象的世界の直立に関する論争については，Gibson（1952b）とその参考文献を参照されたい。

**頭部を基準とした眼球運動**

眼球運動のうち一致した見解が得られているのは，凝視時に生じる微小なサッカード《saccade》（或いは，眼球振顫《tremor》），大規模な飛越眼球運動《saccadic eye movement》，離反運動《vergence》，追跡運動《pursuit movement》，頭部の旋回時に生じる補償性眼球震盪《compensatory nystagmus》である。これらは全て，潜在的な網膜像の背後で，網膜が，位置を変えたり大規模に移動することを意味している。但し，これらのうち二つだけが，外界に合致しない視感覚を伴う。追跡運動《pursuit》時に生じる背景の見かけの運動と，眩暈《vertigo》における環境の見かけの運動である。これらに加えて，眼球を**強制的**に動かしたときに生じる環境の見かけの運動も挙げておかねばならない。刺激情報《stimulus information》という新しい着想に見合った考え方で，このような見かけの運動が生じる理由を説明する必要がある。眼球運動の大部分に関して見かけの運動が生じ**ない**理由を，説明する必要はない。観察者は，網膜の運動を，通常は眼球運動として，即ち，「感覚を生じない自己受容感覚」として，取得しているからである。

感覚を知覚の基礎と捉える理論では，「眼の向きの感覚《a position sense of the eye》」が存在するに違いないと考えている。これは，頭蓋骨を（従って，頭蓋骨の載った骨格を，ひいては骨格を支える土台を）基準とした，凝視時の視線の感覚である。そのような「眼の向きの感覚」によってのみ，網膜上の点として与えられる入力に修正を加えて，「ここからの視方向」を生み出せるという。しかし，あらゆる努力も空しく，「眼の向きの感覚」が存在することはまだ実証されていない。肘には関節があって，前腕の位置を取得するが，眼には関節がない。外眼筋は，角度ではなく筋緊張を取得すると思われる。かくして，視方向の知覚は謎のままである。しかしながら，包囲光配列（或いは，潜在的網膜像）は光学的事実であり，眼のシステム《ocular system》が，この光学的事実を抽出するのに適した機能を持っているならば，特別な「眼の向きの感覚」を仮定する必要はない。動物は，自分の眼がどこを向いているか“知って”いると“感じ”る必要はない。というのは，言ってみれば眼は，眼が向いているところを“見ている”からである（但しこれは，観察者が口に出して報告できるような視感覚である必要はない）。動物が，光配列を基準として眼球運動を取得するのであれば，頭蓋骨・骨格・地面を基準と見なす必要はなくなる（Gibson, 1966b, Ch. 12）。

外界に合致しない運動の感覚のことに話を戻そう。この感覚については，次のような解釈が成り立つであろう。網膜上で，刺激の位置は，網膜を基準として変化する。条件によっては，こういった位置の変化が**目立ちすぎる**場合がある。そのような条件の一つに，主観的な（或いは，内観的な）観察態度がある。加えて，動眼神経系の異常な調節，さらに，包囲光配列に含まれる情報の縮減も，恐らくこのような条件に含められる。これらの条件の下では，外界の運動と自己の運動との区別は困難になろう。探索的な視知覚系が見出すべき情報が曖昧になると，網膜の受容器（或いは，単純型受容器ユニット）への入力が知覚において明瞭になるであろう。

### 手足の運動

高等動物の多くは，自らの手足を見ることができる（即ち，頭部が静止していれば，手足は，視野に入る）。胴体を基準とした手足の運動は，動物の行動の大部分を占める。古典的な分類による「運動の感覚」，即ち，運動感覚《kinesthesis》は，そのような運動の随意的制御を取得し，そのような制御の下地を整えると考えられている。この求心性入力は，骨格の関節から主に生じる（Gibson, 1966b, Ch. 6）。しかし，視野の中に動物や人間の手や足の運動が存在する場合には，眼からの入力も明らかに生じる。霊長類は様々な技能を持っているが，それらは大部分，自らの手を見ることから得られたのである。視覚的なフィードバックは，関節からのフィードバックと共変関係にある。様々な位置やそれらと関連した位置の集合体を特定する情報は，視知覚系と運動知覚系との双方において同一である。

視覚的に知覚される手足の運動は，自己の運動と対象の運動との，どこか中間に位置する。つまり，自己受容感覚と外部感覚の双方の性質を備えているのである。例えば，手は，自己の身体と外界との双方を基準として運動する。手が投影する像は，光配列の中で，身体に繋がっている。同時にこの像は，環境に存在する対象が投影する像と同様に，「地」の上の「図」でもある。手足は，視覚の対象であると同時に自己身体の一部でもあるので，「擬似的物体」と呼べるが，この疑似的物体から生じる変換は，純粋な物体から生じる変換の全てを含んでいる。即ち，環境の遮蔽，眺望《perspective》の変換，弾力性のある運動に対応する変換である。幼児は，自分の手が動いているのを見る際に，これらの光学的運動の集合を恐らく区別しており，そのことによって幼児の知覚技能と自己受容感覚技能の双方は向上する。この現象に関する実験的研究は，子ザルを用いて行われている（Held & Bauer, 1967）。

大人が何か手を使った操作をしている時には，眼はありとあらゆる運動を示す。即ち，凝視し，走査し，追従し，輻輳を変え，頭部の運動を補償する。この状況では，網膜を基準とした網膜像の非常に複雑な動きは，全く取得されない。しかし，手や道具や環境の静止した背景から生じた光配列に含まれる情報（即ち，遮蔽）や，眺望《perspective》のトポロジカルな変換は，網膜・神経・筋から成るシステムによって精確に取得される。光配列は，まさに参照枠《frame of reference》であり，上記のような，情報に満ちた光学的運動が生じる際に，基準となるのである。

**自己の運動を知覚し対象の運動を検出するのに必要な光の情報に関する理論**

旧来の感覚様相の分類とは異なった考え方で，知覚と自己受容感覚とを区分することについて述べてきた。包囲光には，対象の運動と二種類の自己の運動（観察者の移動と観察者の手足の運動）との双方を特定する情報が含まれている。さらに，頭部の回転と眼の回転（視知覚系自体の運動）の二種類が，自己の運動に含まれる。これらは，光配列に生じる変換や光配列構造の変化によってではなく，配列の**サンプリングから得られた結果**の変化によって，特定される。

具体的に言うと，以下の通りである。(a)光配列の中の「図《figure》」が，遮蔽効果を伴って変形する《transform》とき，対象の運動が特定される。(b)遮蔽効果を伴って光配列全体の変換が生じるとき，観察者の運動（移動）が特定される。(c)見慣れた弾力性のある突出物が光配列に入ってくるとき，手足の運動が特定される。

頭部・眼・網膜から成るシステムは，探索的調節によってこれらの光学的運動を取得する。(d)眼窩の縁が光配列全体を横切って移動するとき，頭部の回転が特定される。(e)潜在的網膜像全体にわたって網膜が移動し，その移動の仕方が動眼神経系《oculomotor system》が実現し得るいくつかの運動に該当する場合，眼球運動が特定される。これら五つの仮説は皆，永く存続してきた謎を解明する新たな理論の一角を担っている。

この理論によれば，この種の情報を抽出する際に，観察者が口に出して報告できるような視感覚を伴うか否かは問題ではない。視感覚は，どのようなものであれ，情報抽出の単なる表れであって，情報抽出の基礎などではない。網膜が取得していると思われる情報で重要なものは，「形と肌理の連続的**変換**《*transformation*》」と「肌理の**途絶**《*disruption*》」(即ち，遮蔽の変換) である。

### 今後の研究への示唆

運動視に関してこれまで行われてきた実験やデモンストレーションの多くは，網膜像移動説と一般的な感覚論とを前提としている (例えば，Spigel, 1965)。実験者たちは，的外れな努力を続けて，針が皮膚を引っ掻くのと全く同じように，焦点を合わせられた光の束が網膜に色を塗っていくと考えてきた。ここで私が提案している新しい理論には，新しい実験が必要である。

1. 「光学的変換《optical transformations》」という語の意味を明確にすることが，まず必要である。さらに重要なのは，光学的肌理の途絶《disruption》，即ち，光配列に生じ得る不連続性や断裂の類である。そのような刺激情報を実験場面で呈示する方法としては，影の光学的投影，スクリーンへのアニメーション・フィルムの投影，コンピュータで生成した画像の呈示，などが挙げられる。

2. かつては，完全な暗室内で光点を呈示することが，運動の視知覚を生じる最も基本的な条件だと考えられていた。しかし，これは，光配列に含まれる情報を縮減した条件に過ぎない。光に含まれる運動の情報を制御し系統的に変化させるためには，肌理と構造を持った光が必要なのである。

3. 運動の呈示中に空間における網膜の静止を維持するために，被験者に静止した点を凝視するよう求めても，網膜全体にわたる移動を分離するという所期の目的を達することはできない。凝視点を基準として動くものなら何であろうと，パターンの変化を生じ，遮蔽効果を伴うからである。

4. 人間の網膜像を“静止させる《stabilizing》”精巧な光学装置（実際には，凝視の際に眼の自発的運動を相殺するように，眼に入る光線の位置を移動させている）は，網膜の普通の活動を（単純化ではなく）複雑化していることを理解されたい。同様に，麻痺によって静止させた眼球の網膜に運動を呈示することで得られる神経生理学的な実験結果（例えば，Hubel & Wiesel, 1962）は，示唆に富んではいるが，麻痺のない視知覚系において動く眼の神経生理機能を解明するとは期待できない。

5. 網膜の受容器における生理学的な像の形が眼球運動によって変化する場合，網膜像の形はどのようにして認識されるのか。この神経生理学的な謎（「ゲシュタルトの移調《transposition》」の問題）は，私の新しい理論では，必ずしも難問ではなくなる。網膜上の形も，網膜上での形の移動も，取得される必要はない。必要なのは，光配列の構造やその変換に含まれる**情報**だけである。生理学的な像，即ち，脳へと伝達される画像が知覚の基礎だという考えは，最終的には放棄できる。実験家は，眼をカメラになぞらえる考えに気兼ねすることなく，変わり行く光配列の下で自由に眼を動かせるような実験を行えばよいのである。

6. パターンを描いた動くベルトや，低速で回転するディスクや，プラトーの渦巻き《Plateau spiral》から眼に達する拡張・収縮運動を，視野内の小領域を占めるように呈示すると，運動の残留感覚《aftersensation》が生じる。これについて，新しい実験を行うことができる。残留感覚は，呈示されていた運動とは逆方向の運動で充たされたイメージだと捉えられている。しかしこれは，光学的肌理が輪郭において途絶すること《disruption》によって，運動が呈示されていた小領域の輪郭に生じる残効《aftereffect》と考えた方がよかろう。回転は，周囲を取り囲む肌理を基準とした内側の肌理の剪断《*shearing*》を伴う。拡張や収縮は，それぞれ，境界での内側の肌理の**破壊や創造**《*destruction or creation*》を伴う。決定的な要因は，“運動”そのものではなく，運動によって生じる不連続性《kinetic discontinuity》だということが明らかになるだろう。

7. ある背景上での対象の運動速度の知覚は，対象の縁における背景の遮蔽の速度に依存していることが明らかになるだろう。この光学的情報《optical information》は，地上に存在する対象に関しては，対象の大きさや距離の変化の影響を受けない不変項である。従って，そのような対象に知覚された速度の恒常性は，直接的に説明される。これに対して，判断に供された単位時間あたりの網膜上での移動量によって規定されるような速度（即ち，物理学で定義され，空虚な空間の中で捉えられるような速度）を前提に据えると，「奥行きの知覚によって，感覚はどのように修正されるのか」という理論は，あらゆる行き詰まりに突き当たる（Reynolds, 1968）。ブラウン（Brown, 1931）が見出した，速さの移調現象《velocity transposition phenomenon》に関しては，Smith and Sherlock（1957）の提案を練り上げれば，私の考えと相容れる説明が可能かも知れない。但し，この現象に関しては，地上の対象の運動とは違って，窓に現れた運動という複雑な問題が関わってくる。

8. 一般に，運動知覚に関する新しい概念は，空間知覚に関する新しい概念と密接に関連している。但しここでは，空間知覚に関する実験事実に関しては述べていない。「面や面の配置の知覚を特定する，光に含まれる情報」や，「面や面の配置の知覚の特性」に関しては，他で考察している（Gibson, 1966b, Chs. 9-12）。

9. 運動に含まれる情報を系統的に変化させるために心理学者が利用できる装置は，多用途に対応できるよう急速に発達している。フィルムやテレビジョンの技術は，実験に応用できる。さらに，「動く芸術《kinetic art》」という新しい領域で試みられている手法は，それら自体が一種の実験である。変わり行く光配列から生じる，この“抽象性《abstractions》”は，絵画から生じる抽象性よりも，興味深く多様である。知覚心理学者は，事象やエピソード**に関する**情報の存在を明示するために，事象やエピソード**の**表象を構築する必要はない。

スクリーンに映写された，動く“像”は，不透明であろうと透明であろうと，観察者の眼に達する光を制御する一つの方法である。このような“像”を，外界の複製・複写・表象として，即ち，**画像**として捉える必要はない。“像”は，（この場合には，事象の）**情報を運ぶもの**《*carrier of information*》である。映写スクリーンの代わりに，開口部や窓の背後でディスクやベルトを動かしてもよい。ミショット（Michotte）が多くの実験で採用したように，遮蔽板に開けた細長い隙間に沿って対象を移動させてもよい。レコードプレーヤのターンテーブルに絵を載せる方法もある。CRT（陰極線管）やテレビのブラウン管を用いてもよい。どのような装置を用いようとそれは，光に含まれる情報に関する実験を行う方法と考えるべきである。

要するに，今後行われるべき実験に関する上記の九つの提案は，「運動の知覚は何から生じるのか」に関する新しい考え方に基づいているのである。我々はこれまで，運動の知覚を生じさせるのは網膜上での光の運動だと考えるように仕向けられてきた。しかし，運動の知覚を生じさせるのは，包囲光に生じる何らかの変化である。この変化を特定したり測定することは容易ではないが，これが光配列の構造に生じる変化であることは確かであり，今後，詳細に検討して行かなければならない。

## 第2部：運動に関する覚え書き*

物体《bodies》や粒子の物理的な運動を記述したり，そのような運動の成立条件を特定しようとする試みは，大いに成功を収めてきた。運動は，選択された，ある参照枠《frame of reference》（即ち，直交座標や斜交座標を用いた三軸による座標系）を基準とした位置の変化（や回転）と捉えられてきた。この考えは，ニュートン力学の基礎である。同様に，空間内での光の物理的運動も，粒子や波動として捉えられ，同じ座標系で記述され特定されるが，相対性理論によってかなりの修正を迫られた。それにも関わらず，修正された三次元参照枠は，依然として物理光学の基礎を担っている。

しかし，物理光学で言うのとは全く別の意味での“運動”である“光の運動《motion of light》”を記述するには，仮に存在するとすればどのような参照枠が相応しいのだろうか（この“光の運動”**によって**，環境において物体《bodies》の運動が見えたり，観察者自身の運動が見えるのである）。包囲光配列のパターンに生じる変換は，どのようにして特定されることになるのだろう

---

* 未発表原稿（1968年10月）。

か。**生態**光学は，不透明な複数の面の間で生じる，多重反射照明の定常状態に立脚している。この生態光学では，対象の遠近法的**投影**《perspective *projection*》に生じる変化と，観察者が移動する際の環境全体の投影に生じる変化とを，記述しなければならない。さらに，包囲光の中での**投影されたもの**から**投影されないもの**への変化，その**逆方向の**変化，即ち，対象（或いは，観察者）が移動する際に生じる変わりゆく**遮蔽**《*occlusion*》の影響も，記述しなければならない。**そもそも**座標系というものは，こういった記述に相応しいのだろうか。

私は，共同研究者と共に，一対の**角**《a pair of *angles*》を光配列の各点の座標と定義して，地面を基準とした移動に関する“**運動遠近法**《motion perspective》”について分析した（Gibson, Olum, and Rosenblatt, 1955）。このようにして我々は，光配列の流動パターンを，光配列の**対比パターン**とは何か別のものとして記述できた。しかしこの分析では，遮蔽（即ち，縁において対象が隠されたり現れたりすること）を考慮に入れていなかった。遮蔽に際して，光配列の構成要素は，消滅したり出現したり（削除され《deleted》たり添加され《accreted》たり）する。存在しない構成要素には，座標もない。この場合には，座標系は役に立たない。

物体の運動《material motion》の知覚を特定する情報を構成すると思われる光学的事象それ自体は，運動ではない。これが事実であるならば，そのような光学的事象は，変わり行く座標（数の対）によっては記述できない。物理学において有効であったのとは性質の異なる分析が必要である。

# 2.4　事象知覚の問題*

## はじめに

事象知覚《perception of event》について論究するにあたっては，まず，どのような事柄を**事象**《*event*》と呼ぶのか明確にしておかねばならない。その上で我々は，ある事象を知覚し，その事象を他の事象と区別する，という観察者の活動に関する研究に進むことができる。そのために，観察者にとって利用可能な刺激情報《stimulus information》を分析し，知覚過程についての仮説を組み立て，最終的には，観察者に刺激情報を与える実験を行って，その仮説を検証しなければならない。

知覚研究で扱うべき事象を明確にするには，いくつか避けて通れない問題があるが，これまでのところ心理学者は，それらを突き詰めて考えてはこなかった。第一に，事象という語の本義からすれば，我々はもちろん，**物理的**《*physical*》事象と関わりを持つのであり，**心的**《*mental*》事象と関わるのではない。我々が知覚するのは，物理的事象だけである。しかし我々は，宇宙から原子に至る**あらゆる**規模の物理的事象と関わりを持つのだろうか。それとも，地上生活にとって現実的な《terrestrial》規模の物理的事象だけに関わるのだろうか[1)]。次に，行動上の事象《behavioral events》も考慮に入れねばならないのは当然だが，その範囲はどこまでだろうか。神経系や脳における事象は，考慮から外すべきだろうか。動物の移動行為《locomotor acts》は知覚される事象であり，大変重要な事象であるが，そうだとすれば，観察者自身の移動

---

＊　未発表原稿，日付なし（1971 年に書かれている）。この原稿は，他のギブソンの未発表論文とは違って，“下書き草稿，まだ発表できるほど充分に推敲できていない”と記されている。

1）　この問題は，Gibson（1979a，part1）でもっと詳細に論じられている。（編者註）

行為を，知覚される事象に含めるべきかどうか問わねばならない。観察者自身の移動行為は，他の動物の移動行為とは明らかに異なる。最後に，我々は，事象が対象の運動《motion》から構成されているか否か見定めるために，対象の運動と事象との関係を明らかにしなければならない[2]。

## 物理的事象と生態学的事象

ここで論じているのは知覚の問題であって，より大きく難しい科学的知識の問題ではない。成人は，天文学的事象や化学的事象，原子にまつわる事象についてさえ知ることができるが，彼らが直接に知覚しているのは地上の事象である。科学的知識を，動物は持たないし，子どもには教えなければならない。我我皆が共有しているのは，中規模の大きさの事物を，そして，中規模の持続時間《duration》をもつ事象（マイクロセカンドでも永遠でもなく，秒の単位で表される時間で生起する事象）を，認識する能力である。生態学的事象に関する子どもの知識は，物理的事象一般に関する大人の知識に先立って生じる。原子格子《atomic lattices》・試験管・宇宙空間で生じることを見るのは，動物の環境において生起することを見るより，かなり控えめに言っても困難である。

極言すれば，物理学では，原子の領域と，面《surfaces》から成る世界との間に，避けられない概念的な飛躍がある。物理学者はこの飛躍について考えることを避けてきたが，生物学者はこれを無視できない。無視するとどうなるかは，後ほど明らかにする。

動物が直接に把握できることには，知覚系《perceptual systems》の進化による制約がある。これら知覚系には，刺激を受け取る受容器が組み込まれている。生態学的事象の知覚は刺激情報に立脚しているが，そのような刺激情報は，包囲光・音・接触の作用を直接に受けた眼・耳・指から得られる。一方，“物理的”事象を知ることは，まったく異なったレベルの情報に依存している。そのような情報は，器具を用いて，或いは実験によって，間接的に得られる。

2） 1.7章，2.6章［本書2.3章］を参照されたい。（編者註）

画像や言語を介して，さらに間接的なかたちで得られる場合もある[3]。我々が論じているのは，生態学的事象の方である。

## 行動事象と物理的事象

動物や人間が知覚するのは，他の動物や他の人間の行動（我々はこれを，大まかに“運動《movements》”と呼んでいる）であって，行動の背後にある筋収縮や神経インパルスではない（神経インパルスを見ることは，明らかに不可能である）。四肢の運動，身体の変形，発声から生じる経過音《transients》は，道具の媒介がなくても観察可能である。これらは，“分子的《molecular》”行動に対して“総体的《molar》”行動と呼ばれてきた。それらは，生活体の活動であり，その大きさと持続時間は，生態学的水準にある。生態学的水準にある大きさと持続時間は，センチメートルや秒の単位で測られる。ミクロンやマイル，マイクロセカンドや年，といった単位で測られるのではない。生物の運動には，姿勢変化，定位反応，操作，“表出”運動，ある場所から別の場所への動物の運動（即ち，移動），が含まれる。

**観察している**動物の行為（例えば，その動物自身の移動）は，知覚される事象に含めるべきだろうか。その動物は，あらゆる種類の「自己受容」感覚のおかげで，この種の総体的行動に確かに気づいている。しかし，それは**知覚**される事象であろうか。この問題に端を発して，心理学と哲学では，いわゆる「“私秘的《private》”知覚」対「“公的《public》”知覚」をめぐる際限のない論争が続いてきた[4]。自己受容感覚は感覚の一種であるという旧来の考えを放棄し，自己受容感覚は知覚――あらゆる知覚――に随伴すると認めるならば，混乱は避けられるのではないだろうか（Gibson, 1966b, Ch. 2）。私は，自己受容感覚《proprioception》という言葉を“自己への意識性（気づき）《awareness of self》”という意味で使うことにする。

---

3）媒介された意識性《mediated awareness》の問題については，3. 2 章［本書 3. 1 章］，3. 4 章［本書 3. 3 章］，3. 6 章［本書 3. 4 章］で論じられている。Gibson（1979a, Ch. 14）を参照のこと。（編者註）

4）4. 5 章［本書 4. 2 章］を参照されたい。（編者註）

実は，環境に関する観察者の知覚を理解するためには，その観察者自身の運動も考慮に入れなければならない。最小限でも，つまり，たとえ目立った反応を示さなくても，知覚者は，世界を見るためには，自分の胴体・頭部・眼の向きを決める必要がある。その際，知覚者は，一連の調節を行い，これらの身体部位の相対的位置を維持する。さもなければ，知覚者は眠っているのである。従って知覚者は，身体における事象の動向に少なくとも幾分かは気づくことなしに，外界における事象の動向に気づくことなどあり得ないのである。

移動《locomotion》という事象においては，人間や動物は，諸対象や他の動物たちの位置変化《displacement》を見るが，それとともに，確かに特殊な種類の視覚ではあるが，環境における自分自身の位置変化をも見るのである。これら二種類の位置変化は，決して（或いは，まずほとんどの場合）混同されることはない。客観的運動《objective motion》と主観的運動《subjective movement》をどう区別するか（Gibson, 1954b）は，知覚理論にとって昔ながらのパズルであるが，その解決は考えられていたよりもずっと簡単だと言えよう。

## 運動と事象との関係

ニュートンが運動法則を発見し力学の基礎を築いて以来，物理学は，剛体の運動（つまり，任意の空間軸に沿った並進運動や任意の空間軸を中心とした回転運動）に，我々の関心を惹き付けてきた。この分析は，落体に，さらに剛体部品から成る機械に，見事にあてはまった。そして素晴らしいことに，力学は，上は天体から下は原子までの規模に適用範囲を広げることができた。しかしながら，知覚研究者は，中間規模の力学事象だけを扱っている。だが，知覚研究者は，そればかりに関心を限るわけにはいかない。生物学的事象をも考察しなければならないからである。そして，生物学的事象は，一般的に，面の流体運動か粘弾性《visco-elastic》運動である。物質《substance》が流動し，伸び，収縮し，曲がり，回転し，捻れ，捩れる時，つまり一般的に**変形する**《*deforms*》時には，その生態学的出来事《ecological occurrence》はふつう重要であり，動物はそれを知覚する必要がある[5]。しかし，このような問題を論じる場合には，力学や運動学は，あまり役に立たない。

物理学では，可能な限りいつも，非剛体運動を分子の剛体運動成分へと還元しようとする。というのは，数学は剛体運動成分に関してこそ効力を発揮するからである。事象が運動に還元でき，運動を時空間の量へと分析できるなら，証明が可能となる。我々は“存在するものは，ある量を持って存在している”と教えられ，知覚研究者は，科学的方法に必要とされる条件を充たすために，自分が実験室に持ち込んだ刺激を計量するように強く促されている。私自身も含めて，多くの心理学者は，そうしようと忠実に努力してきた。しかし，現在では私は，次のように確信している。即ち，こういった分析的還元は，生態学的事象を定義することには，全く不適当である。事象の知覚を可能ならしめているような，その事象の特徴は，分析的還元によって取り除かれてしまうからである。

私の考えでは，**事象**が必然的に備えている特質は，事象に始まりと終わりがあることである。しかし，これは運動の必然的な特質ではない。**運動**《*motion*》という言葉は曖昧である。それは，開始し停止する位置変化を指すこともあれば，単位時間あたりの位置の変化量を指すこともある。前者は事実であり，後者は抽象概念である。前者は事象であるが，後者は速度という概念に過ぎない。等速度（ニュートンが言うような等速“運動”）[6]は自然界では生じないので，我々は，分析を目的として，**瞬間**速度《*instantaneous* velocity》ds/dt を立て，そこから二次・三次とさらに高次の導関数を立てる。物体の自転運動や回転運動を分析する必要がある場合には，位置の変化量を単位とする代わりに角度の変化量を単位として，同じ計算を行うだろう。このような分析の過程で，移動（或いは，回転）の始まりと終わりは消え去ってしまう。微積分学では，出来事の始まりと終わりを記述することができない。微分幾何学《differential geometry》では，事象の**構造**《*structure*》は消滅してしまう。

知覚研究者は，速度知覚の閾値，つまり，移動する対象や動いているベルト

5) 生物学的運動の知覚の詳細については，Johansson（1973）と Pittenger & Shaw（1977）を参照されたい。

6) 実際，ほとんど全ての運動知覚の実験で，等速度が用いられてきた（或いは，それとは対極の投影）。Runeson（1977）は，この研究の多くを批判的に再検討した。

について気づき得る最低のスピードを測定しようと試みてきた（Spigel, 1965；Gibson, 1968a）。その努力は，実らなかった。観察者は，位置変化や遮蔽を見ることができるが，純粋な速度を見ようと試みても，そこに生じているのは事象或いは事象の継起である。このことについては，後ほどさらに論じる。私の主張が正しいのであれば，速度に（或いは，運動から得られたどのような導関数にも）検出閾は存在しない。知覚が成立するためには，始まりと終わり，経過《transients》，事象が存在しなければならないからである。

私が理解するところでは，液体や粘性物質の流動は，決して完全に一様で連続的なわけではない。剪断したり，追いついたり，変形したり，渦をつくったりといった事象が生じている[7]。全ての時間を通じて，全ての部分が同じ速度で流れるような川は，理想的だが存在していない。しかし，それでも我々は，“時間の流れ”に言及する際にそのような比喩を用いるのである。

## 空間と時間；環境と事象

空間の知覚など存在せず，ただ環境の配置の知覚があるだけだということは，ずいぶん前から明らかになっている。同様に，時間の知覚も存在せず，事象の知覚があるだけである[8]。物理学や数学は，まず，空虚な空間，三つの参照軸，時間という次元，運動する物体などに基づいて展開される。これに対して，生物学や心理学では，変化する，環境・媒質・面（固体・粘性体・流体）から始めなければならない。我々は，媒質，つまり空気を空間と捉えたくなるが，この考えは，誤謬に繋がりやすい。環境には，透明な部分と不透明な部分とがある。ところが，幾何学的空間はどこも透明である。環境においては，縁や面は，それらの**背後**に何かを隠しているが，幾何学的空間の線や平面は，何も隠していない。

既に述べた数学的な理由から，物理学では，世界を**幾何学的に捉える**。しかし，生物学と心理学では，世界を幾何学的に捉えることは，即ち，地上環境に

7） Stevens（1974, Ch. 2）を参照されたい。（編者註）
8） Gibson（1975a）を参照されたい。（編者註）

関する基本概念を手放すことでもある。数学的物理学は，宇宙を理解するために，時間そのものという，既に純粋な次元を幾何学的に捉えるまでに至る。しかしこれは，生物学的な科学にとって致命的な誤りとなるだろう。というのも，幾何学的世界観を採用すれば，知覚すべき事柄は，我々の手元に何も（即ち，環境も，環境の変化も）残らないからである。ウィトロー（Whitrow, 1961）は，『時間の自然哲学（The Natural Philosophy of Time）』と題する著作で，物理学のこうした傾向に対して遺憾の意を表明している[9)]。

環境という概念は，持続する固い《solid》部分，即ち，“永続的な《permanent》”地上の配置と，そうではない部分，即ち，変わり行く配置とを含んでいる。媒質は，照明に（もちろん音や匂いにも）満ちており，その中で動物は動き回る。媒質の中には，動物が位置を占められる場所《loci》がある。これらは，幾何学的空間で言う「点」とはかなり異なっている。これらの場所は，潜在的な観察点であり，各点にはそれぞれ固有の光**配列**《optic *array*》がある。それら全ての場所の集合は，一人の観察者が移動する際に取り得る経路《path》であり，多数の観察者が取り得る位置でもある（Gibson, 1966b, p. 192）。このことこそが，環境の概念が“主観的”でも“客観的”でもない理由である。つまり，環境の概念には，任意の一人の観察者の周囲も，全ての観察者の周囲も，矛盾なく含まれている。観察者は，移動し得るということを，前提としなければならない。これが，物理光学とは区別される生態光学《ecological optics》の核心である（Gibson, 1966b, Ch. 10）。しかもこれは，「安定した環境において，動物が自分の移動をどのようにして見て，それを対象の位置変化や他の動物の移動とどのようにして区別するか」を説明する基礎でもある。

このようにして定義された**環境**《*environment*》は，**混沌**《*chaos*》とは全く異なる。混沌においては，安定した支持面がなく，物体の集まりが常に変形し，空間内の物体がランダムに運動している。動物は，混沌の中で生きることはできない。

---

9）Čapek（1976）は，この論文について，総合的に概説している。（編者註）

## 生態学的事象の分類

「事象」がどのような事柄を意味するか明確にしてしまえば，事象の分類を試みることが可能になる。事象の要件が「始まりと終わりがあること」であるならば，事象は，反復し得る。出来事は，再び生起し得る。従って，複数事象の継起《sequence》が存在する。非常に身近な継起の例としては，同一事象の反復が挙げられる。例えば，振り子のゆれ，クランクの回転，浮きの上下動がそうである。継起には，頻度《frequency》がある。我々は，速度は知覚できないが，頻度は知覚できる。しかも，頻度は**直接に**知覚できる。つまり，観察者は，個々の事象の区切りを数え上げる必要はないのである。この直接知覚《direct perception》が成り立つためには，頻度は高すぎても低すぎてもならない。人がぶらつき，歩き，或いは走るときには，“足のはこび”という出来事の発生率《rate of occurrence》は，可視的である（可聴的でもある）。そして，我々が知覚するのは，その人が歩く速度ではなくて，“足のはこび”の発生率の方である。速さ《speed》を知覚するためには，（秒のような）抽象的時間の単位と，（センチメーターのような）抽象的距離の単位を感じ取り《sense》，その上で速さを算出しなければならない，ということになろう。この考えに従えば，速さを知覚するために我々は“空間”と“時間”とを知覚する必要があることになる。しかし，空間の自然な単位は，面の構成要素以外にはなく，時間の自然な単位は，事象の他には存在しない。

上で述べた，速度の知覚に関する実験では，窓の背後でベルトを動かすか（“滝”の装置），面の前で対象を回転させる。このとき観察者が検出するのは，（観察者がそのことを知っていようがいまいが）頻度である。（ここでの頻度とは，一つの面のある部分が，他の面のある部分を隠すか，あらわにする頻度のことである。）自動車の“スピード”を判断するとき，我々はおそらく，自動車の縁《edge》が背景の木々や茂みや歩道の升目を遮蔽する頻度を検出しているのではないだろうか（Gibson, Kaplan, Reynolds, & Wheeler, 1969）。私が言いたいのは，視覚系には，スピードメータの類は全く存在しないが，目盛のないタコメータのようなものは含まれているのではないかということである。

振動や波動や循環のように，継起を成す事象は，もちろん全てがまったく同じことの繰り返しである必要はない。極端な場合では，継起する事象群の各々が全て異なっていることもある。例えば，実験者が観察者に一連の無意味綴りや一連の無関係の図版を“憶える”よう求めて呈示する場合がそうである。メトロノームの打音や光の点滅は，純然たる反復の例であり，無意味な記憶項目は，非反復の例だが，どちらも自然な継起の特徴ではない[10]。環境で生じる事象の継起では，普通，あるサイクルはもっと長いサイクルに組み込まれている。つまり，継起する事象群は，**入れ子**構造をとっているのである。

スピーチや音楽，パントマイム，バレエ（さらには動物の求愛行動）における事象について考えてみよう。ある継起の中には，異なった事象も似通った事象も含まれている。短い事象が集まって，より長い事象をつくるだろうし，それらがもっと長い継起を形作ることもある。これらは全て，各々がそれぞれ一種類の単位である。例えば，音節・単語・句・文・談話は，皆それぞれ，一種類の単位である。ある単位は，他の単位に包含されて，入れ子構造を形成している。そしてこれは重要な事実であるが，我々は，上位の事象も下位の事象も知覚できるのである。

この種の構造を持った継起においては，固定的な頻度など存在しない。このことは重要である。というのも，始まりと終わりは，我々が注目した事象の持続時間に応じて変化するからである。はっきり区別された事象がいくつあるか**数え上げることはできない**。従って，理解や記憶の“スパン”を数値で表すことなど望むべくもないのである。

川の流れのような連続した過程は，事象の継起として扱うことができるだろうか。既に述べた通り，全く一様な流れなど存在しないし，仮に存在しても我我には知覚できない。現実の川では，流れの速度は場所によって異なるし，水面の渦には始まりと終わりがあり，波紋や気泡が生じては消える。速度は知覚されないが，変形《deformations》は知覚される。変形は，事象に含めてよいだろう。（私は，このことについて確信を持てないでいる。しかし，変形には終わりがあるはずだとは思う。）

10) 自然の事象と無意味事象のこうした対比は，Jenkins, Wald & Pittenger（1978）で議論された研究において明らかにされている。（編者註）

既に指摘したように，動物の行動は，入れ子状の事象の継起として生じるとは言え，始まりと終わりのある，粘弾性を持った《visco-elastic》事象である。単一事象の例としては，微笑んだり眉をひそめたりといった，人間の顔の“表出運動《expressive movement》”が挙げられる。顔の面の全体的な形状《shape》，或いは面の配置は，**造作**《*features*》（額・眼・鼻・口）と呼ばれる下位の形状から成る。全体的形状の変形とその構成部分である造作の変形とが存在するが，この変形の特質は，常態の配置から始まり，再び静止状態に戻ることである。微笑みやしかめ面のような特定の事象は，ある特別な継起（つまり，一連の行為を構成する，さらに長い事象）に埋め込まれていることで意味を持つ。既に述べておいた通り，心理学者には，顔面の表出を筋収縮に還元する余地などあり得ない。

こういった生物学的事象と対照的なのは，環境で生じる機械的《mechanical》事象である。梃子，車輪，クランク，スライド，ローラー，揺り軸，振り子，ギア，ピニオン，タイプライターの文字送り装置，ねじ，ヒンジ，ピストンなどは，剛体運動を示す（場合によっては，スプリングは非剛体運動を示す）。これらのいわゆる「運動《motion》」は，それぞれが一つの事象である。複雑な機械の部品が組み立てられると，下位の部品の集成体を伴った，部品から成る入れ子状階層構造が出来上がる。機械が**稼動して**いる時には，同時的事象《synchronous events》から成る入れ子状階層構造が成立するだろう。（この同時的事象の階層構造は，動物行動・会話・音楽・演劇に見られる継起的事象の入れ子状の階層とは全く異なる。機械は，継起的入れ子関係を示さない。同じことを何度も同じように繰り返す。）複雑な機械が稼動している時には，複数の下位の同時的運動は，組合わせられて，上位の運動を構成する。私の考えでは，これは，ヨハンソン（Johansson, 1950）が“事象知覚における布置《configuration》”と呼んだことの基礎である。

最後に，事象のもう一つのクラスに言及しておく。それは，形状・配置・位置などの変化と対比させて，「状態の変化」と呼べるだろう。物質《substance》が，蒸発・昇華・拡散・気化し，粉砕・切断されるとき，面は破壊される。物質が，凝結・結晶化・生物学的成長をなすときには，面が出現する。分子レベルでは確かに，何も破壊されていないし，何も新たに出現してはいない。しかし生態学的レベルでは，対象は，確かに消滅したり出現したりする(Gibson et al., 1969)。

我々は，この種の生態学的事象と，「対象が，視界に出入りするとしても，永続的に存在している」事態とを，はっきりと区別しなければならない。しかし我々は，両者を混同しがちである。双方を，**出現**《*appearance*》や**消滅**《*disappearance*》という曖昧な言葉で呼んでいるからである。しかし，これらの言葉を使うことは，世界に存在する対象と，光によるそのような対象の投影とを混同することに他ならない。ある観察点からは隠れていて見えない静止対象は，他の観察点からは見える。対象を視界に捕らえようとして移動する観察者は，**新しい**《*new*》対象を見るのではなく，ただ，**新たにあらわになった**《*newly revealed*》対象を見るのである。このように，移動によって対象が遮蔽されることと，その反対に，対象があらわになることとは，ある種の視覚的事象であるが，物理的・物質的事象ではない。私は，この視覚的事象を光学的推移《optical transition》と呼ぶ。この推移は，対象への関連とともに自己への関連をも含んでいる。例えば，観察者が頭部を回すと，部屋の一方の壁が視界から去り，別の壁が視界に入るといった場合がそうである[11]。もちろん，一つの対象が移動して他の対象の背後に入ったときには，移動や頭部の回転を伴うことなく遮蔽が生じ得る（Michotte, Thinès & Crabbé, 1964）。そのとき，対象の位置変化《displacement》はまさしく生態学的事象であり，遮蔽は光学的推移である。要するに，生態学的**事象**と，包囲光配列における光学的**推移**とを混同してはならない。事象は，推移によって**特定される**だろうが，事象と推移とは決して同じ種類の事柄ではない。物理的“運動”と光学的“運動”との誤った類比のせいで，我々はそれらをずっと混同し続け，無駄な労力を重ねてきたのである[12]。

11） これは“可逆的遮蔽《reversible occlusion》”の原則である（Gibson, 1979a, pp. 191-195）。2.7章を参照されたい。（編者註）

## 事象知覚を成立させる光学的情報

次に，包囲光配列に生じるどのような変化が生態学的事象と対応しているのか，検討しよう。包囲光配列に生じる変化は，事象の知覚に利用できる情報である。ここで念頭に置かねばならないのは，固定された観察点における光配列は，光学的肌理《optical texture》の小片や，投影された形《form》や，さらに上位の形などの単位《units》から成り，それらの単位が入れ子状の階層構造をとっていることである。これら包囲光の構成要素を全て，“単位《units》”と呼ぶことにする。但し，これらの単位がとる角度の大きさは，それぞれ異なる。それらは，環境の配置《layout》に存在する隣接した切子面《facet》・面《face》・表面《surface》の，観察点への投影である。(空虚な空間，例えば晴れ渡った青空は，**いかなる**光配列も与えない。) **変化のない**光配列，つまりその構造が“静止した《frozen》”光配列は，事象のない世界における静止観察点（即ち，不動の配置における不動の観察者）から生じ，そのような静止観察点を特定することは当然である。**変化する**光配列について語るときには，その構成単位が持続することと，持続しない可能性があることの両方に言及していなければならない。(例えば，天体の運動は，この意味での「変化する光配列」を与えない。)

「生態学的事象は，光配列の乱れ《disturbance》によって特定される」というのが，根本的な仮定である。数学的に言えば，変化には二種類ある。要素の一対一対応が保持されている場合と，保持されていない場合とである。ここで言う「乱れ」は，後者にあたる。それは，配列に含まれる隣接した単位のいくつかを失ったり獲得することに必然的に繋がる変化，即ち，持続する単位に生じる乱れである。これと，**持続する**単位の**隣接的序列構造**に生じる乱れとを同列に扱うべきではない。これについては後で論じる[13]。

---

12) ギブソンは，生態学的事象と光学的推移とを，遠刺激と近刺激として区別しているのではない。この点は重要である。むしろギブソンは，(環境の諸々の面の間に生じる）生態学的事象と（環境の媒質中に存在する）知覚されるべき生態学的情報とを区別しているのであり，両者は共に“遠刺激”である。生態学的情報とは，環境の媒質に成立する構造であり，環境の事実を特定する。遠刺激と近刺激との区別についてさらに詳しくは，4.3章［本書4.1章］と4.4章を参照されたい。(編者註)

この仮説は，光配列における変化について私が以前に立てた仮説とはかなり異なる。この仮説で問題にするのは，単位の**運動**《*motion*》でもなければ（もちろん，刺激作用を生じる光点の運動でもない），配列の中の単位の相対的な位置変化《displacement》でもない。さらには，形（或いは，点の集合）としての単位群の変形《transformation》でもない。なぜなら，今列挙した変化は皆，要素の一対一の継起的対応を暗黙裡に前提としているからである。従って，かつて私が提案した“光学的運動と変形《optical motions and transformations》”（Gibson, 1957a）も，いかなる種類の“連続的変形《continuous transformations》”（Gibson, 1968a）も，事象知覚のための情報を記述するには相応しくない。限定的な特殊例を除いて，静止配列を成す単位の各各が，後続する配列の単位の各々に対応することはない。ただそれだけのことである。従って，あいにく，射影幾何学や透視幾何学《perspective geometry》の公理と定理も，解析幾何学の力強い数学も，我々の目的には不充分である。

光配列に生じる“乱れ”に関する根本的仮定は，多くの基礎的前提を含んでいるが，それらについて述べておこう。

前提 1. 環境は**混沌**《*chaos*》ではなく，大部分は比較的永続的な配置を持っている。混沌から与えられる包囲光配列には，その構成単位の持続性も，継続的《successive》配列の写像も，含まれてい**ない**だろう。それは，いわゆる**シンチレーション**［訳者註：放射線が蛍光物質に当たるとその物質が蛍光を発すること］に似ているだろう。

前提 2. 配置を成す面は，決して完全には透明ではない。しかも，配置は決して完全に“見通しがよい《open》”わけではなく，配置には常に多かれ少なかれ“散在物がある”。見通しのよい配置の理想的な例は，遮蔽縁が全く存在せず地平線まで見通せる平坦な地形である。これは，Gibson, Olum, and Rosenblatt（1955）が分析した極限的事例であり，そこでは，動物の移動に際して，連続的勾配《continuous gradients》や光学的流動《optical flow》が生じている。もう一つの極限的事例は，開口部がなく家具も置かれていない，

13） 1.7 章を参照されたい。（編者註）

閉じた部屋である。このような事態では当然，配置における全ての面と切子面《facet》は，全ての観察点に投影される。しかし，実際の，散在物のある配置には，“対象”と呼ばれるものが存在している。“対象”は，突起物，或いは，遊離した物体であり，ある観察点から見える配置の一部を遮蔽している。世界は，遍く遮蔽縁に満ちている。ついでながら，このことは，連続した光学的**勾配**（肌理の密度・流動《flow》・不均等《disparity》）によって面の配置の知覚を説明しようとする私の試み（Gibson, 1950a）が不完全であることを意味している。説明が必要なのは，見通せる配置と散在物のある配置の知覚である。

前提 3. 地上での対象のあらゆる位置変化《displacement》，粘弾性を持った《visco-elastic》あらゆる事象，あらゆる機械的事象，存在物のあらゆる変化，つまりは，（主観的運動や移動も含めて）前節で列挙した全ての事象は，永続的で散在物のある配置（殊に，背景面）を基準として生じる。従って必然的に，遮蔽の変化が生じる。対象は移動するとその背景を遮蔽し，向きを変えるとそれ自体の背面を遮蔽する。対象が配置の一部の背後に入ると，対象の面は“前景《frontground》”によって遮蔽される。その背後から対象が出てくると，この光学的推移《optical transition》は，逆転する。対象が観察者に接近してくると，対象の背後の壁は対象によって次第に覆い隠され，対象が観察者から遠ざかるにつれて，壁は見えてくる。遮蔽に生じるこのような変化に関しては，動物の行動や形の変形も，剛体の位置変化と異なるところはない。梃子・車輪・振子・クランクシャフトの機械的移動は，遮蔽縁の位置変化を伴う。水溜りが蒸発したり，固体が気化・液化したり，煙草の煙のリングが消え去ると，何であろうとそれ以前にそれらの背後にあったものが見えるようになる。さらに，観察者自身の手の動きによって，また，徒歩・自動車・飛行機で地面に沿って移動することによって，遮蔽縁は移動し，遮蔽は徐々に変化する。最後に，頭部の回転は，観察者自身にとって最も身近な事象だが，これによって包囲光配列の一部があらわになり，別の部分は隠される。

この第三の前提は，最も賛同が得られがたいように思われる。「第三の前提は，肌理のある背景が存在しない場所で（例えば，雲一つない空，夜空，真っ暗闇で）生じる事象には，決して当てはまらない」という異議が聴かれよう。虚空や闇は，**無配置**《*non-layout*》という極限的事例であり，**無配列**《*non-*

*array*》という光学的な極限的事例である，というのが，それに対する私の反論である。頭上を飛ぶ鳥が，その飛行の間に，少なくとも**その鳥自体の一部**を遮蔽する場合にだけ，我々は，頭上での鳥の飛行という事象を知覚する。これまで述べてきた考えでは，完全な暗闇の中で動く光点は，事象とは見なされない。というのは，そのような光点は，光配列を構成しないからである。それは，「真空中の物質原子」との類推で，ただ「光学的空虚の中にある光学的な原子」となるだけである。我々はこれまで，そのような光学的推移《optical transition》を，光学的情報《optical information》のプロトタイプだと考えてきたのだが，それは単に貧困化した光学的情報に過ぎないのである。物理学の発想を知覚論にそのまま持ち込むことは，不適切である。“光学的運動とは，三次元の物理的運動の二次元への投影である”と（かつて私がそうしてしまったように）仮定することは，誤りである（Gibson, 1957a, p. 289 ; Johansson, 1964も参照）。生態学的事象を一対一対応を維持したまま投影するのは**不可能**だというのが，事実である。

## 乱れは何を特定するか

光配列の乱れ《disturbance》，つまり，その単位《unit》の持続性の乱れには，輪郭線の一方の側で徐々に進行する単位の獲得や喪失と，様々な単位の交代とがある。前者は，遮蔽縁において視界に入ることと，視界から外れること，つまり遮蔽の変化を特定し，そのように知覚される（Gibson et al., 1969）。後者は，恐らく存在の変化を特定するが，実験による検証をまだ受けていない。いずれにせよ，光学的肌理の増加や減少と，ある肌理から他の肌理への交代とは，区別できる。これは，光配列に生じる遮蔽の変化が，外界に生じる存在の変化とは根本的に異なる，ということと対応している。

事象知覚に関するこの新しい仮説は，「変化しない包囲光配列は，全く事象のない世界にいる全く動かない観察者を特定する」という法則に抵触しない。しかし動物は，寝ているとき（或いは，捕食者に気づかれないようにするとき）を除いて，動かないでじっとしていることなどない。“見通しのよい”配置という極限的事例においても，光学的流動の連続勾配は，静止環境における観察者の移動やこの移動の方向，衝突の切迫，その他の有用な事柄を特定することは，やはり事実である。光配列の遠心的流動は，拡大中心（或いは，縮小中心）でゼロに減少し，そして地平線でもゼロに減少する（Gibson et al., 1955）。光配列を成す単位群は，変形するだけでなく，地平線では“消滅”する。我々が地表に沿って飛んで行くにつれて，これら単位群は，前方では“散開《open up》”し，背後で“集合《close in》”する。このように，“見通しのよい”配置という理想的条件においても，光配列の単位群の得失に類すること（従って，純粋な数学的対応からの逸脱）が生じるのである。

光配列における単位群の得失として生じるタイプの乱れは，他が全て流動している配列に置かれた場合と，他が全て静止した《frozen》配列に置かれた場合とで正確に同じだということは重要である。従って，対象の位置が変化する際の遮蔽縁の検出《detecting》は，前縁《leading edge》における単位群の削除《deletion》と後縁《trailing edge》における単位群の添加《accretion》を伴って，静止した観察者にとってと同様に，運動しつつある観察者にも可能となる。しかし，静止した観察者が**動かない**遮蔽縁を検出することは，動く観察者がそれを検出するよりもはるかに困難である。それゆえに，深い森にじっと佇んでいる観察者は“枝や葉がどの樹から延びているのか見分けられない。…しかし，観察者が前に歩き出す瞬間，…あたかも森の精緻な立体鏡画像を見ているかのように，すべてが自ずから明らかになるのである”（Helmholtz, 1866/1962, vol. 3, p. 296）。静止した光配列においては，遮蔽を示す情報は貧困化する[14]。流動する光配列に含まれる情報は，ヘルムホルツが考えたように“運動視差《motion parallax》”によるのではなく，光学的な添加と削除によるのである。

## 持続する単位群が成す隣接する序列構造に生じる乱れ

ここまでは，光配列を成す，隣接する単位群の**持続**《*persistence*》に生じる

14）静止した光配列においては，遮蔽は重なり合い《interposition》に還元されてしまう。（編者註）

乱れのみを考察してきた。今度は，持続する単位群の（つまり，次々に続くもの，配置《arrangement》の）隣接する序列構造《adjacent order》に生じる，あまり知られていない乱れについて考察しよう。（恐らくこれは，トポロジーの問題であるが，私は，そのように論じている例を見つけられないでいる。これまでのところ，トポロジーはまだ光配列に当てはめられていない）。静止した光配列が観察者に与えられているとき，光配列の各単位は，時間が経過した後の，やはり静止した光配列におけるそれぞれの単位に対応する。しかし，隣接性の崩壊は，生じている。

一種類の崩壊は，（**不透明な**面とは区別される）**半透明な**面や物質から生じる，変化する光配列に生じる。水やガラスや立ち上る霧は，ある事物の背後に他の事物があるという知覚を生じさせるが，そこには不透明な遮蔽はない。E. J. Gibson, Gibson, Smith, and Flock（1959）は，散在する二種類の単位群から成る光配列を呈示した。その光配列は，静止状態では，不透明な面を特定する情報をもたらす。しかし，一方の単位群を他方を基準として移動させると，一つの面の前にあるもう一つの透明な面を特定すると思われた。少なくとも，そのように知覚された。静止した肌理における単位群の隣接序列構造は，破壊された。より正確に言えば，部分的に順序を並べ換えられた《permuted》のである。引用すると，“それは確かに特別な種類の並べ換えである。というのも，二つの要素群はそれぞれ，隣接序列構造を保っているからである。しかし，これら要素群の間に生じたような序列構造の崩壊は，元々あった連続性を破壊する。そしてこれは，間に隔たりのある別々の面という知覚を生み出した”（p. 46）。恐らく，もし元々の配列が完全に並べ換えられていたならば，混沌以外の何も見えなかっただろう。我々は，雨が降る夜に，複数の動く反射光やフロントガラスの曇りの変化から生じる光配列の下で，車を運転できる。しかし，我々が見るのは，混沌ではなく道路である。この事実は，視覚系がいかに優れているかを示す証拠である[15]。

光学的単位の得失を伴わない光学的崩壊のうち，もう一種類は，遮蔽縁が全

15） 透明視と運動について，さらに詳しくは，Gibson（1976a）と Mace & Shaw（1974）を参照されたい。（編者註）

くない，亀裂《crack》において，隣接する不透明な面と接して移動する不透明な面から生じる。隣接序列構造は，直線状の（或いは，環状の）断裂《rupture》における場合を除いて，光配列の両方の部分で保持される。私は，この光学的推移《optical transitions》を数学的にどのように記述したらよいか知らない。光配列の中に，対比による輪郭は必要ない。ただ隣接性の破壊があればよい。これは，恐らく極限的事例である。というのも，面の配置における亀裂は，理想的な例を除いて全て，遮蔽の変化を必然的に伴うからである。

## 事象知覚の過程

どのような事柄が事象知覚《event perception》を成立させる**情報**であるのか，ある程度考察したので，今度は，知覚の**過程**《*process*》について検討しよう。もし前述の分析が正しければ，或いは部分的にでも正しければ，知覚の過程は，我々がこれまで想定してきたものとは全く異なる。我々は，以下のことを仮定してきた。第一に，知覚の過程は運動についての網膜上の感覚に基づいていること。第二に，知覚の過程は，網膜上の運動パターンの構造化を必然的に伴うこと。第三に，眼球運動によって生じた“再求心性《reafferent》”の感覚入力を打ち消す特殊な過程があるはずだということ。これらに加えて第四に我々は，各瞬間ごとに画像《picture》が脳に伝達されると仮定してきた。この画像は，静止画カメラで撮影された画像に擬される，ある種の生理学的イメージであり，これらイメージの時間的な継起は，動画カメラによる撮影になぞらえられた。この第四の仮定とはじめの三つの仮定とは矛盾するが，折り合いを付けようと努力が重ねられてきた。

既に論じたように，運動の知覚を生じさせる事柄が何であれ，それは，決して網膜上での運動ではない（Gibson, 1968a）。つまり“隣接する網膜上の位置《adjacent retinal loci》に生じる継起的刺激作用”（Spigel, 1965, p. 2）ではあり得ない。ここで主張してきたように，それは，光学的単位の位置の変化として捉えられた**光学的**運動《*optical* motion》でさえない。そしてさらに，光学的変化《optical change》の生態学的な源は，ニュートン物理学で言うような意味での**物理的な**運動ではない。

知覚の基礎は網膜像ではなく包囲光の構造であると考えれば，第二の仮定も，やはり誤りである。網膜上の移動パターンなどは存在せず，生態学的光配列における光点の移動パターンさえ存在しない。

眼球運動や頭部の運動から生じた感覚入力を相殺する必要などないのであれば，第三の仮説も存在意義を失う。感覚入力を，単に，包囲光配列をサンプリングして得られた情報に随伴する不変項（即ち，探索的視覚システム《exploratory visual system》から生じる自己意識性《self-awareness》の流れの一部）と捉えるならば，第三の仮説は根拠を失うのである[16)]。網膜像が移動するという仮説は，眼のはたらきに対する誤解から生じている（Gibson，1968a，p. 338）。

第四の仮説は，動画との類推に基づいており，これらのうち最も誤解を生みやすい仮説である。我々は，運動という「それ以上還元できない感覚」が存在すると確信しているにもかかわらず，各々が個別に感覚或いは知覚される不連続な画像の継起が存在するとつい信じたくなる。次に我々は，“視覚の持続性”，神経短絡による“仮現”運動，過去の刺激を現在の刺激に結び付ける過去の刺激の“記憶痕跡”などの仮説と矛盾しないかたちで「不連続な画像の継起」を理解しようと試みる。“現在の”経験とはどのようなことか，未だかつて誰も理解していないにもかかわらず，我々は，“現在の”経験と“過去の”経験とを区別しようとして，重大な困惑に直面しているのである。もっと一般的に言えば，我々は，知覚と記憶とを切り分けて，「知覚は記憶に依存する」と主張する。しかし，記憶の貯蔵《storage》や検索《retrieval》に関する説明は，複雑になる一方である[17)]。

既に論じたように，継起《sequences》の知覚は，「記憶痕跡の貯蔵とその検索」という意味での記憶には依存しない（Gibson，1966a）。上に述べたような**事象**の知覚が回想や想起に基づいていないことは，確かである。単一の事象は，経験の単位である。しかし，充分な持続時間を持った入れ子状の事象群の継起についてはどうだろう。もし入れ子状の事象群が一つの事象を成すならば，

16） 2. 4 章［本書 2. 1 章］，4. 4 章を参照されたい。（編者註）

17） Bransford，McCarrell，Franks & Nitsch（1977）と Turvey & Shaw（1979）を参照。（編者註）

それは知覚されよう。事象の**純然たる**反復と，事象の反復が全くない場合との，二つの極端な例を考えてみよう。後者の典型的な例は，無意味図形（或いは，無意味綴り）だが，私の考えでは，そのような場合にのみ，記憶の貯蔵や検索が問題になる。その場合にのみ，短期記憶の“スパン”や長期記憶への“転送《transfer》”が関わってくる。もう一方の極端な例，即ち，短い事象が何度も反復される場合では，その一連の出来事全体に記憶が関わりを持たないことは確かである。即時的反復，つまり終わるとすぐに再開する事象には，「現在の知覚内容《percept》を過去の知覚内容の痕跡と比較して，その一致に気づく」という意味での再認が必要であるとは，誰も主張しないだろう。即時的反復の継起とその頻度は，直接に把握される。

上述の全てのことからただ一つ明らかになるのは，事象知覚の過程は，我々がかつて思い描いていたようなものでは全くないということである。しかし，このことを理解しておかなければ，事象知覚の過程という問題を再検討することはできない。我々は，刺激ではなく，生態学的事象を成立させる刺激情報について検討しなければならない。我々は，眼球運動や頭部の運動によって，さらには動物の移動によってさえも変化しないような刺激情報について，考える必要がある。それは，そういった変化の下で不変の《invariant》刺激情報である。我々は，「遮蔽《occlusion》と遮蔽の解消《disocclusion》」という事実を考慮に入れなければならない。遮蔽やその解消は，移動しつつある観察点と静止している観察点における光配列の中での光学的推移《optical transitions》によって特定される。光配列の数学的変換《mathematical transformations》について検討することは，有益ではあるが，それだけでは充分ではない。「事象を成立させる情報は，光配列の構造に生じる**動揺**《*perturbations*》に見出されるはずだ」という仮説には，見込みがある。そこで，乱れ《disturbances》と崩壊《disruptions》と呼ばれる，二種類の「動揺」を定義した。**動揺**は，変化する配列において単位群の継時的入れ子状態として生じ得るし，包囲光配列において単位群の同時的入れ子状態としても起こり得る（事物は，継時的にも同時的にも生じる）。事象知覚に見合った精神物理学が確立される見込みはあり得ない。物理学は，事象知覚を扱うのに全く役立たないからである。むしろ我々は，ある種の精神光学《psycho-optics》をこそ確立できよう。それは，放射エネルギーだけを考慮する物理学の一分野ではなく，環境を考慮に入れた全く新しい光学であらねばならない。

# 2.5　生態物理学・奇術・実在*

## I.　生態物理学の諸法則

これまで論じてきたように，生態物理学《ecological physics》の不変項は，物理学の不変項と同じではない。前者は，**暗黙の**《*tacit*》ものであり，**明示的な**《*explicit*》ものではない。生態物理学の不変項は，常識で知られている規則性である。それらは，世界の“中規模の乾いたもの”のことを指している。子どもや動物は，これらの諸法則を，日常の事象を観察することで学ぶのであり，学校での教育で習得するのではない。

「奇術師や手品師が“物理学の法則に従わない不思議な出来事を引き起こす”」と言う場合，「物理学の法則」とは，生態物理学の法則のことであって，教科書に載っている物理学の法則のことではない。人々は，生態物理学の諸法則を自明のことと捉えている。**これらの規則性が暗黙のうちに知られていればこそ**，奇術は子どもにとって面白く謎めいているのであろう。そういった規則性のうち，いくつかを明らかにしてみよう。

1. 物質的対象《substantial object》は一般に，存続する傾向がある。物質的なものほど存続し易い。岩石は，存続する。煙は，存続しない[1]。
2. 棲息環境《habitat》の主要な面《surfaces》は，配置に関してほとんど永続的である。しかし，生きている**諸対象**は（対象とは，閉じた面である；Gibson，1979a，p. 307 を参照），潜在的には不変であり続けるが，成

---

＊　未発表原稿（1979 年 8 月）。

1)　4.7 章［本書 4.4 章］を参照のこと。（編者註）

長したり移動したりする際には形状《shape》を変える。

3. 例えば，芽や蛹のように，変形する対象も存在する。しかし，どのような対象も，我々が全く異なると感じるような対象に作り替えられることはない（例えば，蛙が王子になるといった変化はしない）。変化そのものは，目に見える。子どもは，操作によって生じる変化，生態学的変形や生物学的変形によって生じる変化を観察する。

4. 事物は，場合によって，破壊・粉砕《pulverizing》・溶解・焼却・蒸発など観察可能な様々な過程を経て，存在しなくなる（Gibson, 1979a, Ch. 6）。これらの破壊過程は可逆的ではないが，この「破壊は可逆的ではない」という事実自体もまた観察可能である。棲息環境全体が存在しなくなることはあり得ない。存在しなくなるのは，棲息環境のいくつかの部分だけである[2)]。

5. やはり観察可能ないくつかの一定の過程を経て，事物は，視界から外れ得る。事物の位置が変えられたり，観察者が動いたりした時には，事物は，**暗闇**に隠れたり，**遠方**に見えなくなったり，縁における**遮蔽**《*occlusion*》によって隠れたりし得る。重要なのは，これらの変化が可逆的**であり**，「視界に入って見えるようになる」という逆の過程が見えることである。

6. 存在しなくなった面は，照明されようとも，どの観察点に立とうとも，全く見えなくなる。単に視界から外れただけの面は，照明されているならば，他の観察点からは見える。視界から外れた面は，存在し続けており，**隠されて行く過程が観察された場合には，存在し続けていると知覚される**（"トンネル効果《tunnel effect》", Gibson, 1979a, p. 190 ff.）。

7. 物質的対象《substantial object》が存在し始めるのは，他の物体《substance》から生み出される場合だけである。物質的対象が無や空気から創造されることなど，あり得ない。しかしながら，（恐らく雲の観察に基づいているのだが）精霊や幽霊や悪霊の存在は，空気から"物

2) この章では，「存在しなくなること」と「視野から外れること」との区別が中心になっているが，2.7 章と 2.8 章［本書 2.4 章］で詳細に説明されている。（編者註）

質化《materialize》”して目に見えるようになったり，空気に“溶け込んで”見えなくなったりする，と信じて疑わない人々もいる。この考えは，多くの宗教に共通する特色である（例えば，マギ《the Magi》の特徴，従って，奇術師《magicians》の特徴である）。しかし，「子どもは自発的に“奇術を信じる”」という考えは，事実に反している。事実はまったく逆である。子どもは自ら，奇術的でない事柄を信じる。この事実に照らせば，非現実的願望《wishful imagination》とはどういうことか，よくわかる。

8. 遊離した《detached》物質的対象は，水平な**支持面**《*surface of support*》の上に留まるはずである。もし対象が，支持面以外の面に留まっているなら，それは付着している《attached》のである。

9. 遊離対象《detached object》は，**移動させられる**のでない限り，ある場所に静止していて，次に別の場所に静止するということはあり得ない。光配列の中では，静止《rest》と位置変化《displacement》はともに，背景を基準として，対象の遮蔽縁《occluding edges》によって光学的に特定される。

10. 固体対象が，他の固体面《solid surface》を貫通する際には必ず，その面を破壊する（面を砕くか崩壊させる）。どんな事物も，液面《liquid surface》を突然貫く際には，必ず**しぶきを立てる**。

11. ロープが切れる場合や皿が割れる場合のように，ある完全性を備えた通常の固体面が破壊されると，結ぶとか貼り合わせて修理するといった特別の操作をしない限り，その面の原状を回復することはできない。（液面や生物の体表は，別の法則に従って，自発的に原状を回復する。）

12. 不透明な対象や板《sheets》の遮蔽縁は，背景の一部を，対象自体の裏側全てを，さらに，対象が取る立体視角の内側に一時的に位置しているあらゆる他の対象を，**遮る**《*screens*》（隠し，秘し《conceals》，**視界の外に置く**）。しかし，遮蔽は漸進的で可逆的である。遮蔽縁自体を見ることは可能である。従って，その意味で，隠されていない面と同様に隠された面も，見ることが可能である（Gibson, 1979a, Ch. 11）。遮蔽縁それ自体が見え**ない**ような状況については，後ほど第Ⅲ部で論述する。

確かに，生態物理学の法則は，これらの12種類（のルール，或いは規則性）で全部ではない。これらは，私が言葉で表現できた法則である。最後の法則は，とくに定式化しにくかった。これは恐らく，通常の物理光学の用語では全く定式化できないだろう。

## II. 奇術師が我々に知覚させる，不可能事象

生態物理学の法則に抵触するような事象は，起こり得ない。しかし，事象を**知覚する**のに観察者が利用し得る情報を操作し制御する方法を知っている人は，観察者に不可能なことを知覚させることができる。（観察者は，ある出来事を，必ずしもそれが実際に起こったと**信じて**いなくても，**知覚する**ことができる。観察者はそれが“トリック”だったと思うかも知れない。見ること《seeing》は，必ずしも**信じること**《*believing*》ではないのである。）奇術師は，実際に起こった事柄を特定する光学的情報を抑制することによって，或いは，観察者が情報をピックアップするのを妨げることによって，或いはまれに，あり得ない出来事を特定する情報を人工的に作り出すことによって，トリックを実現する。奇術の手引書には，事物がどのように見えるかについての実践的な知恵に関して多くが述べられているが，物理学や光学への言及はほとんどない。ここでは，手品の奇術について述べているのであって，おとぎ話，空想物語，神秘魔術，“心霊”現象といった広大な領域全体についてではない。

我々が知覚させられ得る，この種の不可能事象は，次のようなものであろう。

1. 固体対象が，単に，隠れ，覆われ，隠された（即ち，漸進的に遮蔽された）のではなく，“消えた《vanish》”ように見える場合。もっと正確に言えば，「視界からは外れたが，存在し続けている」ことを特定する光学的情報が取り除かれてしまったがゆえに，**存在しなくなった**と判断されるのである。人が“煙と共に消え去った”ように感じさせられる手品がある。そのような場合には，舞台の床に開いた落とし戸の前で煙がもうもうと焚かれ，その戸穴を抜けて人が床下に降りているのである。もっとよく見かけるのは，小さな物体が，手の背後で突然穴に落とされたり，物体を持っていると“見える”手とは**別の**

手に“密かに”移されたり，ゴムバンドで袖に引き寄せられたりすることである。（驚くには当たらないが，奇術師の手技が巧妙だとか素早いという説明で満足していられるのは，漸進的遮蔽という生態光学の概念を知らないからである。そうした説明では，“注意をそらす”ことが強調されるが，それでは不充分である）。

2. 固体対象が，徐々に現れたり露わになったりするようにではなく，“突如出現した”ように見える場合。現実の事象を特定する情報は，抑制されるか，或いは，見破られないように急速に示される（奇術師は“プレスト”と呼ぶ）。こうして，例えば，折り畳み式の花束を目にも留まらぬ早業で筒から引き出したり，見えないように細工したブラインドを移動の検出閾以下の時間だけ跳ね上げたりする。従って，対象は，**前もって存在していたとは知覚されない**（もっとゆっくり遮蔽が解消されて行ったならば，対象は前もって存在していたと知覚されるだろう）。

3. 切断されたり破壊されたりした固体対象（リボン，ロープ，或いは鋸で真二つに切られた女性）の面が，上記のルール 12 に抵触して，修復されないのに元通りになる場合。

4. 破壊された固体対象が，再現される場合（上記のルール 4 に抵触）。上記 3 のトリックでも，この 4 のトリックでも，すり替え（或いはそれ以外のどのようなことも）は知覚されない。なぜなら，すり替えの知覚を特定する情報が，**観察者が占めている位置**における光学的配列からは排除されているからである。

5. 物質的対象が，上記のルール 9 に抵触して，ある位置から別の位置に，運搬されることなく移動する場合。対象が移動する過程が運動として見えるのではなく，移動の結果だけが見える。

6. 固体対象が，ルール 11 に抵触して，固体障害物の面を破壊することなく通過する場合。対象が障害物を実際に貫通するところは見えず，通過した結果だけが見える。

7. 物質的で大きな固体対象（例えば，ゆるやかなドレスを着た女性）が，ルール 8 に抵触して，環境のどの面にも付着することなく空中に浮かぶ場合。奇術師はこれを，**空中浮揚**《*levitation*》と呼んでいる。支持具が隠されているのである。

8. 物質的な固体対象が（ルール3に抵触して），“全く別の”対象に変化させられる場合。例えば，ビリヤードボールが花束に転換されるような場合である。対象が別の対象へとあたかも転換したかのように，その結果だけが見えるが，転換の過程は見えない。

**結論**。以下のように結論してよいと思われる。即ち，光配列に含まれる，現実の事象を特定する光学的運動《optical motions》を取り除いてしまうと，現実の事象は知覚されなくなる。代わりに，生態学的にはあり得ない他の事象を特定するような光学的情報《optical information》が，いかに簡略なものであっても光配列の中に呈示されていると，その「あり得ない事象」の方が知覚され得る。もし，擬似的な事象の始まりと終わりが呈示されれば，観察者はそれを“ストロボスコープ運動”[3]のような事象として知覚する。或いは，そのように知覚する傾向がある。離れた場所に二つの画像を呈示すると，「一つの対象が移動した」という知覚を生み出すことができる。（他にも知覚の誤り《misperception》を論じた試みとしては，Gibson，1966b，Ch. 14を参照されたい。）

## III.「隠されていない面が見えないままで視野に存在する」ことが成り立っている観察条件

我々は，縁を伴った面（即ち，対象の手前側）が見えることを当然と考えている（ルール12）。そして，「その面が照明されていれば網膜像を形成し，それこそが視覚のための**刺激**だ」と考えてきた。もし障害物や敵の面がしばしば見えないのであれば，かなり悪い状況にいるにちがいない。しかしそれでも，対象の正面さえ見えないような例外的条件が存在する。それは，光配列に非連続性が存在せず，対象の面とその背景の面とを区別できない場合，つまり，いかなるコントラストも境界《border》も縁《margins》も存在しない場合である。対象の遮蔽縁《occluding edge》が見えないのは，対象の面とその背後の

3) ストロボスコープ運動の生態学的分析については，Warren（1977）とWarren & Shaw（1978）を参照されたい。（編者註）

地面とが識別されないからである。この条件は，舞台のような範囲の限定された視野と，厳密に制御された人工照明とが揃って初めて成り立ち得る。奇術師は，このことを充分心得ている。照明の光源は，舞台開口部のアーチの縁になければならないし，バーリンゲーム（Burlingame）の『奇術師ハンドブック（Magician's Handbook）』[4]によれば，“反射鏡で観客の正面に光を当てる”。舞台の壁と床は，黒のヴェルヴェットで覆われるのだが，それは，いかなる面よりも反射率が低い。黒のヴェルヴェットで覆われた対象や人間が，黒のヴェルヴェットを背景としている場合には，たとえ動いていても見えない。それらは，完全に現実の対象で，隠れてはおらず，ある種の網膜像を形成するが，知覚されない。白い服を着た人を見ることはできる。同様に，より高い反射率を持った面から成る対象なら，何であろうと見ることができる。黒いヴェルヴェットの袋に頭を突っ込んだ女性は，「首の無い女性」である。何か見えている物の前に黒いヴェルヴェットのスクリーンが突然降ろされると，その物は“消滅《vanish》”する。しかし，遮蔽縁における肌理の漸進的削除《gradual deletion》は，これが見えると消滅は知覚されないので，抑制しなければならない。

いわゆる**カムフラージュ**《camouflage》と呼ばれる現象も，不可視性《invisibility》の例に含まれると，考えるかも知れない。しかしながら，［訳者註：カムフラージュとは，ある対象が別の対象に偽装されることであり，対象が「見えない」わけではないから］この言葉は，誤解された事実を覆い隠しているに過ぎない。字面に惑わされてはならない。

黒いヴェルヴェットを背景にした舞台の道具立てに似た例として，いわゆる，北極の“ホワイトアウト”を挙げてよいのではないだろうか。ホワイトアウトとは，平原がくまなく雪に覆われ，太陽が見えず空の明るさが一様である場合に，雪上車のフロントガラスから眺めると，完全に空虚な状態が知覚されることを言う。それは，不安を抱かせるような経験である。視野が，光学的肌理《optical texture》或いはコントラスト，非連続性，**構造**をいずれも全て欠いているような状況は，幸いなことに例外的である。そして，私が思うに，生活

4）Gibson, Purdy & Lawrence（1955）を参照されたい。（編者註）

体を包囲する視野の全体が構造を欠いた状況は存在しない。

心理学者は，知覚のレベルでこれらの現象を検討してこなかった。しかし，上で挙げた例以外にも，隠されていない面が見えないような観察条件があり，こちらについては研究が**既になされて**いる。私はそれを，「曇りのないガラス板の実験」と呼んでいる（Gibson, 1979a, Ch. 9）。ハイライトや反射がなければ，我々は，板ガラスと，何であれその背後にあるものとを，区別できない。それは，不可視，或いはいわゆる透明である。鏡も，いくつかの点でこれと類似した現象を引き起こす（Gibson, 1966b, p. 218 の図 10. 16）。

ある固定された観察点からであれば，手前正面が開き，奥に隅がある箱の内側の各面を，見えないように「消す」ことは，きっとできるに違いない。内面がつや消しであれば，たとえ面の反射率がヴェルヴェットの黒ほど低くなく灰色や白であったとしても，それは可能である。傾斜した壁や床や天井から眼に到達する光の輝度の低下を補償するために，箱の底面に，強度を弱めて光線を正確に照射する必要があるだろう。二平面が交叉してできあがる隅の各々でコントラストが生じなければ，面そのものも見えなくなる。しかし，これを実現するのは容易ではない。

Gibson（1979a, p. 153）に記載されている“視覚的擬似トンネル《optical pseudotunnel》”の統制実験も，視野に存在しているにもかかわらず見えない面の事例である[5)]。人は，面の代わりに靄《film》や霧や空を見る。私の考えでは，面を知覚する場合や知覚しない場合に関するこれら全ての事例は，面と空気とを区別する動物の能力の表れである。元の実験はメッツガー（Metzger）によるのだが，その実験では，観察者の眼を，均質な“等質視野《Ganzfeld》”に向けさせた（Gibson, 1979a, p. 150）。（メッツガーは，等質視野は“微小構造《microstructure》”を持つ面ではないと考えていた。）私が行った実験では，観察者は**全く何も**見なかった[6)]。（メッツガーの観察者は，“平面”ではなく“空間”を見たと言った。私はこの結果を［訳者註：平面や空間のような概念によって］幾何学的に解釈するのではなく，生態学的に解釈する。）

5) Gibson et al., 1955 を参照されたい。（編者註）
6) これらの問題の多くは，1. 6 章［本書 1. 3 章］で論じられている。（編者註）

**無**《*nothing*》（物質的**事物**が**ない**こと）と面とを区別する能力は，背景の面と対象の面とを区別する能力と，根本的には同じである。

## IV. 存在している面が存在していると見られる条件

**なぜ事物はそう見えているように見えるのか**，というコフカの問いは尊重すべきだが，この問いの背景を探るために，**なぜ事物は見えるのか**，と問うてみよう。素朴な答えは，「**事物が見えるのは，事物が存在しているからだ**」である。これは，明らかに誤りである。私が挙げた例から明らかなように，面は存在しても見え**ない**ことがある。「**事物が見えるのは，それが現前する視野の内に存在するからであり，各々の事物が照明を反射する，観察者に向かった面**《*a near surface*》**を持っているからであり，各々の面と一点ごとに対応した像が網膜上に形成されるからであり，それらの像が脳まで伝達されるからである**」というのが，これまで一般に受け容れられている科学的な説明である。私は，この説明も正しくないと主張する。我々は，現前する視野の外に存在する面（例えば，頭の後ろ，不透明な対象の裏側など）を見るし，視野の内にある面に気づかない場合もある。「別々の対象に対応して，個別の網膜像が存在する」というのは，神話である。脳は，決して“像”に作用する器官ではない。

正しい答えは，次の通りである。即ち，**ある配置に含まれる，ある面が見えるのは，移動しつつある観察点における光学的不変項**《*optical invariants*》**が，面を成す物質，面の肌理，縁，二面角，面が静止状態か運動状態か（これらは，実在している面の特性である）を特定するからであり，しかも，光学的不変項は，観察者の眼－頭－脳－身体のシステムによって抽出**《*extract*》**されるからである**。私は，“配置《layout》”という用語に，囲い《enclosures》と対象とを含めている。私は以下のことを認める。即ち，事物は，**固定された**観察点から見える。また，情報を**表示**《*display*》すれば，事物は見える。しかし，観察点を移動させることや対象の周りを歩くことによって，対象の存在が何度も保証されるがゆえに事物が見えるのではない[7]。重要なのは，次のこ

7) 単一の視点の限界については，さらに，3.4章［本書3.3章］とGibson（1978b）を参照されたい。（編者註）

とである。即ち，“見ること”は，（脳への入力のためのチャンネルではなく）あるシステムに立脚していると考えられるのである。

これらが，特定の対象や場所が存在（成立）していると知覚されるための条件であると，私は考える。それらは，視覚の外へ出ていくのが見えてもそのまま存在し続けていると見られるし，視界に入ってきた時にも以前から存在していたと見られる（Gibson, 1979a, p. 256 ff.）。

我々は，ある対象や場所を**非存在**《*nonexistent*》として知覚できるだろうか。それは，奇妙な知覚行為のように思われる。しかしそれは，我々が対象や場所が（粉々にされる，燃やされる，など）破壊されるのを見た後に知覚できることである。非存在を思い起こす《remember》ことは，隠されている特定の事物を“憶えている”ことと同じではない。

そもそも我々は，存在しない対象や場所を，それがあたかも存在するかのように“見る”ことがあるだろうか。私が言っているのは，鏡の中の**ヴァーチャルな**対象や，砂漠の空中に浮かぶ**蜃気楼**や，**絵画に描かれた**対象ではなくて，**幻覚の**対象《*hallucinated* object》である。薬物を使っているか病気に罹っている観察者が，その幻覚の対象の周りを歩き回るような場合でさえ，包囲光にはその事物を特定するいかなる不変項も存在しない。「光にいかなる構造もない」ことは，空気，即ち，事物がない《no thing》という意味での“無《nothing》”を特定する。このことが正しいなら，存在しない事物をあたかも存在するかのように知覚するかという問いに対する答えは，「我々はそうしないし，そうはできない」となるはずである。もしこの通りなら，幻覚と視覚とは区別できないという考えは，明らかに誤りである（Gibson, 1979a, p. 257 ; also Gibson, 1970b）。最後に，Ⅰ部とⅡ部で論じた，あり得る事象やあり得ない事象を知覚することと，Ⅲ部とⅣ部で論じた，面の知覚と非知覚とは，両者の間に関係はあるが，混同してはならない。事象は，**生起する**《*occur*》かしないかである。面は，**存在する**《*exist*》かしないかである。しかし，面には，存在しはじめたり，存在しなくなったりするものもあるし，それほど激しい変化ではなくても，面は，何らかの変化を被ったり，移動させられたり，移動**されなかったり**する。そして，すべての面は，視界に入ったり，視界から出て行ったりする。出来事《occurrences》の知覚を定式化することは，実際，存在物《existents》の知覚を定式化することよりも，幾分簡単である。

# 第Ⅲ部　画像・絵画の知覚

## はじめに

我々は，どのようにして絵画《pictures》を知覚するのか。これは，ギブソンがその研究歴の全てを通して取り組んだ問題だった。線描画《drawings》の知覚と再生に関する博士論文（Gibson, 1929）に始まり，『生態学的視覚論』（1979a, Chs. 15 & 16）で絵画に割いたいくつかの章に至るまで，ギブソンは，絵画とはどのようなものか記述し，我々がどのようにしてそれを知覚しているのか説明しようと努力した。絵画の研究は，理論家としてのギブソンの発展にとって重要であった。絵画の知覚についての彼の初期の実験は，生理光学に基づく諸理論に対する挑戦であり，より適切な，知覚に基づいた光学の基礎を築く力となった。後期には，絵画の研究から，「視覚は，光学的構造《optical structure》の形を持たない不変項《formless invariants》に基づいており，そのような不変項は，変形《transformation》によって顕わにされる」というギブソン自身の理論に対する異議が導かれた。絵画から生じる静態的な光配列は，動き回る観察者が通例獲得するような光学的変形《optical transformations》を全く示さない。従って，絵画の知覚は，形のない不変項にではなく，絵画の表面に描かれた形に基づいているように思われるかも知れない。ギブソンは，生態学的アプローチを絵画の知覚にも応用することで，情報《information》の概念について，さらに直接知覚と間接知覚との区別についても，自説を明確に述べている。

この第Ⅲ部の全ての論文の根幹を成している問題は，“絵画はどのようにして表象機能《representational function》を果たすか”である。ギブソンがいかに熱心にこの問題に答えようと努めたかは，彼が絵画を定義しようと繰り返し試みたことに，明確に表れている。これらの様々な定義は，絵画とはどのようなものであるかについての検証可能な仮説であり，それは例えば，「絵画は，現前しない《absent》対象や光景《scene》を特定する情報を与えることができる」といった定義であった。ギブソンは，注意深く自分の定義の意味するところを検討して，それらの定義が知覚に関する事実に見合わない場合には，躊躇なくそれらを修正した。ギブソンは，何年にもわたって絵画の定義に変更を重ねたが，このことは，彼が生理光学に次第に満足しなくなっていったことの表れであり，また生態光学《ecological optics》の発展を物語ってもいるのである。

ギブソンは，空軍でパイロットの選抜・訓練法に関する研究に従事して以来，特殊な知覚対象としての絵画に関心を抱くようになった。この研究の一部は，“視覚的現実の代わりとしての絵画（Pictures as substitutes for visual realities)”（3.1章）で論じられているが，これは元々，ギブソンの最初の著作『動画による検査と研究（Motion Picture Testing and Research)』（1947）の一章を占めていた。当時ギブソンにとって最も重要な研究対象は，実地的な《practical》条件の下で絵画が使用できる範囲とその限界を明らかにすることであった。ギブソンがこのように応用に重きを置いていることは，彼が提案した絵画の実地的定義（「平坦で，矩形に枠取られ，視野の一部のみを占めている」）や，選択した研究課題（例えば，集団での観察に対する絵画の有効性）に明確に表れている。しかしながら，これら実地的問題に関する実験結果がきっかけとなって，ギブソンは，いくつかの重要な理論的問題と新たに出会うことになった。

3.1章の最初の節でギブソンは，様々な角度や距離から絵画を見ることが形状《shape》と距離の知覚に及ぼす効果に関する実験を報告している。生理光学に基づけば，斜めから，或いは不適切な距離から絵画を見ている観察者の知覚には，大きな歪み《distortion》が生じると考えられる。しかしながら，ギブソンの実験では，そのような歪みは見出されなかった。このことから，絵画の知覚に生理光学から課された，観察距離や角度によって知覚に歪みが生じるとする理論的制約には，実用上何の意味もないことが明らかになった。この章の第2節では，ギブソンは，視覚的現実の代わりとしての絵画の有用性を実際に限定するような，絵画の他の特徴について検討し，その多くが生理光学からは予測されないことを指摘している。これらの結果から示唆を受けて，ギブソンは，絵画の知覚は生理光学の法則だけに支配されているのではなく，絵画の知覚という事実を説明するためには，もっと知覚に見合った光学が必要だと考えるようになったのである。

“画像知覚の理論（A theory of pictorial perception)”（3.2章［本書3.1章]）は，絵画の知覚についてのギブソンによる最初の包括的な説明である。ギブソンは，ここでも教育や検査のような実地的問題を念頭に置きながら，まず“代理物《surrogates》”の一般理論を論じ，次に特殊な代用物である遠近法絵画《perspective pictures》の知覚について詳細に説明している。この論文の基本問題は，**忠実性**《*fidelity*》，即ち「代用物がその指示対象《referent》にどれほど忠実であり得るか」である。ギブソンは，忠実性は，規約性《conventionality》と投影性《projection》を両極としたディメンションであると主張した。象徴《symbols》は，規約性の極にあり，絵画は投影性の極にあるという。

これらの問題は，絵画の知覚を記述するのに生理光学がどの程度有効か検討する戦時中の研究から生まれたのだが，ギブソンは，忠実な絵画を明確に定義する際に生理光学を用いた。ギブソンは，「忠実な絵画とは，描写された光景《scene》から発する光線束と同じ光線束を一点に向けて反射する面である」という仮説を立てた。この考え方によれば，絵画は，描写された光景が与えるのと同じ光エネルギーの変動《variation》を眼に与えることによって表象機能を果たすことになる。この点投影理論《point-projection theory》から，固有の測点《station point》から見ることが歪みのない知覚にとって重要であるとか，線描画やカリカチュア《caricatures》は忠実性の点で写真より劣るとか，絵画化された対象の知覚は，極めて忠実な代用物によって媒介されると，実物を直接に知覚したのと同じになり得るという帰結が導かれる。これらのいくつかについて，ギブソンと共同研究者は（Gibson, 1956 ; Ryan & Schwartz, 1956 ; Smith & Gruber, 1958），その後10年以上を費やして研究し，それによってこの点投影理論には修正が重ねられた。

ギブソンが“画像・パースペクティブ・知覚（Pictures, perspective, and perception）”（3.3章［本書3.2章］）において，自らの絵画知覚の点投影理論を改めたとき，彼の視覚観は既に劇的な変貌を遂げていた。視覚に関する，謎に満ち触発的な多くの事実を説明するために，彼は「知覚は情報《*information*》に基づいている」との理論を発展させ（1.3章［本書1.1章］，4.3章［本書4.1章］，1979a, Part2），光学的情報の研究としての生態光学を創始した（1.4章［本書1.2章］，1.6章［本書1.3章］）。この強力で新しいアプローチは，彼の絵画知覚の理論にとって重要な関連を持っており，点投影理論に含まれていたいくつかの矛盾を解消するのに貢献した。

3.3章［本書3.2章］の前半は，環境を見るために利用できる情報を記述するのに割かれており，後半では，絵画による情報の表示にこの理論を応用することについて述べられている。ギブソンは，「環境の知覚は，入れ子状の立体視角《visual solid angles》から成る包囲光構造に基づいている」と主張した。推測するに，ギブソンは，「絵画情報は，眼に与えられる光線束の明るさの変動《brightness variations》にあるのではなく，高次の関係的変数《higher-order relational variables》のかたちで光配列の構造にある」と論じた。従って，線描画は，光エネルギーの点対点の投影を保持しているわけではないが，関係的情報を保持しており，写真と同じほど正確な情報をもたらすことがある。

ギブソンはこの論文で，自らの新たな「情報に立脚した知覚理論」を絵画にも積極的に当てはめた。しかし，忠実性という概念が非常に魅力的であったがゆえに，また，絵画から現実が知覚されるという幻想が大きな説得力を持っていたがゆえに，ギブソンは，点対点の投影説の一つの重要な構成要素を放棄できずにいた。それは，「忠実性は，絵画が表現している実際の光景と同じ光線束を絵画が測点に対してどの程度送ったかによって定義できる」という考えであった。ギブソンは，この考えを放棄するのではなく，これに**機能的**忠実性《*functional* fidelity》という概念を付け加えた。彼の定義によれば，機能的忠実性とは，「描写された光景と同じ関係的変数を絵画が示す度合」である。生態光学と生理光学とのこのような幾分奇妙な混在状態には，大きな問題が残っており，それは，生態光学を徹底的に推し進めることによってのみ解決されよう。例えば，カリカチュアは，それが表現している事物と同じ光線束，或いは同じ入れ子状の立体視角を呈示しているのではないという点で，逆説的である。むしろ，カリカチュアは，ある意味で写真以上に忠実な表象だからである。この問題の核心は，次のような考えが魅力を持っている点にある。即ち，「絵画が，最小要素における色と明るさの変動というレベルにまで降りて光配列を複製しているほど忠実であるならば，それは表象を超え，描写された光景の呈示として機能する」という考えである。

“絵画において利用できる情報（The information available in pictures)”（3.4章［本書3.3章］）でギブソンは，生理光学による束縛を打ち破り，（写真だけでなくカリカチュアも含めて）あらゆる種類の具象的画像がいかにして情報を提供するかについて包括的説明を示した。彼は，自らが以前に提案していた，規約性から投影性に至るディメンションを退け，投影理論《projection theory》も，象徴性や規約性による理論も，絵画の知覚の諸事実をなぜ説明できないのか，明らかにした。ギブソンは，情報に立脚した自らの新しい絵画知覚理論において，「絵画は，対象に関する，通常の環境で包囲光配列に見出せるのと同じ種類の情報を与えるがゆえに，表象機能を発揮する」と論じた。この情報は，形がなく時間にも関係ない，光学的構造の不変項から成っており，不変項は，表現された対象の示差的特徴《distinctive features》を特定する。この理論は，写真から線描画やカリカチュアに至るまで，あらゆるタイプの情報を持った絵画を充分扱える幅広いものであり，ギブソンの初期の論文では顧みられることすらなかったいくつかの問題（例えば，曖昧な線描画，架空の対象を描いた絵）について論じている。またギブソンは，絵画から得られる現実感は，完全ではあり得ないと断定した。なぜなら，絵画は，それが表わす光景と，それが存在する面との双方を特定する情報を，常に与えているからである。媒介された知覚が，段階を追って徐々に直接知覚になることなどありえない。両者は，全く異なる。

“視知覚における‘形のない不変項’の概念について（On the concept of “formless invariants” in visual perception)”（3.5章）には，「絵画の知覚は，形《forms》にではなく，形を持たない不変項に依存している」という理論が明確に述べられている。3.4章［本書3.3章］でギブソンは，絵画は，通常の環境の包囲光に普通に見出せるのと同じ種類の情報を与え，この情報は光学的不変項《optical invariants》から成っていると論じた。しかしながら，一つの問題が生じる。というのは，描画された対象を特定する，絵画から発する静止した光配列《frozen optic array》には，三次元の光景から発する光配列に生じるような変形は生じないからである。もし変形がないとしたら，形のない不変項に基づく絵画の知覚は，いかにして実現し得るのだろうか。

3.5章でギブソンは，絵画の知覚が形や投影にではなく，形のない不変項に基づいているはずだという見解を支持するようないくつかの事実や主張を呈示している。例えば，絵画は，立体対象全体を特定するのであって，ただ一方向からの眺めや“おぼろげな形状”を特定するのではない。光学的不変項は，隠れた面も特定できる（2.7章）。しかし，不変項の対案として絵画の知覚の基礎と考えられている形や投影は，ただ一つの面，或いは一方向からの眺めについての情報しかもたらさない。他にも似たような主張がなされたが，それらはいずれも，不変項だけが絵画の知覚の諸事実を説明するのに適切であることを支持している。ギブソンは，形のない不変項に関する理解は，その緒にもほとんど就いていないことを認め，将来の研究はその分析に捧げられるべきだと主張した（1.7章）。そのような研究によって，絵画知覚の理解が深まるだけでなく，知覚に対する生態学的アプローチ全体も豊かになるであろう。

絵画は，我々の世界のなかで独特の対象である。絵画自体は，模様のある平坦な面に過ぎないが，現前しない，或いは，架空の立体的対象を特定する情報を与える。絵画がどのようにしてその表象機能を実現するのか。これは，視覚に対する生態学的アプローチにとって重要な問題である。というのも，この問題を解決するには，生態光学の法則のいくつかを練り上げ，情報抽出《information pickup》の理論を拡張しなければならないからである。絵画は，媒介された意識性《mediated awareness》の問題にアプローチするための具体的な方法を提供するので，認知に対する生態学的アプローチにもつながるのである。これは，3.6章に収められた覚書（幻覚と視覚化《visualizing》に関するギブソンの論考を参照されたい。1970b；1974b；1979a, Ch. 14）からわかるように，ギブソンが探求し始めた道であり，心理学への生態学的アプローチをさらに発展させるために追求すべき道である。

エドワード・リード
レベッカ・ジョーンズ

# 3.1　画像知覚の理論*

媒介を伴わない経験《experience at first hand》と一般に呼ばれている事柄は，媒介された経験《experience at second hand》と区別できる。「人が何かに気づく」のが，媒介を伴わない経験である。一方，「何かのことに**気づかされる**」のが，媒介された経験である。個体が何かに気づく過程は知覚と呼ばれ，心理学の研究者たちは，何世代にもわたって知覚を論じてきた。しかしながら，個体が何かに気づかされる過程は，より複雑であり，この過程は，現代の実験心理学では，ほとんど検討されてこなかった。個体が何かに気づかされる過程には，知覚者だけでなく別の個体の行為も必然的に関わっている。この二段階の過程を表す厳密な用語は存在しないが，それは日常言語によって容易に記述される。つまり，ここで論じているのは，**情報をもらうこと**《*being informed*》，**口頭で告げられること**《*being told*》，**教わること**《*being taught*》，**示されること**《*being shown*》，**知らされること**《*being given to understand*》である。この種の間接的な知覚を伝達する主な手段は，もちろん，言語である。しかしながら，媒介された経験を得るには，他に，画像《pictures》や模型《models》という手段もある。言語については多くのことが論じられているが，画像についての一貫した理論はない。画像は，どのようにして情報をもたらすのか。このことを分析する試みは，必要であるが，きわめて大きなテーマでもある。従って，小論は，ある重要な研究分野のための作

---

*　*Audio-Visual Communication Review*, 1954, *1*, 3-23.

業仮説を立てるだけにとどまっていることをお断りしておく[1]。

## I. 実在物の代わりとしての言葉・画像・模型

知覚について明らかな事実は,「知覚は, 様々な事物に応じて異なる」ことである。即ち, 我々の知覚は, 我々を取り巻いている物理的環境の様々な特徴に特異的である。我々は, それらの特徴を弁別《discriminate》し, 別の機会にそれらに出会ったときには, 対象・場所・事象を同定《identify》できる。この,「事物を弁別し同定すること」が, **“学習する《*learn*》”**際に生じていることの根幹である。学習に際して我々は, 適切な反応をしなければならないだけでなく, 適切な刺激を感受しなければならない。教育の(或いは, 軍隊・産業・知的職業など, あらゆる特別な訓練の)一つの重要な側面は, 事物を弁別し同定する能力を向上させることである[2]。

しかし, 個体が訓練を受ける状況は, その訓練の目標である実地の状況と常に同じだとは限らない。このことは, 家にいる子どもに, 学校にいる生徒に, さらに, 実戦を経験する前に軍事訓練を受ける者に, 当てはまる。学習者は通常, 自分が現物とは決して出会ったことのない対象・場所・事象に慣れ親しまねばならない。便法としては, 人工的に構築された状況の下で個体を訓練し, その学習が新しい状況に**転移**《*transfer*》するよう期待するという方法があり, これは, どのような教師も本質的には採用している方法である。これらの状況を人工的に構築することこそ, 事の核心である。そのような人工的状況は, 対象・場所・事象の適切な代替物《substitutes》を学習者に呈示しなければならない。さもなければ, 学習者は, 後に遭遇することになる対象・場所・事象をうまく弁別し同定することができない。教師は, この種の媒介された経験を誘導するために, つまり“イメージを喚起する”ために, 書き言葉や話し言葉

1) Gibson(1979 a, Chs. 14 & 15)は, 後に直接的(媒介を伴わない)知覚と間接的(媒介された)知覚との区別を再検討して, 間接的知覚は知覚と認知機能或いは言語機能とを結びつけるという理論を立てた(3.6章[本書3.4章]を参照)。もう一つの画像知覚の理論的モデルについては, Hagen(1974; 1976)を参照されたい。(編者註)

2) 4.2章を参照されたい。(編者註)

を利用できる。しかし，教師はいつも，さらにこれら以外の代替物の必要性を感じている。画像《pictures》，映画《films》，線描画《drawings》，模型《models》に加えて，図解《diagrams》，グラフ《graphs》，図表《charts》，地図《maps》を使ったディスプレイ《displays》も有効だと，教師は考えている。なぜそれらが有効なのか，正確に理解する必要がある。

どのような種類の代替刺激《substitute-stimuli》が，情報を与えたり教えたりするのに最適なのか。或いは，どのような種類のものが，どのような目的に適しているのか。画像や動画の利点は，どのようなことか。言葉の利点は，どのようなことか。両者の限界とは，どのようなことか。画像は現実的《realistic》なのか，それとも図式的《schematic》なのか。画像は，現実的な三次元空間の知覚を生み出すだろうか。これらは全て，実地に即した疑問であるが，難しい理論的問題も含んでいる。

## Ⅱ．“代理物”という用語の定義

画像がどのようにして情報を伝えるかを理解するためには，情報がどのようにして伝えられるかについて何らかの一般理論が必要である。画像と言葉との差異を明確にしようと試みる前に，両者がどのような点で似ているのか検討してみよう。画像と言葉の双方を含めて，**代理物**《*surrogates*》という用語で呼ぶことを提案する。画像の理論に至る第一段階として，代理物の理論を明らかにしておきたい。

人は，どのようにして他者に情報を伝えるのか。このことについての伝統的な，或いは常識的な説明は，単純に，「人は観念《idea》を持っていて，その観念が伝達される」というものである。その観念は言葉で“表現され《expressed》”，言葉は観念を“運び《carry》”，次いでその観念が“理解される《grasped》”か，“把握される《taken in》”とされている。一つの観念は，言葉によってだけでなく，画像によっても表現されるという。これが全く説明になっていないことは，指摘するまでもないだろう。言葉や画像による“観念の伝達”とは，文字通りに理解するならば，「言葉や画像という乗物が，観念という姿の見えない乗客を，変化させることなく，一つの心からもう一つの心へと運ぶこと」を意味している。そこで我々は，“観念”という用語を使わずに，行動によって代理物を定義する。

代理物は，「**知覚に際して個体の感覚器官に作用していない対象・場所・事象を，相対的には特定する刺激が，他の個体によって生み出されたもの**」と定義されよう。この定義の意味については，定義に含まれるものと含まれないものの両方の面から検討すべきであろう。この定義によれば，第一に，代理物は，他の生活体の行動によって構成或いは創造された人工的刺激である。従って，代理物は，心理学で通常定義されるような代替刺激《substitute stimulus》，準備刺激《preparatory stimulus》，条件刺激《conditioned stimulus》と同じでは**ない**。というのも，これらは事象間の物理的結びつきだけを念頭に置いているからである。雲は雨の代理物ではないし，食べ物の匂いは食べ物の代理物ではない。これらは**兆候**《signs》であって，代理物ではない。

第二に，この定義は，刺激を受けた個体が代理物を前にして何を**する**のかについて何も述べていない。ただ，代理物が特定している事物について，その個体が，一種の媒介された知覚，或いは，間接的な知覚を経験し得る，とだけ述べている。もちろん，知覚が生活体の反応の一種であることは確かだが，知覚という反応は恐らく，環境の特徴を弁別し同定する行為の最も重要な機能を担っている。この定義は明示的というよりは暗黙的であり，その個体が何をすることになるのか確実に示すわけではない。

第三に，この定義は，ある個体からの別の個体に対する行為，社会的影響，或いは基本的なかたちでのコミュニケーションを意味している。しかし，強調しているのは，コミュニケーションの一つの側面だけである。この定義は，仲間に**行為を喚起すること**ではなく，**知覚を取り次ぐこと**について述べている。ずっと以前に，ド・ラグナ（De Laguna, 1927）は，発話には二つの一般機能，即ち“宣言《proclamation》”機能と“命令《command》”機能があると指摘した。発話という行為は，一方の極においては，ある事態の存在をただ単に宣言し，もう一方の極では，ある行為をただ単に命ずる。通常，発話行為は，その両方を遂行するが，これら二つの機能は区別可能だと言われている。最近では，スキナー（Skinner, 1957）が，言語行動において“タクト《tact》”と“マンド《mand》”とを区別した。多くの社会科学者は，「知識の伝達」と「行為を制御しようとする働きかけ」とを，即ち，“情報”と“プロパガンダ”とを明確に区別してきた。ならば，ここで論じているような代理物の製作は，“宣言”・“タクト”・“情報”など第一種のコミュニケーションにのみ当てはまり，“命令”・“マンド”・“プロパガンダ”など第二種のコミュニケーションには当てはまらないであろう。説得の機能を含んだコミュニケーションについて一般理論を立てるためには，人間の動機づけと行為《conduct》に関する多くの定義や仮定が必要になるだろうが，それは，私がここで論じようとしていることの範囲を超えている。代理物にまつわるここでの主張は，正直なところ不完全ではある。

第四に，この定義では，「代理物は，現前しない対象・場所・事象を相対的には特定するはずだ」としている。ここで言う“特定”とは，様々な代理物と様々な事物の間の一対一の関係を意味している。特定される事物が，必ず，具体的な対象であるとか，特別な場所であるとか，二度と起きない一回限りの事象である，という意味ではない。逆に，抽象的事物や普遍的事物が特定される場合もあり得る。明白なことだが，特定性《specificity》をどのように意味づけるかが，この定義にとって決定的に重要である。（恐らく，この「特定性の意味づけ」という点は，下に述べる理論において，最も批判や改良を仰がねばならない部分でもあろう。）[3]指示対象《referents》に対する代理物の特定性は，直接的な知覚《direct perception》について明白な事実だと言われていることに似ている。［訳者註：ここでギブソンは，代理物を介した知覚に対する概念として direct perception に言及している。表記は同じでも後年の「直接知覚」の概念について述べているのではないので，ここでは「直接的な知覚」とする。］即ち，直接的な知覚は，様々な物理的事物に応じて様々に異なる，という事実である。我々は，直接的な知覚は現実に対応していると仮定している。或いはさらに，知覚者が学習するにつれて，直接的な知覚は現実に益々対応するようになって行くと仮定している。従って，我々の最大の関心は，「**代理物が介在する**知覚も，どのようにして現実に対応するようになって行くのか」ということにある。明らか

3） 光の特定性《optical specificity》の概念については，1.4章で［本書1.2章］詳しく論じている。（編者註）

なことだが，知覚に介在している代理物が，ある指示対象を第一に特定するのであれば，代理物に媒介された把握《apprehension》は，一つの指示対象を特定し得るだけである。代理物の特定性について興味深い事実は，代理物の特定性が，代理物の製作者の心理的活動に，即ち，**製作者の**理解の精度に，依存することである。製作方法が，命名すること《naming》であろうと，線で描くこと《drawing》であろうと，粘土で模型を作ることであろうと，代理物製作の根幹を成しているのは，私が以前に**同定**反応《*identifying* reactions》と呼んだことである（Gibson, 1950a)。

上で述べた代理物の定義と，チャールズ・モリス（Charles Morris, 1946）が近年行った，**記号**《sign》の明確な定義とを，比較し対照することが，有益であろう。代理物についての私の定義は，彼の厳密な考察に負うところが多いが，二つの定義の間には根本的な相違もある。モリスは，**イコン的**《iconic》記号と**非イコン的**《non-iconic》記号を区別する。前者はイメージや画像を含み，後者は言葉を含んでいる。モリスは，両者を明瞭に区別することはできないと考えている。しかし彼は，前者についてほとんど語らなかった。彼の理論は，前者にではなく，言語に適用された。それとは対照的に，ここで私が述べている理論は，画像によるコミュニケーションに向けられていて，言語には重きを置いていない。ここで私が定義した「代理物」は，モリスが定義した「記号」ほどには包括的ではない。というのは，「代理物」とは常に，生活体が生み出した何かであるのに対し，「記号」とは，刺激となる状況が示すあらゆる特徴だからである。さらに代理物は，“表出的《expressive》”記号或いは“感情的《emotive》”記号という難しいカテゴリーを大部分除外している。これらは，環境の特徴によりも生活体の状態に特異的な反応である。つまり，ここでは，認識に力点を置いているのである。

## Ⅲ．代理物の産出

人間という生物は，代理物を常に生み出し続けている。人間の反応には，単に一時的な刺激（音，身振り，いわゆる表出運動）を生み出すものもあれば，永続的な刺激対象を生み出すもの（画像作成，模型作成，作文）もある。まず最初に，代理物を構成したり生み出したりする基本的な運動行為《motor act》を，次に，代理物を生み出すために人間が学んできた複雑な運動行為やテクノロジーを，分類し列挙することは有益だろう。これらの運動行為やテクノロジーは，刺激作用の発生源であり，必ず，通常の知覚者にとって常に，容易に見ることができ，容易に聴くことができる状態にある。

基本的な運動行為には，次のようなものが挙げられる。即ち，(a)叫びや発話などのように，声を発すること，(b)顔・手・腕・胴体を動かすこと（身振り《gesture》，姿勢《posture》，擬態《mimicry》を含む），(c)何らかの面に跡を付けること（線画，彩色画，特殊な書字を含む），(d)物質を成形し，切り離し，部品を組み上げて，ある形を作り上げること《shaping》（あらゆる種類の彫刻・玩具・模型を含む），最後に，(e)楽器を操り，楽器に息を吹き込んで，物理的に音を出すこと（音声信号の生成《sound-signaling》，特に音楽を含む）。もし，このリストで基本的な運動行為の全てが網羅できているならば，代理物を作成するのに適した基本的な反応は，限られた数しか存在しないことになる。

これらの基本的な代理物の全てを作成するために，複雑な操作が考案されてきたが，それは確かに，歴史的に見れば新しいことである。そのような操作によって，代理物を容易に複製し，蓄え，伝達することが可能になった。その結果，二次的な代理物が生まれた。この種の技法として最も古くからある書字《writing》は，簡単だがその場限りの代理物に代わって，永続的な代理物（即ち，発話の代わりとなる痕跡）を作り出す操作の一例である。書字は恐らく，文明化の歴史において，線描画（これは，原初の代理物である）から進化したのだろう（Hogben, 1949）。二次的・三次的な代理物を作成するためのテクノロジーとして主なものは，次の通りである。(a)印刷（書字の代わりになる），(b)音の録音と再生（発話や音楽の代わりになる），(c)写真術《photography》（線描画・彩色画・彫刻の代わりになる）や，面に手を加えるその他の方法（写真製版の技術も含めて，これらによって，我々の環境は，画像で埋め尽くされている），(d)映画撮影術《cinematography》（これによって，画像は，空間だけでなく時間も表現できる），(e)画像的真空管映像（テレビジョン）とシンボル的真空管映像（レーダー）。これらが最終的にどのようなものになるか，まだ見当が付かない。最後に，(f)三次元の事物を複製し，それによって，模型，ディスプレイ，展示物《exhibits》，パノラマ，シミュレーターを作成する様々な技術（あらゆる種類の“人工的”現実感《“synthetic” realities》を構築することを意図している）がある。

一次的な代理物には，二次的・三次的な代理物には欠けていることの多い特徴，即ち，「作り手の個人的なスタイル」がある。このことは，重要である。発話，身振り，筆跡，線描画，芸術上のスタイルは，それらを遂行する人をよく“表して”いる（Allport & Vernon, 1933）。言い換えれば，その人の反応は，対象に固有であるだけでなく，その人やその人の雰囲気にも固有である。複雑な生産物ほど，こういった個人的な特徴に欠けている傾向がある。通常，絵を見てどの画家の作品か言い当てることは可能だが，写真を見ただけでそれを撮影した写真家を特定することは，ほとんど不可能である。

## Ⅳ．代理物作成が知覚者と作成者にもたらす，いくつかの帰結

代理物の作成から生じる最も明白な帰結は，最初に代理物の作成者だけが知覚した対象・場所・事象を，他の人が理解できるようになることである。これによって，他の人に代わって，ある種の経験をすることが可能になる。例えば，作家は，媒介された知覚を他の多くの人々に経験させることができる。それらの人々は，遠く離れた場所に住んでいたり，さらには，まだ生まれていなかったりする。作家は，これらの人々に，自分が見たことを見せたり，自分が聴いたことを聴かせたりできる。これと同様の力を，画家・映画製作者・教師・親は行使する。比喩的に言われているとおり，「人は知識を他者に伝達できる」のである。しかしながら，これと同じくらい重要なのは，代理物の作成者が他の人と代理物を**取り交わす**《*exchange*》ことができるという事実である。これによって，ある集団の中で共通する，知覚の集合体が成り立つ。これは，人人の直接的な知覚《direct perceptions》に影響を及ぼし，さらにこれによって，経験に関するある種の合意《consensus》，即ち，一つの共通した世界が成立する。そこでは，媒介された知覚内容《mediated percepts》と直接的な知覚内容《direct percepts》とは，もはや別々ではない。

代理物を作ることは，その代理物が他者を刺激するか否かにかかわらず，必然的に自己刺激作用になる。このことは，重要である。生活体の行為と同時に，刺激作用が生活体にフィードバックされる。話者は，自分自身の声を聴く。演技者は，自分自身の身振りを感じる。画家は，自分自身の鉛筆の動きを見る。この結果，知覚の過程と代理物作成の過程とは，互いに結びつきやすく，両者は分かち難く混ざり合うことになる。モリス（Morris, 1946）や彼以前にも他の人々が指摘したように，子どもに関する場合，このような循環的反応は，社会的刺激作用の諸事実と結びついて，音声はついには象徴《symbol》となる。従って，象徴化の過程は，他者がいないままでも，さらには元の知覚を特定する刺激対象が存在しない時でさえも，生じるようになる。発達の過程のうち，この段階において，個体は“考える”ようになる。同じ循環的な操作が，声による代理物に対してだけでなく他の代理物に対しても生じるので，「人は，言葉による思考だけでなく，線画やグラフや模型による（さらには，それらを生み出す操作による）思考をも学び得る」と仮定しても不合理ではない。後述するが，そのような，代理物による思考は，いくつかの点で，言語による思考よりも一層容易に遂行されると想定することさえ可能であろう。

## V．規約的代理物と非規約的代理物

これで，言葉と画像の違いを明確にする試みに取りかかれる。全ての代理物は，その指示対象に固有であるが，「言葉とその指示対象との対応」と「画像とその指示対象との対応」とは，恐らく同じではない。モリスも，「極めて多くの記号《sign》は（彼の言い方によると）“イコン的《iconic》”である」と考えた際に，この問題に直面した（1946, pp. 23, 191）。彼の結論は，非常に簡潔である。即ち，記号は，それが指示する事物の諸特性をその記号自体が備えていればいるほど，或いは，それが指示する事物に似ていればいるほど，イコン的である。ある人のイメージや肖像画には，その本人の諸特性の（全てではないが）多くが備わっている。

モリスの主張は，啓発的であるが，モリス自身がまず認めるように，それで全てが片づくわけではない。代理物と，それが表現している事物とは，どのような**種類**の特性を共有するのか。代理物は，どのような点で指示対象に似ているのか。代理物が指示対象に全く似ていないということは，あり得るだろうか。もし指示対象が抽象的であるならば，ほとんど何も指示されないのだろうか。

ある事物と他の事物との対応関係について，二つの極端な例を考えてみよう。第一の例は，自動車とナンバープレートとの対応関係，第二の例は，樹木とその影との対応関係である。ナンバープレートは，個々の自動車に固有である。それは，両者が恣意的に結び付けられ，しかも「ナンバープレートを交換したり複製してはならない」という社会行動のルールがあるからである。影が樹木に固有であるのは，影とは太陽光線による樹木の地面への幾何学的投影だからである。

ナンバープレートと影の例から類推するならば，代理物には，**規約**《*convention*》によって対象・場所・事象を特定するものと，**投影**《*projection*》によってそれらを特定するものの，両極があると言えよう。言語や代数記号は，前者に近く，画像や動画は後者に近い。図解やグラフは，両者の中間のどこかに落ち着く。言語を「発声反応によって生み出された音の集合体《set》（或いは，手を使った反応によって生み出された，それと等価な筆記痕跡の集合体）」と捉えるならば，次のような明白な事実を念頭に置くべきである。即ち，いくつかの（人間の）集団では，ある「集合体」が用いられ，他の集団では，他の様々な「集合体」が用いられる。従って，ある対象は，様々な言語において，様々に異なった名前を持つ。これに対して，世界中に存在する膨大な数のスナップショット写真は，単一の「集合体」を成している。人は誰でも，特別な写真用語を努力して学ばなくても，ある対象とその写真とを対応づけられるだろう。対象とその名前は，非類似関係《extrinsic relation》にあるのに対して，対象とその画像は，類似関係《intrinsic relation》にある。

非規約的な，投影的な，或いは複製的な代理物は，極めて興味深い可能性（これについては，後ほど，より詳細な検討が必要になろう）を特徴としているように思われる。それは，代理物が実物にどんどん近づいて行って実物と見分けがつかなくなるという理論的な可能性である。視知覚に関して言えば，ある種の観察条件の下では，模型に手を加えて，人工的な光景を自然の光景と等価にすることができる。非常に特殊な観察条件の下では，動画に手を加えて，知覚者に自分の見たものが現実の場面であり現実の事象の継起であると思い込ませることは，恐らく可能だろう。このような可能性は，規約的代理物《conventional surrogate》の特質では**ない**。

もちろん，規約的代理物も非規約的代理物も共に，その指示対象を完全には特定しない場合もある。その限りでは，それら代理物に関して生じる知覚も，対象を特定しないだろう。言語は，漠然としていたり，曖昧であり得るし(Black, 1949, Ch. 2)，画像にも同じことが言える。**画像と指示対象との関係については，忠実性《*fidelity*》の度合いが高いとか低いと言われる。また，言葉と指示対象との関係については，一義性《*univocality*》の度合いが高いとか低いと言われる。**画像や模型の「忠実性が最も高いこと」については，幾何学と光学を使って後ほど定義する。「一義性が最も高いこと」については，定義することが非常に難しい。この課題は，意味論と情報理論の研究者に委ねられることになろう。

上述のいくつかの仮定から，言葉と画像についての多くの命題が，導かれるように思われる。それらの命題のうちの四つは，次のように表せるだろう。

1. 一般的に，子どもは，代理物を使用するために，代理物とその対象との対応関係を学ぶ必要がある。**代理物が投影的《*projective*》或いは複製的《*replicative*》であればあるほど，連合学習《*associative learning*》の必要性は低く，代理物が規約的であればあるほど，連合学習の必要性が高まる**[4)]。画像や模型は，言葉や記号よりも直接的知覚に近い。

2. 具体的な対象・場所・事象と，それらの抽象的な特性《properties》・特質《qualities》・変数《variables》とを区別すると，**代理物は，複製的或いは投影的であればあるほど，抽象概念を指示できなくなり，その指示対象は具体的になるはずである。**しかし，規約的代理物には，このような制約はない。**代理物は，恣意的であればあるほど，具体的なものであれ抽象的なものであれ，何でも自由に特定できる。**例えば，言語反応は，対象を同定する名称でも，対象の特性を表す形容詞或いは副詞でもあり得る。画像を作成することによっても，対象を同定しその特性を表せるが，対象を命名することや，様々な特性に

4) 連合学習理論に対する反論については，4.2 章と Gibson & Gibson (1972) を参照されたい。

ついて**個別に**記述することはできない。言語的代理物によって，我々は，具体的な事物から抽象概念を分離し，特別なやり方でそれら抽象概念に反応できるようになる。我々は，記号的反応《symbolic responses》を用いて命題を作ることができ，それ故に，論理的・数学的思考を遂行できる。反対に，写実的な画像では，論理的命題を表すことができない。

3. もし，純粋に規約的な代理物と純粋に複製的な代理物とが一対の両極を成すならば，両者の中間には"混成の"代理物が存在する。それらは，部分的には一義性を有するがゆえに，部分的には忠実性を有するがゆえに，指示対象に固有である。これは特に，"手跡《chirographic》"と呼ばれるような，手で描かれた画像に当てはまる。人類の先史時代における（洞窟絵画のような）画像作成《picture-making》から（漢字のような）画像筆記《picture-writing》への移行は，明らかに，忠実性から一義性への発達である。写真の登場に至るまでの西洋絵画の歴史は，部分的には，忠実性を実現しようとする探求だと言える。しかし，同時に画家は，常に，世界の一般的・抽象的特徴を明確に表現しようと努めてもきた。例えば，風刺漫画家《cartoonists》はそうである。**混成の代理物，特に手描き画像**《*chirographic pictures*》**は，具体的な対象・場所・事象と，一般的・典型的な対象・場所・事象との両方を特定する。**言い換えれば，画像的な規約《graphic conventions》や画像的な記号《graphic symbols》は，線・形状・比率・色彩などの誇張《distortion》として画像に組み込まれているだろう。このことによって，忠実性は損なわれるが，一義性は高まることになろう。しかし，一義性がどの程度高まるかは，規約がどの程度**強固**かに依存している。

4. 議論の余地があるかも知れないが，上の段落から一つの結論が引き出せる。**手描き画像**《*chirographic pictures*》**が具体的な事物に対する忠実性と抽象的な事物に対する一義性とを同時に持つことは，不可能である。**画像的記号化を画像に盛り込むと，画像の表象力は必然的に犠牲になる。抽象性を求める努力によって，必然的に具体性が失われる。忠実性を犠牲にすること（即ち，誇張《distortion》）は，**概して**，観察者の知覚をあいまいにし，行動を不明確にするという帰結をもたらす。誇張が，画家と観察者との双方に一義的記号《univocal symbol》として受け容れられる場合に限り，忠実性を犠牲にすることも無駄にはならない。画家の意図は，実物の典型的な，或いは重要な特徴のいくつかを明瞭に描くことであっただろう。しかし，もし画家による誇張が実物を特定するのに役立つほど強固でなかったら，観察者は当惑するだけである。もし画家の誇張によって実物がうまく**特定される**なら，画像によって，何か具体的な事物に関する媒介された知覚が生じるだけでなく，その一般的・抽象的・普遍的な特徴も理解され得る。

## Ⅵ．模型の忠実性

ある種の代理物は，忠実性（複製的・投影的であること）によって特徴づけられると言われている。模型と画像が，その種の代理物の例である。他のタイプの代理物は，忠実性を持たず，一義性によって特徴づけられる。言葉と記号が，その例である。ここで，“忠実性”を定義しておかなければならない。忠実性の程度を問題にすべきであり，その定義は数学的でなければならない。忠実性の幾何学を，議論の俎上に載せる必要がある。まず，模型から始めよう。

**忠実な模型は，「その様々な面が，実物の対象における対応する各面と同じ寸法を持つ（従って，実物の面と幾何学的に合同《*congruent*》である）が，実物とは異なった物質で作られている物理的対象」と定義できる。**模型の各寸法の比率は変わらないが，面が実物と合同《congruent》ではなく幾何学的に相似《similar》である場合，それは**スケール・モデル**であり，最も一般的な種類の模型である。形状《shape》や構造だけでなく，色も再現できる。このように定義された模型によって，実物のと同じ網膜像が生じるだろうし，一つの対象としては，視覚的には実物と区別がつかないだろう。ところが，実物の**周囲**《*surroundings*》は再現されない。従って，図《figure》の背後にある地《ground》は，実物と模型とで異なっているだろう。

上と同じ定義で，ある場所にある対象だけでなく，**場所**そのものの模型を作ることもできる。例えば，舞台のセットや，飛行機の操縦席のシミュレータである。手の掛かることではあるが，動作と事象の進行を再現して，**実際に作動する模型**《*working model*》を製作できる。理論上は，このような，状況全体のシミュレーションは，際限なく精緻化できるだろう。しかし，視覚的な代理物の作成が目的であるならば，観察者の眼の位置を一箇所に制限できる場合には，模型の代わりに**写真**や**動画**を使った方が経済的だという時代が，まもなく訪れるだろう。

模型には，忠実性に関するいくつかのディメンションがある。即ち，形状，均整《proportion》，動き，大きさ，色，肌理などである。学習者というものは一般に，現前しない状況にどのように対処するか学ぶために，現前しない状況の**全ての**特性を知る必要はない。従って，理論上は，模型でそれら全ての特性をシミュレートする必要はない。学習者の未来の行動に関係する特性や意義がある特性だけが，重要なのである。

模型に見られる，実物に対する忠実性からの逸脱のうち，最も明らかなのは，形状の誇張《distortion》である。例えば，実機を識別し機種名を言い当てる学習のための，様々な軍用機のスケール・モデル（ミニチュア）のセットについて考えてみよう。一般的には，模型に施された誇張によって，混乱が生じ，機種の識別精度は低下するだろう。しかし，次のことを示唆する根拠が得られている。即ち，ある機種の**独特**の特徴（或いは，その**特色を示す**特徴）を，他の全ての機種を基準として相対的に強調するような誇張によって，その機種の識別精度は向上する（Gibson, 1947, Ch. 7）。この現象は，線描による顔の戯画化と関係しているだろうし，V節の第四命題と矛盾しない。この予測は実験によって検証できる。

## Ⅶ．画像の忠実性と範囲

画像の忠実性は，模型の忠実性と同じように，幾何学的に，しかも，一つの極端な例としてのみ，定義されるべきである。**忠実な画像とは，ある一点に向けて実物から発した光線束《*sheaf of rays*》と同じ光線束を，その点に向けて反射（伝達）するように加工された，範囲に限りのある物理的な「面」である。**この定義では，次のことを念頭に置いている。即ち，この定義は，絵画，線描画，カラープリント，写真プリント，スライド，投影されたスライド，映画，テレビ映像などを，純然たる再現と捉える場合に，これらに当てはまる。この定義は，(1)画像は幾何学的な投影と考えられ，(2)画像と実物との関係は，三次元立体の平面上への極投影（中心射影）《polar projection》によって規定される，と述べているに等しい。もし，投影の中心をその立体から無限遠に置くならば，極投影は平行投影《parallel projection》となり，これに応じて，画像は，地図や（例えば，設計図《engineering drawing》で用いられるような）平面図になる。このことは，あらゆる画像に関して基本的な特色であり，後ほど明らかにするように，この特色ゆえに，画像をどの位置で観察するかが大きな問題になるのである[5)]。

上の定義によれば，ある光線束が他の光線束と“全く同じ”であるのは，一方の光線束の断面《cross-section》における色点群の隣接序列構造《adjacent order of the points of color》が，他方の光線束の断面における色点群の隣接序列構造と同じ場合である。光エネルギーは，一方の光線束の任意の断面軸《cross sectional axis》に沿って変化するので，他方の光線束においても，その軸に対応する軸に沿って変化するはずである。**画像がこの条件を満たしている限り，その画像は忠実性を持つと言われるだろう。**

上に述べたことは，全て“静止《still》”画像に当てはまるのであり，上のように定義された「忠実性」は，ある瞬間にだけ成立する。**もし，色点群の隣接順序が同じであることに加えて，色点群の瞬間的状態**《*color instants*》**の継起序列構造**《*successive order*》**が同じであるならば，画像は時間的忠実性**《*temporal fidelity*》**を持つと言われるだろう。**もし画像の時間的パターンが実物の時間的パターンと同じであるならば，実物の運動，継起《sequence》，変化，成長，ペースといった複雑な性質を再現できる。動画やテレビ映像は，この状態を実現することを目指した技術である。上で言及した点や瞬間は，数学で言う理論上の「点」や「瞬間」に限定されているわけではなく，有限の単位領域や有限の時間間隔でもあり得ることに留意すべきである。ハーフトーン写真《half-tone photograph》の単位領域は前者の典型例であり，標準的な動画の 24 分の 1 秒間隔は後者の典型例である。

忠実性とともに，画像が持つもう一つの重要な特性は，その範囲《scope》

---

5）透視幾何学《perspective geometry》の標準的な説明では，この点を測点《station point》と呼んでいる（Gill, 1974）。（編者註）

である。画像は，**範囲の限られた**面として定義される。つまり，画像には縁《edge》があり，それは通常，四角形である。もし面が平坦ならば，面が“一定の点”に投影する光線束は，必然的に立体角《solid angle》にして180度以下であり，通常は180度よりずっと小さい。画像には，壁画のように広角を遮るものもあれば，肖像画のように狭角を遮るものもある。**画像の範囲とは，画像の元になった環境のうち，画像によって遮られている，一定の角度の扇形**《*angular sector*》**である**。言い換えれば，画像には，現前しない光景の広い部分の代理物であるものもあれば，現前しない光景の狭い部分の代理物であるものもある。或いは，その光景の中の一つの対象の代理物に過ぎないかも知れない。ある環境を再現しなければならない場合には，或いは，対象・人々・事象の背景や，それらの間の関係を再現しなければならない場合には，範囲の広い画像が必要とされる。ただ一つの対象・人・事象だけを再現しなければならない場合には，範囲の狭い画像で充分であろう。例えば，写真画像の範囲は，カメラレンズによって遮られた光の角度量《angular amount of light》である。画像の範囲と，写真の引き伸ばし《enlargement》の程度とを，混同してはならない。写真画像の範囲は，撮影に使われたレンズによって完全に決定される。どの程度の大きさに引き伸ばして焼き付けるかに関わりなく，望遠レンズ《telephoto lens》で撮影された画像は，狭い範囲を持ち，広角レンズで撮影された画像は，広い範囲を持つ。画像の範囲は，マスキングやトリミングによって狭まるだろう。しかし，写真を使って引き伸ばしても，画像の範囲を増すことは不可能である。画像を眼の近くに持ってきても，或いは，よく見るために画像に近づいて行っても，画像の範囲を増大させることはできない。そのようにして眼と画像の距離を縮めると，観察者の網膜像は拡大されるが，画像の範囲は変化しない。

観察者の視野は，どの瞬間でも立体角の半球のほとんどを占めている。そこで，「画像とは，境界のある面である」という事実が意味するのは，実際的に言えば，「画像が観察者の視野《field of view》全体を満たすことはあり得ない」ということである。つまり，画像は，画像では**ない**何か（例えば，部屋）によって常に囲まれている。画像は，心理学の用語で言えば，地《ground》の上の図《figure》である。この限界を乗り越えるための一つの方法は，画像の範囲を拡大し，平坦な面の代わりに**湾曲した**面を使うことである。パノラマ静止画像《panoramic still pictures》は，かなり前から用いられてきたが，セミ・パノラマ動画が現在開発中である。画像の範囲をこのように増大させることが及ぼす心理的効果は，非常に印象深い。しかし，完全に円形のパノラマでさえ，左右からだけでなく足元からも観察者を囲むことはできない。なぜなら，観察者が立つための物理的な床が必要だからである。このようなことが実現できるのは，ある状況の実寸大モデルのみである。

## Ⅷ．画像における空間

画像が二次元の面であるという物理的事実に関して，長い間，深刻な誤解が存在してきた。この誤解は，「画像には，三次元或いは奥行きを見ることができない」という主張のかたちをとってきた。人が“見る”ものは，平らな面色《surface color》から成るパッチワークであり，これが，手がかり《clues》の役割を果たす。そこで人は，見ている光景の奥行きを“推論する《infer》”のである。この説明は，より根本的な二番目の誤解と混ざり合う。それは，網膜像そのものを一つの画像と見なす（この仮説は，誤っているのだが）という誤解である。こうして次には，「我々は，自分たちを取り囲む世界において，平らな色感覚を見られるだけであり，その奥行きについては推論しなければならない」と主張するに及ぶのである。一番目の誤解には，真理の少なくとも一端は含まれている。と言うのも，もし，そのように見るならば，画像を見ている人は誰でも，平らな面を見ることができるからである。（第二の誤解については，弁解の余地はさらに少ない。なぜなら，世界を見ていて，眼の前に平面を見られる人などほとんどいないからである。）しかし，もし画像を見ている人が，面そのものに特別な注意を払わ**ない**なら，その人は三次元の光景を知覚しているのである。「その人は，平らな面を見ていて，かつ三次元の光景も見ている」などと主張することは，全く不可能である。

画像についての誤解が生じるのは，「画像は，二次元の平面である」という主張が事実の半分しか言い当てていないからである。画像は面であるが，**固有の光線束**《*peculiar sheaf of rays*》**でもある**。光線束は，画像という全体的事実において本質的な部分である。物理光学の事実（光線束）と物理化学の事実（加工された面）とを，結び付けて考えるべきである。面そのものは，平らである。しかし，光線束の発生源としての面は，実物の光景が持つ面と等価であろうし，実物の光景は平らではない。そこで，次のような仮説を提案しなければならない。即ち，(1)画像は，通常，二種類の方法で知覚され（即ち，面として知覚されるとともに，三次元の光景としても知覚される），(2)その理由は，光線束は，通常その中に，平面を特定する要素と三次元の光景を特定する要素を含んでいるからである。

画像は，奥行きと距離の知覚を生み出せる。このことには，全く疑いの余地がない。それは，疑いもなく，我々が片眼を閉じている場合に知覚される類の奥行きや距離である。しかし，それは，両眼で知覚される類の奥行きや距離と，伝統的な理論が主張するほど異なっているわけではない。二番目の眼から得られる奥行き知覚のための補助的刺激作用《supplementary stimulation》は，取るに足らないものではないが，一方，奥行き知覚の基礎や本質を成しているわけでもない（Gibson, 1950b, Ch. 6 ; Gibson, 1947, Ch. 9）。

非常に特殊な状況下では，画像を平面と見ることが**できない**場合（即ち，写真と実景とを比較している観察者が，どちらがどちらとも判断できないような場合）がある。それは，光線束に含まれる，面を特定する諸要素が，注意深く除去されているからである。ここには次のような場合が含まれている。(a)画像を覗き穴を通して見るように配置し，実景も同様の覗き穴から眺めるように設定した場合。(b)面の物理的な肌理を，非常に細かくした場合。(c)面から発する光線束が高い忠実性を持つように，面を加工した場合。この実験の成功を示す非公式の知見はたくさんあるが，実験を体系的に行う必要がある。

上に述べた「忠実な画像」の定義では，面や光線束だけでなく，唯一の観察位置《unique viewing point》も念頭に置いていることに留意されたい。画像は，理論的に言えば，その投影の中心において静止したままの単眼で観察されねばならない。この点で，画像は，模型《model》とは異なる。現実的に，かつ実際に即して言えば，人々が画像を見るとき，これらの条件が充分に満たされているわけではない。画像を見る人々は，両眼を使い，動き回り，投影の中心の，遠近・上下・左右から画像を眺める（少なくとも，彼らは常に画像をほぼ正立させてはいるけれども)。このような状況によって,**網膜における**光線束(実際には,二つの網膜に一対の光線束)は,理論上の画像の理想的な光線束とはかなり異なったものとなる。そして,このようにして,通常,多量の刺激作用が,範囲の限られた一つの平面としての画像を見るために与えられる。

ここまでの検討に基づいて,空間知覚について,画像の知覚との関連で,いくつかの命題を立てることができる。

1. 画像が普通に見られたときには,刺激に備わった二つの異なったシステムが稼動するので,二種類の知覚が同時に生じるはずである。その二種類の知覚とは,第一に,三次元の光景(再現されている状況)の知覚と,第二に,別の光景(例えば,画像が飾られている部屋)の一部分である,範囲の限られた平面の知覚である。この命題については,実験的根拠があるが,さらに蓄積しなければならない。

2. 画像によって引き起こされた,媒介された知覚《mediated perception》は,空間知覚であり,即ち三次元的である。次のような根拠が,既に得られている。即ち,写真に撮影された光景においても,遠くにある対象の大きさ《size》を正確に判断できるのである(Gibson, 1947, Ch. 9)。言い換えれば,これは,この種の知覚においても大きさの恒常性が保たれるという証拠である。この種の証拠が,もっと多く必要である[6]。写真の忠実性が最高に近づけば,空間の判断精度は向上するかどうか。また,忠実性が非常に低下した場合には,知覚に何が起こるのか。これらのことを明らかにする必要がある。

3. 画像を見ているとき,二種類の別個の空間が見えるならば,それに応じて,観察者からは,二組の空間判断が得られるはずである。一方は,眼から画像までの距離の判断であり,もう一方は,画像の観察位置から画像中の特定の対象までの距離の判断である。現象的には,第一の距離は,部屋の空間の中にあり,第二の距離は,画像の空間の中にあるだろう。これらの二つの空間は共約不可能《incommensurable》であることが明らかになるはずである。画像

6) この要請に応える研究としては,Hagen, Glick & Morse (1978) と Hagen & Jones (1981) を参照されたい。(編者註)

の中に表現されている対象の大きさの判断と対比させて，画像自体の大きさの判断を観察者に求めることで，これと同じ目的の実験を行えるだろう[7]。

## Ⅸ．画像の唯一の観察位置

画像が幾何学的投影である限り，いかなる画像にも，投影の唯一の中心が必ずある。この中心点は，画像の平面と直交する架空の線上にあり，面上の付着物《deposits》である色素《pigment》（或いは，銀のハロゲン化合物や染料）と同じくらい，画像にとって重要である。ある程度遠近法の法則に従って製作された手描き画像《chirographic picture》の場合には，投影の中心点は，“画像平面《picture-plane》”に対する“測点《station point》”である（Ware, 1900）。写真画像の場合にも，投影の中心点は，画像平面と直交する垂線上にあるが，この場合，画像平面から投影の中心点までの距離は，画像の引き伸ばしの度合い《degree of enlargement》に応じて，カメラレンズの焦点距離の倍数として与えられる（Henney & Dudley, 1939）。角度で表した画像範囲《angular scope》に含まれていたのと同じ光線束で眼を刺激するためには，眼は，この点に位置を占めなければならない。言い換えれば，眼における画像の立体視角《visual solid angle of the picture》は，画像の範囲と等しくなければならない。さらに言い換えれば，画像に対する眼が占める位置は，写真画像が撮影されたときカメラが受け取っていたのと同じ（或いは，絵画が制作されたときに，画家の眼が受け取っていたのと同じ）光を眼が受け取れるように決められなければならない。

既に指摘しておいた通り，絵画，スナップショット，投影スライド，映画，とくにテレビ映像を見るときには，観察者の眼は，この理想的な観察位置《viewing point》から，かなり大きく外れている。このことから，当然，次のような疑問が提起される。即ち，**画像の唯一の観察位置**《*unique viewing-point*》**から眼が外れた場合に，画像に知覚される現象的空間にはどのような**

7） このような実験に関する報告については，本書 3.4 章［本書 3.3 章］の p. 279 ff［原著の頁番号：訳者註］と Gibson, 1979a, p. 282 を参照されたい。（編者註）

**ことが生じるのか**，という疑問である。

眼が投影の中心の位置を占めていない場合に，投影の中心に与えられる光線束と眼に与えられる光線束とを比較してみよう。眼に与えられる光線束は，眼と画像との距離が小さい場合には**拡大**され《*magnified*》，眼が画像から離れた場合には**縮小**《*diminished*》される。（眼に与えられる光線束は，さらに，眼が投影の中心の側方にある場合には**水平方向に圧縮**《*compressed horizontally*》され，眼が投影の上下にある場合には**垂直方向に圧縮**《*compressed vertically*》される。しかしここでは，これらの変形については考察しないことにする。）ここで，次のような問いを立てよう。即ち，ある光線束に対応する三次元の対象は，**拡大**（或いは，縮小）されてはいても他の点では同じである光線束に対応する三次元の対象に対して，どのように関係づけられるのだろうか。後者の対象は，単純に**拡大**（或いは，縮小）されただけなのだろうか，それとも**変形されて**《*deformed*》もいるのだろうか。幾何学的に分析すると，対象は，大きさが変わったばかりでなく，変形されてもいるはずである。ここで言う変形とは，奥行きの次元《depth dimension》が，拡大に際して相対的に短縮され，縮小に際して相対的に伸張されることである。つまりこれは，画像内の空間の奥行きは，“あまりに近く”から見ると短縮され，“あまりに遠く”から見た場合に伸張される，という意味である。この幾何学的分析が，画像の**現象的**空間に生じることを言い当てているか否かは，検証に委ねられるべき経験的な問いである[8]。

ここに，明確な実験結果がある。先の大戦中に，空軍士官候補生のグループを被験者として得たデータである。それによれば，教室で動画を投影してテストした場合，奥行きの弁別を全く伴わない様々なタイプの抽象的な知覚弁別の成績は，スクリーンから眼までの距離（即ち，角度で表された画像の大きさ《angular magnitude》）の影響を受けないのである（Gibson, 1947, Ch. 4）。この事実は，次のことを示唆しているように思われる。即ち，画像の唯一の観察位置がどの程度重要かは，画像が生み出そうとしている知覚の種類に応じて変化するのである。恐らく，最もよく考えなければならないのは，奥行きや距離

8） Rosinski & Farber（1980），Sedgwick（1980），Lumsden（1980）を参照されたい。（編者註）

に関して，その知覚が外界と合致している必要があるかどうか，である。

画像を見ることにまつわる問題は，空間知覚と知覚の恒常性という問題をも含んでいることもあって，非常に複雑である。知覚に関する一般理論にとって最も困難なのは，次のような問題である。即ち，拡大されたり，縮小されたり，或いは側方に圧縮されたりした網膜像が，知覚を生じる刺激として，変化しないイメージと，いくつかの点において等価であることを示す実験結果がある。また，そうした融通のきく変形《elastic deformation》を加えられた網膜像は，他のいくつかの点では，知覚を生じる刺激として等価でないことを示している実験結果もある。「等価である」という最初の言明が成立するような観察条件とは，どのようなものか。そして，「等価でない」という第二の言明が成立するような観察条件とは，どのようなものか。

斜めから（即ち，面に対して角度をとって）観察される画像の知覚は，現象的歪曲《distortion》と現象的恒常性に関して，上に述べたのと同様の一連の問題を提起する。筆者は，それを探求するための一つの方法を論じておいた(Gibson, 1947, p. 170ff.)。

## X．画像知覚の直接的知覚への近似

開口視条件《aperture condition》の下で，画像とそれが表す実景とを代わる代わる観察するようにした実験について，また，観察者が画像と実景とを区別できない可能性があることについて，既に述べておいた。この実験で，実景と区別がつかないほどの画像を呈示する方法として最も優れているのは，恐らく，大きい，写真に撮影した，カラースライドである。一方，もし実景に運動が含まれていたならば，動画が最良の方法であっただろう。「実物と区別できない状態」は，何らかの事物の**模型**《*models*》によって，随分前から実現されていた。例えば，蝋花《wax flowers》がそうである。それを，画像では実現できないとする理由はないように思われる。

この実験は，理論的に重要である。Ⅶ節で述べた「忠実な画像」の定義の妥当性を，この実験で検証できるからである。この実験では，「ある対象とその代理物が，全く同じ効果を生活体に対して発揮でき，しかも画像の絵画的特徴が知覚されない」ような極限的事例を，特に問題にしている。しかし，この実験で最も重要なのは，恐らく，この実験が次のことを明示している点である。即ち，開口視条件ではなく通常の観察条件の下では，視覚的諸要因によって，画像が「画像そのもの（即ち，一つの，面，或いは代替物，或いは知覚を媒介する対象）」であると見えることは，ない（Gibson, 1951b）。これらの視覚的諸要因は，視覚刺激作用のもう一つのシステムを構成すると仮定できる（このシステムによって，観察者には，二種類の空間印象を抱き，二種類の判断を下すことが可能になる）。

上で述べた開口部から覗く方法以外にも，静止画には，様々な方法で“写実性《realism》”を付け加えることができる。セミ・パノラマ画像《semi-panoramic picture》や，円環型パノラマ画像《circular panoramic picture》が，その方法である。また，動画という方法もある。ウォーラー（Fred Waller）が“シネラマ《Cinerama》”において行ったように，これらの効果を組み合わせてセミ・パノラマ的動画とすることができる。さらに，立体的画像《stereoscopic picture》や立体的動画《stereoscopic motion picture》という方法もある。色彩，音，“ステレオ・サウンド”，動画撮影の“サブジェクティブ・カメラ”法など（恐らく他にもあると思うが）は，全て，写実性を高める技術である。しかし，私の考えでは，これらの試み同士の間には（少なくとも，立体視とパノラマ視との間には），根本的な矛盾があり，従って，“完全な写実性”を達成しようとする一つの大きな試みのなかで，双方を同時に使用することはできない。

ある状況の代理物を作り出すために**画像を用いる**《*graphic*》方法は，**模型**《*model*》や実物大のレプリカを組み立てる方法とは，根本的に異なっている。ある状況を再現したレプリカには，観察者が立つことのできる地面がある。（写真撮影，映画撮影，立体画像撮影を含めて）画像を用いる方法は，全て，画像呈示用の**部屋**や**観察用装置**の使用を前提としている。このことが，現実の状況の完璧な再現にとって制約となる。観察用装置によって，観察者の鼻，手，胴体，床の上の両足は，観察者の視界から排除されてしまう[9]。しかし，これらは，直接的な視知覚の重要な成分である。パノラマ画像は，これらの成分を含んでいるが，観察者が立っている部屋と画像そのものの間に，必然的に，ある種の継ぎ目《junction》ができてしまう。このジレンマは，「観察者の自我《ego》を画像の空間に完全に取り込むことは，本質的に不可能である」と言えば，わかりやすいだろう。恐らく，ある傾向が常に存在することになる。それは，相容れず，しかも互いに他方とは共約不可能な**二つの**空間を経験する傾向である。

## XI．手描き画《chirographic picture》の忠実性

手で描かれた画像は，レンズを用いて作成された画像とは区別されるが，これについては，ここまでほとんど論じなかった。手作りの画像，即ち，手描き画には，彩色画《paintings》，線描画《drawings》，漫画《cartoons》，戯画《caricatures》，アニメーション動画《animated drawings》など，他にも沢山ある。先に定義したように，手描き画の忠実性は，一般的に写真画像の忠実性より低いが，これは，必然的にそうなっているわけではない。17 世紀の静物画の中には，現代のカラー写真がかろうじて達成しているようなレベルの忠実性に既に到達していたものもあった。手描き画に忠実性が欠けている理由は，恐らく以下の通りである。模型と同様に，画像には，対象に対する忠実性を表す次元がいくつも存在する。ただ一つの次元しか存在しないわけではない。対象は多くの視覚的特性を持っているが，（ほとんどの人間の目的にとって）最も重要な特性は，対象の縁《edge》と面《surface》の，形《form》・形状《shape》・比率《proportion》である。これらは，**輪郭**《*outlines*》によって示され得るが，面の上の輪郭を手で辿ることは容易である。「現前しない対象をどのように扱うか知るために，知覚者に与えられる必要があるのは，その対象の**全ての**特性ではなく，**関連のある**《*relevant*》，或いは**重要な**《*signifi-*

9）視覚的な自己受容感覚についてさらに詳しくは，2.3 章と 2.4 章［本書 2.1 章］を参照されたい。（編者註）

*cant*》特性だけである」と仮定するならば，それらの特性を全てシミュレートするような努力は無駄である。写真は，対象の特性を全て分け隔てなく再現する。手描き画は，対象の特性の一部を選択的に再現する。画家は，次のように主張できる（し，事実，そのように主張してきた）。即ち，そのような選択的強調によって，観察者による対象の知覚は明瞭になるが，そのような明瞭化は，写真によっては全く実現できない。「手描き画は，対象の特性の一部を選択的に再現する」という主張の真偽は，知覚と認知における問題であり，この問題への解答は，現在のところ存在しないが，少なくとも，この主張自体は，非合理ではない[10)]。忠実性が低い場合に危険なのは，曖昧さや非特定性が生じることである。画家が，忠実性のいくつかの次元を省いたり，形状を変形することで忠実性から逸脱する際には，画家は，そのような危険を冒しているのだが，その代わりに，対象を明瞭にし特定する画像を実現するだろう。

## XII．画像における写実性の利点と欠点

次のように問う人がいるだろう。即ち，なぜ，画家（より正確に言えば，ある種の画家）は，写実性《realism》を高めようと努力するのだろうか。なぜ，子どもは，写実性の高い玩具が好きなのか。なぜ，写真・映画・テレビ・カラー映画・立体カラー映画には，訴える力があるのか。代理物についての実りある理論が充分に発展するまでは，これらの問いに対して示せるのは，直観的な部類に属する答えだけであるが，それは例えば次のような答えである。即ち，人間は媒介を伴わない経験《first-hand experience》を求めているが，現代の生活では媒介された経験の占める割合が増えてきている。従って人間は，可能な限り媒介を伴わない経験に類似した事物を求めているのだ。

写実的な画像，殊に映画は，観察者に“我を忘れさせ”，“光景に没入させ”，“夢中にさせる”。もちろん，我々が歴史書や小説や日曜大工の本を読む時にも同じことが起きるが，写実的な画像を見る場合の方が，我々の側の努力は少な

10） 画像知覚における示差的特徴《distinctive features》の重要性に関する分析については，E. J. Gibson（1969, Ch. 18）を参照されたい。（編者註）

くて済む。そして，既に述べた通り，この種の知覚は，より明快かつ直接的であるが，それには充分な根拠がある。画像や模型は，次のようなことを学習するのに，言葉や記号よりも適している。即ち，具体的な事物，道具，メカニズム，生活体について，また特定の場所，光景，環境について，そして既存の事象，過程，継起について学習するのに適しているのである。これらを学習しようとしている場合には，それらの代理物は“写実的”でなければならない。

他方，話し言葉や書き言葉の支持者は，こうした種類の学習は，学習者の“想像力《imagination》”に何も要求しないと主張してきた。想像力とは正確にはどのようなことなのか，誰も知らない。しかし，人間は，具体的な事物ばかりではなく，抽象的なことや一般法則を理解する必要がある，ということは本当であろう。（画像記号《graphic symbols》や幾何学的線画《geometrical drawings》も含めて）言葉や記号は，特性《properties》・変数《variables》・群《groups》・集合《classes》・普遍《universals》を学ぶには，不可欠である。人間は，記号を使って命題を作ることができ，古い命題を操作して新しい命題を発見することができる。人間は，互いに命題を交換でき，一般法則を定式化できる。これらを学習しようとしている場合には，それらの代理物は恣意的《arbitrary》で規約的《conventional》でなければならない。いずれの種類の代理物にも，それぞれの価値がある。

# 3.2 画像・パースペクティブ・知覚*

私は実験心理学者であり，「我々はどのようにして見るのか」という問題に長く関心を抱いてきた。視覚に関する限り，私のような知覚心理学者は，一方では物理学者と生理学者との中間の立場に，また，他方では批評家と哲学者との中間の立場にいる。

画像によるコミュニケーションと画像による芸術とについての最近の議論の多くは，混乱しているように思える。我々は，別々の事柄を，しばしば同じ言葉で表してしまう。誤解を生む最悪の源の一つは，遠近画法《perspective representation》の本質にある。もう一つは，知覚過程そのものの本質にある。通常の視覚にパースペクティブがどのように関わるのかについて同意が得られるならば，それが絵画にどのような妥当性《validity》を持つのか，さらに詳細に議論できるはずである。そして，日常生活における知覚という行為について，歴史的に培われてきたある種の先入観を取り除くことができたならば，画像によって生じる特殊な知覚についても，もっと明確に考察できるだろう。

## パースペクティブ

私が理解している限りでは，「画像によるコミュニケーション」における根本的な問題は，第一に，画像と世界の関係の問題であり，第二に，画像が知覚者に与える効果の問題である。

“パースペクティブ《perspective》”という用語には，いくつかの異なった意味がある。この言葉は，「奥行きのある光景という錯覚《illusion》を生じる，

* *Daedalus*, 1960, *89*, 216-227.

彩色画《painting》や線描画《drawing》の様々な技法」を意味する場合がある。画家や建築家は通常，この意味でこの言葉を用いている。またパースペクティブは，「一点で交差する線の束によって，ある平面上のある形を別の平面上の形へと幾何学的に投影すること」を指す場合もある。これが，数学者にとってのこの言葉の意味である。さらにこの言葉は，自然の光景を色彩のパッチワークとして見るやり方，即ち“透視図として見る”ことを指す場合もある。これは，視感覚を分析することが重要だと信じている哲学者や心理学者にとって，この言葉が意味するところである。これらの様々な意味が，パースペクティブに関する議論においては，しばしば混同されている。

しかしながら，様々な意味で用いられているこの語の根本には，一つの事実があり，この事実があればこそ，我々は，上記の様々な意味が理解できるのである。それは，「動物と人間の世界における，光のふるまい」という事実である。

**包囲光《*ambient light*》の事実。** 抽象的で空虚な空間のことを無視して，具体的な世界を考察するならば，光に関して重要なのは，「光は空中を満たし，あらゆる方向から個体を取り囲んでいる」ということである。面に反射し四散した光によってこそ，我々に事物が見える。包囲光は，情報を運んでくる。包囲光は，周囲を見まわしさえすれば観察できる。照明は，反射光の流動《reverberating flux》から成っており，それは，地上環境の遮るもののない空間を貫いて直線的に反射する。日中，包囲光は，反射面そのものと同様に，環境の一部を成している。個体がどこへ行こうとも，包囲光を取得《register》できる。実際，個体の移動は，時々刻々の光の変化によって主に制御されている。

**測点《*station point*》における光配列。** 光は，直進して伝播する。これは直ちに，次のことを意味する。即ち，反射する光学的流動は，重なり合う光線束から成る。各々の光線束は，ある共通の点で交差する光線から成っており，空中のあらゆる点に対して一つずつ，そのような光線束がある。そのような点は，全て，眼にとって潜在的な測点，つまり眼がその位置を占める可能性がある場所である。光線は，光源から投影されるだけではない。光線は，言わば，ある点に採り込まれもするのである。ここで論じているのは，収斂する光線束だけについてである。各々の光線束を，光配列《optic array》と呼ぶことができよう[1)]。

とは言え，光配列が線で出来ていると考える必要はない。測点においては，光配列は，様々な方向からやって来る光の強度差と周波数差を含んでいる[2)]。その理由は，反射によって光のエネルギーと波長構成が変化するからである。従って，様々な面や面の部分が，様々な度合いで光に変化を与える。光配列の中の一本の光束は，その配列の他の光束との関係で，一定の相対強度と一定の相対“色”を光配列に課すことになるだろう。従って，光配列は，隣接する光束同士の間の推移《transition》について述べているのであって，光線《rays》について述べているのではない。光線は，役に立つ仮構である。絶対強度や絶対的な色は，眼にとって重要ではない。眼にとって重要なのは，光配列の構造と関係的構成である。これらの関係的特性は，どのような照明条件の下でも不変である。要するに，光配列の数理的構造は，測点を取り囲んでいる面が光を反射する力と符合している。それは，世界についての情報をもたらす。例えば，光配列がどこにあろうと，その光配列が肌理を持っているならば，外界には面が存在する。光配列がどこにあろうと，等質であれば，或いは肌理を持たなければ，そこには空《sky》だけが存在する。

光配列の構造は，例えば，角度座標《angular coordinates》を用いて分析できる。或いは，強度の異なる領域《region》の間の輪郭として，トポロジカルに扱うことができる[3)]。完全な光配列を投影できるのは，球体の上にだけである。光配列の一部分だけを平面に投影することは可能だが，これは言わば，丸いパイから切り取られた扇形《sector》の一切れである。それは，光配列のせいぜい半分以下にしか相当しない。もし投影された平面が小さく，四角形の

1)　光配列のこの定義についての批判については，1.4章［本書1.2章］，第2部を参照されたい。（編者註）

2)　ここでの測点という用語の使い方は，普通よりも意味が広い（3.2章［本書3.1章］・注5を参照）。ギブソン（1979a, p.66）は，測点と観察点を明確に区別している。（編者註）

3)　1.7章を参照されたい。（編者註）

縁を持っているならば，投影は，窓や普通の絵画からの投影に似てくる。ここで，よく使う意味での“パースペクティブ”という用語が当てはまり始める。しかし，パースペクティブという用語の様々な意味の根底にある原則のことを忘れてはならない。（この原則の故に，パースペクティブという用語に複数の意味が成り立ち得るのであり，複数の意味から提起される難問の折り合いを付けることができる。）その原則とは，まさに光配列という事実であり，さらに，異なる測点には異なる光配列が存在するという事実である。

光配列は，眼の外部にあり，眼とは独立である。光配列は，網膜像とは全く異なる。網膜像については，後ほど別のところで論じることにする。

**パースペクティブの一般幾何学。** そういうわけで，パースペクティブを，「描写力に富んだ線画の描き方」や「視感覚を記述するための方法」，或いは「一つの抽象的な平面上の形を他の平面上の形へと変換すること」よりもさらに一般的な，一つの科学と考えることは可能である。それは，光を反射させた面から成る世界を，光がどのようにして特定するのか，その方法に関する幾何学だと言えよう[4]。古典的な線遠近法《linear perspective》は，そのごく一部に過ぎない。というのも，線遠近法は矩形の対象の縁のパースペクティブに過ぎないからである。これ以外にも，傾いた面の肌理のパースペクティブや，肌理の密度勾配，対象の縁における密度の段階《steps》，様々な方向への密度変化率《ratios of densities》，さらに高次の諸変数がある。

とりわけ，位置《position》のパースペクティブとは区別されるものとして，位置の変化のパースペクティブがある。測点が移動する際には，光配列の全体構造は，変形《transformation》を被る。一つの新しい変数群が生じて，静止的パースペクティブにおける情報を確認する。変形の変数《parameters》は測点の動きを特定する。変形に際しても変化しない不変項《invariants》は，環境の永続的特性を特定する[5]。光配列は，外界に存在するあらゆる測点のそれぞれに対して唯一無二の構造を持つ。そして，配列の構造の変化は，外界に

4)　ギブソンは，生態光学の発祥は幾何光学と射影幾何学にあると考えている。（編者註）
5)　1.2章，2.3章と，Gibson, Olum & Rosenblatt（1955）を参照されたい。（編者註）

存在する測点のあらゆる変化にとって唯一無二である。これが,「包囲光は,世界についての情報をもたらす」という主張の,本質的な意味である。

**像**《*images*》。 読者は,次のことに気づくだろう。即ち,網膜像であろうと写真画像であろうと,像について,私は,これまでのところ,全く何も述べていない。環境光学《environmental optics》では,物理光学や生理光学とは異なり,像に関心を持たない。像そのものよりもむしろ,像が成り立つ根本的条件に関心を持つのである。分化した《differentiated》光配列は二つの事柄に依存して成立する。即ち,(1)面を照らす光源と,(2)輪郭を覆い隠す塵や霧を含まない,媒質《medium》である。しかし,光配列は,像の形成とは無関係である。眼のある動物は,光配列の構造を,取得《register》する場合もあれば,しない場合もある。光配列の構造は,動物が測点を占めるか否かに関わらず,存在しているのである。

「視覚は,必ず,網膜像に依存している」という通念は,誤りである。なぜなら,例えば,ハチの眼では網膜像は生じないからである。両眼が行っているのは,それらが利用し得る,光が持つ有用な情報を,全て抽出することである。網膜像は,この情報抽出過程に付随する事象に過ぎない。人間の眼は,光配列の円錐の中に継起的に入り込むことによって,光配列を探索する《explores》。この過程は,サーチライトの光が暗い環境の中を動き回る仕方に喩えられる。但し,両者の間には,サーチライトからは光が放射されるが,眼では光が吸収されるという違いがある。

**網膜像を絵に喩えることの誤り。** 数世紀に渡って続いてきた誤解を,ここで払拭できる。それは,「網膜像は,絵のようなものである」という誤解である。「絵」をどのように定義しようとも,絵が「観察者によって見られるもの」であることには,誰もが同意するだろう。しかし,網膜像は,「観察者によって見られるもの」ではない。故に,網膜像は「絵」とは根本的に異なる。感覚神経から成るモザイクに,エネルギー分布が成立する。しかしそれは,レプリカ,複製,模型,記録のいずれでもない。網膜像は,コンピュータ理論家が言うように,連続的な“入力”である。入力としての網膜像は,視神経にインパルスを起こす。網膜像というものを想像してみることは容易だが,それには,ある危険が伴うことを，承知しておくべきである。その危険とは，「絵としての網膜像」という考えによって，「網膜像を眺める小さな人が脳の中にいる」と仮定する誤りが助長されることである。そのように考えたくなる時にはいつも，ハチの眼を思い出すべきだろう。網膜像は，眼の中にある絵のようなものではない。これは，聴覚刺激が耳の中にあるレコード盤のようなものではないことと全く同じである。

レンズや光学機器の設計者は，いわゆる像《images》について，他の人々と同様に，誤解に基づいて混同している。彼らがしているのは，光を操作することであり，その操作によって我々は，普通に行うよりも多くの情報を光から得られる。望遠鏡や顕微鏡を使って光配列の円錐を拡大することは，その微細構造を大きく明るくして眼が充分に抽出できるように，眼に入ってくる光を変化させることである。眺めているスクリーンに大きな画像を映写したり，器具を眼に直接当てて実物から来る光に眼を向けさせることによって，拡大視を達成できる。どちらの場合にも，重要なのは，眼に入る光である。

人間の網膜像は，見ること《seeing》の過程の一つの段階に過ぎない。光学機器の製作者や写真家，視覚教育者，画家が各々の方法で目指しているのは，見ることの過程を援助したり，高めることである。ここで私は，“見ること《seeing》”を，理解すること《understanding》という意味で用いている。感覚について考察するという特殊な過程や，パースペクティブにおいて見るという特殊な行為を指しているのではない。

## 知覚

知覚とは，世界についての知識を持ったり獲得したりすることである。そして，視知覚は，最も正確な種類の知覚である。知覚の過程は，受容器の神経興奮に依存するが，受容器は，調和した機能を持つ全体的な入力系に組み込まれている[6]。眼のシステム《ocular system》は，最も精巧な入力系である。こ

6）これらの着想は，4.4章とGibson（1966b）において再検討され，より明確に述べられている。（編者註）

れは，ある瞬間の光配列と時間経過に伴う配列の変化とに反応する。これらが，眼のシステムにとっての刺激である。或いはより正確に言えば，それらは，潜在的刺激作用《potential stimulation》から成る配列の流動であり，眼のシステムはこの配列に反応する[7]。眼の反応は，配列を探索すること，特定の細部を注視し両眼を輻輳させること，水晶体の焦点を調節して輪郭を鮮明にすること，動いている小部分を追従することから成っている。瞬時に過ぎ去る網膜像の継起が知覚されることは，ほとんどない。知覚として現れるのは，興味深い特徴を伴った現象的光景である。

知覚の本質は，何か重要な事柄に対する選択的注意《selective attention》である。受容器系《receptive system》は，刺激を明瞭に受容するために，器官を調整して“自ら適合化する《tunes itself》”。この「水晶体一網膜一神経一筋」という系は，受動的ではなく能動的である。この系は，パターンに存在する関係《relations》・比率《ratios》・段階《grades》・不変項《invariants》（これらは，世界の諸事実を特定する）を光配列から探し出すことによって，自らのために新しい刺激を生み出し続けている。眼に到達する光に含まれる潜在的な情報の量は，無限である。

情報を与え得る刺激作用の可能性は無限であり，受容器系は探索・選択活動を行っている。これらの帰結として，知覚に関して次の二つの結論が導き出せる。第一に，知覚は，刺激作用《stimulation》に依存する。第二に，知覚は，観察者各人の関心に依存する。これらの結論は，かつては矛盾と受け取られた。あちらを立てればこちらが立たずという状況は，避けがたいように思われた。即ち，知覚者は，世界を写し取るに過ぎないのか，それとも，知覚者は，自ら世界を生み出しているのか，どちらかだと考えられた。しかしこれは，誤った二者択一である。

多数の視点から世界を観察することを経験した知覚者とは，言うならば，文字通り，歩き回り自分の両眼を用いることを経験した知覚者のことである。即ち，知覚者は，多くの測点から地上の事物を眺めることを経験したのである。知覚者がそうすればするほど，事物の不変特性《invariant properties》（即

7） 4.3章［本書4.1章］を参照されたい。（編者註）

ち，変化するパースペクティブの永続的な残余部分）を分離しやすくなる。パースペクティブが変形するが故に，永続的な諸特性が知覚に現れる。そして知覚者は，こうすることによってのみ，世界を，あらゆる部分が他のあらゆる部分に繋がっているような全体と見ることができる。画家は，世界を眺める視点に特に関心を向けた知覚者である。そして，我々画家以外の人間のために，事物についての最も意義深いパースペクティブを捉え，記録してくれる。

既に指摘しておいたように，知覚することは，世界についての知識を持ったり獲得したりすることである。しかし，視知覚に際して知識を得るようには感じないことが，度々ある。代わりに，視知覚は，媒介を経ず直接知ること《immediate acquaintance》や直接に接触すること《direct contact》のように感じられる。事物・場所・事象・動物・人間を見ることは，それらと関わりを持つことを意味する。媒介されない知覚《immediate perception》と媒介された知覚《mediated perception》との相違については，どのように考えるべきだろうか。

様々な種類の知覚に関して，直観的印象から回りくどい推論まで，様々な度合の媒介《mediation》が存在する。媒介には，確実性から不確実性へと変化する一つの次元がある。この次元は，例えば，照明の明暗に，即ち，そこに存在する刺激条件に含まれる潜在的情報の量に，依存する。媒介のもう一つの次元では，直接知ることと伝聞とがその両極を成している。これは，ここで考察すべき種類の媒介，即ち，媒介された知覚《perception at second hand》，つまりは他者の眼を媒介にした知覚である。

## 画像の本質

これまで，パースペクティブに関して考察し，その上で知覚過程についてもさらに論じてきたが，それは，「画像《picture》とは何であり，何をするのか」について明確に述べられるようにすることを意図していたからである。私が提案した考え方が受け容れられるか否かはともかく，私の定義には，少なくとも，明瞭であるという長所があった。即ち，一般的に言って，画像とは，「画家（即ち，その人工物の製作者）が知覚したのと同じやり方で，眼に見えている世界のある局面を他者に知覚させることができる人工物」である。これは，見せることを意図した画像である限り，（線描画・彩色画・写真・動画・テレビ画像のいずれであれ，写実的であろうとなかろうと）いかなる画像にも当てはまることを目指した定義である。

具体的に言えば，画像は，その材質が画布，紙，ガラス，その他どのような物質であろうと，常に物理的な面である。画像は，光を反射し，伝送する。要するに，画像は，一つの対象であり，多くの場合それは，平坦な矩形である。しかし画像に関してユニークなのは，画像から発する光である。画像面には，画像面から発する光が画像面そのもの以外の何かについての知覚を引き起こすように，処理・加工・操作が施されている。画像は，画像面の前の測点に光線束を与える。その光線は，現前する世界のうちの全くの別の部分，恐らくは遠くの世界，過去の世界，未来の世界，望まれる世界（非常に心地よい世界であろうと，恐ろしい世界であろうと）についての情報を含んでいる。いずれにせよ，それは，文字通りには測点に現れていない世界のある部分や局面についての情報である。もし眼が実際に画像の前で停止し，しかもその眼の所有者が光線束に含まれている情報を取得《register》できるならば，その画像は根本的な目的を果たしたことになる。つまり，媒介された知覚《perception at second hand》（即ち，現前しない光景を，画像を代理として知ること）が生じたのである。

**画像製作の方法。** 画像は，面であるだけでなく，もっと本質的には，人工的な光配列でもある。この面は，測点に与えられる光学的肌理・構造・波長構成を明らかにするような方法で，処理・加工・操作が施されていなければならない。その方法は，人間の歴史において何千年にもわたって，多数創案されてきた。しかし，基本的には，方法は二種類に分けられる。手と眼によって画像を作る方法と，写真カメラを何らかのかたちで利用して画像を作る方法とである。各々の方法の利点については，客観的に考察する必要がある。

**画像の忠実性《*fidelity*》。** 画廊や実験室の中の一点に，地表面から何千マイルも離れた唯一の測点へ向けられた高密度の光線束とあらゆる点で等しい高密度光線束を構築することは，理論的には可能である。二つの光のピラミッドの各々を，隙間か覗き穴によって周辺の光配列から孤立させれば，単眼で両者の違いを見抜くことはできないだろう。つまり知覚者は，どちらが人工的光景でどちらが自然の光景なのか，見分けられないだろう。このことは，「他の条件が同じであれば，同じ刺激作用は同じ知覚内容《percept》を引き起こすに違いない」という心理学の基本原則からすれば，当然の帰結である。視覚は，光配列の構造に依存している。しかし，これには異議も申し立てられてきただろう。

二つの光線束が，強度や波長構成に関して，逐一比較しても全く同一であるなどということは，実際にはあり得ない。第一に，自然の光配列における光の密度は無限である。自然の光学的肌理は，どんな微視的に細かく分析しようとも，情報に満ちている。これに対して，人工的光配列の肌理を分析すると，写真や色素《pigment》の粒だけが見え始める。第二に，充分な照度を持った自然の光配列における強度の範囲は，最良の写真スライドから発する光の強度範囲を超えており，最も細密な絵画から発する光の強度範囲を遙かに超えている。さらに，フィルムや画布の上の人工染料・人工色素の波長構成と，自然な面から発する光のスペクトル構成とを，正確に一致させることは不可能である。

しかし，光線束がこのように単に物理的に同一であることは，上記の実験が成功するために必要なわけではない。眼は，配列の推移《transition》と関係とに，まず反応する。つまり眼は，物理的放射の絶対強度ではなく，関係的な変数に反応するのである。ある測点における画像の光配列の肌理を，視力が有効な範囲を越えるほど細かくする必要はない。強度そのものは，輪郭や強度の勾配に比べると重要ではない。そして，面の上の着色された部分のうち主なものが的確に特定されるためには，画像の光配列の“色”は，(1)色同士の相互関係と，(2)各々の色と有効な照明との関係とにおいてのみ，画像に再現されている必要がある。従って，ある測点に達する二つの光のピラミッドは，エネルギー入力として物理的に同じではなくとも，刺激としては機能的に同一であり得る。

最近では廃れてしまったが，実景と区別できないような画像を作成しようとする実験が行われてきた。写真が登場する前の数世紀には，画家はしばしば，

“トロンプ・ルイユ《trompe l’oeil》”と呼ばれる類の画像に魅せられてきた。即ち，眼を欺いて，充分な三次元的現実感をもった部屋・レリーフ・出入口・静物などの知覚を引き起こすべく，照明され配置された絵画である。この実験には，写真スライドや壁面写真を用いることで，ある種の制約が伴うが，ある光景の画像を，その画像が表している実景の隣に並べて配置した場合にさえ，この実験は成功し，観察者は両者を識別できない。

画像の忠実性は，「画像面が，一定の固定された測点に実景において送られた光線束と同じ光線束を，その画像面の測点に送る度合」と定義できる。しかし，実景に対する画像の**機能的**忠実性とは，単純に，「画像が与える光配列において眼が感受し得る変数と，実景が与える光配列において眼が感受し得る変数とが同じである度合」である。実景に対する画像に関しては，完全な機能的忠実性が実現できる。

眼は，殊に輪郭に（つまり，光の強度の急激な推移《transitions》に）敏感である。線は一般に，眼に対して輪郭を特定するが，その際，その輪郭の両側の明るさが異なっている必要はない。従って，線画は，その明るさや色を実景と一致させなくても，実景に対してかなりの忠実度を持ち得るのである。眼はまた，特に，輪郭の直線性と光の中の細部の列にも敏感である。投影に直線の輪郭が含まれていることは，外界に直線の縁が存在することを意味している。恐らく，それゆえに，画像における線遠近法《linear perspective》が，ほとんどの人々に対して強制的な効力を発揮できるのである。上に述べたように，それは，パースペクティブの一般幾何学《general geometry》の一つの特徴でしかないが，この特徴に対しては，人間の眼は特に敏感である。人間は，建物や舗装道路の縁を直線状に作っており，一般に，そのような建物や舗装道路から成る環境で生きている。

静止画像において形や比率《proportion》の忠実性が高いことは，即ち，そのパースペクティブが“正確《correct》”だということである。きっちり設計されたレンズ系を備えたカメラで撮影した写真では，自ずとパースペクティブは“正確”になる。但し，プリント（陽画）は，レンズの焦点距離に等しい垂直距離から，単眼で観察される。ルネサンスの画家が発見した技法に従って描かれた写実画についても，測点から見る場合には，パースペクティブは“正確”である。このように写真でも写実画でも同じことに至るのは，双方がともに，画像面と交叉する光線の理論とピンホール・カメラの基礎実験から生まれているからである。

形と比率に関して立体を忠実に再現することは，画家にとっては退屈な仕事かも知れないが，蔑ろにされるべきではない。それは，現前しない対象についての代理経験，或いは，離れた場所についての媒介された知覚を可能にする。それは，確かに媒介された知覚《perception at second hand》であるが，その画像の忠実性が高ければ高いほど，媒介されない知覚《perception at first hand》に似てくる。それは，当の世界の，特定の部分に向かって開いた固定された窓，或いは現実への覗き穴に過ぎないかも知れない。しかし，こういった制約にもかかわらず，それは，ある種の視覚的教育《visual education》である。解剖図，科学的記録，ドキュメンタリー映画，さらには遠隔地への旅行のスナップショットでさえ，これらはみな，事物の形状に関する知識を得る方法であり，それは重要な知識である。

**画像から生じる，錯覚としての現実感**《*illusion of reality*》。 窓を通して実景を単眼で眺める場合には，通常の画像によって与えられる視覚刺激と実景から与えられる刺激とは，区別できないであろう。観察者は，実際にその光景を目の当たりにしているように感じる。しかし，画像によって引き起こされた知覚は，次の三つの点に関して，実物通りにはいかない。第一に，観察者は，画像が表す光景の周りを見て回れない。第二に，画像が表す光景の中で動き回ることはできないし，その光景の中で何か動いているものを観察することもできない。第三に，両眼の使用から生じる両眼視差《binocular parallax》を得ることができない。錯覚としての現実感《illusion of reality》は不完全であり，普通の画像を観察する者は，自分が文字通り実際にその光景を目の当たりにしているとは決して思わない。

画像の作り手なら（少なくとも商業的な野心を持っている者なら）誰もが，画像知覚の迫真性におけるこれらの欠点を，改善したいと考えてきた。彼らは，可能ならば完全な現実感を創り出そうとするだろう。そのような努力の過程で，彼らは，画像の光配列の視野範囲を拡大し，それに時間的連続性《progression in time》を与え，両眼それぞれに異なった光配列を与えようと試みてきたのである。

**1. 画像の光配列の視野範囲。** 画像の範囲は，ある適切な測点における，その画像から発する光線束の角度の大きさ《angular size》として定義されよう。描かれた光景に臨んでいるという観察者の錯覚がどの程度強いかは，画像が含んでいる視野の大きさにかなりの程度規定される。イーゼルを前にした画家や写真家には，画像化できる視野の大きさに限度がある。平面のキャンバスも写真のプリントも，寸法が固定されており，約45度を超える大きさの視野を取り入れることは，いずれの場合も非常に困難である。

通常の画像は，光景全体から選択された一定の範囲である。つまり，見る者が観察できる一定の角度範囲《angular sector》が選択されている。この状況は“実物《life》”と同じではなく，見る者は各自，何を観察するか選ぶことができる。このような通常の画像に代わる選択肢としては，パノラマ画像《panoramic picture》がある。これは，視野範囲をさらに拡大した光配列である。

戦闘シーンや歴史的事件のパノラマは，かつては非常にポピュラーだった。こうした画像は，カーブした面，つまり円筒形或いは球形の面に描かれねばならない。それは，頭を動かさない観察者の視野を充たすように，つまり半球型に設計できる。或いは，体を回転させる観察者の全環境を充たすように，つまりほぼ球形に設計できる。様々な国に，完全なパノラマを収容した円形の建築物が，まだいくつか存在している。写真を投影する方法によってパノラマ様の光配列を作り出すことは難しい。“シネラマ”という方式のセミ・パノラマ動画は，光学的な折衷《optical compromise》に満ちているが，それにもかかわらずシネラマが強い現実感を生み出すことは，ほとんどの映画ファンの間で一致した見解である。このセミ・パノラマ動画は，明らかに，人々の，世界を見たいという（即ち，奇妙な事件や有名な見せ場に立ち会いたいという）熱望を満足させるために，用いられている。

**2. 時間的連続性。** 錯覚としての現実感《illusion of reality》の追求において最大の業績は，動画の発明である。“動画”という呼び名は，的確ではない。というのは，動画は，移動や物理的運動を表すだけにはとどまらないからである。つまり，動画は時間を模倣する。生きている人間を包囲している光は，変形と変化とから成る連続的流動であり，周囲で生じる諸事象の継起は，この流動によって特定される。これが，映画撮影技術がある程度再現するのに成功したことである。

確かに，静止画は，時間の流れの中の重要な一瞬を再現できる。画家は，連続的過程の中の重要な断面，或いは事象の重大な時点を選択して描くことができる。しかし，画像が発する光配列それ自体は変化しない。そして画像は常に，静まりかえって微動だにしない世界の特徴を，いくらか表している。

画像が発する光配列を時間経過に伴って記録できるカメラ，つまり映画やキネスコープのカメラは，“パン《pan》で撮影する”，“ドリー（移動式撮影台）《dolly》に載せて撮影する”，“カット《cut》”，“フェイド《fade》”などができる。これは，言ってみれば，実際のところ，カメラは，あるやり方で見て回り，移動し，あちこちに注意を移動し，時間の経過を表せる，ということである。このようなカメラは，単純な運動を記録すること以外に，これら全てができるのである。これらは，生きている観察者の知覚能力の一部である。従って，スクリーンに投影される映画の画像は，自然な知覚を模倣できるのである。

**3. 各単眼に与えられる異なる光配列。** 我々は，どのようにして光景の奥行を見るのか。これは，左右の眼への入力相互のわずかな食い違いで，部分的には説明できる。このことを，今から100年以上前に，ウィートストーン（Wheatstone）が，明らかにしている。立体鏡《stereoscope》と呼ばれる器具を用いて，両眼間にパターンの非対応《disparity》を人工的に作り出すと，奥行き感《illusion of depth》が生じる。

そのような器具を用いる場合にせよ，各々の眼は，各々に対応する画像の適切な測点に近い位置を占めなければならない。従って，「立体的なパノラマ」などは，想像すらできない代物である。同じように，立体動画を見るためには最適な位置から観察する必要があるが，観客全員がスクリーンに対する最適な相対位置を占めることはできないので，観客の大部分には満足な立体動画は見えない。画像の現実味《realism》を高めるために，パノラマ・立体・カラー動画など，あらゆる発明を一つの大きなディスプレイに組み入れようという考えは，恐らく実用的ではない。

これらの技術的成果について，画像による表現《pictorial representation》の忠実性や画像の呈示《pictorial presentation》の実物への近似性《lifelike quality》の面では，どのようなことが言えるだろうか。これらの技術は，世界についての人間の好奇心を満たすのに役立つ。それらは，ある種の知識をもたらす。それら技術が，自然な知覚に近づくことによって，知覚は容易になる。これらの技術によって，事物・事象・場所・人々を，ほとんど直接的に知ることが可能になる。だが，それらは，想像力が働く余地を全く残さない。恐らく，それらは想像力を台無しにしてしまう。観察者の能動性より受動性を助長すると言われるだろう。画家は絵画に誇張《emphasis》を施すが，これらの技術が，見る者の知覚に誇張を施すことはない。

## 注意の教育

すでに示唆したように，画像は一般に，画像の製作者が見た時の，世界のある局面を伝える。その“世界”は，ある意味で現実的《real》でなければならないが，それは文字通りに存在している世界である必要はない。そして，その“局面”は，存在している測点からの文字通りのパースペクティブである必要はない。

実際に光の中に情報があるならば，そして，その情報の量が無限であるならば，知覚者は各々，潜在的情報から自分が必要とする部分を選択しなければならない。知覚が画像によって媒介されている場合には，このような選択の一部は既に完了している。写真でさえ，写真独自の方法で選択的である。しかし彩色画《painting》は，もっと選択的であり，しかもその方法は，彩色画に固有である。各々の画家は，光から情報を選択する自分なりの癖や技術を持っている。絵画の時代様式や文化によって，「見るべき重要な事柄」を選択する方法は，全く異なる。もし画家が，世界について人々が求めている情報を強調したならば，画家はその人々の役に立ったことになる。その人々がそうした情報を取得できるなら，画家は，彼らの視覚をより鋭敏にしたのである。彼らの眼の感受性は，さらに高まるだろう。もちろんそれは，解剖学や生理学ではなく，心理学のレベルで言う感受性である。このレベルでは，光の緻密さと複雑さは，莫大である。従って，世界を見る様々な方法は，それぞれが妥当ではあるだろうが，いずれの方法も変化しやすい点では同じである。

この理論に従えば，画像における選択や抽象化は，理解できる。しかし，写実的でない絵画における，普通の人なら“歪曲《distortion》”と見なすようなもの，つまり，形や比率の忠実性からの逸脱についてはどうであろう。現代の画家たちはしばしば，人間や場所を，文字通り（つまり，幾何学的な意味において）変形して表現する。これは，なぜだろうか。その答えは恐らく，文字通りの再現からのある種の逸脱だけが，純粋に情報をもたらす《informative》からである。人間の顔の再現を考えてみよう。人柄を見抜くことに長けた風刺画家の作品は，一方向から描いた緻密な肖像画とはかけ離れている。その変形はまさに，描かれたその人物と他の全ての人との違い（それは，真の違いであり，その人格の特性である）を示している。この場合には，変形は，誤りではなく，逆説的な意味で真実である。

知覚過程に関する私の理解からすると，「絵画におけるパースペクティブ（遠近法）の使用は単なる規約に過ぎず，それを用いるか放棄するかは画家の選択に委ねられている」というのは，理に適った主張とは思えない。幾何学的なパースペクティブの新しい法則が発見され，古い法則が放棄されることも，あり得ない[8)]。確かに，描かれた歴史上の時期や描いた人に応じて，絵画は様様に異なることから，見ることには（ある意味において）様々な方法が存在するのは明らかである[9)]。しかし，見ることの基本的な方法については，人々の間に違いはない。即ち，「光によって，そして光の直線的な伝播によって，見る」のである。画家が，自分が見ていることを二次元の面の上に描き換えるときには，必然的に透視幾何学《perspective geometry》を用いる。人間は，視知覚を学習するが，その方法は，言語を学習するのと同じではない。人間は，

8) これは，ギブソンとグッドマン（Goodman）との議論である。3.4章［本書3.3章］を参照されたい。（編者註）

9) Hagen（1979）を参照されたい。（編者註）

教育によって視知覚を獲得できるが，その教育とは，一群の新たな記号を記憶することが根幹をなしているような類の教育ではない。画家にできることは，新しい種類の視覚を創造することではなく，我々の注意を教育することである。

# 3.3 絵画において利用できる情報*

表象に関するあらゆる議論の背景に，絵画とは何かということについて，二つの相矛盾する説がある。一方の説では，「絵画は，測点《station point》（或いは，知覚者）に達する光線束から成り，光線束の各々は，絵画の表面の色の点に対応する」と考えている。もう一方の説では，「絵画は，程度に差はあれ言葉に似た象徴群から成り，絵画は書かれた文に匹敵する」と考えている。一番目の説に従えば，絵画は，絵画から発する光線が実物から発する光線と同じである限りにおいて，実在する対象や光景を表し得る。二番目の説に拠れば，絵画が発する「言葉」が理解される限り，絵画は実在する対象や光景を表し得る。つまり，「我々は，子どもが書き言葉を学ぶのと同様に，絵画を“読む”ことを学ばねばならない」というのである。しかし一番目の説はこの考えを否定し，「子どもは，対象を直接に知覚できるようになるのと同時に，絵画に描かれた対象も知覚できる」と主張している。

これらの説は，ともにこのままでは極論に過ぎず，両者を何らかのかたちで結合できるのではないか。そう考える人もいるだろう。しかし，これら二説の折り合いを付けようとする企ては，成功しなかった。或いは，少なくとも私の見る限り，成功してはいない。そこで私は，これら二説がともに誤りであると考えるようになった。我々には，「絵画とは何か」に関する新しい理論が必要である。それがどのような理論になるのか，後ほど提案してみたいが，その前にまず，これら相対立する二説について，各々の主張の主旨はどういうことか，また，なぜ最終的にはうまく行かないのか，明らかにしておきたい。

---

＊ *Leonardo*, 1971, *4*, 27-35.

## 絵画情報が点から点に投影されるとする説

ルネサンスの画家が見出した遠近法表現の技法は，光学という科学の発展と共に，18 世紀までの間に円熟期を迎えていた（図 24 を参照）。あるイギリスの数学者は，1715 年に，対象の完全な絵を描くためには，“絵から発して観察者の眼に達する光が，対象から発した場合と全く同じになるようにすべきである”（Taylor, 1715）と主張している。確かに，この通りにすれば，光は，絵の額縁に相当する窓を通して眼に入って来ることになる。さらに，カンバス上の色素の各点から発した光線の各々が，対象の前面の各点から発しこの窓を通過して眼に達する光線の各々と同じ波長・同じ強度を持つならば，双方の光線束は一致し，その対象の完璧な表象が成り立とう。この考えが主張された当時は，アイザック・ニュートン（Isaac Newton）の『光学（Opticks)』が既に出版されており，広く読まれていた。

上記のような「完全な絵画」に関する理論は，同時に発展してきた，網膜像に基づく視知覚理論とちょうど符合していると思われる。ニュートンは，確信に満ちて次のように主張している。

> 対象の各点から発する光は，屈折して…**網膜**《*Retina*》と呼ばれる皮膚の上に，その対象の絵《picture》を描く。…これらの絵は，視覚を引き起こす原因であって，視神経繊維を介した運動によって脳に伝播される。この絵が完全か否かに応じて，対象も完全に見えたり不完全に見えたりするのである（Newton, 1730/1952, p. 52)。

点対点の投影説《point-projection theory》は（網膜像が投影像であるとする説と共に），何世紀にもわたって定説の地位を保ち続けてきた。事実，光は影を投じ，透明な画像を投影する。さらに，点対点の対応という抽象概念は，射影幾何学《projective geometry》と呼ばれる数学の領域の一角を占めている。15 年前に私は，視覚教育の研究者にこのことを理解してもらうために，“絵画の知覚に関する理論（A Theory of Pictorial Perception)”（1954c）と題する論文を書いた。この論文で私は，録音再生の忠実度の概念を援用し，最大値からゼロまでの変域を持つような数値として，画像の**忠実度**《*fidelity*》を

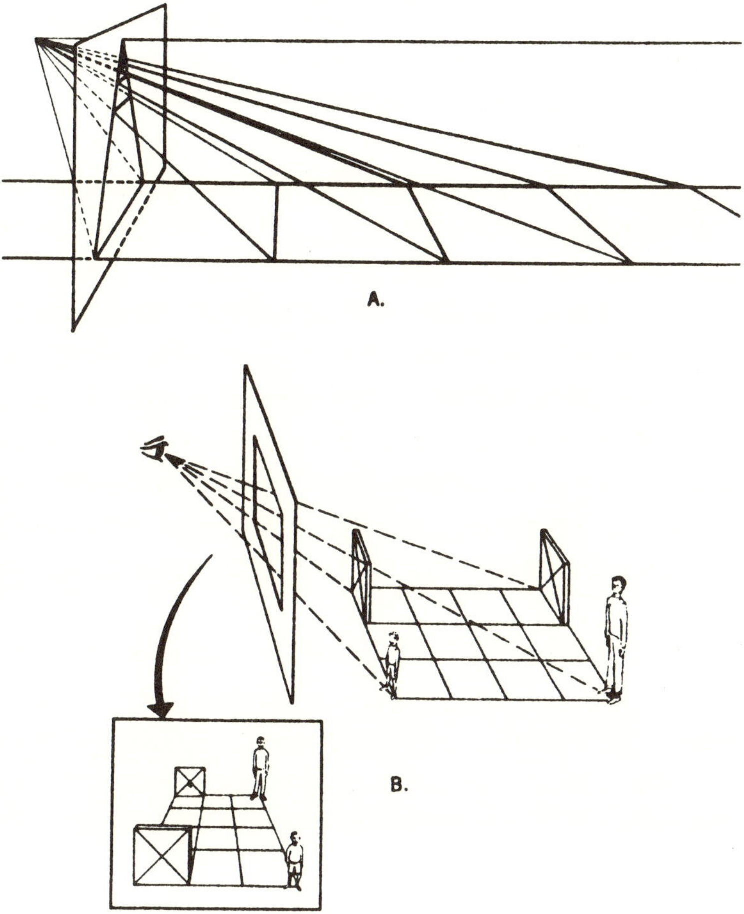


**図 24　絵画表現の諸原理**

A は，奥行き方向に広がる規則正しい敷石の絵画面への投影である。ここには，線遠近法《linear perspective》という最も重要な法則群が見て取れる。特に，地平線上の消失点は重要である。B は，絵画面に開いた窓への，ある光景の投影である。角度の大きさ《angular size》同士の関係と矩形から台形への変換とに着目されたい。直線の縁は，絵画にも直線として投影される（直線性は，不変項《invariant》である）。面の肌理の遠近法は，示されておらず，**輪郭**《*outline*》と言われるものだけである。どちらの場合にも，刺激であるのは，光配列であって，像ではない。このことが重要である。

定義した。「実物に忠実な絵」とは，**元の光景が観察点に与えたのと同じ光線束を観察点に与えるよう加工された，範囲の限られた面である**。即ち，「実物に忠実な絵」では，**絵画面における色の点の隣接序列構造と，元の光景の断面における隣接序列構造とが一致している**（1954c）。私は，さらに次のようにも言っておくべきだった。即ち，「実物に忠実な絵」では，**絵画面における形が元の光景の断面における形と一致**している。これは，上に引用した18世紀式の定義と本質的に同じである。私は，「絵の光配列を横切る光エネルギーの序列構造に生じる**変動**《*variations*》が元の光景を横切る序列構造の**変動**と一致するのではないか」といった幾分曖昧な表現をとって，絵画と元の光景の間での「光の点同士の対応」の代わりに「差異《contrasts》や関係《relations》の対応」という考えを導入した。私は，外界から与えられる光の強度の変域が，絵画によって呈示できる光強度の変域を遙かに超えていることを理解していた。絵を見るときに，光線の集束点として，唯一の適切な測点以外の点が選ばれるならば，描かれた形と元の光景の中の形とは一致しなくなるので，絵はもはや「実物に忠実」ではなくなる。このパラドクスについても，私は何らかの説明を確かに行った。要するに私は，この18世紀式の定義の限界を幾分は理解していたもののまだ充分ではなく，これを却下するには至らなかったのである。

“画像・パースペクティブ・知覚（Pictures, Perspective, and Perception）”（1960a）と題した後年の論文［訳者註：本書3.2章］で私は，この定義に大幅な修正を加えたが，光線束の概念は依然として保ち続けていたし，光線に立脚した忠実度の概念も放棄してはいなかった。これから私が提案する新しい定義は，幾何光学ではなく生態光学に基づいており，光線の概念の限界を超越している[1)]。しかしながら私は，この1960年の論文で画像について述べた考えの多くを，今後も堅持していくだろう。コーネル大学では，Gibson（1956），Ryan and Schwartz（1956），Smith and Gruber（1958），Smith and Smith（1961），Hochberg（1962），Hochberg and Brooks（1962），最近では，Kennedy（1970）らが，15年以上にわたって，画像の知覚に関する一連の研究を行ってきた。

---

1）1.4章［本書1.2章］の第2部，ならびに，1.7章を参照されたい。（編者註）

私は，1954年の論文の後半で，点対点の投影説を実際には否定する発言をしていたが，当時はそのことを明確には認識していなかった。私の主張は以下の通りであった。即ち，「対象に対する画像の忠実度には，ただ一つではなく，多数の相異なるディメンションが実際に存在する。」さらに，「手描きの絵に含まれる線や輪郭は，外界に存在する面の縁（へり）や隅（すみ）を忠実に表現できる（但し，もちろん，線は，面の色や肌理は表現できない）。」しかし，実は，これでは全てが台無しである。というのも，このような忠実度の定義は，色を塗った絵や写真にのみ当てはまるのであって，線画には当てはまらないからである。線画から生じる光配列と，その線画が表現している対象から生じる光配列との間には，明るさや色に関して点対点の対応が存在し**ない**。ある種の対応は確かに存在するのだが，それは，私が定義したのとは全く異なる種類の対応に違いない。こういった，関係的《relational》な対応，或いは，高次の対応を記述するためには，光線に限定されない新たな光学が必要である。

最後に，点対点の投影説に対する異議をもう一つ挙げておこう。それは，光線とそれが平面に投影する形とによって忠実度を定義していることに対する異議である。そのように定義された忠実度は，カリカチュア［訳者註：人物を誇張して描いた風刺画］には当てはまらない。この，漫画家によって描かれた人物画は，その人物の顔立ちや体つきの形状の忠実な投影では決してない。カリカチュアは，人物の曲線や輪郭を表現していない。我々が「カリカチュアは歪んでいる」と言う場合，それは，描かれた人物が**デフォルメされて**いるとか**歪んで**いるという意味である。しかし，この言い方には，どこか的確でないところがある。カリカチュアは，描かれた人物と他の全ての人々とを区別する特徴には忠実であると言える。従って，表現という言葉を高次の意味で捉えれば，カリカチュアはその人物を真に表現していると言える。カリカチュアは，その人物を完全に特定するという意味で，写実的な描画やポートレート写真より明確にその人物に対応しているのである。そしてこの点こそ，絵画情報は光線に還元できるという説に真っ向から反対する最も強固な根拠である。

カリカチュアに見られる歪みは例外的な事態であって，絵画情報は光線に還元できるとする説も部分的には妥当ではないか，と考えてみた。つまり，カリカチュアは実際には表現の一種ではなく，言葉を用いるのと同様の，図を用いた象徴の一種だとするのである。1954年には私は，この折衷案に魅力を感じていた。画家が投影像の忠実度を犠牲にするとき，唯一それを正当化する根拠は，絵の慣習（即ち，誰もが賛同しなければならない規則）に従ったということではないか。絵画による実物の特定には，**投影**《*projection*》と絵画的**規約**《*convention*》という二種類しかないのではないか。ならば，カリカチュアは両者が入り交じったものと言える。しかしこの考えは，相容れない二つの概念を組み合わせただけのことだった。カリカチュアは，光学的投影と象徴による歪みとの混交などでは**なく**，両者のいずれとも異なる何かである。カリカチュアは，実物の特定に役立つ情報を表示しようとする企てではないか，というのが，私の結論である。

では，点対点の投影説が，もっともらしい説明として受け容れられているのはなぜだろうか。何よりもまず，この説は，物理光学と，さらには物理光学の帰結として導かれる視感覚の学説と，矛盾しない。この説では，眼に入る光のパターンは，色・明るさを帯びた，それ以上単純化できない点の集合であり，それが，眼が受け取る**唯一の**情報であるとしている。これら点の集合からは，光を発する源である対象や面を特定することはできない。色の感覚や明るさの感覚を，特定できるだけである。かくして，知覚とは，これら視感覚をどのように解釈するかという問題に他ならないとされる。例えば，対象までの距離（即ち，空間の第三の次元）の知覚は，奥行きの手がかり《clues》とはどのようなものか学習することだとも，或いは，奥行きの手がかりに関する（学習されたのではない）直観を抱くことだとも言える。しかし，解釈は，感覚に立脚している。従って，外界の光景から与えられる色感覚から成るモザイクを再構成或いは表現している絵画は，その外界の光景が引き起こすのと同じ知覚の過程を引き起こすだろう。これが，この点対点の投影説の主張であり，非常に説得力があるように思える。

「実物に忠実な絵画は，観察者を欺いて，単なる絵ではなく実物を見ていると感じさせる場合がある」ことを示していると言われる事例がある。上の主張の説得力の源は，部分的には，ここにある。この説によれば，二つの全く同じ網膜像は，同じ知覚を生じるはずであるから，絵画と実物から，共に同じ現実感が生じるに違いない。これが，我々を永きにわたって魅了し続けてきた“錯覚としての現実感《illusion of reality》”である。これは，像と現実とを同一視したピグマリオンの伝説に典型的に現れている。そしてこのことは，ゴンブリッチ（E. H. Gombrich）の包括的にして説得力のある著作（1961）のテーマであった。ほとんどの人は，一度や二度は，絵を実物だと見誤った経験がある。それで我々は，「極限的な状態では，絵とそれが表している事物とを区別することはできない」と結論してしまうのである。しかしこれは，後に述べる通り，曖昧であてにならない言説である。何か描かれたものに関する知覚に，量的な漸近的変化を加えれば，何かに関する直接的な知覚になる。仮に，このように考えているとするならば，それは誤りである。

## 絵画情報に関する象徴説

当の画家たちは，「絵画による表現は点対点の投影である」との説に，取り立てて関心を抱くことはなかった。この説が，画家の為すべきことを規定し制約しているように思われたからである。画家・美術批評家・美術史家は，「完全な絵画」や「実物に忠実な像」という概念に真っ向から反対してきた。しかし，彼らの反対を正当化するのは容易ではなかった。これらの概念が，光学や眼の生理学から強く支持されていたからである。

25年前，キープス（Kepes）は，『視覚の言語（Language of Vision）』（1944）と題した書物を著した。また，近年，グッドマン（Goodman）も，『芸術の言語（Languages of Art）』（1968）を著している。私の考えでは，彼らの主張は次の通りである。即ち，絵画は，象徴《symbols》から構成されている。象徴の最も明瞭な例は，文字と語である。従って我々は，子供が言葉を読むことを学ぶのと同様に，絵画を読むことを学ばねばならない。

キープスは，絵画の構成単位は，感覚の点の集合ではなく，何か他のものだと主張する。

> アルファベットの文字を様々に並べることで，意味を持った「語」を作ることができる。これと全く同じように，光学的な測度や質は，様々なやり方で組み合わせられる。各々の組み合わせの特別な関係から，空間の様々な感覚が生じる。これによって

**図25**　クリフォード・アイテル（Clifford Eitel）による“透明の研究”。G. Kepes, Language of Vision, Paul Theobald and Co., 1944より。出版社の許可を得て掲載。

実現される多様性は無限である（1944, p. 23）。

キープスは，彼の言う「空間言語《spatial-language》」の実例を著書に掲げている（図25を参照）。キープスによれば，光線そのものは，“移ろいやすく互いに無関係な光の偶発的事象から成る，でたらめで混沌としたパノラマに過ぎない（p. 31）”。この，光線同士は各々互いに無関係であるという主張は，ゲシュタルト心理学者らによって既になされていた。

同様に，もっと詳しく述べれば，グッドマンは，絵画表現と言語記述との類似性を強調している。“従って，絵画表現は，言葉による記述と，ある程度同じように機能する。対象は，様々な言語的ラベルによって（或いは，そのような言語的ラベルの下に）分類される。同様に対象は，様々な絵画的ラベルによって（或いは，そのような絵画的ラベルの下に）も分類される”（1968, p. 30）。グッドマンはまた，分類はデータの側に課されているはずだと考えて，「知覚とは，本質的に観察者による分類の行為である」という説を受け容れた。

さて，仮に絵画が言語であるとするならば，ちょうど，新しい言語（例えばエスペラント語のような人工言語）を考案でき，その新しい言語の語彙と文法を習得することでその言語を学習できるのと同じように，画家は新たな様式の視知覚を考案できるし，その構成要素を習得できるならば，我々は誰でも，その新様式の視知覚を学習できる。事実，この画期的な考え方は，非常に多くの現代の画家に刺激を与えている。彼らは，外界に関する我々の視知覚を教育することだけでなく，我々に，全く新たな種類の知覚を提供し，古い種類の知覚を放棄させることも意図している。例えばアルンハイム（Arnheim）は，『美術と視覚（Art and Visual Perception）』（1954, p. 93）の中で，次のような大胆な主張を展開している。即ち，“ピカソ（Picasso），ブラック（Braque），クレー（Klee）らの作品に，それらがまさに表現している事物を見る”ためには，一種の“レベルの移動”だけが必要だという。これらの絵画は，今の我々に対しては事物を表現していないが，将来は表現するようになるだろう，というのである。

この説は正しいのだろうか。この説を巡る論争において，最も重要な争点は，絵画における遠近法の使用は**規約**《*convention*》なのか否か，ということである。古くは，美術史家エルヴィン・パノフスキー（Erwin Panofsky）が，遠近法の使用は規約だと主張しており（1924-1925），Kepes（1944），Arnheim（1954），Goodman（1968）らも，この考えを支持してきた。私はかつてこれに反対して，次のように主張した。

> 「絵画における遠近法の使用は単なる規約に過ぎず，それを用いるか放棄するかは画家の選択に委ねられている」というのは理に適った主張とは思えない。…画家が自分が見ていることを二次元の面の上に描き換えるときには，必然的に透視幾何学を用いる（1960a, p. 227）。

しかしグッドマン（1968, p. 12）は，私の考えには賛同しない。

> ギブソンの主張には全く反するが，画家は，現代の西洋の人々が写実的だと感じるような空間の表現を達成したいと考えるならば，“幾何学の諸法則”を無視しなければならない。

グッドマンの著書の主旨は，上の引用には表れていない。グッドマンは，絵（特に，彩色画）について論じる際に，絵画と言語の類似性を認めているが，同時に記号法《notation》と呼ぶ原理を案出してこれをあらゆる芸術に適用しようと試みている。この試みが「絵とは何か」という問題に直接関わるとは思えない。これとは別の，つまり，私がここで論じているのではない問題を，グッドマンは解明しようとしているのである。

この論争は，興味深く重要でもあるが，混同や誤解にまみれている。幾何学を軽視する人々は，絵画における，いわゆる逆遠近法《inverse perspective》を持ち出してくる。『視覚の言語』でキープスは，次のように述べている。

> 中国や日本の画家は，西洋の画家が与えるのとは正反対の役割を，線遠近法《linear perspective》に与えている。彼らの画法では，平行線は観察者に近づくにつれて収束する。平行線は空間を閉じるのではなく散開させるのである（1944，p. 86）。

しかし，これについては明確にしておくべき点がある。「外界に存在する平行線（実際には，面の縁）は，投影面上では，面の外側の縁が観察者に接近するにつれて収束する」というのは，明らかに誤りである。投影面上の線は，縁が観察者に近づくにつれて発散《diverge》しなければならない。逆遠近法の規則や規範には，**体系的**《*systematic*》と言えるものは恐らく存在しない。つまり，逆遠近法は，面の配置を絵画面上に投影するために一貫して使用できる方法ではないのである。東洋の画家（だけでなく西洋でも中世の画家や，時には子ども）は，しばしばテーブルの上面や床面の縁を，絵画面上では上方向に（収束させるのではなく）広がっていくように描く。なぜこうなるのかは，私にはわからない。しかし，彼らが**体系的画法**《*system*》を持っていないことは明らかである。こういった，いわゆる線遠近法の逆転は，意図的なことでは全くないのではないか。そして，それを説明するのは簡単なことではない。そう私は考える。

では，遠近法が規約的ではないとすれば，具象絵画において守られて**いる**のはどのような「規約」なのか。何が画家の自由裁量に委ねられており，何が取り決められているのか。取り決められているのは，以下のような，絵画面を観察する際の規則だけである。(1) 絵は単眼で見なければならない。(2) 絵は，直立させ，視線に対して斜めではなく直交するように置かなければならない。(3) 観察距離は，絵の立体視角と描かれた事物の立体視角とがちょうど一致する距離でなければならない。重要なのは，これらの規則が非常に限定的で，観察者にこれらを強いるのは不可能だということである。しかし，これらの規則が守られない場合には，漠然と“遠近法の歪み”と呼ばれている，ほとんど解明されていない現象が生じる。他にも，“錯覚としての現実感”を高めるのに有効だが，実際に絵を見る時には決して守られることのない規則がある。即ち，眼の前方には，絵画そのもの以外を全て覆い隠す覗き穴が存在しなければならない[2]，という規則である。

遠近法による投影という**体系的画法**や，その光学的幾何学は，理論としては実に見事である。しかし，これは，遠近法の**実際**《*practice*》とは区別して考えなければならない。遠近法の発見とほぼ同時に，その実際は，画家にとって満足の行くものではないことが明らかになっていた。それには，取り決め通りのやり方で絵画を人々に見せることはできないという，充分な理由がある。遠近法は，観察者の都合に合わせて，（例えば，“遠近法の歪み”を最小限にとどめるべく）その場しのぎの歩み寄りを強いられてきた。画家や彼らに賛同する批評家は，理論としての遠近法とそれに基づいて実際に生み出される絵画とを区別しないまま，遠近法を非難した。こういった人々のほとんどは，透視幾何学の抽象的簡潔性に対して，理解も関心も示さない。例えば彼らは，消失点を絵画の中心に配置する習慣（これは構図の問題であるから，消失点をどこに配置するかは自由に選べる）と，遠近法による投影という画法そのものとを混同している。

そういうわけだから，私の主張が正しいとすれば，画家が遠近法を絵画の指針として用いるのを完全にやめた時には，彼らにはそれなりの理由があったはずだが，それは「遠近法は規約であるから」ではなかったはずである。というのは，光学という科学自体が規約だと彼らが述べているように受け取れるから

2) この例外として，アナモルフィックな作品やトロンプ・ルイユ《trompe l'oeil》がある。これらについては，ほとんどの場合，観察のための覗き穴が用意されている。通常の絵画とは違って，この種の絵画は，覗き穴を通して見ない限り，何が描かれているのかわからない。（編者註）

である。彼らは，「光学は，絵画の知覚を理解する目的に見合うように練られていないだけでなく，いくら練り上げたとしてもそのような目的にはそぐわない」と述べているのかも知れない。この主張の前半については，私も確かにそう思うが，後半部分には賛同できない。というのは，光学をどのように再構築するかについて，私にはいくらか考えがあるからである。

## 絵画情報に関する新しい理論

絵画は，様々な光線の束（それら光線束の各々が絵画面上の点に対応する）の源でもなければ，文に似た，図による象徴の配置でもない。とすれば，絵画とは何なのか。私は，次のように提案する。即ち，(1)絵画とは，光学的情報《optical information》の呈示《display》である。(2)光学的情報は，色の点の集合から成るのでもなければ，意味を割り当てられた様式的な図形群から成るのでもない。確かに，絵画は光配列として眼に達するが，光配列は入れ子になった単位の階層構造から成るのであって，光線から成るのではない。刺激の情報は，刺激のエネルギーとは区別される。光配列には，網膜上の受容器を興奮させるのに充分な刺激のエネルギーがなければならないが，知覚にとって重要なのは，刺激情報《stimulus information》である。さらに，刺激情報は，刺激のエネルギーにどのような種類の変化が生じても不変である。

絵画を正式に定義すると，次のようになる。**絵画とは，「通常の環境の包囲光配列に見出されるのと同種の情報を含んだ，範囲の限られた光配列」を，観察者が，ある観察点において利用できるように処理された面である。**この定義は，写真にもカリカチュアにも該当する。カラー写真を撮影してスライドを作るとき，撮影に用いるカメラは，元の光景から発する円錐形の光を遮ることになるが，写真によるカラースライドは，それを撮影したカメラが遮った元の光景の円錐形の光が与えていたのと**ほとんど**同じ，明るさや色のコントラストを，眼に与える。このことも，上記の定義の範囲に含まれる。光の強度やスペクトル組成の**関係**は，カラースライドと元の光景との二つの光配列の刺激エネルギー同士の間で充分に対応しており，両者の低次の刺激情報は，ほとんど一致する。しかし，この定義は，カリカチュアにも該当するほど広範である。カリカチュアでは，絵と実物とで，光エネルギーのコントラストは全く異なり，さらには形も異なるが，描かれた人物を特定する高次の情報は，双方の光配列に共通である。要するに，絵画から発する光配列と，外界から発する光配列とは，双方が同一の刺激作用を与えなくても，同一の刺激情報を与え得るのである。従って，画家であれば，画題の対象が生じる**感覚**を複製するのではなく，その対象に関する**情報**を捕らえて描くことができるのである。

上記の定義は，光学の再構築にだけでなく，新しい知覚理論にも基づいている。この理論では，同じ知覚が生じていても，それに伴う感覚は異なる場合があり得ると考えている。つまり，奇異に聴こえるかも知れないが，視感覚は，視知覚にとって必要条件ではないのである。知覚は，情報の抽出《pickup of information》に基づいているのであって，感覚が呼び覚まされることによるのではない。知覚と感覚とは，別個の過程である。感覚は，知覚にとって，必要条件などではなく，せいぜい随伴事象に過ぎない。視感覚は，外界を知覚するという重大な事業に付帯する，一種の贅沢である。もちろん，これらは全て，『知覚系として捉えられる諸感覚（The Senses Considered as Perceptual Systems）』（1966b）において私が既に主張したことである[3)]。

この理論の根幹を成すのは，光学的情報《optical information》という概念である。情報は，数学的な意味では，光配列構造の**不変項**《invariants》から成る。環境に存在する対象の知覚を成立させる情報について検討しよう。我我が対象を見るとき，眺望《perspective》の中で，通常は対象の前面を見るわけでは**ない**。我々は，対象の全体を即ち，前面だけでなく背面をも見る。ある意味では，対象の局面の全てが経験に現れると言える。これは，現象的な視覚**世界**《visual *world*》に存在する対象であって，現象的な視覚**野**《visual *field*》に存在する形《form》ではない（Gibson, 1950a）。このことは，どのようにして成り立ち得るのだろうか。こういった直接的な知覚《direct perception》の基礎は，形の感覚でも，それら形の継起の記憶でもなく，**対象の顕著な特徴を特定する，形を持たず，時間とも関わりを持たない不変項**である。このような不変項が，知覚を成立させる情報なのである。

3）4.4章，4.5章［本書4.2章］を参照されたい。（編者注）

しかし，対象が描かれた絵画を我々が見る際の，対象の間接的な知覚に関してはどうだろうか。我々は常々，「絵画とは，無限に存在する，対象の眺望《perspective》の集合のうちの一つに過ぎず，時間に関しては凍結されている」と理解している。しかし今後は，「**情報を与える**《*informative*》絵画は，眺望の継起が含んでいるのと同種の，時間と関わりのない不変項を含んでいる」と理解すべきである。このような不変項を眼に与えない絵画（例えば，視点の設定が不的確なまま描かれた絵のように）があるのならば，それは，対象を的確に捉えた絵ではないのである。事実，我々は，絵に描かれた対象を見る場合でさえ，通常は，その前面だけを見るのではなく，全体を見る。これは，感覚に基づいて知覚が生じるとする理論にとっては，未解決のパラドクスであるが，ここで私が述べている新しい理論からは，直ちに導かれる帰結である。

時間と関わりを持たない不変項も，静止画に比べて動画においては，確かに，時間の経過と共に明瞭になってくる。しかし，不変項のうちの少なくともいくつかは，静止画にも存在する。我々が対象の周囲を歩き回る場合，或いは対象を回転させて見る場合，光配列には眺望の変換《perspective transformation》が生じて，眺望の集合全体が眼に与えられる。この結果，不変項は容易に見えるようになり，単一の眺望は見えない。事実，単一の眺望を見ることは，ほとんど不可能である。これが，対象を見る際の普通の方法である。一方，我我が移動しないでじっとしている場合には，動き回る場合よりも容易に，単一の眺望を見ることができる。しかしこれは，対象を見る際の普通の方法では**ない**。

## 素朴な観察態度と眺望を念頭に置いた観察態度

対象の様々な局面や環境の眺望を，動物や幼児が認識《notice》していないことを示唆する事実がある。（局面とか眺望というのは，一つの静止した観察点における**見え**《*appearance*》のことを言っている。）世界は，一時的に成り立っている視野の境界によって区切られた，平坦な色の面から成る静止したパッチワークとして立ち現れるのではない（Gibson, 1850a, Ch. 3）。動物や幼児が認識するのは，対象の不変かつ明瞭な諸特徴と，環境に存在する「面」の固定的な配置とである。動物や幼児は，変化の基底にある不変を見る。これが，素朴な観察態度である。

私の考えでは，洞窟に最古の絵を残した人々が絵画表現《pictorial representation》を発見する以前の，太古の我々の祖先は，対象の様々な局面や環境の眺望を認識することは決してなかった。彼らは，世界に対して素朴な観察態度しか取れなかったはずである。氷河期のハンターは，マンモスが前・横・後ろ・上から見たときにそれぞれ異なって**見える**ことを，なぜ知っていなければならないのか。事物が遠ざかるにつれて小さく見えることを，なぜ彼らが認識していなければならないのか。線遠近法や消失点や光学的地平線に注意を払うことが，何の役に立つのか。しかし，我々の祖先は，次第に絵を描き始めると，これらの見え方を認識し始めた。彼らは，対象の様々な局面や環境の眺望，つまり形を見始めたのである。洞窟の壁にマンモスを描いた人は，マンモスの（通例，側面からの観察による）一つの局面に気づきそれを記憶してい**なければ**ならなかった。平面上にマンモスの形をトレースするのに必要だったからである。従って，環境を見る際に，時々は眺望を念頭に置いた観察態度を取り始めた人々もいたと思われる。そういった人々は，世界を絵画として見ることができるようになって行った（Gibson, 1966b, Ch. 11）。しかし彼らは，そのような世界の見方を学習しなければならなかったのである。

現代の子どもも，これと同じ学習をしなければならない。子どもは，絵画に取り囲まれ，できるだけ早くなぐり描きから脱却して何かを表現した絵が描けるようになるよう，両親から励ましを受ける。しかし，これは容易なことではない。というのも，伝統的な理論に反して，子どもは自分の網膜像を経験しないからである。従って，絵を描くことを学ぶ際に子どもは，形を持たない不変項とは区別される「投影された形」に，注意を向けることを学ばねばならない。仮に幼児が網膜像を経験するならば，子どもは絵の描き方を**既に身に付けている**はずだからである。子どもの“汚れなき眼”は，色の付いた点の群や小領域の群を取得するのではなく，不変の関係を抽出するのである（E. J. Gibson, 1969）。

私の考えが正しいならば，現代の成人は，素朴な観察態度も眺望を念頭に置いた観察態度も取ることができる。我々は，見える事物にも視感覚にも注意を向けられる。外界を見る場合と同じように，絵を見る。その絵に表現されている事物に関する知覚を成立させる情報だけを認識できるし，絵画そのもの（即ち，材料，画風，様式，構図，面とその処理法）に注意を向けることもできる。一方から他方へ観察態度を変えることも，もちろん可能である。また，絵によっては，絵**の中に**存在する仮想的対象《virtual object》と，絵**そのもの**という**現実的**対象《real object》との間で，見え方が行きつ戻りつするものもある。素朴な観察態度と，眺望を念頭に置いた観察態度とを，様々に組み合わせた観察態度も成り立ち得る。

この二重性こそが，表現の本質ではないだろうか。通常我々は，物としての絵画も，描かれた物も，ともに知覚できる。同じ光配列の中に，面そのものを特定する光情報と，全く別の「面の配置」を特定する情報とが含まれている。従って，面の知覚について同時に発生する二つの水準が存在し，奥行きや空間の知覚に関して互いに対応する二つの水準が存在する。一方は絵画が存在する空間であり，他方は描かれた対象が存在する空間である。私は，この二重性の存在を確認するために，実験を行った。（例えば）街路や木々を撮影した壁面写真《photomural》で実験室の壁を覆い，観察者を適切な測点に配置すれば，木々のうちの一本までの距離やその木の高さを観察者が“知覚”できることがわかるだろう。観察者は，その木がここから 100 歩先にあるとか，20 フィートの高さだと，確信を持って，しかも，写真に撮影された街路に実際に立っている時とほぼ同じ正確さで，判断する。しかし観察者は，求められれば，壁面の**写真**までの距離や写真に写っている木の高さも判断できるのである。「それは，ここから 3 歩先にあり，高さは 4 フィートだ」と。木までの距離やその高さと，写真までの距離や写真に写っている木の高さとを，同一の基準で論じることはできない。木と写真とは，同一の空間の中にはないからである。写真の街路の空間と実験室の空間とは，互いに連続してはいないのである。

実験室の壁面写真から生じる光配列に関して分析すると，この光配列が，実験室の空間の知覚と写真の空間の知覚との双方を成立させる情報を含んでいることがわかる。両眼非対応《binocular disparity》と水晶体による焦点合わせとを無視すれば，光学的肌理《optical texture》は，街路に存在する「面」と写真の「面」の双方を特定すべく存在し，また，肌理の**勾配**《*gradients* of texture》は，木までの距離と壁までの距離の双方を特定すべく存在すると言える。

## 錯覚としての現実感についてどう考えるか

「完全な絵画」に関する点対点の投影説では，絵画に表現された対象は，“窓を通して見られるのと同じように，絵画の額縁を通して観察される”と主張している。この主張が事実なら，絵に描かれた景色と実景とは識別できないことになる。絵画を「別の世界に向かって開いた窓」，つまり「不思議な窓」とする比喩は，何世紀にもわたって画家たちに刺激を与えた。この比喩が一般に広まったのは，Gombrich（1961）の功績によるところが大きい。しかし，比喩というものの常として，これにも誤解を招くところがある。絵画の縁，つまり額縁を，窓の遮蔽縁だと誤解することはあり得ない。というのは，両眼で見たり頭部を僅かに移動するだけで，両者の相違が明らかになるからである。即ち，窓の外で窓の縁の背後に広がる世界が存在することは，そのような世界が存在しないことと対照してみると，肌理の構成要素の添加《accretion》と削除《deletion》と呼ばれる光学的情報《optical information》によって特定されている（Gibson, Kaplan, Reynolds & Wheeler, 1969）。従って，絵を見た人が「描かれたカーテンを引き上げようとした」，「描かれた葡萄を食べようとした」，「描かれた情景の中に歩み入ろうとした」など，絵画にまつわるあらゆる逸話（Gombrich, 1961, p. 206）があるが，私には信用できない。絵画には，これらの事物を見るための**情報**はもちろん存在するが，カーテン**の絵**，葡萄**の絵**，情景**の絵**を見るための情報も，必ず存在するはずである。「どのようにしても実物《reality》と全く識別できない像《image》が存在する」という考えは，架空の作り話である。ピグマリオン（Pygmalion）が作った身動きしない彫像は，少女ではない。ナルキッソス（Narcissus）が水面に見た像は，実質を伴わない（このことには，いつでも気づけたはずだが）。

こういった“錯覚としての現実感”を無批判に受け容れることで助長された誤りは，「何か描かれたものに関する知覚は，そのもの自体に関する知覚として**通用**し得る」という考えである。媒介された知覚が，徐々に直接的な知覚

《direct perception》になるということはあり得ない。絵画は，どれほど実物に忠実に，生き写しに，写実的になろうとも，描かれた対象そのものにはならない。間接的な知覚は，直接的な知覚には決してならない。

これに関連した，「絵画は，描かれた対象に**類似している**」（まず最初にこれが誤りである）とか，「絵画と描かれた対象との類似性が最大限に達したとき，両者は同一となる」といった考えも，誤謬である。

## 実在しない対象の絵画についてどう考えるのか

絵画についての私の新たな定義では，（私の古い定義では，そう考えていたが）次のようには考えていない。即ち，「外界には元の光景が存在する（或いは，存在していた）はずであり，絵画は元の光景の模写・代用・代理，或いは，文字通りの表象である」。人魚，天使，まだ建設されていない建物，決して起こり得ない出来事などを描いた絵が存在する。絵画によってもたらされる情報は，情報という語の最も広い意味において，「知覚を成立させる情報」であって，何か過去のことを記憶するためだけでなく，何か将来のことを想像するための情報でもある。つまりこれは，「把握する《apprehending》ための情報」なのである。絵画情報の不変項は，時間との関わりを持たない。絵画からは，光を反射する面の配置そのものに向き合っている**かのような**経験が得られるが，それは，あくまでも「向き合っているかのような経験」に**過ぎない**のである。

## 曖昧な絵や反転図形についてどう考えるのか

曖昧なものが見える絵や見え方が反転する図形は，知覚が，外界の刺激によりも，知覚者の方に強く依存していることの証だと考えられてきた。図と地の反転図形や，遠近感の反転図形では，あたかも，同じ場所に互いに異なる二つのものが存在しているかのようである。同時には成り立たない二つの知覚が同じ図形から生じるという事実は，非常に不可解である。一つの盃ではなく向き合った二つの顔が見えるようになる場合に，眼に達する光は変化しないが，知覚は変化する（図 26）。

**図 26** 「面か空気か」の反転や「凹か凸か」の反転。左側の二つは，曖昧な図と地の例である（盃と二つの顔の図［訳者注：「ルビンの盃」］とマルタ十字）。右側の二つは，“遠近感”の反転図形である（曖昧な本［訳者注：「マッハの本」］と曖昧な階段［訳者注：「シュレーダーの階段」］）。各々の図の中央をしばらく見つめて，何が起きるか観察していただきたい。

しかし，そのような絵を，単なる刺激作用の源としてではなく，情報の源として分析するならば，この謎は解ける。光配列に含まれる情報が，多義的なのである（Gibson, 1966b, p. 246）。眼に達する光に含まれる情報に，相容れない二種類の絵画情報《pictorial information》があり，抽出する情報を観察者が一方から他方へと変える時，知覚は変化する。ある縁における奥行きを特定する情報（つまり，何が何を隠しているのかを示す情報）は，互いに異なり逆方向に広がる二つの奥行きを特定するように，入念に準備されている。外界に存在する面の縁や隅を線で描いた多義的な表現については，最近，ケネディが研究して報告している（Kennedy, 1970)。

## 考察

絵画の知覚に関する二つの説について述べてきた。一方の説では，「我々は，描かれた事物を，その事物が（描かれたのではなく）眼の前にある場合と同じように**見る**ことができる」とされる。他方の説では，「我々は，描かれた事物を，その事物が言葉で表現された場合と同じように**理解する**ことができる」とされている。上記の検討においては，これら以外の選択肢については一切考慮しなかった。

いずれの説も正しくない。何が表現されているか知覚することは，それについて読んだり聴いたりして**理解する**《*understanding*》ことよりも，それを**見る**《*seeing*》ことに近い。これは確かである。しかし，「表現されている事物を知覚することは，外界に存在する事物を知覚することと全く同じだ」というのは正しくない。逆に，絵画の知覚は，言葉の理解よりも即時的である。しかし，間接的な知覚であれ直接的な知覚であれ，あらゆる視知覚は，情報の抽出に立脚しているのであって，感覚を抱くことによるのではない。視知覚は，放射エネルギーを持つ光線にではなく，包囲光配列に含まれる情報に基づいているのである。

上に述べた「光配列に含まれる情報」という言葉は，情報は旧来の説で言う象徴《symbol》から成るとか，絵画は一種の言語を構成するという意味で使っているのではない。というのは，私は，**生態**光学（Gibson, 1966b, Chs. 9-11）という領域を再構築したが，その基礎には依然として基本的な光学の諸原理があるからである。ここに，古典光学によるアナロジーと言語によるアナロジーとの双方を克服する選択肢がある。絵画の構造は，言語の構造にではなく，透視幾何学の構造に類似している。絵画にも言語にも，構造は**確かにある**。従って，この限定的な意味においては，両者にはともに一種の**文法**があると言える。しかし，情報を与えるという点では，包囲光の構造は，言語の構造よりも，豊富で無尽蔵である。人間が事物を言葉で表現し始めるよりもずっと前から，動物や人間は，それら事物を見ることができたのであり，さらには，現在のところはまだ言い表すことのできない多くの事物をさえ，見ることができるのである。

絵を描くことは，意志疎通の手段であり，我々人間が世代間を引き継いで知識を貯蔵・蓄積・伝達する方法である。これは，確固たる事実である。同様に，話すことや聴くことも，意志疎通の手段であり，書くことや読むことも，次世代のために知識を貯蔵・蓄積・伝達する方法である。しかし，違っているのは，絵を描くことが，光（即ち，水や空気といった透明な媒質がこの地球上に存在する限り至る所で利用できる，空間を満たす光）の構造に含まれる情報の一部を活用する点である。そして，このように情報を活用することこそまさに，視知覚なのである。

我々は，視覚的情報によって知覚するだけではない。視覚的情報によって，我々は，**考える**こともできる（Arnheim, 1969）。絵画を描いたり見たりすることは，我々が視覚的情報の役割を明確に理解することに役立つ。明らかなことだが，我々は，言語的情報によって考えることもできる。言葉を用いることで我々は，考えを明確にし分類し整理できるのである。しかし，異なっているのは，視覚的な思考は，言語的な思考よりも，自由で型にはまらないことである。話すことに関してはボキャブラリーというものが存在するが，絵を描くことに関しては存在しない。画家であれば誰もが知っている通り，言葉に表すことなく視覚的に表現できる考え《thoughts》というものが存在するのである。

新しい視知覚理論を構築することは，即ち，絵画の知覚に関する新しい理論を提案することでもある。私の新しい視知覚理論は，次のような革命的な仮説に基づいている。即ち，光は，外界に関する情報を運ぶので，心（或いは，脳）によって意味を持たないデータから現象的世界が構成される必要はない。さらに，この仮説は，光を「ある観察点における光配列」と捉える（即ち，光は，単に刺激であるだけでなく，構造でもあるとする）新しい考え方に基づいている。知覚や光をこのように捉える考え方は，先例を見ないが，長きにわたって存続してきた複雑な謎を解明し，絵画という芸術をこれまで以上に明瞭に捉えている。ここで，世界の特徴に関する，絵画によって**媒介された**知覚《*mediated* perception》と，周囲の環境の特徴に関する**直接的な**知覚《*direct* perception》とを区別できる。しかも，両方の種類の知覚が共に持っている特徴を特定する共通情報が存在することも理解できる[4]。

4) 絵画における遠近法の歪みという，ほとんど検討されていない現象を明確に説明した，意義深い書物が，最近出版されたばかりである。それは，ピレンヌ（M. H. Pirenne）の『光学・絵画・写真（Optics, Painting & Photography）』（Cambridge : Cambridge University Press, 1970）である。ピレンヌ教授は，私と同様に，遠近法が象徴的な規約だという説に疑念を抱いておられる。彼は，かつての私のように，絵画情報が点に投影されるとする説を，慎重にではあるが擁護している。しかし彼は，眼をカメラになぞらえる説（私はこれには賛同できない）を受け容れているので，私がここで主張している新しい説は，彼にとっては非常に奇異に感じられることだろう。

# 3.4　直接的な知覚と間接的な把握に関する覚え書き

## 第1部：直接的な知覚に関する覚え書き 様々な間接的な把握と様々な段階の間接性について*

直接的な知覚《direct perception》は，直接的ではないタイプのあらゆる把握《apprehension》や認知にとって基本的であると，私は考える。

**I．生態学的な事物や事象に関する，他者が介在しない直接的な知覚。** これは，物理学ではなく生態学で言う，物質《substances》・面《surfaces》・媒質《medium》などの水準での知覚である。このような知覚は，刺激情報《stimulus information》（即ち，不変項《invariants》）に立脚しており，刺激情報は，探索や移動を通じて抽出される。直接的な知覚には，いわゆる記憶の一形態（即ち，「今，ここから見える面」だけでなく，遮蔽された面に関する意識性）が含まれる。一般に，事物のアフォーダンス《affordances》とは，「注意の対象となるもの」である。事物に随伴して生じる感覚の，モダリティ・質・強度ではない。操作のアフォーダンス，移動のアフォーダンス，食物摂取のアフォーダンス，社会的相互作用のアフォーダンス，などがある。直接的な知覚は，加齢に伴って分化し，経験を重ねるにつれて向上する。

しかしながら，天体や，空で起きている事象や，さらには虹のような視覚現象の原因は，充分には知覚できない。それらを詳細に見たり探索することが不可能だからである。微視的な物理学で扱われるような対象や事象も，充分には

* 未発表原稿（1977年5月）。

知覚できない。眼を必要なだけそれらに近づけることができないし，立体視角が小さ過ぎて見えないからである。

**Ⅱ．簡単な機器によって成り立つ，非常に遠距離にあるものや非常に小さいものに関する，程度に差はあれ直接的な知覚。** 人類は，知覚を補助する様々な手段（即ち，情報抽出を改善・向上・拡張する方法）を考案してきた。知覚のための道具を用いた人為的な観察技法は，自然な観察技法の助けとなる。運動の遂行に道具が役立つのと同じことである。

最も簡単な光学機器は，視力矯正用の眼鏡や手で持つ拡大鏡である。人工のレンズは，我々に生まれつき備わっている水晶体を中心とした光学系の代用や補助になり得る。例えば，望遠鏡のおかげで，月が，天空で光を放っている女神ではなく，起伏のある陸地を持った天体であることがわかる（Gibson, 1979a, Ch. 9）。また，顕微鏡のおかげで，一滴の水の中に，未知の生命体を見ることができる。これらの拡大機器は，光配列の構造の不変項を大きくは変えない。従って，拡大された光配列に関する知覚は，全く**解釈を必要としない**。しかし，電波望遠鏡や電子顕微鏡は，光学的情報を新しいかたちに変換（或いは，翻訳）している。従って，これらの装置から得られる画像には，解釈が必要である。

**Ⅲ．情報を変換する機器による，間接的把握。** 情報を**変換**《*convert*》する，様々な機器がある。例えば，知覚系が適合化《attuned》されていないがゆえに抽出できない情報を，知覚系に直接抽出できる情報に変換する。X線による透過写真，赤外線を用いた"暗視眼鏡"，分光器（写真工学で用いる画像強調装置），音響周波数分析器などが，それに当たる。極端な例としては，［訳者註：放射線飛跡を観察するための］霧箱が挙げられる。どのような光学的情報を提供するのかという観点から機器が分類されたことは一度もなかったが，それは可能であったと思われる。リトマス試験紙のように，光学機器に拠らない知覚の手段もある。これら情報を変換する手段はすべて，**不変項**を示していると，私は考えている。しかし，何が特定されるか把握することは，子細に調べたり，聴いたり，触ったり，味わったりする場合のように，**直接**的ではない。恐らく，経験を重ねるにつれて，これら不変項の解釈は，直接的と言える状態に近づいて行く，或いは，場合によってはほとんど直接的になる。しかし，それでもやはり，間接的把握には解釈が必要である。

**Ⅳ．測定機器を用いた把握。** 私は，『生態学的視覚論』(1979a, Ch. 8) で，「事物や面の**アフォーダンス**のディメンションと**量的な**《*metric*》ディメンションとを混同してはならない」と述べた。「事物や面のアフォーダンスのディメンション」は，直接的に見たり触ったりできる。これに対して「量的なディメンション」は，測定用具によって，さらには数え上げるという行為によって，間接的に把握される。溝を跳び越えられるかどうか，見るだけで直接的にわかる子供は，溝の幅が何フィートだとか何メートルだと言えるようになった子供以上に，何かもっと基本的なことに気づいているのである。

非常に小さなディメンションや非常に大きなディメンション，即ち，原子や銀河は，もちろん直接的に知覚できないが，量的な単位で測定し数学的に取り扱うことはできる。非常に速い事象や非常に遅い事象についても，同じことが言える。さらにこのことは，「軽すぎて（或いは，重すぎて）重さを感じ取ることは不可能だが，重量が何グラムかは測定できるような対象」にもあてはまる。基本的な測定機器は，メーター尺・時計・天秤だが，それらが用いる単位は結合して，さらに高次の単位ができあがる。我々は，（光度計・電圧計・速度計・加速度計など）あらゆる計器の測定値を読み取れる。よく言うように，我々は，計器を“読む”ことを学習できる。しかし，計器を読むことと，測定された特性を直接知覚することとは，全く異なる。この説には，心理的尺度は全く関与していない。アフォーダンスのディメンションと我々が学習する物理的尺度とだけが，知性を構成しているのである。

ここまで，機器を用いるにしても，他者が介在しない，ただ一人の観察者による把握について述べてきた。他者が介在する知覚，即ち，知覚者と世界との間に情報を与える人が介在する場合の知覚については，どうだろうか。ここで私がとり上げるのは，人間による描画を介した知覚と，もちろん，（音声であろうと文字であろうと）人間による記述（即ち，言語）を介した把握とである。しかし私は，絵画に込められた情報と，言葉に込められた情報とを，比較対照して，これら二種類の情報に関する把握を区別したいと思う。

**V．対象・事象・場所・人物を特定する情報が，絵の描き手によって捉えられている場合の，間接的知覚。** 私がここで提案したいのは，絵画に存在するのは描き手によって**捉えられた**《captured》光学的情報であり，一方，言葉による表現に含まれるのは**変換された**《converted》情報ではないか，ということである。絵画から生じる光配列の不変項は常に，その絵を描いた時に環境において利用できた不変項の中から選択されており，（殊にカリカチュアでは）しばしば強調されている。しかし，絵画から発する光配列の不変項は，自然界に存在する光配列の不変項と同じ種類である。絵画の情報には，解釈を加える必要はない。この意味では，絵画を見ることは，望遠鏡を覗くことに似ている。

書であろうと写真であろうと，どのような画像にも，その画像が載っている面を特定する情報が必ず存在し，その情報は，観察者が探索することで抽出される。従って，絵画によって媒介された知覚には，描かれた事物を特定する情報と「面」としての絵画そのものを特定する情報とを同時に抽出するという，二重の意識性が伴うのである。

写真機というものは，もちろん，受動的な光学機器でもある。しかし，情報を与える人がこれを用いる場合には，写真は，線画や彩色画と同程度の選択性を発揮できる。最も重要な相違は，我々は，全く想像上の，実在しない，虚構の事物を，描くことはできても写真に撮ることはできない，という点である。

絵画は，それが描写している事物に**類似して**はいない。従って，表象《representation》という語は，絵画を指して用いるべきではない。さらに，**イメージ**という語は，途方もなく曖昧である。絵画は，情報の源である。

**VI．言葉に込められている情報の獲得。** 音声や言語の全ての機能のうち，おそらく最も明らかなのは，人から人へ，親から子へ，情報を**運搬**（或いは，**伝達**）すること，情報を蓄積するために文字として**記録**すること，である。斯くして我々は，世界に関する有用な事実を，遊び友達・母親・教師の口から，さらには書物を介してアリストテレス自身から，知ることができるのである。

言葉や数として表現された知識は，**明示的**《*explicit*》だと言われる[1)]。明示的な知識は，直接的な知覚から得られる知識や，簡単な機器から得られる知識や，絵画から得られる知識などとは，かなり異なっている。外界に関する全ての情報が，言葉や数で表現**できる**わけではない。見え，しかも絵に捉えられることが，言葉では表現できない場合もある。それは，そういった言語記述自体が全く不可能だからなのだろうか，或いは，そのような記述がまだ確立されていないからなのだろうか。容易に絵に描くことができるような，外界に関する情報は，容易に明示できる情報とは**種類**が異なるのではないか，と私は考える。心理学者は，両者の特徴をどのように捉えるのだろうか。前者は“アイコン的《iconic》”だが後者はそうではないという主張は，役に立たないばかりか意味不明でもある。前者は“抽象的”だが後者は“具体的”だ，というのでは不充分である。言葉は“符号化されて”いるが絵画は“符号化されていない”という主張は，部分的には的確だが完全ではない。絵画は（規約ではなく）投影によって事物を特定する，というのは正しくない。我々は，新たに出発し直す必要がある[2)]。

## 第2部：様々な種類の認識*

視覚的な認識には二種類あって，両者は全く異なる。我々の周囲の面に関する直接的な知覚（その面の効用の知覚を伴う）と，面の上の人工的なマーキングの知覚（そのようなマークによって媒介される意識性を伴う）である。面の意味とマークの意味とは，全く異なるやり方で学習される。これらを個別に検討しよう。

1. 環境は，基本的に，物質・面・場所・対象・事象から成る。私はこう主張してきた[3)]。これら我々が知覚し得る諸相は，特別な意味を持っており，そ

1) 明示的な知と暗黙知の相違に関する詳細な検討については，Polanyi（1958）を参照されたい。（編者註）

2) これらの二分法に対する主張は，3.4章［本書3.3章］で詳細に述べられている。（編者註）

* 未発表原稿（1979年7月）。

3) 1.8章［本書1.4章］・2.3章・2.8章［本書2.4章］・4.9章［本書4.5章］を参照されたい。（編者註）

れを私はアフォーダンスと呼んでいる。動物も子供も，これらが**自分に対して**何をアフォードするのか，学習する。この学習は，暗黙のうちになされ，明示的ではない。つまり，そのような学習のほとんどは，言葉で表現されることがないのである。アフォーダンスは，周囲を見回し歩き回ること（『生態学的視覚論』（1979a）で述べた，**環境視**《*ambient vision*》と**移動視**《*ambulatory vision*》）によって，知覚される。アフォーダンスは，学校で教わるようなことではなく，地球環境に存在する物質・面・場所・対象・事象と出会うことによって学習される。

心理学者や哲学者は，世界のこれらの諸相を，動物が知覚する事物だとは考えてこなかった。これら諸相は，“入れ子”を成している。これらは，個別の実体でもなければ，加算的単位でもない。これらを全て調べ上げて目録を作れるわけでもない。物質・面・場所・対象・事象は，単一のディメンションに沿って変化するのではない。これら諸相は，それらのアフォーダンスを構成する複数のディメンション（即ち，特徴）の組み合わせであり，その組み合わせは意味を持っている。旧来の理論で言う“知覚の対象”とは全く異なる。従って，一度に一つの変数を分離・制御するという伝統的な方法で，これら諸相を弁別する能力の発達について研究することは不可能である。構え《set》によって知覚が変化するという説も，これらにはあてはまらない。これらの諸相は，名前を付けない限り分類できない。ただ，知覚されるだけである。さらに，これらが“刺激”ではないことは，確かである。

2. 発話・書字・思考・計算の要素を表すのに用いられる，言語や数を表す文字や象徴に関する知覚は，全く異なる。これらが持つ意味は，連合《association》によって付加されたものである。文字や数字，或いはそれらの組み合わせは，凝視し続けると意味が感じられなくなってくるが，物質・面・場所・対象・事象を凝視し続けてもそのようにはならない。文字や数字には，僅か五千年程度の歴史しかない。これらは，伝統的な規約である。現在使われているのは，それらのうちのごく一部である。文字や数字は，リストにすることができる。それらは，不連続で離散的である。また，記憶されなければならない。文字や数字からは，世界と関係を持たない項目が生成される。文字を組み合わせて，無意味綴りを作ることができる（しかし，無意味な場所とか無意味な事象というものは存在しない）。

面の上のマークは，周囲の環境の一部ではない。マークは，特別な方法で視覚的に走査される。しばしばマークは，露出装置によって呈示される。或いは，タキストスコープ（瞬間露出器）の中でフラッシュ光を当てて呈示する場合もある。これは，視覚的走査を排除すれば，瞬間的なスナップショットを脳に伝達できると考えてのことである。これによって，マークのスナップショットは，不連続で離散的な“刺激”，即ち，単一の網膜“像”と理解されることになる。これは，実験家にとっては便利である。スナップショットの各々が定量化できるからである。このようなスナップショットを刺激と捉える考えは，入力情報の“処理”から認識が出来上がるという説に加担することに繋がる。

実験室で呈示された項目のリストを学習したり忘却することと，入れ子構造や連続性を持つ棲息環境の様々な場所を学習することとの違いについて検討しよう。両者は，類似してはいない。同じ法則が両者に当てはまるわけでもない。動物や子供は，移動を伴う探索によって，棲息環境を学習する。彼らは，縄張りを超えて移動する。彼らは，見ることによって，目的地や移動経路を知る。また，見ることによって，どの場所が何の役に立つのかを知る。今，ここからは見える場所が，隠されていて見えない場所と繋がっていることを知る。関連性のあるいくつかの場所を“定位する”（即ち，そちらを向く）ことができる。見ることによって，前にいた場所を基準として，今いる場所を知ることができる。これは，知覚なのだろうか。或いは，記憶，認識，それとも行動なのだろうか。これらのいずれでもないならば，いったい何なのか。この問題を，迷路学習として理解することはできない。これが，（ハルが考えていたような）刺激に対する反応の継起ではないことは確かだが，最近流行の仮定である（しかも，トールマンが，的確な表現が見つからなかったためにかつて提案したような）内部的な**地図**を構築したりそれを参照しているのではないこともまた確かである。「条件反射」も「予期」も，このことを説明するのに充分ではない。場所の学習は，認識の中でも知覚に非常に近い，基本的なものであり，視覚・運動系の諸活動，不透視幾何学《opaque geometry》，可逆的遮蔽，面が散在する環境と深く関連しており，心理学にとって全く新しい問題の集合である。

これによってまず，「移動中の包囲光の眺望《perspective》構造の変化の背後には，変化しない不変構造がある」という仮説が必要になる。

3．および4．もちろん，上記以外の種類の認識もある。『生態学的視覚論』（1979a）の第14章で，それらを提案しておいた。顕微鏡や望遠鏡のような機器によって媒介される非常に小さなものや非常に大きなものに関する認識も存在する。（自分自身のであろうと他者のであろうと）虚構の世界や想像の世界に関する意識性も，存在する。認知心理学は，実験室で用いる刺激という窮屈な制約と決別しなければならないだろう。

# 第Ⅳ部　生態学的実在論の意味

## はじめに

この第Ⅳ部に収めた論文は，前の三つのパートの論文よりも広い視野に立っていると言える。というのも，これらの論文では，ギブソンの生態学的アプローチが，心理学全体にとって意味するところのいくつかを明らかにしているからである。知覚理論を練り上げていく過程で，ギブソンは，「形」や「刺激」や「学習」など，心理学の基本的な概念の多くについて，批判的分析を行なった。それらの分析（いくつかをここに収めたが）には，簡明な記述というギブソンの天賦の才が縦横に発揮されているだけでなく，生態学的アプローチの発展とその広範な関連領域が明確に示されている。

諸問題を分析するためにギブソンが採った方法は，根本的な問題を選び出し，その構成要素を注意深く切り分け，その問題への重要なアプローチをいくつか挙げることである。次に，様々なアプローチを，概念が厳密か否か，実験的根拠が適切か否かに関して，比較し，評価する。最後に，過去のアプローチに見出された諸問題を回避できるような，その問題に対する新しい考え方とアプローチを提案する。このような分析方法と，考察対象とする問題の選択とに，ギブソンの生態学的実在論《ecological realism》は，はっきり表れている。ギブソンはしばしば，他の研究者たちが避けたり見過ごしたりした問題を選んで論じた。彼らの理論は，そうした努力の必要性を曖昧にしていた。生態学的分析というギブソンの方法の独創性は，環境の諸事実を細かく検討し，それらの事実について精緻かつ体系的な考察を展開したことにある。この独創性は，これらの論文すべてに明確に表れている。

最も重要なのは，ギブソンが，生態学的実在論に立ったが故に，心理学における古典的論争の両陣営を一貫して退け，心理学の理論構成のためのよりよい基礎を提案できるようになったことである。これらの論文でギブソンは，要素主義者と全体論者，経験論者と生得論者，行動主義者と認知論者など，論争の両陣営が，いかに動物と環境の関係について誤った仮定を共有しているか明らかにした。ギブソンは，これらの問題の詳細な分析によって，上のいくつかの古典的論争の根底にある諸仮定がいかに脆弱で不確かであるか明らかにした。その結果，ギブソンは，「心的な《mental》（主観的で，意味に満ちた）もの」と「物理的な《physical》（客観的で，意味を持たない）もの」という広く流布した二分法を退け，意味と目的が物体と同じほど実在的《real》であるような，「生態学的水準における実在《reality》」という考えに立った。

第Ⅳ部の最初の論文，“形とは何か（What is a form?）”（4.1章）では，ゲシュタルト理論の中心概念である，形，パターン，配置《arrangement》の概念を，詳細に分析している。ギブソンは，形に関する多くの概念を批判的に検討し，“形”という言葉の使い方が余りに曖昧で多義的であり，それが対象や絵画の知覚に関する諸理論に混乱を生じてきことを明らかにした。最も有害な問題の一つは，網膜における刺激作用《stimulation》を一種の形と見なすことである。それでは，形は遠刺激《distal stimulus》なのか近刺激《proximal stimulus》なのか，それとも脳内の体制化の働きなのかという混乱に突き当たってしまう。ギブソンは，「**どのようなことが**知覚されるのか」を明らかにしない限り，「我々は**どのようにして**形を知覚しているか」を研究することは無意味だと論じた。この問題を解決する試みとして，ギブソンは，形を大きく三種類に分類した。それらは，それぞれが特別の研究と説明を要する。ギブソンの主張によれば，それらの三つの領域が発展するにつれ，“形の知覚”の問題は，消滅する。それとともに，「我々はどのようにして見ているのか」という問題から生じた要素主義と全体論との二分法も消滅すると言う。「何を形と見なせるか」に関する，このような初期の分析は，後年のギブソンの研究に，確固たる基盤を与えた。即ち，「見られるべく存在しているのは何か《what there is to be seen》」に関する研究（1.8章［本書1.4章］，2.8章［本書2.4章］，3.4章［本書3.3章］，4.9章［本書4.5章］），光配列の構造に関する研究（1.4章［本書1.2章］，1.6章［本書1.3章］，1.7章，2.6章［本書2.3章］，2.7章），そして，画像・絵画の知覚に関する研究（第Ⅲ部）である。

ギブソンは，形の知覚の問題を棄却し，この問題に付随する要素主義対全体論の二分法に加担しなかった。このことは，後に続く，学習，刺激の概念，感覚のはたらきの性質という三つの問題に関するギブソンの分析に，深く関連していた。それらの関連については，4.2章のE. J. ギブソンとの共著“知覚学習：分化か豊富化か（Perceptual learning : differentiation or enrichment?）”から4.4章で論じられている。伝統的に，知覚学習における問題は，「知覚のうち，どの程度までが学習されるのか」にまつわる論争であった。生得論者と経験論者は，「我々の知覚は，感覚器官に与えられた情報を越えているに違いない」という仮定を共有しており，貧弱な感覚入力を豊富化《enrichment》する我々の能力は，基本的に，生得的であるのか，学習されたものか，即ち，知覚のうち学習されたものは，大部分なのかごく僅かなのか，議論してきた。ギブソン夫妻は，生得論者の豊富化説にも経験論者の豊富化説にも反対して，それらとは根本的に異なった，特定化《specificity》或いは分化《differentiation》説を提案した。この説によれば，知覚に利用できる情報は，貧弱ではなく，無限に豊富であり詳細である。従って，知覚学習は，貧弱な刺激入力に意味を付け加える過程ではなく，刺激作用の諸変数を弁別し分化する過程である。ポストマン（Postman, 1955）のような連合主義者は，知覚学習を「同一の刺激に対する反応の変化」と捉えるが，これに対してギブソン夫妻は，知覚学習とは「反応の対象の変化」，即ち，「刺激作用の構造の，より微細な特徴に反応するようになること」であると主張した。この新しい知覚学習観によって，斬新かつ実り多い様々な研究領域（E. J. Gibson, 1969 ; E. J. Gibson & Spelke, in press）が開拓された。さらに，ギブソンは，実在論の新たな根拠に関して，いくつかの主張を展開したが，その際基礎となったのも，この知覚学習観である。

“心理学における刺激の概念（The concept of the stimulus in psychology）”（4. 3 章［本書 4. 1 章］）において，ギブソンは，心理学者たちが，刺激という一つの用語を，全く多様な，対立さえする意味で用いていることを明らかにする方法を採った。S-R アプローチは，20 世紀を通してアメリカの心理学を席巻していたにもかかわらず，刺激という重要な概念を体系的に分析したのは，唯一，ギブソンのこの論文だけである。刺激の概念を理解する際の混乱は，ギブソンによれば，主に，刺激と反応との関係を確定すること（刺激は反応を引き起こすのか，刺激は反応の原因として充分か，刺激は反応とは独立に定義すべきか）から，そして，刺激を特徴づけること（刺激は受容器レベルにのみ存在するのか，どのようなものが単一で独立した刺激を構成するのか，刺激の構造とはどのようなものか，刺激はどのようにして環境におけるその刺激の発生源を特定するのか）から生じている。ギブソンは，研究活動のうち多くの期間を，これらの疑問に答えることに費やした。そして，古典的アプローチへの対案として彼が唱えたのは（この論文にはそのヒントしか述べられていないが），「行動や知覚を引き起こす刺激や入力など**存在しない**」という主張だった。その代わりにギブソンは，知覚や行為は情報に基づいており，それらは状況によって引き起こされた反応というよりも，目的を持った生物の目的達成《achievement》なのだ，と主張した。こうしてギブソンは，S-R の概念を受容器レベルの生理学へと格下げし，目的を持ったシステムについての独自の心理生理学を展開し始めた。

“感受性の有用なディメンションについて（The useful dimensions of sensitivity）”（4. 4 章）は，知覚系《perceptual systems》に関するギブソンの理論（Gibson, 1966b ; Chs. 2. 4 章［本書 2. 1 章］，2. 5 章［本書 2. 2 章］）の萌芽であり，刺激が知覚を引き起こすという仮定を退けることから導かれるいくつかの帰結について述べている。彼は，S-R 図式を拒否することは，「求心性の神経インパルスは，知覚的感受性《perceptual sensitivity》を生じる機制である」という古典的学説を否定することに，必然的に繋がると主張した。 その代わりに彼は，「知覚的感受性は能動的で目的論的な注意の過程であり，入力だけでなく出力も含む」という考えを提案した。ギブソン（1962b）による能動的触知《active touch》の実験で実証された通り，通常の知覚は，感覚過程と共に，探索的運動をも含んでいる。従って，感覚を生じるに至る触覚的・味覚的・化学的・聴覚的・視覚的入力に関する古典的分析は，触ること，味わうこと，嗅ぐこと，聴くこと，見ることといった，活動に関する分析にとって代わられるべきである。「手を受動的にしか動かせない状態での触覚や頭部を固定した視覚が，知覚の単純で基礎的な事例である」と主張する伝統的理論は誤りである。求心性の神経インパルスは，感官を介した知覚の基礎ではない。感覚は，知覚にとって必要なわけではない。

“実在論の新たな根拠（New Reasons for Realism）”（4.5章［本書4.2章］）においてギブソンは，情報に関する自身の理論が示唆するところを要約し，それは，新しい知覚理論の根拠と，認識論における実在論の根拠との両方を与えると主張している。もしも知覚のための情報が，包囲エネルギー野《ambient energy fields》における変形を超えた不変項から成っていて，その不変項がその発生源を特定するのだとすれば，心理学と哲学における古典的問題の多くは解消する。形の知覚の問題は，知覚される様々な種類の形を特定するために，利用できる情報をどのように識別するかという問題へと吸収される。知覚学習における重要な問題は，「生得的であろうが学習されたものであろうが，貧弱なセンス・データの補足はどこで行われるか」ではなく，「利用可能な情報の供給が無限に豊かな状態で，どのような情報が分化されるか」にある。（点状のものであれ，全体論的なものであれ）孤立した《discrete》刺激は，知覚を決して引き起こさない。受動的な感覚過程が知覚の基礎となることも，あり得ない。知覚者は，自分の周囲の対象・生活体・場所・事象を特定する，利用可能な情報を用いるために，能動的に，見る・聴く・触る等のことをするに違いない。

またギブソンは，自身の情報の概念に基づいて，知識の哲学の根本的な変革を提案した。ギブソン以前には，知識は「客観的に引き起こされた感覚を，主観的に処理した結果の出力」であると説明せざるを得なかった。「知識は，主観的構成要素を含んでいるにもかかわらず，客観的なものと見なしうるか」といった哲学者たちの間の論争につれて，何世紀にもわたって沢山の矛盾や難問が生じてきた。ギブソンは，生態学的情報に基づいた独自の認識論をうち立てることによって，これらの矛盾や難問を乗り越えられることを示した。ギブソンの哲学的立場は，直接実在論《direct realism》，或いは，生態学的実在論《ecological realism》と呼ばれるようになったが（Gibson,

1972；Michaels & Carello, 1981；Reed & Jones, 1979；Shaw, Turvey, & Mace, 1982)，それは，情報がその源を特定するが故に，世界についての我々の知覚は直接的であり，世界についての我々の知識は客観的であり得ると主張する。ギブソンの主張によれば，環境内の対象と事象は，それら自体実在しており，意味を有している。そして動物は，直接的に，それらを知覚し，欲し，知り，それらに働き掛けるのである。

4.6章［本書4.3章］に収めた“自己受容感覚について，さらに，自己受容感覚と意志との関係についての理論（The theory of proprioception and its relation to volition）”と“行動の再定義の試みのための覚え書き（Note for a tentative redefinition of behavior）”という論文では，生態学的アプローチの適用範囲を拡張して，「行動とは何か」，「行動はどのように制御されるのか」という問題にまで言及している。ギブソンは，「行動は，刺激或いは中枢の（認知や動機づけの）状態によって引き起こされた，反応や反応の階層から成る」という，依然として広く支持されている理論（Gallistel, 1980；Norman, 1981）を退けた。代りにギブソンは，「行動は，姿勢《postures》と運動《movements》の入れ子から成っており，知覚によって制御される」と論じた。機能している知覚系は，常に行動を制御し，環境（外部感覚《exteroception》）と自己（自己受容感覚《proprioception》）の双方に関して姿勢と運動をまとめ上げる。知覚に関する旧来のいくつかの入力理論は，行動と知覚の関係に関する出力と入力との比較理論になってしまっていた（Gallistel, 1980, Ch. 7；von Holst, 1954)。これらの入出力比較理論に従えば，動物は，自分自身の行為（自己受容感覚）と外的に規定されている事象（外部感覚）とを区別する際に，求心性インパルスを評価する遠心性インパルスを用いている。即ち，実際の入力は，（遠心性インパルスに基づいて）期待された入力と比較される。比較の結果，両者が一致すれば，それは行為の成功を意味し，一致しなければそれは，外的に規定された行動や事象の表れである。この理論に抗してギブソンは，どの知覚系も，関連する情報が利用可能な場合には，自己受容感覚としても外部感覚としても機能できると主張する。行動と知覚は，比較過程を通じて関係しているのではない。行動と知覚は，知覚情報を用いて行為を導くという関係にあるのである。ギブソンは，光配列における独特の変形が，人間の様々な姿勢や運動（例えば，移動《locomotion》，四肢運動《limbs movements》，探索《exploration》）を特定し，環境内の諸対象のアフォーダンスのような行動の目標も特定することを示した。行動とその制御に関するギブソンの全く新しい説明は，行為の実在論的心理学を発展させる可能性を切り開いた。それは，現行の認知的なS-R アプローチの限界を乗り越えるものである。

少なくともパルメニデスとヘラクレイトスの時代から，哲学者たちは，「我々は，どのようにして，不鮮明な変わり行く現象から，実在する安定した世界についての知識を得られるのか」という問題に悩まされつづけてきた（Hyland, 1973）。心理学においてこれと類似した問題は，「我々は，どのようにして，束の間の，変動する，断片的で，平面的な網膜像に基づいて，立体として持続する対象を見るのか」である。これに対する答えは常に，「感覚《sensations》は，概念によって解釈される。概念は，感覚に意味と奥行を付け加え，感覚の欠落を補い，感覚に安定性を与える」というものだった。“持続性と変化に関する新しい考えと，それによって退けられる古い考え”（4.7章［本書4.4章］）においてギブソンは，パルメニデスもヘラクレイトスも誤っており，知識は感覚に基づいて構成されるという近代の理論も間違っていると論じた。代りにギブソンが示したのは，「持続性も変化も，また可変性も不変性も，知覚を成立させる情報にとって不可欠な構成要素であり，世界における変化と不変は同時に知覚される」という理論であった。この理論には，次のような意味がある。即ち，我々は，事物によって引き起こされる感覚を持つことなしに，事物を知覚できる。さらに，多くの理論家は，知覚は現在に，記憶は過去に関するとして，知覚と記憶とを区別してきた。ウィリアム・ジェームズはそのような区別に疑義を呈していたが，ジェームズが考えていた以上に，知覚と記憶とは区別しがたいであろう。ギブソンの理論では，「時間経過に伴って検出される可変性と不変性によって，全体として持続し変化する環境が知覚される」としている。彼の理論によって，静止と流動，知覚と想起，知識と感覚といった，心理学と哲学の核を成す多くの概念の定義をやり直すことが必要になる。

ギブソンは，刺激・学習・感覚過程・知識などの概念に関して，伝統的な心理学と完全に決別したが，このことは，彼の革命的な考えを旧来の枠組の中で解釈することに固執する多くの人たちを混乱させてきた。“受動的知覚という神話（The myth of passive perception）”（4.8章）では，ギブソンの理論に対する誤解として最もよく見られるものの一つを論じている。もし感覚器官からの入力が知覚の基礎であるなら，その入力を何か有益で意味に満ちたものに変換するために，非常に多くの心的活動（連合の形成や情報処理）が起こるはずである。ギブソンは，そのような心的活動が起こっていることを否定した。その結果，批判者たちは，ギブソンは受動的知覚理論を主張しているとして彼を論難した。この論文でギブソンは，自身の情報抽出《information pickup》の理論には，知覚系による能動的で目的を持った情報の探索《search》と抽出《detection》が含まれていることを示し，その批判を退けた。情報は，その発生源を特定する。そして，知覚系は，その情報を検出するために進化してきた。従って，情報を解釈し，情報に構造を与え，情報を何らかのかたちで変換するような心的過程など，必要ないのである。ギブソンの能動的情報抽出の理論は，『知覚系として捉えられる諸感覚』(1966b) と『生態学的視覚論』(1979a, Ch. 14) との両方にはっきりと示されている。しかし，彼が論じている能動性は，感覚に基礎を置く知覚理論で論じられているような能動性とは全く異なる。知覚の生態学的アプローチは，知覚の過程の研究にも深い関連がある。というのは，もし情報が段階的に処理される（情報は，各々の段階で変形される）のではないならば，情報処理論的な心理学の標準的な研究手法や実験方法は，知覚活動《perceptual activity》の研究には適さないということになるからである。

ギブソンは亡くなるまでの15年間以上を費やして，心理学における自らの様々な業績を，生態学的アプローチという一つの一貫した枠組へとまとめあげた。このアプローチの根幹を成す考えは，**アフォーダンス**《*affordance*》の概念である。アフォーダンスは，動物に行動の可能性を提供する，環境の諸相である。生活体は，アフォーダンスを知覚し，アフォーダンスに働きかける《act upon》。ここに掲載されている“アフォーダンスに関する覚書（Notes on affordances)”（4.9章［本書4.5章]）には，これまで出版されていない，アフォーダンスについての九編の「青焼き本《purple perils》」を集めた。これらは，ギブソンが最初にこの概念について語った（1966b, pp. 273-274, 285）後，この理論の最後の発表（1979a, Ch. 9）までの期間に書かれたものである。これらの論文には，アフォーダンスに関するギブソンの思索が展開して行く過程が表れており，このテーマについての既出の著作では充分に論じられていないアフォーダンスの諸側面が扱われている。

ここに含めた最初の六編の論文では，全て，環境に見える特性や環境のアフォーダンスの分類を論じており，またアフォーダンスの概念を練り上げている。ギブソンは，ある事物が「何であるか《what a thing is》」と，その事物が「何を意味しているか《what it means》」とは，切り離せないと主張する。さらには，ある事物が何であるかを知覚することは，その事物が何を意味するのか知覚することと独立ではない。従って，環境に見える特性の分析は，(数学的，物理的，或いは現象的レベルに対して）生態学的レベルで行なわなければならない。そして，アフォーダンスの分類は，この生態学的レベルにおいて知覚され得る存在物に基づかなければならない。

アフォーダンスの理論は，「意味に満ちた環境における，目的を持った生物の行動」を取り扱う統一された心理学への道を指し示している。ギブソンは，自身のアフォーダンス理論を練り上げることによって，このことを明らかにした。アフォーダンスの概念がそれほど包括的で根本的であるのは，この概念が，動物と環境の二元論という数世紀来の古臭い学説（即ち，行動する動物とそれらが置かれている環境とは，別々に研究できるという仮説）を超越しているからである。レヴィン（Lewin, 1936）やトールマン（Tolman, 1932）など，ギブソン以前に目的的行動《purposive behavior》を論じた理論家たちは，目的を「物理的対象によって引き起こされた主観的経験に見出される（或いは，主観的経験から推論された）心的対象」と見なしていた。従って，目的の対象は，生活体の欲求・知識・経験の変化に従って変化すると考えられており，他方，意味のない物理的対象は，生活体のそのような変化からは影響を受けないと考えられてきた。ギブソンに従えば，アフォーダンスは，生活体と環境との潜在的《potential》関係を特定するが，アフォーダンスが存在するかしないかは，生活体の心理状態に依存して変わりはしない。従って，アフォーダンスは，主観的でもなければ客観的でもなく，その両方でもある。アフォーダンスの概念は，誤った二分法を超越している。

ここに含めた最後の三つの論文では，ギブソンは，生態学的アプローチとアフォーダンス理論を，社会的な知覚と行動，建築デザイン，存在論に応用する可能性を探っている。ギブソンの主張によれば，社会的存在の基盤は，他の生物のアフォーダンスを知覚するだけでなく，「対象・場所・事象が他の生活体に何をアフォードするか」をも知覚する，生活体の能力である（Gibson, 1979a, pp. 135, 141）。環境をこのように共有できるのは，知覚行為《perceiving》を成立させる，しかも単一の視点には依存しない情報が存在するからである。社会的行動は，次の二点に立脚している。即ち，観察者の中には，「他の観察者がどのような事柄を知覚しているか」を知覚できる者がいる。さらに，観察者は，自分が知覚した事柄を（画像や言葉で）記録し呈示できる。

アフォーダンスの理論から，意味を持った生態学的なレベルにおいて動物と人間の環境を分析するための統一された概念構造が与えられる。建築家は，囲い《enclosure》の物質的な「面《surface》」を操作する際に，それらの「面の配置《surface layouts》」のアフォーダンスとして，自分の製作物をデザインする。従って，壁・床・ドア・地下室・通路などの言葉を用いる時，我々は「人間が作り上げた環境が，我々にアフォードする事柄」について述べているのである。ギブソンによれば，意味に満ちた，これらの環境の特性は，（明示的にではなく暗黙のうちにだが）主に，見ることで知られる。アフォーダンスの理論によって，動物が知覚し，知り，欲し，働きかける多種多様な存在《entity》に関する，心理学における詳細な分析が可能になる。環境には，様々な種類の，意味を持った存在がある。対象《objects》は，それらのうちの一種類に過ぎない。他にも，場所《places》や事象《events》といった種類の存在がある。さらに，自己や，自己の行為《actions》・観念《ideas》・意図《intentions》・要求《needs》などの環境の諸事実《environmental facts》も，それらとは別の種類の存在である。これらは全て，環境の中に存在しており，直接的であれ間接的であれ，知覚されたり知られたりする。アフォーダンスの理論では，動物の行動と関わる多様な事物を常に念頭に置いており，従って，これら行動と経験の多様な諸相を網羅する心理学理論を展開する必要性をも念頭に置いている。アフォーダンスの理論の最大の意義は，この点にある。

意味を持った世界を知覚することと，その世界を変えるよう行動することは，あらゆる生物にとって根源的な心理的能力《achievements》である。ギブソンは，次のことを示した。即ち，我々の周囲の豊かな情報は，我々が環境《surroundings》を見，聴き，探索しさえすれば直ちに利用できる。この生態学的情報が，意味を持った行動を支えている。なぜなら，生態学的情報は，我々の行動について事物のアフォーダンスを特定するからである。情報が知覚を引き起こすわけではないし，アフォーダンスが行動を引き起こすわけでもない。しかし，情報やアフォーダンスは，知覚や行為を達成するために必要不可欠である。環境を特定し我々自身を特定する情報がなくては，我々は，自分たちがどのような環境にいるのか，環境の中のどの場所にいるのか，理解できないだろう。働きかけることをアフォードする対象や事象から成る環境がなければ，我々は，何もできないだろう。我々は，注目すれば《attend》，知覚するであろう。注目し続ければ，より正確に知覚するようになるだろう。もし我々が行為するなら，どのようにして目的を達成するかについての情報がそこに存在するだろう。我々が行動し続け，注目し続けるなら，どのようにして目的をより効果的に達成するか学ぶだろう。半世紀に及ぶ研究歴を貫いてギブソンは，心理学理論を構築する際の様々な難問について慎重かつ緻密な考察を行い，これらの問題を解決しようとして注意深い試みを実践してきた。これらの業績のおかげで，心理学は非常に豊かなものになった。ギブソンが行った研究は，動物と人間の行動に関する深遠な洞察をもたらしただけではない。彼の研究はまた，動物の行動に関する生態学的事実をどのように論じるべきか，そのような生態学的事実についてさらに学ぶためにどこを目指すべきなのか，我々に示してくれたのである。

エドワード・リード
レベッカ・ジョーンズ

# 4.1　心理学における刺激の概念

## 第Ⅰ部：心理学における刺激の概念*

我々が経験や行動を説明する際に拠り所とする推論の連鎖の中には，弱い部分があるように思われる。それは，刺激の概念である。小論の目的は，心理学者が「刺激」という語でどのようなことを表しているのか明らかにすることである。ひいては，心理学者は，どのような意味で「刺激」という語を用いる**べきである**のか明らかにしたい。この語が辿ってきた歴史を概観した上で，現代の用語法に見られる混乱の原因を明らかにしたい。最終的には，おそらく，この概念は明確になるであろう。そうならないにしても，いくつかの矛盾が明るみに出ることにはなるだろう。

刺激に関する研究は，私の知る限り，カエルの脚の痙攣を引き起こし得る不思議な事態に関する探求として，18 世紀に始まった。研究者らは，現代では「神経－筋準備状態《nerve-muscle preparation》」と呼ばれている事実を見出した。ガルヴァーニ［訳者註：Luigi Galvani, 1737-98；イタリアの物理学者・生理学者］と後にヴォルタ［訳者註：Count Alessandro Volta, 1745-1827；イタリアの物理学者］は，実験によって，生理学にだけでなく電気学にもその名を留めている［訳者註：動電気《galvanic electricity》・平流電気《voltaic electricity》］。19 世紀初頭に，ヨハネス・ミュラー（Johannes Müller）は，これらの知見を，人間の感覚《senses》（即ち，知識の入口）の問題に持ち込んだ。ミュラーは，次の点を指摘している。即ち，感覚神経は，（例えば，電流のような）神経が

---

*　*American Psychologist*, 1960, *15*, 694-703. 本論文は，1960 年にニューヨークで開催されたアメリカ東部心理学会における会長講演を文書化したものである。

本来受け取るのとは異なる多様な力によって，興奮し得る。心は，刺激をではなく，各々の感覚神経に固有の質だけを知ることができるとされた。そこで，物質界《material world》に関する知識を心がどのように入手するのか，ますますわからなくなってしまった。19世紀末には，シェリントン（Sherrington）は，「感覚器官の構造が特殊化しているがゆえに，受容器は本来，そのような不適刺激から保護されている」と力説した。しかし一方で，皮膚はいくつかの個別の点においてのみ感覚《sensations》を生じることが明らかになった。これは，新しい謎であった。あらゆる感覚器官の個々の受容器細胞は，顕微鏡によって観察された。そして，感覚過程が点状の特性を備えていることは，確証されたかに見えた。

この間ずっと，自然科学者は，エネルギーの諸法則を発見し，電流・モーメント・光・熱・音・化合物など，様々なかたちでこれを測定することに成功していた。これにより，感覚器官における何らかのエネルギー変数がどの程度の値を取るのか（少なくとも，頻度や量といった単純な変数については），測定できるようになった。「検知し得る感覚の閾」という概念が確立された。フェヒナー（Fechner）はウェーバー（Weber）に従って，意識を測定する基本的な図式の想を練った。その際，意識の強度に関する判断を，刺激という単純な変数に関係づけた。ここに，精神物理学《psychophysics》が誕生したのである。

実験者に制御できしかも観察者に呈示できるものなら全て，刺激と見なせることになった。人間を扱った心理学が発展するにつれて，「刺激」は実験における独立変数であり，分離して個別に系統的に変化させることができることが明らかになった。物理的エネルギーよりももっと複雑な事物（例えば，言葉）が，感覚器官に与えられる場合もある。これらも「刺激」と呼ばれる。しかし，操作される刺激条件（新近性《recency》・頻度・有意味性など）は，精神物理学実験で扱われる変数とは全く異なる。

19世紀後半には，動物の適応的行動《adaptive behavior》は，反射弧《reflex arc》の概念の下で検討されることになった。この概念は，デカルト以来想定されてきた「身体の完全に機械的な動作」を説明すると考えられていた[1]。反射を，刺激なしに語ることはできない。動物側の条件を系統的に変化させることが可能であり，それに対する反応を観察することも可能である。動物は，そのような刺激に対して，眼に見えるかたちで反応する。実験者としては，敢えて人間を被験者とするよりも，刺激をもっと自由に扱うことができる。要するに，こういった動物実験の結果と，人間を被験者とする実験の結果とが結びつけられて，一般的な「刺激ー反応」心理学が生まれたのである。このような心理学は，殊にアメリカでは，大きな成功を収めた。しかし，動物心理学者にとっての「刺激」は，感覚生理学者の言う「刺激」と同じではない。知覚研究者の言う「刺激」もまた，学習の研究者にとっての「刺激」とは異なるのである。

20 世紀の我々は，「刺激」に関する様々な考えを継承している。このことについては，既に充分述べた。我々は常にこの語を用いているが，その意味を明確に定義することは希である。つまり，「刺激」を特に定義する必要のない，当然のことと捉えているのである。行動理論は，隆盛を極めている。知覚理論も，多様な成果を示している。しかし，刺激に関する理論について，何か成果が上がっていると言えるだろうか。刺激の理論の確立に向けて，手始めに，現代の研究者らが「刺激」という語をどのような意味で用いているのか調べてみた。「刺激」を定義している研究者もいるものの，その数は多くない。私はまず，書物からの引用を集めるという方法を採った。次に，それらの引用同士を比較してみた。「刺激」に対するそれらの見解のあいだには，しばしば完全な対立が見られた。中には，一冊の書物に相反する二つの定義が見出された場合さえあった。もちろん，論点は相互に関連しあっているが，私はそれらを見解の相違点に関して八つに分類し，個別に論じることにする。以下，ほとんどの場合，私の発言を加えることなく，引用文を挙げ，私自身の見解は最後に述べたい。

I．フロイト（Freud）の場合，「刺激」という語は，『フロイト論文集（Collected Papers）』（1949）にだけ見出せる。フロイトは，「刺激」の語を「動機づける力」という意味で用いている。結局これは，「刺激」の辞書的な意味，即ち，「何か，行動を喚起したり強いたりするもの」である。日常の会話で我

1） 反射の概念の歴史的展望では，Fearing（1929/1971）の論文が優れている。（編者註）

我は，飢え《hunger》や恐れ《fear》を生じる刺激について語るが，そういう場合の「刺激」は，「極端なかたちの行動を強いる」と考えられている。フロイトが「刺激」という語を用いることは多くはないが，用いる場合には，「何か，充足されたり受け流されたりするもの」という意味である。

しかしながら，心理学者と生理学者は，一つの個体全体の行動ではなく，一つの感覚器官の興奮を引き起こすことを指して，広く「刺激」の語を用いてきた。しかし，このことについて，彼らの見解が完全に一致しているわけではない。双方の意味を認める者もいる。ニール・ミラー（Neal Miller）は，“どのような刺激も，何らかの動因価《drive value》を持っている”と主張している（Miller & Dollard, 1941, p. 59）。しかしながらスキナー（Skinner）は，“動因は刺激ではない”と考えており，“「刺激」という語には，「はたらきかける相手を持つ」，即ち，「行動へと駆り立てる」という不適切な含意がある”けれども，“我々は，この言葉が，このような一般に浸透した意味合いを持つなどと誤解してはならない（1938, p. 375）。”従って，これが，我々の刺激観の相違の第一である。即ち，**刺激は，個体を動機づけるのか，或いは，単なる反応のきっかけに過ぎないのか。**

II．パヴロフ（Pavlov）は，“刺激と一定の反応とは，「原因と結果」として結び付いているように思える”と述べている（1927, p. 10）。これは，率直な主張である。同様にワトソン（Watson）も，心理学の目的とは，「ある刺激に対する反応を予測し，ある反応を引き起こす刺激を特定すること」に他ならないと考えていた（1924, p. 10）。この考えと，ヒルガードとマーキス（Hilgard and Marquis, 1940）が留意すべき点として挙げている次の主張とを比較しておこう。“我々は，反応を強く促すものと捉えているが，それはただ「刺激は，いわば，反応を生じる機会である」と主張したいだけである（1940, p. 73）。”明らかに，パヴロフやワトソンが言う「刺激」の意味は，ヒルガードとマーキスが言う意味とは異なっている。現代の心理学者は，ほとんどが，後者の系統に連なっている。「刺激は，反射を引き起こし得るが，行動を引き起こすことはない」と考えられた[2)]。ウッドワース（Woodworth）は，「刺激それ自体が，反応を決定づけることはない」と初めて強調した人々の一人である。つまりこれは，「生活体内部の諸要因の媒介を経て，反応が規定される」とする考えである。媒介変数や媒介過程に関しては，現在に至るまで，多くの議論が重ねられている。

同じ論理が，行動だけでなく知覚経験にも当てはめられる。つまり，「刺激は，感覚を引き起こし得るが，知覚を引き起こすことはない」と考えられたのである。例えば，M. D. ヴァーノン（Vernon）は，“知覚内容《percept》の性質は，…刺激の物理的性質によってではなく，個体内部における構成傾向の関数として，大部分規定される（1952, p. 47）[3]。”しかし私は長い間，これとは反対に，「知覚内容と刺激の物理的変数とは，非常に確実な対応関係にある」と主張し続けてきた。**刺激は，反応の充分な原因と見なせるのか否か。**ここに，我々の刺激観における第二の混乱がある。

**Ⅲ**．スキナーは最近，“我々は，刺激そのものの独立した特性によってではなく，「反応を誘発する力」という非常に疑わしい特性によって刺激を定義することが多い”と述べている（1959, p. 355）。しかし彼は，このような疑わしい科学行動の改善策を全く示していない。ただ罪を告白しているだけで，解決の方法を示していないように思える。実際，多くの心理学者は，刺激に循環論的な定義を与えている。スキナー自身は，彼の最初の著書で，“（刺激と反応という）用語のどちらも，他方に言及することなく一方の本質的特性に関して定義することは出来ない”と考えていた（1938, p. 9）。ニール・ミラーは，次のように述べている。“反応とは，個体による，或いは個体内部のあらゆる活動であり，これは，学習によって，先行する事象と機能的に結びつくようになる。刺激とは，このようにして反応が結びつけられるようになる事象のことである（Miller & Dollard, 1941, p. 59）。”事実ミラーは，このような循環論的定義は，避けがたいだけでなく，理論的には望ましいと主張していた（Koch, 1959, p. 239）。ミラーは，刺激を物理的エネルギーの変数として特定することを完全に放棄してしまったと思われる。しかし，エステズ（Estes）は次のように述べて

2）このような“「刺激＝機会」論《occasionalism》”は，17世紀のマールブランシュ（Malebranche）に遡る（Radner, 1978を参照されたい）。（編者註）

3）ヴァーノンの構成主義《constructivism》は，バートレット（Bartlett, 1932）の影響を受けている。バートレットの考えは，このところ再評価されている（Neisser, 1976）。（編者註）

いる。“私は，生活体の行動を参照することなく物理的に記述できる環境側の諸条件を指して，刺激という言葉を用いる（Koch, 1959, p. 455)。”さらにハイエク（Hayek）は，“様々な刺激同士の区別は，それらが生活体に与える様々な効果とは独立でなければならない（1952, p. 9)”と述べている。

ここに，見解の相違がある。精神物理学者は，被験者の判断によってではなく，何か物理科学的な操作によって刺激を定義すべきだと主張するだろう。そうでなければ，どのような刺激は弁別されどのような刺激は弁別されないのか，いったいどのようにして明らかにできるだろうか。しかしながら，刺激を客観的・物理的に特定するのが困難な場合には，研究者らは，その困難を回避して，「反応や知覚の対象」として記述しようとする。ごく僅かの研究者だけが，「実験者は，**自らの**知覚によって以外，刺激を定義できない」と主張して，主観論という哲学的な立場にまで到達する[4]。古くから哲学者を悩ませてきた難題がある。即ち，「森の中で木が倒れる時，そこに音を聴く生物が存在しなくても，音は存在するか否か」という問題である。これはまさに，「聴覚刺激をどのように捉えるのか」という問題である。そして，この問題は，非常に多くの心理学者にとって，依然，未解決の難問である。

私の考えでは，最も重要な問題は次の通りである。「刺激とは，感覚器官を**確実に活性化する**ものなのか，それとも，感覚器官を**活性化し得る**ものなのか」。「現に受容器を興奮させていないならば，それは決して刺激ではない」と主張する人々もいる。一方，「刺激は，受容器を興奮させる必要はない」との立場をとる人々もいる。後者の立場の人々は，**潜在的**刺激《potential stimuli》という考えを容認している。例えば，次のようなガスリー（Guthrie）の主張がある。即ち，「刺激とは，感覚の活動を開始するための“潜在的機会《potential occasion》”であり，“物理的刺激は，存在するとしても効果を持たないかも知れない”」(Koch, 1959, p. 178)。前者の刺激観では，何らかの反応が観察された場合にのみ，物理的エネルギーを刺激と呼ぶことが許される。後者の刺激観では，刺激のエネルギーが必ずしも反応されることなく存在する可能性を認めている。こちらの考えの方が，より的確だと思われる。前者の意味

4）ジェームズ（James, 1890, I, p. 196）は，これを“心理学者の謬見”と呼んでいる。（編者註）

で「刺激」を捉えると，閾下刺激《subthreshold stimulus》については一切語れなくなるが，閾下刺激は重要な用語である。ある場合に有効な刺激も，別の場合には効果を持たないかも知れない。さらに，閾値を測定する際の行動の基準も，場合によって様々である。

有効な刺激と潜在的な刺激とを区別する理論家は確かにいるが，その区別がどのような意味を持つのかについては，詳しく検討されていないし，この概念もまだ充分に発展していない。「永続的な環境は**対象**から成る」という考えは，広く認められているが，「永続的な環境は**潜在的刺激**から成る」という考えは認められていない[5)]。

第三の見解の相違は，次の通りである。**刺激は，それによって生じる反応とは独立に，（行動や感覚過程によってではなく物理的に）定義されなければならないのか。**

**Ⅳ**．パヴロフは，この世に存在するあらゆるものが刺激になり得ると考えていた。どのような事象であろうと，実験で扱おうと思いついた全ての事象を，パヴロフは「刺激」と呼んでいる。楽音，ベルの音，泡立つ水の音，光，回転する物体，スクリーンに投影された画像，口の中に呈示された酸，食物，背中を掻くこと，電気ショック。彼は，これら全てを「刺激」として用いた。これは，「刺激」の常識的な語法であり，現在でも非常に多くの行動主義者に受け継がれている。スペンス（Spence）は，「刺激」という語は，彼の考えでは“物理的な条件，或いは，外界の条件であり，様々な局面や特徴を持っている”と述べている（1956, p. 39）。ニール・ミラーによれば，弁別可能なものは全て刺激（或いは，彼の言葉で言えば「手がかり《cue》」だが，刺激も手がかりも同じ意味を持っている）である。スキナーの考えでは，刺激とは単に，“環境の一部分，或いは，環境の一部分に何らかの変更が加えられたもの”である（1938, p. 235）。確かにスキナーは，“一つのクラスを成す事象群，即ち，何らかの特性を共有している集合体を”「刺激」と呼ぶべきだと述べている（p. 34）。

---

5）J. S. ミル（Mill）は，“感覚の永続的可能性”について論じている（Gibson, 1966b, p. 223 を参照されたい）。（編者註）

刺激にはこのような“包括的性質”があるので，ベルを聴覚刺激と呼んだり，本を視覚刺激と呼ぶことは，彼の言によれば“しばしばうまく行く（p. 235）。”スペンス，ミラー，スキナーは皆，「環境に存在する事物は，何らかのかたちで我々を**刺激し**《stimulate》得る」と主張している。さらに，「実際に刺激を受け取ることができるのは，個体の皮膚の受容器だけだ」というパラドクスは意に介さないと決めているのである。

刺激をこのように定義するのは，知覚心理学者から見れば，単純素朴な考え方である。刺激は，エネルギーであって，物体ではない。トローランド（Troland）は，“刺激は，「ある受容器系の神経興奮《stimulation》を引き起こす，特定の物理的な効力・エネルギー・作用」と定義できよう”と述べている（1930, p. 9）。この考えは，「感覚器官に関する一世紀に及ぶ研究の成果」という権威に裏打ちされている。1834年にヨハネス・ミュラーは，「刺激とは，“何であろうと，感覚神経《nerves of sense》”の一つを興奮させるもの」だと主張した。現代の神経生理学者の考えでは，刺激とは，「活動している細胞（神経細胞だけではないが，特に神経細胞）に脱分極を生じるエネルギー」のことである。ジェニングズ（Jennings）は，1906年にアメーバの研究をおこなったが，彼の考えでは，刺激とは，「直接的環境に生じる変化の一種で，行動の変化を引き起こすもの（1906, p. 19）」であり，ちょうど五種類ある。化学的刺激，力学的刺激，熱刺激，光刺激，電気的刺激である。ウッドワースは，“刺激とは，感覚器官に作用して生活体に何らかの活動を引き起こす，あらゆる形態のエネルギーである”と述べている（1929, p. 223）。コフカ（Koffka）は，“我々の感覚器官の興奮の原因”を刺激と呼びたいと考えていた（1935, p. 79）が，他のどの理論家以上に，「刺激」という語の矛盾を孕んだ意味に立ち向かった。そして，“近”刺激《“proximal” stimulus》と“遠”刺激《“distal” or “distant” stimulus》とを明確に区別するよう提案した。コフカの考えに従うと，我々は，次のように考えざるを得なくなる。即ち，知覚や行動は，遠刺激対象によって規定されるように思われるかも知れないが，実際には近刺激によって引き起こされているに過ぎない[6]。

全ての心理学者が，このパラドクスを解消しようと自ら進んで努めているわけではなく，実のところ，このパラドクスは不可解である。ある対象に関する近刺激が，空間内で観察者が位置を変えるに連れて変化するのであれば，つまり，その時その時で近刺激が異なるのであれば，我々は，不条理に直面していることになる。「無数の相異なる刺激群が全て，同一の知覚を引き起こすことができる」と仮定しなければならないからである。多くの行動主義者は，「刺激」と「対象」という相異なった意味を持つ二語を連結して「刺激対象」という言葉を用いており，これによって上に述べた不条理はあたかも解消されたかに見える。彼らは，常識をわきまえて，「一つの知覚を引き起こし得る無数の刺激」を一つに絞り込む必要を感じているのであり，この点では確かに彼らは的を射ている。しかし，知覚研究者は，安易な方向を選択できず，「相異なる刺激群が，どのようにして同一の知覚を引き起こすのか」に関する理論（即ち，知覚の恒常性の理論）を，どうにか構築しようと試みたのである。今日に至るまで，同意を集めた理論は一つも樹立されていない。「一つの知覚は一つの刺激から生じるはずだ」という常識が正しく（しかし，そのことを自覚してはいない），しかも，一つの対象から生じる近刺激の集合体の全てが，ある意味では，一つの刺激である。このようなことがあり得るだろうか。

ここに，第四の見解の不一致がある。即ち，**刺激は環境の中に存在するのか，それとも，受容器に存在するのか**。どちらの考え方も幾分かは正しいという提言があるが，その提言もまだ明確に説明されてはいない。

**V**．オズグッド（Osgood）は，“刺激は，受容器を活性化する物理的エネルギーとして定義されよう”と述べている（1953, p. 12）。しかし，ここで言う「受容器」は，単一の受容器細胞を指しているのか，受容器細胞群から成るモザイクを指しているのか。オズグッドは，この点を明言していない。オズグッド以外にも，この問題に対する態度が不明確だったり，この問題について検討したことがない人々はいる。ハル（Hull）は，自分の考えを明確に述べた。彼の考えでは，網膜像は刺激から成るパターンであり（1943, p. 37），単一の光線は一つの刺激である（p. 33）。“刺激要素とは，単一の受容器官を活性化させる

---

6) Brunswik（1956），Heider（1959），Holt（1915）は，遠刺激と近刺激との区別を詳細に論じている（1.6 章［本書 1.3 章］を参照されたい）。（編者註）

刺激エネルギーである（p. 349）。”これは率直な見解である。ウッドワースは，“眼に入り多くの桿体・錐体に当たる光は，もちろん，単一の刺激と言うよりも刺激群の集積である。”としているが，その次の段落では，“光の急な停止”は刺激ではないかと述べている（1929, p. 28）。ケーラー（Köhler）は，この問題についてかなり明確な態度を示しており，生活体は，“多数の刺激群から成る外界の布置《objective constellation》”に対して反応すると述べている（1929, p. 28）。また，コフカ（Koffka）も，網膜や皮膚の上の刺激は局所的事象だと考えている（1935）。これに対してニッセン（Nissen）は，“刺激は，刺激作用から成る空間的・時間的パターンを常に伴う”と主張する（Stevens, 1951, p. 374）。多くの他の研究者は，刺激を「（受容器細胞ではなく）一つの感覚器官の活性化を引き起こす原因」と定義し，パターンが刺激であるかのように述べている。「刺激が成すパターン《a pattern of stimulus》」と「刺激パターン《stimulus pattern》」との間には大きな違いがあるが，我々はそのことについて充分に考えたことがなかった。“パターン”とは，単一の刺激なのだろうか。それとも，いくつかの個別の刺激であるのだろうか。

「刺激とは，神経細胞を興奮させるものである，従って，刺激は**点状**《punctate》である」という考えは，多くの理論家には，唯一の厳格な定義と映った。このためハルは，分子的に捉えた個々の反応と区別して総体的行動《molar behavior》を説明するために，求心性の神経の相互作用を仮定せざるを得なくなった。ゲシュタルト心理学者は，知覚を説明するために，感覚の体制化《sensory organization》の理論を展開せざるを得なかった。しかしラシュレー（Lashley）はかつて，このように述べている。

> 脊髄反射より上のレベルの反応を生じる刺激は，一定の明確な感覚細胞の興奮ではなく，一定の比で神経系の複数の細胞の興奮を引き起こす。関与している特定の細胞群が以前に同じ方法で興奮させられていなかったとしても，その比に応じて反応が生じる（Murchison, 1934, p. 476）。

この一節から，次のことが示唆される。即ち，高次の反応を論じるためには，高次の刺激作用《higher orders of stimulation》を定義しておく必要が生じるのである。ラシュレーは，比率は，単なる二刺激間の関係ではなく，それ自体が刺激であると述べているように思われる。しかし，次の点は重要である。即ち，ゲシュタルト心理学者は，そのようには考えなかった。全ての刺激を，局所的事象と捉えていたからである。

個体は，ある関係に対して反応できる。これはどのようにして可能なのか。この問題については，長い間，論争が続いてきた。この論争の発端となったのは，ケーラーが見出した次のような事実である。即ち，ヒヨコは，絶対的な明るさを持った特定の色紙ではなく，二種類の灰色の色紙のうち明るい方を選択する。ケーラーは，関係を捉える過程が脳に存在することをこの事実が実証していると考えた。スペンスはさらに，各々の色紙に対する絶対的な反応によって（いわゆる刺激般化《stimulus generalization》の原理に従って）この事実を説明できることを示した。しかし，最も単純な説明をするならば，「実験において有効な刺激は，視野内での明るさの相違の方向だ」ということになろう。この最も単純な解答案と軌を一にして，視覚研究者は，周辺も視覚刺激であると考えている。恐らく，視覚刺激**そのもの**と，眼に達する光の配列に含まれているその周辺とは，まさに比（即ち，測定された強度同士の関係）である。

混乱の五番目の原因は，ここにある。即ち，**パターンや関係は，どのような場合に単一の刺激と見なされ，どのような場合に別個のいくつかの刺激群と見なされるのか。**

Ⅵ.「刺激は，必然的に点状《punctate》である」との考えは，「刺激は，必然的に，**常に変わり行く束の間の**《momentary》存在である」との考えと関連している。ゲシュタルト心理学者は，「メロディは知覚される」と指摘したが，メロディが刺激だとは決して言っていない。メロディを成している個々の音が，刺激であると考えられた。しかし，音同士の間の推移《transitions》や，音響工学で言う“過渡現象《transients》”に関してはどうだろうか。これらは刺激なのだろうか。音声の研究者は，これらを刺激と考えている。しかし，聴感覚に関する研究論文では，この問題に対する態度は曖昧である。そして，仮に短時間の推移が刺激であるとすれば，長時間の推移や時間的パターンは，なぜ刺激ではないのだろうか。

視覚の研究では，実験者は，光学的運動《optical motion》は，一つの刺激なのか，或いは一連の刺激群なのか，いずれとも断言できないでいる。網膜，さらには皮膚も，運動に対して非常に感度が高い。光学的運動は単純なはずである。しかし，ストロボスコープ運動やファイ現象などの知見は，光学的運動が複雑であることを示唆すると解されてきた。運動は，古典力学における解釈と同様に，「位置の変化」と捉えられている。従ってさらに，「位置の印象が前提となって，位置の変化の知覚が生じるに違いない」と推論されている。

他方，「刺激とは，常に変化である」と一般化する考えがしばしば見られる。これは，大きな混乱を招く考えである。事実，この考えは，混乱の上に混乱が重なっている。このように主張する人々は，「変化しない刺激は，直ちに知覚されなくなる」ことを示すいくつかの実験結果を念頭に置いているのだと思う。彼らは，感覚順応《sensory adaptation》のことを言っているのである。感覚順応において変化するのは，刺激ではなく神経興奮の過程である。網膜・皮膚・嗅覚器官では，感覚順応が生じる。例えば，人為的な静止網膜像の呈示法によって被験者の網膜に何らかの画像を定常的に呈示すると，最後には，刺激は完全に効力を失う。しかし次の点に注意して戴きたい。焦点を合わせ得る光を被験者の眼に対して定常的に呈示することが効力を失うわけではない。被験者が可能な限り安定した自発的凝視を続けても，この刺激が完全に無効になってしまうことはない。眼球自体がごく僅かに運動しているからである。これは，網膜上の刺激作用《retinal stimulation》と，光学的刺激作用《optical stimulation》とが，決して同じではないことを意味する。両者は，視覚の実現に至る事象群の連鎖に含まれる，相異なる二つの段階である。“刺激作用に生じる変化”という言葉の意味は，そのような変化が感覚器官自体の順応から生じる場合と，外界の事象によって生じる場合とでは，全く異なるのである。

では，「眼に達する光のうち焦点を合わせ得るものから成るパターンに生じる変化」という意味での光学的運動《optical motion》は，刺激と見なせるのだろうか。これを刺激と見なす考えに基づく実験の成果が報告されつつある。コーネル大学で我々が最近行った，光学的変換（変形）《optical transformation》に関する研究（Gibson & Gibson, 1957）では，この「光パターン」だけを刺激と捉えるのではなく，「光パターンの非変化」も刺激であり，その特殊例に過ぎないと考えるようになった。結局，「不変《stability》」は，「運動が存在しないこと」としてのみ定義可能である。同様に「形」も，「変換が生じていない状態」と定義し得る。この考え方では，変化が生じるか否かに関わらず，事象の継起《sequence》とは，刺激作用が成すディメンションである。

事象の継起をこのように捉えることには，大きな長所がある。知覚の恒常性《perceptual constancy》という難問に簡明な回答が提案されるのである。「変わらないこと」には，二種類ある。第一に，パターンが運動しないこと《nonmotion》，第二に，運動している間にパターン自体が不変であること《invariance》である。単一の対象から生じる眺望《perspective》の集合体に含まれる不変項は，単一の刺激である。従って，「単一の対象については，ただ一つの刺激が存在する」ことになる。結局，常識に即した考えが正しいのである。

刺激の概念にまつわる第六の問題は，次の通りである。**事象の継起は，どのような場合には「単一の刺激」であり，どのような場合には「相異なる刺激群」であるのか。また，単一の持続する刺激は，変わり行く事象の継起を通じて存在し得るのか。**

**VII.** ロールシャッハ・テストを使用している人々は，刺激面は，構造化されていることも，或いは，（そういった人々の言によれば）**構造化されていない**こともあり得ると考えている。私は，「構造化されていない刺激作用」に関する明確な定義を文献に見出すことができなかった。しかし，「構造化されていない刺激作用」という語で呼ばれた実例だけは，見つかった。いわゆる投影法のテストで用いられている，インクのしみなどである[7)]。「構造化された刺激作用」という考えは，ゲシュタルト理論に由来しているが，但しそれは，ゲシュタルト理論による，曖昧な部分を残し充分には練り上げられていない一つの仮説で，「体制化する内的な力とは別に，体制化する外的な力がある」とする考えである。例えば，コフカは，被験者が刺激の場をどのようにして構造化するのかに専ら関心を注いだので，刺激の場が既に構造を**持っている**かも知れな

7) Gibson（1956）を参照されたい。（編者註）

いとは考えてもみなかった(1935)。事実，コフカは何度か，刺激の場には構造がない(即ち，あらゆる構造は，刺激の場に後から課されねばならない)かのように述べている。コフカは，「刺激そのものは，意味を持たない点の群だ」と考えていたからである。

形の知覚に関しては，上のような，「刺激には構造が存在しないのではないか」という考えが，現在でも根強く続いている。しかし，コフカの時代以来，(部分的には，コフカの影響によって促されたからでもあるのだが)何人かの実験家がこの考えを前提として単純に受け容れて，刺激の構造を数学的に表現し始めた。こういった人々は，「インクのしみは，ある意味で，構造のない刺激だ」ということを，決して認めようとはしなかった。写真《picture》にもインクのしみにも，それぞれの構造がある。構造が存在しないのではない。「構造が存在しない」とは，面色《film color》や雲一つない青空に関してだけ言える。コフカが示した通り，光配列の構造には曖昧で多義的な構成単位が含まれるかも知れないが，そのことと「構造が存在しない」こととは別である。光が構造を眼に運ぶ力は，実験によって弱めたり低下させたりできるだろうが，完全になくすことはできない。光の構造が，被験者や観察者にとって何か馴染みのあるものを特定しない場合もあるだろう。しかしそれは，幾何学的な事実である。構造が被験者にとって意味を持たない，被験者が構造を見逃した，被験者は構造を探すようには教示されていなかった，被験者の眼が機能していなかった，被験者が子供だったなど，他にも様々な理由のために，被験者が構造を取得《register》できない場合があるかも知れない。しかし，構造は依然として光の中に存在している。少なくとも，実験家の中に，そのように主張している人々がいる。

従って，構造を持たない刺激の場が，どのような意味を持ち得るかについては，見解の一致に達してはいない。第七の問題は，次の通りである。即ち，**刺激の構造をどのようにして特定すればよいのだろうか。**

**Ⅷ**. 刺激を物理的エネルギーと捉える考えは，「刺激そのものは，意義や意味を持たない」との見解に繋がると思われる。特に，「刺激は，時々刻々変わり行く点状のエネルギー群に過ぎない」と考えるならば，エネルギー群である刺激が環境に関してごく僅かのことしか（或いは，全く何も）特定しないことは，明らかである。光・熱・力学的エネルギー・音響エネルギー・化学的エネルギー・電気エネルギーは，対象・場所・事象・人々・言葉・シンボルなどとは全く異なるが，それにもかかわらず，これらだけが受容器に作用し得る刺激なのである。この「刺激は意味を持たない」という説は，感覚機能《the senses》の研究において，非常に長い間，通説として認められてきた。この説から，感覚データ《sense datum》（即ち，「感覚《sensation》そのもの」や「そのままの感覚印象《sensory impression》」）の概念が生じ，さらには，「動物や人間は，対象・場所・事象などを知覚してしかるべきだと考える根拠はどのようなことか」という長きにわたる問題も提起される。

しかしながら，行動の研究者らは，刺激が空虚だとするこの説に疑義を呈することなく，しばしば彼らはこの説を信じていないかのような主張をしている。ビーチ（Beach）は，鳥類がどのようにしてヒナに餌を与えるか記述する際に，比較心理学者を代表して，次のように述べている。即ち，“ヒナたちは，口を開ける反応を示す。これが親鳥を**刺激して**《*stimulate*》，親鳥はヒナの口に餌を入れる”（Stevens, 1951, p. 415）。彼は，光線が「口を開ける反応」を特定するのは当然だと考え，この件についてさらに気にかけることはしていない。知覚研究者は，この件に大いに関心を持っているが，その関心の内容は人によってまちまちである。心理学者は，一方では，眼に達するものは，（環境に存在する対象や，環境で生じる事象・事実ではなく，）様々な波長及び強度の光以外には何もないと断言している。他方で，光は環境に関する情報を“伝達する《carry》”とか，刺激は知覚者に情報を“提供する《provide》”としばしば述べている。後者が事実であるならば，刺激は，それら自体以外の何かを特定していなければならないし，刺激は意味のない空虚なものではあり得ない。

**手がかり**《*cue*》という言葉は，「情報に富んだ刺激」と「空虚な刺激」との一種の妥協案として用いられる。ウッドワースによれば，“心理学で言う「手がかり」とは，「記号《sign》や符号《signal》の役割を果たして，何か他の事柄を指し示す刺激」である。その際，手がかりとそれが指し示す事柄との結び付きは，前もって学習されている”（1958, p. 60）。この考えでは，刺激は，メッセージや暗号通信との類推で理解されている。ブルンスウィック（Brunswik）は，計器の針を読むこととの類推で，刺激とは環境の事実を示す**標識**《*indicators*》だと考えた。しかし同時に彼は，「刺激と，問題となっている事実との結び付きは，確率論的なものに過ぎない」と強調してもいる（1956）。ボーリング（Boring）は，刺激を手がかり《clues》と捉え得るのではないかと提案している。この「手がかり《clues》」という言葉は，感覚データに基づいて無意識的な合理的推論が生じるとするヘルムホルツの説との関連を物語っている（Harper & Boring, 1948）。

「刺激とは単に，手がかり《cue, clue》・記号《sign》・符号《signal》・メッセージ・標識《indicator》だ」という考えからは，我々がここまで検討してきたことにとって何ら得るところがない。問題は，「刺激は，その発生源をどの程度までどのようにして特定するのか」である。上記の手がかり云々といった比喩によって刺激を理解することは，我々がこの問題を直視するのを妨げているだけだ，とは言えないだろうか。現代の情報理論の研究者による，**入力**《*input*》という中立的な用語の使い方について検討してみよう。彼らが生活体を通信システムやブラック・ボックス（即ち，見出されるべき内的なはたらき）に喩える際には，「生活体が置かれている環境」や「刺激と環境との関係」について考察するという責務を逃れることにならないだろうか。

「刺激と，自然界に存在するその発生源との結び付き」という問題を，心理学者は重く受けとめては来なかった。この観点からの刺激の分類は，試みられてもいない。感覚器官による分類や，刺激を伝達するエネルギーの種類による分類が行われているだけである。これは，生態学の問題である。ブルンスウィックも，手がかりの“生態学的妥当性《ecological validity》”（1956）を問題にした際にこのことを理解していた。私の考えでは，この問題は不明確になっているし，これに関する我々の理解も進んでいないが，それは，問題を部分に分解できなかったからである。「刺激とその発生源との結び付き」は，「**社会的**刺激とその発生源との結び付き」（例えば，言葉とそれが指し示す対象との結び付き）とは別である。意味論《semantics》と生態学とは異なる。環境に存在する刺激に関する科学は，我々がこのことを念頭に置きさえすれば，シンボルに関する科学ほどには難解ではないことが明らかになろう。

眼に達する光に含まれている（例えば，肌理の勾配のような）光学的刺激《optical stimuli》は，**投影**《*projection*》という関係によって環境に存在する対象を特定する。このように私は主張してきた。私は，この関係と，言葉が対象を特定する関係（これは，一種の**符号化**《*coding*》と呼びたい）とは，全く異なると考えている。しかし，この関係がどのようなものであろうと，我々は，まだ答えが得られていない，第八の問題に直面することになる。即ち，**外界に存在する刺激の発生源に関する情報を，刺激は伝達するのか。そして，刺激はどのようにしてその発生源を特定するのか。**

## いくつかの肯定的な仮説

上に述べた通り，「刺激」の用語法や定義には，様々な矛盾がある。これらの中から，なにか役立つ知見を取り出すことができるだろうか。できると肯定的に考える人は，まず，いないだろう。スティーヴンス（S. S. Stevens）は，刺激について深く考え続けてきた人物だが，心理学において刺激を普遍的に定義することは，（それを目論むことさえ）無意味だという結論に至っている。スティーヴンスによれば，刺激を定義すること（即ち，一定の反応に対応する刺激に完全な定義を与えること）は，まさに心理学そのものに匹敵する大仕事だという。このような刺激の定義を実現するためには，“外部も内部も含めて，環境に生じ，反応を不変に留める，全ての変換《transformation》”を特定する必要がある。そして，この意味では“どのような反応に関しても，我々はまだ，刺激の完全な定義をしてはいないことになる（Stevens, 1951, p. 31 ff.）。” 私がスティーヴンスの考えを的確に把握しているとすれば，彼の念頭にある最も大きな問題は，恒常性である。スティーヴンスは，「我々は，文字通りの近刺激作用のエネルギーから成る混沌の中で，一定の反応の実際の原因を特定する方法を知らない」と主張していたのである。これは，残念なことだが事実である。

しかし，スティーヴンスとは違って，私は前向きに考えているし，いくつか肯定的な仮説を提案することもできる。刺激作用に関する相矛盾した仮説が明確になってしまえば，その矛盾を解消するように検討を進められるようになる。

一つには，非常に多様な機能的に等価な刺激群の中から不変の成分を探し出さなければならない。最終的には，不変の反応に対応する不変の刺激が存在するであろう。エネルギーの高次変数には多様な種類があるかも知れないが，それらは数学的に記述されるのを待っているだけである。もちろん，それらの高次変数を，頻度や量の単純な関数としてではなく，適切な方法で記述しなければならない。我々は，刺激と，その分析に用いられた要素とを，混同してはならない。我々は，配列を，刺激のモザイクではなく，「形が入れ子になった階層構造」と捉え直さなければならない。また，流動を，刺激の連鎖ではなく，「継起が入れ子になった階層構造」と考えなければならないのである。

**総体的刺激**《molar stimuli》。トールマン以来この方，行動理論家は，心理学は微小反応ではなく総体的反応を問題にすべきだという見解に賛同している。従って我々は，「生活体の全ての筋は，どのように収縮するのか」ではなく，「生活体が，何をしているのか」を観察・測定する。反応の側に関するこの種の観察結果に対応して，刺激の側に関する観察結果が存在するはずである。我々が明らかにしなければならないのは，「生活体が，**何に対して**反応しているのか」であって，「微細な受容器の全てを何が興奮させているのか」ではない[8)]。もちろん，全ての筋は収縮し，全ての受容器は興奮していることだろう。しかし，筋活動や受容器活動の水準における観察は，心理学者が果たすべき本分ではない。

この「総体的刺激」という考えは，全く新しいわけではない。45年前に，E. B. ホルト（Holt）は，「認知は，行動と同様に，常に刺激作用の関数として規定される」と考えた。この点でホルトの見解は，パヴロフやワトソンと一致していた。しかしホルトは，「認知的行動を関数的に規定する刺激は，古典的な精神物理学で言う刺激よりも抽象的で幅広い」と強調している。反射ではなく行動を問題にするようになると，有効な刺激は，ホルトの言葉によれば“後退する”（1915に多数）。刺激の**後退**《*recession*》という言葉で彼が言いたかっ

8） ブレンターノ（1874/1973）は，このような「何かに対する反応」や方向性を，心的作用の志向性《intentionality》と呼んだ（この概念に関する研究のレヴューについては，Aquila（1977）を参照されたい）。（編者註）

たのは,「刺激が,近く(受容器の中)にではなく,遠く(外の環境に)位置するように思われる」ということである。また,「認知が発達するにつれて,認知を関数的に規定する刺激も,次第に後退する」とも言っている。この提案を受け容れるならば,「反応の変化は,その反応の対象である刺激の変化を意味する」との結論が導かれる。とすれば,学習は,行動の変化だけでなく有効な刺激の変化をも伴うことになる[9)]。恐らく,その総体的特徴は,配列や流動が成す階層内で有効な刺激が占める位置を上げているのだと考えられる。

**潜在的刺激**《potential stimuli》。私の見るところ,潜在的刺激作用という仮説は,たまたま数人の理論家の賛同を得はしたものの,非常に革新的だがまだ理解されていない意味を秘めている。学習理論では,ずっと以前から,新しい反応が生じる可能性はほとんど無限だと考えてきた。では,新しい刺激が生じる可能性も同じように無限だと考えないのはなぜだろうか。そのように考えると,環境は,知覚と行動の双方にとって刺激となり得るものの宝庫だと言える。光,熱,音,匂い,重力,対象との潜在的接触が,個体を取り囲んでいる。しかし,このエネルギーの海には,感覚器官によって取得されるパターンや継起《sequence》といった変数が存在する。個体は,一つの測点《station point》においても,環境内を動き回ることによっても,それらを探索できる。面から反射される光線の流動だけでなく,放射される音や匂いが成す場によっても,離れた場所に存在する事物に反応することが可能になる。時間経過に伴うパターンの変化は,移動や操作を制御する刺激として役立つ。このような刺激環境を成す,変数,それと共変関係にある変数,不変の変数は,無尽蔵に存在する。

刺激に関しては,驚くほど僅かのことしか語られていない。もちろん,感覚生理学者は,物理学や化学に通暁している。しかし,物理科学で描かれているのは,不毛な世界である。物理学で扱う諸変数のおかげで,刺激はつまらないものになっている。これはなぜだろうか。私の考えでは,それは,心理学者が,教科書を鵜呑みにして,物理的変数だけを刺激と捉えているからである。我々

9) 4.2章を参照されたい。(編者註)

は，不適切な変数ばかりを選んできたのだ。これは，我々心理学者の側の落ち度である。結局のところ，物理学者は，主に刺激を扱っているわけではない。物理学者には，物理的エネルギーに関していくらでも研究すべきことがある。刺激のエネルギーに煩わされている暇などないのである。そこで我々は，自前の原理に基づいて，必要とされる学問を発展させなければならない。それを，生態物理学《ecological physics》と呼んでおこう。生態物理学は，光学・音響学・力学・生化学などにまたがっている。我々心理学者は，物理科学者が潜在的刺激を記述・分類してくれるのを待ってはいられない。生態物理学で扱う変数は，物理科学者には，洗練されていないと映るかも知れない。数学的処理も間に合わせでやっておかなければならないだろう。生態物理学の研究は，物理科学者の好みに合わないかも知れない。しかし，生態物理学は必要なのである。そして，もし生態物理学が成功を収めれば，（媒介変数の泥沼に足を取られ沈みつつあるように思われる）S-R 心理学に基盤を与えることになる[10)]。

例えば，音声に関する物理学（即ち，音響学）について考えてみよう。1951年の『実験心理学ハンドブック（Handbook of Experimental Psychology）』（Stevens, p. 869）では，「囁かれた場合でも叫ばれた場合でも同じ単語が知覚されるという事実は，波形・周波数・強度といった物理的特性が音声知覚の研究に何ら寄与しないことの証左である」とされている。「音声知覚の研究に必要なのは心理学の理論であって，物理学的な測定ではない」と考えられたのだ。しかし，周波数分析器の考案によって，音のエネルギーの，ある高次の変数は，音声の非常に重要な構成要素であり，音声を聴く際の刺激であることがわかってきた。これらの，新たに発見された，音の不変のパターンは，（たとえ以前は物理学の領域で研究されていなかったとしても）全く物理的である。単語の聴取に関する精神物理学を理解するために必要なのは，心理学的なことではなく物理学的なことであった[11)]。

---

10） ギブソン（1966b, pp. 1-7；1979a, pp. 1-3, 149）は後年，S-R 心理学，媒介変数を用いる諸理論，その他の入力処理の諸理論に反論している（4. 6 章［本書 4. 3 章］・4. 8 章を参照されたい）。（編者註）

11） Shankweiler, Strange, & Verbrugge（1977）は，言語信号を記述することにまつわる諸問題についてレヴューしている。（編者註）

もう一つの例として，光配列に関する光学を検討しよう。点光源と像の成立する点に適用される物理的変数では，面の視知覚を説明できない。しかし，私自身の研究から，光学的な**肌理**《optical *texture*》によって，面の視知覚が説明できることが明らかになった。さらに，実験者は，肌理を操作することで対象の知覚を合成できることがわかった（Gibson, Purdy, & Lawrence, 1955）。勾配，パターン，その他の不変項《invariants》は，旧来の幾何光学の構成概念ではなく，物理的事実なのである。私が視知覚の精神物理学を進める上で必要だったのは，奥行き手がかりに関する理論構築を進めることではなく，幾何光学をもっと注意深く検討することであった。

**有効刺激**《*effective stimuli*》。以上の考察を経て，有効刺激が定義できる。有効刺激とは，受容器活動，神経インパルスの記録，感覚器官の順応，明らかな反応，言語として表明される判断など（これらのうち，いずれを基準に選んでもよい）を引き起こす刺激である。重要なのは，「感覚の閾は，身体内部で規定され，変動しない」という考えが却下されることである。この考えは常に，実際には成り立たない作り話であった。というのは，精神物理学実験を行う人々は誰でも，どのような測定法を用いるか，また，どのような反応を基準とするかに応じて，実験で得られる閾値が変化することを，理解しているからである。

つまり，潜在的刺激が有効刺激になるか否かは，個体に依存している。潜在的刺激が有効刺激になるか否かは，その個体が属している種，感覚器官の解剖学的構造，個体の成熟段階，感覚器官の順応能力，その個体の注意が持つ傾向，その時進行している活動，その個体の注意を訓練できる可能性に，依存して規定されるのである。これらの事実から，知覚発達や知覚学習という研究領域が生まれる。これらの事実は，低い方の水準では，感覚生理学の知見とされ，高い方の水準では，注意や探索に関する知見とされる。しかし，これらは全て一つの問題なのである。動物は，潜在的刺激を有効刺激にするよう駆り立てられているように思われる。動物は，おそらく，運動器官を用いる場合と同様の多様なやり方で，感覚受容器官を用いている。このように捉えることで，「感覚（センス）」とはどのようなものか，ようやく理解（センス）できてくるように，私には思える。

**固有性の様々な段階。** ヨハネス・ミュラーの研究は，「経験の様式《modes of experience》は，神経繊維の興奮に固有である」との考えに立脚している。シェリントン（Sherrington）らは，神経繊維の興奮は，全般的に刺激のパターンに固有であることを明らかにした。生態物理学によって，「近刺激は，外界におけるそれらの発生源にどの程度まで固有であるのか」が明らかになるだろう[12)]。仮に，経験が神経興奮に固有であるならば，しかも，神経興奮は刺激作用に固有であり，さらに刺激作用は体外の環境に固有であるならば，これら特定性の連鎖の範囲内では，経験は環境に固有だということになる。この連鎖のうち，最初の二つの段階（即ち，「経験と神経興奮」と「神経興奮と刺激作用」）については，長きにわたって検討が重ねられてきた。今や，最後の段階である「刺激作用と環境」に関する検討の機は熟した。視覚刺激は，その発生源である対象を特定できるか否か。このことについては，議論が分かれている（例えば，Cantril, 1950）。しかし，決着はつけられる。事実を見出すことができるからだ。議論に取りかかるのは，根拠が得られてからにすべきである。

**総体的刺激は情報を持ち得る。** 刺激のエネルギーを分析して，刺激がどのような構造を持ち，どのように継起するのか明らかにできるのであれば，潜在的刺激の特性を記述し，階層構造に位置づけることが可能になる。つまり，低次の刺激や高次の刺激の中にも，上位の刺激と下位の刺激を区別できるであろう。このように理解すると，刺激が地上の環境に関する**情報を伝達する**と考えることは，理に適っている。即ち，刺激は，対象，場所，事象，動物，人々，人々の行動に関して，事物を特定する。刺激が外界の事物を特定する際の法則は，いずれ明らかになる。しかし，何世紀にもわたって我々を動かしてきた，これとは逆の「刺激は，必然的かつ本質的に無意味である」という仮説を確実に放棄できるだけの根拠は，確かに存在するのである。

**自然界の刺激，絵画の刺激，符号化された刺激。** 現在，刺激に関しては，

---

12）近刺激と遠刺激との区別に対する反論に関しては，Gibson, 1966, pp. 1-7 を，生態物理学の詳細に関しては，2.8 章［本書 2.4 章］，2.9 章［本書 2.5 章］，Gibson, 1979 a, part 1 を，それぞれ参照されたい。（編者註）

手がかり《cues/clues》，符号《signals》，サイン，標識《indicators》，メッセージ，入力《inputs》といった，不正確な用語法が横行している。私が提案してきたのは，こういった用語法に基づいて軽率な類推を続けることをやめ，代わりに，刺激がその発生源を特定する際に成立している法則について系統的な研究をすることである。我々は，刺激情報がどのような法則に従うのか，明らかにしなければならない。そのような法則が人間の通信システムにおける情報の伝達を支配する諸法則と異なることは，ほぼ確実である。自然界は，感覚器官と文字通り**通信している**わけではない。ある事象から生じる潜在的な物理的刺激を，その事象を表す**言葉**から生じる物理的刺激になぞらえて理解することはできない。自然界の刺激を，類推によって，或いは社会的に符号化された刺激によって理解したいと望んでも無理である。それでは本末転倒だからである。しかしながら，奥行き知覚の“サイン”や感覚からの“メッセージ”について論じる場合に陥りやすいのは，まさにこういった本末転倒なのである。刺激を「感覚器官に見合うように符号化された情報」と捉えることなど，とてもできない。刺激には，符号化されるものとされないものがあるからである。

刺激が外界の対象を特定する力に関する系統的な研究によって，知覚における意味の問題は，新しい局面を迎えることになろう。知覚における意味は，そういった研究から見出される関係の種類に応じて，いくつかの形態をとるであろう。私の推測では，少なくとも三つの形態が存在し，それらは，事物から生じる刺激，絵画から生じる刺激，言葉から生じる刺激に対応している。次のことは事実である。即ち，人間は，対象の知覚を学習するだけでなく，絵画や言葉の知覚を介して事物を理解することを学習する。これら媒介された知覚は，成人では，直接的な知覚と混在している。しかし，人間の知覚に関して欠けるところのない理論を構築するためには，媒介された知覚と直接的な知覚とを分けて考える必要がある。

## 結論

上記の区分や仮説は有望だと私には思われる。しかし，刺激に関する理論というものは，単にそれを主張するだけでは完成されないという考えには，私も賛成である。科学上の問題は，「これら新たな種類の刺激は，全て存在するか否か」である。私は，それらの刺激をまず環境に求め，次に実験による検討を試みることを提案したい。

刺激が心理学実験において最も重要な独立変数であることも，事実である。アンダーウッド（Underwood, 1957）は，次のように述べている。

> 我々は，一つの実験において，複数の刺激条件を変化させることがある。…しかし，どれか一つの変数が及ぼす影響に関して結論を導くためには，その変数は，実験計画のどこかで，単独で系統的に操作しておかなければならない。分散分析・共分散分析において，ラテン方格・ギリシャーラテン方格・ギリシャーアラビアーラテン方格は，いずれも，この基本原則を満たしていない（p. 35）。

アンダーウッドが正しいのであれば，よい実験の極意とは，実験を実施するより前に適切な刺激を見出すことである。私の主張に見込まれるのは，適切な刺激，潜在的刺激，不変の刺激，外界の対象を特定する刺激，情報を伝える刺激に関する系統的な研究から，肯定的な実験結果が得られるだろうということである。私が思い描いてきた刺激の宝庫は，おそらく見事な独立変数に満ちており，それら変数の簡潔性は，物理的な複雑性の背後に隠されているが，見出されるのを待ち受けているだけである。

## 第Ⅱ部：刺激作用と刺激情報との区別*

情報に基づく知覚論が感覚に基づく知覚論を克服するためには，**刺激作用**《*stimulation*》と**情報**《*information*》とを区別しておくことが決定的に重要である。両者を明確に区別することができるだろうか。

受容器の興奮《stimulation》は，知覚が成立するための**充分**条件ではない。このことは，ずっと以前から知られている。受容器は，刺激によって**興奮**（或いは，**発火**）するが，そういった様々な刺激（即ち，力学的エネルギー，化学的エネルギー，放射エネルギー，光エネルギーなど）を受け取るために，程度

＊　未発表原稿（1972年3月）。

に差はあれ特殊化している。しかし，刺激は，環境に存在するその発生源を特定しない。古くヨハネス・ミュラーが主張しているところでは，感覚は，受容器に固有であって，外界の対象に固有なのではない。そして，感覚に基づく様様な知覚論における古くからの難問は，次の通りである。感覚は，補われなければならない。どのようにして補われるのか。

そして，厳密に言えば，刺激とは「一つの受容器を興奮させて求心性の神経インパルスを生じる事象」である。受容器群を興奮させ得るのは，刺激の群だけである。つまり，受容器のモザイクを興奮させるのは，刺激のモザイクに違いない。一つのモザイクにおいて複数の受容**野**《receptive *field*》が重なり合っていたとしても，各々の受容野は各々の刺激によって興奮させられねばならない。これが，「一刺激対一受容器」仮説である。この仮説は回避できない。刺激群をそのように捉えると，個々の刺激は互いに**無関係**ということになる。このことが理解されるとそれは，ゲシュタルト理論に繋がる問題の一つを提起することになった[13]。受容器群は互いに独立に興奮させられるという仮説は，ゲシュタルト心理学者が，感覚の“群化《grouping》”の理論や感覚的“体制化”《sensory “organization”》の法則を導くきっかけになった。というのは，この仮説に従えば，「一つの刺激群の内部の関係は，一つの感覚群の内部の関係としてのみ観察される」ことになるからである。二つの隣接する刺激の間の単純な相違でさえ，二つの隣接する感覚同士のある種の比較（即ち，比較器《comparator》）を経て，或いは，この相違と等価な何らかの神経学的事態（即ち，“場《field》”）として，取得されるに違いない。視知覚の過程が始まるには，その前に，視覚刺激作用の強度が，各々の解剖学的な受容単位ごとに，神経インパルスの生起頻度（“明るさ”）に変換されていなければならない。網膜（と皮膚）の**可動性**《*mobility*》が考慮に入れられると，これらの問題は，受容器への入力によって知覚を説明しようとするあらゆる理論にとってさらに厄介になる[14]。

---

13）ケーラー（1913/1971）は，刺激群が互いに無関係であるという難問を，感覚の恒常仮定《constancy hypothesis》と呼んだ（知覚の恒常性と混同してはならない）。（編者註）

14）眼球運動が生じている間の視覚に対する、感覚に基づいたアプローチについては，2.6章［本書2.3章］を参照されたい。（編者註）

構造を持った包囲光**配列**《*array* of ambient light》（或いは，接触の配列，振動の配列，物質の配列）という概念は，「受容器に作用する刺激」という考えとは全く異なる。環境に関する情報は，連続的な流動が持つ構造の不変項《invariants》から成る。「刺激」は，刺激の**群**《*groups*》，刺激の**パターン**《*patterns*》，刺激同士の間の**関係**《*relations*》，刺激の**継起**《*series*》などと共に，受容器の神経生理学や，末梢・中枢のニューロンの発火について研究したい場合を除けば，無意味になる。配列は，刺激からではなく，さらに，刺激の群・パターン・関係・継起からでもなく，対比《contrast》や推移《transition》から**成る**[15]。ここで我々は，心理学者として，この「一刺激対一受容器」という厳格な仮説を認めてやれる。点状光や閃光は，確かに感覚を引き起こす。このことには，我々は賛同できる。しかし，そのようにして引き起こされた感覚から知覚が導かれると考える必要はない。また，我々心理学者は，刺激が反射反応を引き起こすと考えることができる。しかし，そのようにして想定された反射という単位から行動を構築しようと試みることはない。

動物や観察者が行うことや語ることを理解するために，物理的刺激作用を動物や観察者に与えることは，全く理にかなっている。しかし，そのようにして知覚や行動についての知見が得られると期待すべきではない。知覚や行動に関する知見を得るためには，実験者は，動物や観察者に，情報《information》を呈示しなければならない。情報を呈示するためには，網膜（或いは，皮膚や蝸牛）を**刺激し**《*stimulate*》なければならないが，それは副次的なことである。変則的な知覚《anomalous perception》や不可解な行動について述べた膨大な数の文献は，環境の意味を考慮せずに被験者に“刺激”を闇雲に呈示することによって紡ぎ出されてきたのである。そのような実験では，被験者は，不変項を見出そうと最大限の努力をするが，多くの場合その不変項は，実験者が目論んでいたのとは異なっており，従って，実験者はそれを理解していないのである。

心理学における，さらには日常語における**刺激**の概念は，幅広く，厳密さに

15） 光配列《optic array》の構造に関してさらに詳しくは，1.4章［本書1.2章］と1.7章を参照されたい。（編者註）

欠け，不明確で，ここで言っている厳密な意味（即ち，「受容器の興奮を引き起こすエネルギー」）とは異なる。この言葉については，以前は私自身の使い方も厳密ではなかった。『視覚世界の知覚（The perception of visual world)』で私は，網膜像における対比，線分，肌理の密度勾配を「刺激」と呼んでいた。さらに私は，「関係も刺激であり得る」とさえ主張し，「網膜像は眼に対する刺激である」との考えに賛同していた。「感覚を引き起こす刺激があるのだから，同様に，知覚を引き起こす刺激も存在する」，つまり「“低次の”刺激だけでなく“高次の”刺激も存在する」と私は考えた。しかし，これは誤りであった。この考え方は，受動的な受容器にはあてはまるが，能動的な知覚系《perceptual system》にはあてはまらない。これは，ホメオスタシスのレベルではなく神経レベルの生理学に属する考えである。

環境に存在する刺激の発生源を特定する情報は，個別の刺激群から成るのではない。従って，刺激のパターンや形が知覚される必要はない。これらが体制化される必要もない。動物を包囲する光・音や，外界から皮膚に加えられる圧には，この光・振動・圧が刺激として受容器に達するよりも前に，大きさや持続時間のあらゆる水準において，構造を持ち，統合され，分凝《segregate》しているのである。

# 4.2　実在論の新たな根拠

## 第Ｉ部：実在論の新たな根拠*

(1)生活体の受容器におけるエネルギー流動には，**不変項**《invariants》が存在する。(2)これらの不変項は，環境の永続的な特性に対応する。(3)生活体による環境の知覚の基礎は，旧来の理論において考えられてきた感覚データではなく，それら不変項である。この三つの条件が全て成り立つならば，心理学における新しい知覚理論を支持するだけでなく，認識論における実在論をも支持する新しい証拠が存在すると言える。私の考えは誤っているかも知れないが，このテーゼへの批判を仰ぐことも私の進むべき道の一つではあろう。

この論文では，まず知覚理論を概観し，次に実在論のいくつかの根拠を，それらを互いに分離できる限り個別に示したい。理論の大枠だけを述べておけばよいだろう。というのは，その詳細については，最近，本として発表したからである[1)]。議論の範囲を，地上の対象《objects》と事象《events》という知覚の基本的な問題に限っておく方が都合がよいだろう。私は“対象《objects》”に，大地やその上に固定されたもの，即ち，固体の比較的変化しない特性を含めて，そのような明確な対象が存在しない空《sky》と対比させている。“事象”には，動いている対象を含めている。人間の身振り・会話・書字《writing》が知覚の源である場合に生じてくる諸問題については，画像についてはいくらか言及せざるを得なかったが，大部分を除外した。

---

＊　*Synthese*, 1967, *17*, 162-172.

1)　Gibson（1966b）には，この理論の現在の形が掲載されている。それ以前の段階（部分的にはもはや支持できない）は，Gibson（1959a）に見られる。それよりもさらに未成熟な理論は，Gibson（1950a）に見出せる。その萌芽はGibson（1948）に見られる。

## Ⅰ．情報に基づいた知覚の理論

既存の知覚理論は，「知覚は，感覚（感覚印象，或いはセンス・データ）に基づいている」という疑われることのない仮定から出発し，さらに，感覚を知覚内容《percepts》に変換するために，ある種の操作が生じるはずだと仮定する。知覚に感覚が必要であるのは当然だと考えられている。情報に基づいた知覚の理論は，「感覚印象は，知覚の偶発的《occasional》かつ付随的《incidental》な兆候《symptoms》であり，知覚に必要なわけではない」という仮定から出発する。従って，センス・データに対する何らかの操作を仮定する必要はないし，意識の諸部分《units》に心的操作が加わるとか，神経を伝わる信号に中枢神経の操作が加わると仮定する必要もない。知覚は，情報抽出《information pickup》の過程と見なされる。

私は，動物や人間において感覚印象を成立させる経路《channels》と，いわゆる知覚系《perceptual systems》とを区別している。感覚経路は，受動的な受容器と脳の対応点とを繋ぐ神経線維の束であり，経路同士は相互に排他的で関わりを持たないと想定されている。知覚系は，受容器を含む器官からやって来る神経線維とそれらの器官に戻って行く神経線維から成っており，相互に排他的ではなく重複しあうと想定されている。感覚神経は，互いに異なる信号群を脳に送ると仮定されている。信号群同士の間の差異に応じて，互いに異なる経験の質が，意識の舞台で引き起こされるという。知覚系は，知覚器官《perceptual organs》を適応的・探索的に調節し，明瞭な情報が抽出されたときには独特の仕方で共鳴する《resonate》と考えられている。感覚機能《the senses》は，少量の輻射エネルギー・力学エネルギー・熱エネルギー・化学エネルギーによって刺激された受容器の意識性《awareness》を生じる。知覚系は，対象の意識性を生む。対象の意識性は，刺激された受容器の意識性を全く含んでいないこともある。眺め・音・触感・味・臭いなどの諸性質は，確かに興味深いし，神経学の重要な事実を反映してもいるだろう。しかし我々は，それらの性質を，それらとはまったく異なった神経学的基盤を持つ，見る・聴く・触れる・味わう・嗅ぐなどの行為《acts》と，混同してはならない。

網膜・蝸牛殻・皮膚・舌・鼻粘膜の感受性については，感覚生理学や古典的精神物理学の方法で研究できよう。しかし，眼が動き，頭が回転し，手探りし，口が働くときに得られる神経入力の変化パターンは，入力ー出力循環の半分をなすにすぎない。このような注意の循環的行為は，全く異なった次元の感受性を有している。それは，刺激作用《stimulation》にではなく，刺激情報《stimulus information》に焦点を合わせている。

### 1. 刺激情報の存在

この知覚理論の第一の仮定は，「活動する動物の皮膚におけるエネルギー流動《energy flux》には，変化しない特性と変化する特性とがある」というものである。前者は不変《invariant》であり，後者は可変《variant》である。さらに，刺激作用の不変項《invariants》は環境の不変特性に対応していると仮定されており，証明可能でもある。よって，それらの不変項は，環境“についての情報”と呼ばれる。知覚者に達する刺激エネルギーは，私が言うような意味での情報を伝達するためには，パターン或いは構造を持っていなければならない。周囲の媒質の中の包囲光・包囲音・包囲臭は，その基体《substratum》とその定着物《fixtures》から生じる力学的・化学的接触と共に，刺激情報を含む刺激エネルギーの一つの在り方である。

例えば，光について考えてみよう。物理光学《physical optics》の主張は，「光は，原子についての情報を運ぶだけで，対象についての情報は運ばない」という意味だと解釈されてきた[2)]。しかし，視覚の研究者がこの主張を信じることは，エネルギー源から発する輻射光に関する物理学者の仮説をそのまま採用するという誤りを犯すことに他ならない。視覚研究者の課題は，物理学者の考えを無批判に取り入れることではなく，地上世界の面からやって来る**包囲**光《*ambient* light》に関する仮説を立てることである。包囲光は，透視幾何学《perspective geometry》の法則に従っているのであって，光量子の飛跡

2) この含意は，そしてさらに「我々は，粒子について知り得るのみであって，対象については知り得ない」という含意は，37 年前には，私や他の科学者にとって，抗しがたいものに思えた。私はそれを，A. S. エディントン（Eddington）の『物理世界の本質』（*The Nature of the Physical World*, New York 1929）で読んだ。それを乗り越えるのに，私は何年もかかった。今では私は，エディントンの物理世界とは，空の物理世界のことで，地上の物理世界のことではないと理解している。

《photon tracks》の法則に従っているのではない。有能な視覚研究者は，物理光学ではなく，生態光学《ecological optics》に取り組むべきであろう。つまり，見える光ではなく，事物を見ることを成り立たせている光に取り組むべきであろう。地面から発する包囲光配列の構造は，正午から日没まで同じである。この構造のうち，いくつかの特性は，観察者が位置を変えるにつれてパースペクティブが変換されても，不変である。これらの不変項は，対象を構成している物質《substances》，対象の縁，その面の配置を特定する。包囲光配列のどの断片においても，光の強度は，一日のうちの時間帯によっても，観察者の位置によっても変化する。従って，光の強度は，対象についての情報を全くもたらさない。

眼の網膜における第一の受容器は，感光性の桿体《rods》と錐体《cones》であり，それらは一定範囲の強度・周波数を持った輻射エネルギーによって刺激される。このレベルでは，眼の生理学と刺激エネルギーの物理学とは，類縁関係にある。感光受容器の興奮は，一定の特殊な実験室内での条件の下で，その興奮に対応する明るさと色彩の感覚を生じる。しかし，網膜像が形成されたときには，その網膜像がいくつかの縁かコントラストでしかなくても，網膜像は構造を持ち始める。この段階で我々は，物理光学から生態光学へと移行しなければならないのである。網膜自体には，相互に結びついた神経線維の構造がある。そして，我々は，感光受容モザイク《photo-receptive mosaic》のレベルから，神経系における高次単位から成る，まだ未解明のレベルへ移行しなければならない。このレベルでは，明るさと強度との単純な対応や，色と周波数との単純な対応は，もはや成り立たない。要するに，我々は，受容器に相応しい刺激エネルギーについてではなく，知覚系に見合った刺激情報について考えるべきなのである。

## 2. 時間を貫く不変性という事実

生きているあらゆる動物を包囲している，光・音圧・力学的圧力のパターンは，連続的に変化している。観察者が眠っているか意識を失っていれば話は別だが，いかなる刺激配列も，どのような長さの時間であろうと，これまで静止《frozen》したことはない。次のような特別な例がある。即ち，実験室で観察者が，身体を動かさないで凝視するように試みているが，それでも眼・頭・手足はある程度は微動しているという場合である。結果として，「変化しない刺激パターン」という考えは，実現不可能な抽象概念であり，点状の刺激の固定的な布置《constellation》というさらに抽象的な概念は，神話に過ぎない。刺激作用の現実は，時間経過に伴う変化を含んでいる。従って，対象についての刺激情報《stimulus information》は，変形する配列に時間を貫いて存在する不変特性の中にある。このことは，視覚にも触覚にも当てはまる。

視覚を例にとって，画像について考えてみよう。これまで我々は，移動《locomotion》から生じるのは，画像の流動ではなく，視覚刺激作用のプロトタイプだと仮定してきた。対象についての情報は，覗き穴からの観察では（即ち，静止画像から発する光配列においては）大きく縮減され，画像を見る際には，大きさ・距離・縁・配置が曖昧になる。このような画像的矛盾《pictorial contradiction》は，数世紀にわたって，画家と心理学者によって研究されてきた。実験者が画像の代わりにその画像が表していた実物を呈示し，観察者が周囲を歩き回ってその対象を様々なパースペクティブから見られるようにすると，そのような曖昧さは消滅する。

もしこれが本当なら，視覚系の機能は，事物のパースペクティブ群を，或いは，視覚野《visual field》に存在する事物の形や色彩の断片を，取得する《register》ことではなく，変化するパースペクティブの根底にある不変項《invariants》を取得することである。形の知覚は，この能力に付随する《incidental》兆候であって，その基礎ではない。我々が画像に見出すような，或いは我々が事物をシルエットとして捉えるときの，いわゆる「形の感覚」は，対象の知覚に伴って必然的に生じるわけではない。新生児の知覚は，「生得的な視感覚の平坦なパッチワークから始まり，それらに学習のような何らかの操作によって奥行が付け加えられねばならない」のではない。知覚は，どのような能力であれ，その子どもにとって重要な不変項を刺激流動《stimulus flux》から抽出するためにその子どもが持っている能力によって，誕生時に始まるのである。

### 3. 時間を貫いて存在する不変項を抽出する過程

変化する刺激配列の不変特性は，環境の不変特性に対応する。では，**可変**特性についてはどうだろうか。子どもは成長するにつれ，不変項と可変項とを次第に正確に分離することを学ばねばならない。もし子どもが世界について次第に学ばなければならないとすれば，子どもは，自分の注意をそれらの不変項に集中させることを学ばねばならない。子どもは，それを主に探索《exploration》によって行う。探索とは，眼と皮膚に達する刺激パターンを変化させることによって，変化しないでいるものを分離することである。静止した世界を探索している間，そのような変化や変形は全て，自分の運動だけを特定する。それらの運動は，主観的な参照点をその子どもの身体に持っている。そのような変化や変形は運動からの“フィードバック”として得られるが故に，子どもは自分の運動を逆転させることによって，その変化や変形を逆転できる。こうして子どもは，刺激作用の可変項を**制御**できるが，その不変項は制御できない。この事実はおそらく，可変項と不変項との混合物から子どもが不変項を抽出する仕方と何らかの関係があるだろう。

制御可能な刺激作用からこれらの可変項を検出すること《detecting》は，感覚器官の一経路《channel》でも，感覚の一様相《mode》でもない。このことは，重要である。古典的な運動感覚の概念では，この種の検出を論じることはできない。さらに，この種の検出は，知覚の一種でもない。これは，知覚系《perceptual systems》全体の一つの構成単位，即ち，自己を特定する《propriospecific》構成単位と捉えるのが至当である。

これで，次の段階に進むことができる。「全ての変形が，観察者の運動によって引き起こされるわけではない」ことに注目しよう。例えば，落体，転がる石，動く動物のように，外界における対象の運動によって生み出される変形もある。子どもは，外的事象から生じた可変項と，自分自身の身体運動から生じた可変項とを，どのようにして区別するのだろうか。子どもは，例えば，眼を動かす時にはいつも，世界全体が動いているのではないと，どのようにして知り得るのだろうか。これは，心理学において古くから論争を呼んでいる問題である[3)]。「さらに高次の不変項を抽出することによってそれを知る」というが，一つの考え得る解答である。制御不可能な変化《variation》，即ち「探索的運動を逆転させても逆転しないような変化」は，外的事象を特定する情報である。それは，制御可能な変化の後でも存続する不変項が，外的対象を特定する情報であるのとちょうど同じである。もし，**時間を貫く不変項の抽出**《*extracting of invariants over time*》が知覚における最も重要な過程であるならば，そのような抽出は，いわゆる“知的な”レベルも含めた高次のレベルにおいても生じると仮定できる。

### 4. 知覚と記憶や思考との連続性について

「感覚に基づいた知覚」の理論は，全て，知覚と記憶との絶対的な《categorical》区別を含意している。その際，「知覚は，**現在の**刺激作用に依存し，記憶は，**過去の**刺激作用の痕跡を検索することに依存する」とされる。このような諸理論の難点は，知覚することと思い出すこととの明確な区分が経験に全く見出せないことである。現在は，分かちがたく過去に溶け込んでおり，それらを区別する申し分のない基準は見出されていない。それに対して，「情報に基づいた知覚」の理論は，知覚と記憶とは，論理的にも現象的にも明確に区別できないことを含意している。というのも，時間という次元は，刺激情報の定義そのものに組み込まれているからである。

現在の刺激作用は，感覚として意識に直接現れると仮定されている。過去の刺激作用は，記憶イメージ《memory images》として意識に現れ得る痕跡を残していると仮定されている。知覚内容《percepts》は，感覚と記憶イメージとの混合物と見なされることがしばしばである。概念と思考は，感覚の混合物を除いた純粋な記憶イメージだと考えられている。このような理論の問題は，知覚者は，内観によっては感覚と記憶とをほとんど区別できないことである。そして，人は思考する際には，時にはイメージを意識することもあるけれども，自分の思考が“無心像《imageless》”であると報告することがしばしばである。

「情報に基づいた知覚」の理論では，世界についての知識を持つことには，感覚やイメージが必然的に含まれるわけではないと仮定しており，このことに

3) 2.6章［本書2.3章］を参照されたい。（編者註）

よって先の諸問題から逃れている。時間を貫く不変項に対する認知システムの共鳴《resonating》には，客観的事実・現在・過去・未来への注意が必然的に含まれている。刺激作用の兆候は，感覚として知覚に現れることもあれば，現れないこともある。人が全世界に対して非常に長い時間にわたって自分の注意を投げかける兆候は，イメージとして思考に現れることもあれば，現れないこともある。それは，どちらでもよいことである。なぜなら，それらの兆候は，知識にとって付随的であり，本質的ではないからである。

この理論では，「ある対象の一つの記憶イメージが，どのようにして概念に融合して行くのか」といった古い問題は，もはや問題ではない。「新しい知覚内容に，どのようにして概念が付け加えられるか」という問題は，消滅する。「感覚が変化するにもかかわらず知覚は不変性を保つ」という問題，つまり対象の現象的な大きさ・形・色の“恒常性《constancy》”は，もはや問題ではない。ある対象が他の対象の陰に隠されてしまい，もはや“感覚器官に呈示されて”いないにも関わらず，その対象は，現象的に持続する。これは，かなりの難問である。しかしこの問題は，対象の意識性は，視野における色の斑点の意識性には依存しないことを理解すれば，容易に解決できる。

### 5．要約

これまで四つの仮説を概説してきた。(1) 刺激情報の存在，(2) 時間を貫く不変性があるという事実，(3) 時間を貫く不変項の抽出過程，(4) 知覚と，記憶や思考との連続性。これらが検証可能であろうとなかろうと（ここは証拠を列挙するための場所ではない），それらは一体を成して，一つの知覚の理論となる。この理論に，ある種のもっともらしさを認めるならば，外界に関する知識にまつわる古くからの哲学的難問について，また我々が外界に関する知識を信頼していることについて，この理論からどのような示唆が得られるだろうか。

## Ⅱ．認識論への示唆

以上の仮説に従えば，哲学者が「直接実在論（或いは，素朴実在論）」と呼んできた常識的な立場を，矛盾なく理解できるようになると思われる。私としては，「諸対象と諸事象から成る世界が存在する」という素朴な確信を，さらに，「我々の感覚器官《senses》は，世界についての知識を与える」という単純素朴な確信を，洗練されたかたちで支持する根拠があると考えたい。しかし，そのような根拠は，感覚器官を感覚《sensations》の経路と捉えると見出し難い。それに対して，感覚器官を知覚系《perceptual systems》と捉えたときには見出し易くなるのである。

20世紀には，常識人の立場を回り道をして支持するような，非常に巧妙な哲学的議論が発展した。(間違っているかもしれないが) 私の印象としては，それら，あらゆる形の実在論は，私が「感覚に基づいた知覚」の理論と呼んできたものを前提としており，そのせいで議論が回り道をしてしまうのである。では，「情報に基づいた知覚」の理論を受け容れた場合には，どういうことになるのだろうか。

### 1. 媒介のない経験，或いは，直接経験

「我々が直接に経験するのは，センス・データの流れだけである」という説は，対象や事象についての我々の経験が間接的だとする主張である。「知覚は，感覚によって媒介されている」という。この説は，直ちにセンス・データ論争に繋がる。なぜなら，「我々は，センス・データだけを“直接に”知覚している」と主張することは，全く誤りだからである。

ここで我々は，この説に対案を示すことができる。知覚系が共鳴する《resonate》ことで情報を抽出する場合には，対象や事象の直接的な（或いは，媒介のない）意識性《awareness》が成立し得る。**しかも**，感覚神経それ自体が興奮する場合には，感覚器官の生理学的状態についての，ある種の直接的な（或いは，媒介のない）意識性が成立し得る。しかし，これら二種類の経験を，混同してはならない。というのは，前者は客観的経験，後者は主観的経験で，両者は対極に位置しているからである。前者の客観的経験だけを，知覚経験と呼ぶべきである。空腹や痛みのような，感覚器官以外の身体器官に関する意識性が存在し得る。これらは，「感覚《sensation》」と呼ぶに相応しい。しかし，残像《after-images》，二重像《double images》，“耳鳴り《ringing in the ears》”を意識するときのように，内的注意を受容器の状態に集中することは，

不自然である。そのような習慣を持つ心理学者，哲学者，分裂病患者《schizophrenic》は，一般の人々からは“内観的《introspective》”とか“内向的《introverted》”と呼ばれる。

**間接的**意識性《*indirect awareness*》についてはどうだろう。私はこの言葉を，基本的に「画像・言語・音響再生機器・顕微鏡などの代理物や人工物を用いた，諸事物や諸事象の把握《apprehension》」という意味で用いることにしたい。経験が間接的だと言われるのは，画像の呈示面，言語の音声や文字，レコードのスクラッチノイズ《scratching of the record》，ターンテーブルが見えること《sight of turntable》などが，要するに媒介物そのものが，同時に**直接的に**知覚されている場合に限られるのではないだろうか。「**間接的**《*indirect*》」とか「**媒介された**《*intermediate*》」という語は，判断や推論による理解についてのみ用いるべきなのか否かについては，私には確信がない[4]。しかし，耳にレコード盤があり得ないことも眼に絵があり得ないことも，私は断言できる。外的事象や対象の複製物《reproduction》を器官が脳に伝達することなど，あり得ない。

## 2. 色彩と音声の探知

普通の人は，対象の色と，虹や日没や油膜の色とは，別ものだと常に思っている。普通の人は，面の色を面に見るが，一方，別の場合には，色が光に現れていると見ることもある。しかしこの素朴な人物の考えは，ニュートンがスペクトルの波長を発見して以来この方，誤りであると言われてきた。なぜなら，ニュートンによれば「色は，光にのみ存在し，対象には存在しない」からである。さらにこの人物は，物理光学と生理光学から，「光は，波動から（或いは，光量子から一申し訳ないが，両方とも正しいのだー）できているのだから，色は，**あなた自身**の中にだけあるのだ」と言われてきた。この可哀想な人物は当惑したが，それでも色は，相変わらず面にあるように見える。もっと詳しく言えば，面に当たっている照明の量・種類・方向が変化しても，その人は，まさしく同じ色を同じ面に見るのである。光は可変《variant》であり，色は不変

4）Gibson（1979a, Ch. 14）を参照されたい。（編者註）

《invariant》である。従ってもちろん，その人は，光にではなく面に，色を見るのである。

生態光学《ecological optics》は，私の考えでは，普通の人に，「結局，自分は正しい」と納得させるだけの裏づけを与える。既に述べたように，生態光学では，「光を反射する面の配置からやってくる包囲光に，刺激情報が含まれている」ことを前提としている。これらの面の様々な反射率とそれらの自然の着色《pigmentation》が，包囲光の構造を決定するのに役だつ。（例えば，熟した果実と熟していない果実といった）自然の着色のクラスを特定する構造の不変項は，非常に複雑であり，まだ充分には研究されていないが，いくらかの進展は達成されつつある。

さらに，普通の人は，物理音響学の知見として，「音の大きさ《loudness》，ピッチ《pitch》，ピッチ混成体《pitch mixture》などの感覚は，自分の頭の中にあり，これらの感覚は，空気中の音波という変数《variable》に対応しているからこそ生じる」と聞かされる。とすれば，その人には，おそらく，力学的事象は**聴こえ**ないであろう。その人には，データから力学的事象を推論することしかできないのである。しかしそれにもかかわらず，その人は相変わらず次のような事象を聴くのである。即ち，擦る《rubbing》，削る《scraping》，転がす《rolling》，ブラシをかける《brushing》といった自然の事象。或いは，唸る《growling》，吼える《barking》，歌う《singing》，しわがれ声を出す《croaking》などの音声的事象。或いは，鋸でひく《sawing》，叩く《pounding》，鑢をかける《filing》，斧で切る《chopping》といった大工仕事の事象，などである。生態音響学《ecological acoustics》からは，「振動性の事象（即ち，波動の源）は，波動列《wave train》が備えている一定の不変特性《invariant properties》において特定される」とその人に告げるだろう。これら不変特性（例えば，経過音《transients》）は，力学的な乱れ《mechanical disturbance》を中心として外側に向かって媒質中に広がっていく音波の場全体を通して同一である。事象についての情報は，事象を取り囲んでいる空気の中に物理的に存在している。もしその人が音の届く範囲にいるならば，その事象は聴こえる。

要するに，固体の物質の明瞭な特徴を指して言う“色”という言葉には，的確な意味がある。力学的な乱れの明瞭な特徴を指す“音”という言葉も，的確な意味を持っている。二次性質《secondary qualities》という説は，誤解から生じているのである。

### 3. 公共的経験と私秘的経験

刺激情報に関する生態学は，刺激エネルギーに関する物理学とは異なり，利用可能な刺激作用の場《field》を記述する。どのような空気層においても，三つのタイプの領野が存在する。(1) 力学的事象から発する空気中の圧縮波《airborne compression waves》が重なり合う場（“音”），(2) 光を反射する面から発する透視投影《perspective projections》の相互浸透的な場（“視覚”），(3) 植物や動物から発散する揮発物質が散在する場（“匂い”）[5]。これらの場は，強まったり弱まったりするが，陸棲動物が耳・眼・鼻によってこれらの場を利用できる状態は，何百万年にもわたって続いてきた。これらの場は，場の発生源に接近する移動や発生源から遠ざかる移動など，動物の移動を制御してきた。これらの場は，事象・対象・生活体の知覚にとって公共的情報《public information》と呼べるようなものを構成する。

一人の知覚者が，そのような空気層の中で，ある位置を占めている場合，その知覚者を包囲する刺激作用は，どこか他の位置を包囲する刺激作用と全く同じではないが，情報は同じである。知覚者は，動き回るがゆえに，他の知覚者が経験するのと同じことを知覚できる。実際，知覚者の一群全員が，同じ事物を，聴いたり，見たり，嗅いだりできるだろう。また彼らは，お互い同士を，聴いたり，見たり，そして恐らく嗅いだりできるだろう。さらに，各々の知覚者は，自分の声，自分の足音を聴くことができ，自分の姿を見られるだろう。

「知覚の“私秘性《privacy》”」とでも呼ぶべきものが段階を追って次第に強まっていくことが，この事態によく現れているのではないだろうか。ある樹木を見る場合，その木の周囲を観察者全員が歩き回って同じ眺望《perspec-

5) 植物や動物の揮発性成分を，芳香化学者《odor-chemists》は時に，“エキス《essence》”と呼ぶことがある。このことは，多くの事物の発散物が，それ自体を特定するという事実を示唆している。その発散物は，それ自体を他の事物から区別する。これは，「事物についての情報」という言葉で私が意味していることである。

tive》を得るならば，全ての観察者は，その木について全く同じ情報を得ることができる。自分自身の手を見る場合には，各々の観察者は，他の観察者が獲得するのとは（多くの共通性もあるが）いくらか異なった眺望を獲得する。しかし，自分の鼻の眺望は，一人の観察者にとって全く唯一無二であり，他の誰も，その唯一無二の視点から自分の鼻を見ることはできない。これは，完全に私秘的な《private》経験である。そして，人が眼を開く時には，常にそこに，というよりも“ここ”にある[6]。

樹木から手，手から鼻に至るにしたがって，段々に私秘的になってゆく。負の残像《negative after-image》は，（ある独特の在り方で）さらに私秘的である。それは，言わば「純粋な**感覚**《*sensation*》」である。

感覚については，どうだろう。「感覚という奇妙な経験は，感覚器官の生理学的状態を，ある方法で検出することで得られる」という主張が正しいならば，感覚は，あらゆるかたちの意識性《awareness》のうちで最も私秘的なものだろう。私以外には誰も，私のセンス・データを持てない。さらに言えば，私の他には誰も，私の頭痛，私の空腹，私の心臓の鼓動を経験できない。しかし，私が主張するように，「世界についての知識は，原則的にセンス・データに還元できない」と認めるならば，感覚の私秘的な性質と知覚の公共的な性質との矛盾に悩む理由はなくなる。もしも感覚が知覚の基礎であるならば，たとえどのような知的曲芸が要求されようとも，感覚はそれほど私秘的なものではないことを示そうとする試みには，それだけの理由がある。しかし，感覚が知覚の基礎ではないのならば，我々は落ち着いて，独我論の馬鹿げた落とし穴に陥る危険もなしに，感覚を「最も主観的な経験」と位置づけることができる。

## 4. 要約

知覚の過程を，感覚の過程とは区別して知覚の水準で考えるときに，知覚心理学も知覚の哲学も，新しい展開を見せるように思われる。物理学・解剖学・生理学・心理学・現象学で通用している聞き慣れない諸概念は，感覚と知覚と

6) 鏡に映っている自分の鼻（即ち，虚像の《virtual》鼻）を見る際に，どのようなことが起こるのか。これは興味深い問題である。しかし，関連する問題が多すぎるので，ここではこれ以上論じない。

をはっきり区別し，その区別をもっともらしく思わせるために必要なのである。しかし，知覚の理論的問題を解こうとする努力が幾多の行き詰まりにみまわれてきたがゆえに，ここに至って革新的な解決案が受け容れられる素地も整ったと言えよう。科学者は，科学哲学者よりもしばしば保守的である。従って，始まりと同じことになるが，手助けしてくださるよう懇願することで論を閉じることにする。

## 第Ⅱ部：対象には感覚的な質が備わっているか*

私は，科学者として，哲学的論争は理論構築に役立つと確信している。その意味で私は，J. W. ヨルトン（Yolton, 1968-69）の優れた批判に感謝している。ここでは彼の論点のうちの一つだけ，つまり，私の知覚理論は，「情報抽出における“対象の感覚的な質”の役割を低く見積もり過ぎている」という批判だけに絞ってお答えしたい。

ヨルトンによれば，知覚において得られる情報は，“しばしば（恐らく，ある拡張された意味においては常に）感覚的《sensory》”である。彼の言う“感覚的”とは，どのような意味だろうか。もし彼が，「知覚情報は全て，可感覚性《sensitivity》に基づいている」と言っているのであれば，私も同意する。しかし，もし彼が，「知覚情報は，主観的な感覚印象《subjective sensory impressions》に基づいている」と言いたいのであれば，私は同意しない。問題は，**熱い・赤い・硬い・大きい**といった対象の感覚的な質について生じてくる。彼は，これらを「感覚的な質」と捉えている。しかし，私の主張では，それらの質は，対象の他の質（食べられる－食べられない，熟れている－熟れていない，滑らか－ざらついている，味方－敵）とは，次の点において異なっているだけである。即ち，主観的な感覚印象は，対象の他の質よりも，目立ち《noticeable》，内観に利用しやすく，突出している《obtrusive》。私が指摘したいのは，殊更に「感覚的」と呼ぶべき，対象の特殊な質など存在しない，と

---

* *Synthese*, 1968-1969, *19*, 408-409. この論文はヨルトン（Yolton, 1968-1969）への返答として書かれた。

いうことである[7]。

面の温度を手で検出する最中に，我々が**熱い**という感覚を持つことは，ほとんど避けがたいことであろう。事物の分光反射を知覚する際には，**赤**の感覚を持つことは容易である。対象の組成《composition》を調べる時には，**硬い**という感じ，つまり掴むことに対する弾力のない抵抗感に気づくことがあるだろう。対象の大きさを観察する際には，視野において対象がどれくらい**大きく**迫ってくるかという印象を抱くだろう。しかしこれらの印象は，温度・分光反射・組成・大きさなどの対象の質が，特殊な地位を持っていると信じるように我々に求めているわけではない。

はっきり言えば，対象の**感覚的な**《*sensory*》質など存在しないと私は主張している。とすれば，「対象の感覚的な質」は，環境に関する情報抽出において，いかなる役割も演じない。私には，対象の性質は，対象に属しているが，感覚の質は，対象に属していないように思われる

“感覚”という言葉の意味は「主観的経験」であると，私は解している。もちろん，そのような経験は，質を（そして強度と持続も）**確かに**持つ。そのような経験は，非常に多様なかたちで，間違いなく存在し得る。しかし，それらの経験を分類する既存の考え方は，私には極めて不適切に思われる。感覚には，眼や耳や皮膚に注意を向けた結果として得られるものがある。それらの感覚は，「世界を知覚することは，どのような感じがするのか《how it feels to perceive the world》」と我々が問う時に生じる。他に，姿勢や身体運動を特定する感覚もある。さらに，身体内部の器官や，身体の生理学的状態（例えば，空腹）を特定する感覚もある。我々には，それらを指し示すのに，“身体感覚《somaesthesis》”とか，いわゆる“ボディ・イメージ”のような，曖昧な用語しかない。恐らく，環境に存在している状態で生活体を特定する事柄は，何であれ「感覚」と呼ばれるべきである。世界の眺望《perspective》としての見え方の一時的な配列《array》は，視感覚野《the field of visual sensations》，或いは視覚野《visual field》と呼ばれる。そして，私が考えるには，これこそが，観察者が「**ここ**《*here*》に存在する自分自身」に関して得

7) 対象の質の詳細な説明については，Gibson（1979a, p. 31）参照されたい。（編者註）

る最良の指標《index》なのである。従って私は,「感覚の研究は,世界に対する我々の意識性を理解することの基本である」ことは否定するが,「感覚の研究は,自己自身《self》についての我々の意識性を理解するには重要である」ことは認めねばならない[8)]。

8) 「感覚に基づいた知覚理論」に対立するものとしての,「自己の知覚に関する,情報に基づいた説明」については,4.6章［本書4.3章］を参照されたい。(編者註)

# 4.3 行為についての覚え書き

## 第1部：自己受容感覚について，さらに，自己受容感覚と意志との関係についての理論：解明に向けた試み*[1)]

「自己受容感覚と運動の随意的な制御との間には，密接な関係がある」と仮定することは，理に適っていると思われる。個体は，自分が前にどんなことをしたか知らなければ，次にどうするべきか決められない。これに似た推論が背景にあって，“再求心性入力《reafference》”や“遠心性複製《efference copy》”[2)]についてのフォン・ホルスト（Von Holst）の理論が脚光を浴びているのではないだろうか。しかしこの理論は，私には的外れな考えだと思われる。自己受容感覚，殊に，視覚的な自己受容感覚を的確に理解しておかなければ，「意志」という手強い問題には手を付けることすらできないだろう。

フォン・ホルストに同意する人々は，「“反射《reflexes》”を除く全ての運動は，脳で生じる運動性の**命令**《*command*》によって引き起こされる」と仮定している。命令の**遠心性複製**《*efference copy*》は記憶され，求心性入力《afferent input》と比較される。もし入力が複製を相殺するならば，入力は自己受容感覚と解釈される。そうでなければ，入力は外部感覚《exterocep-

---

＊　未公開原稿（1974年6月）。

1)　Gibson（1941a, pp. 801-810）は，随意的行動と不随意的行動の二分論を検討し，不随意的活動と随意的活動とを繋ぐ単一の次元の存在に疑義を呈した（cf. E. J. Gibson, 1939；J. J. Gibson, 1936a）。（編者註）

2)　Von Holst & Mittelstaedt（1950）。知覚における感覚への補足物としての“遠心性複製《efference copy》”と“結果として生じる放電”に関する理論構築については，Gallistel（1980）による概説を参照されたい。（編者註）

tion》[3]と解釈される。このことが，（例えば）「眼が動いたときに，どうして世界は動いているようには見えないのか」を説明すると考えられている。

私は，自己受容感覚に関して別の考えを持っている。即ち，自己受容感覚は，感覚経路にではなく，知覚系《perceptual systems》に基づいていると考えている。視知覚系に関して，私は次のように仮定している。光配列の構造に生じる乱れ《disturbance》は，それが環境における運動や事象を特定するならば，**外界特定的**《*exterospecific*》である。光配列構造の乱れが，静止した環境との関係における観察者自身の運動，即ち移動《locomotion》を特定するならば，**或いは**，観察者の全身を基準として**観察者の身体の一部分**の運動を特定するならば，それは**自己特定的**《*propriospecific*》である。観察者の運動，或いは，その身体の一部分の運動は，能動的でも受動的でもあり得ることに注意すべきである。即ち，それらは，自発された運動ではなく，（自動車による受動的移動，回転椅子による頭部の受動的回転，手足の受動的運動などで生じるような）強いられた運動でもあり得る。従って，**身体運動は必ずしも“運動性の命令”を伴うわけではない**。第一の疑問は，光学的運動《optical motion》或いは乱れには外界特定的なものと自己特定的なものがあるが，それらを区別しているのは何か，ということである。外的事象によって生じた光配列の変化と身体運動によって生じた光配列の変化との間には，違いがあるのだろうか。

能動的か受動的かを問わず，三つのタイプの身体運動が存在するように思われる。第一に移動《locomotion》或いは位置変化《displacement》，第二に，全身との関係における四肢の運動（例えば，手による操作），第三に，頭部－眼球の視覚系自体の探索的運動（例えば，頭部の回転，眼球回転）である。これらを順に検討しよう。

**観察位置の変化。** 移動の結果として，私が「包囲光配列における**運動遠近**

3) 近年，この理論は，運動性の複製が求心性入力を相殺すると仮定するのではなく，むしろ，運動性の複製を「求心性入力を評価するよう設定されたシステムにおける情報信号」と捉えるように，改訂されてきた。ギブソンのここでの批判は，そのような改訂版にも当てはまる（詳細については，McKay，1973を参照されたい)。（編者註）

法《*motion perspective*》」と呼んでいる事態が必然的に引き起こされる[4]。この種の光の変化は，ただ移動だけを特定する。それは，ちょうど，変化しない光配列が，動かない観察者を特定するのと同じである。つまり，生態光学の諸事実から考えるならば，通常の環境内で生じる事象のうち，移動を特定する独特の光の変化を引き起こす可能性のある事象は存在しない。「環境内で生じ，しかも観察者の移動を特定する光の運動をひき起こし得るような運動」は，環境には存在しないのである。“シネラマ”スクリーンを眺めている人が一時的に移動の**錯覚**を起こすことがあるという事実は，この主張を裏付けるだけである。運動遠近法は，完全な包囲光配列を含んでいる。それは全く自己特定的である[5]。

**全身を基準とした四肢の運動。** 観察者が**占める**点は，包囲光配列を含んでいるだけでなく，**視野**《*field of view*》，即ち観察者自身に固有の包囲光配列のサンプル《sample》をも含んでいる（Gibson, 1979a : Ch. 13を参照されたい。編者註)。動物の四肢と胴体は，通常は中に突き出して《protrude》いる。霊長類の手は，視野における重要な“半対象《semi-objects》”である。霊長類は，普通，自分の手の動きを見る。これらから生じる包囲光配列の変形は，全く自己特定的である。環境に生じ，しかもこれら特別な包囲光の変化を引き起こす可能性がある事象は，存在しない。

**頭部の回転と眼球の回転。** 頭部が垂直軸或いは水平軸を中心として回転するとき，視野の縁《edge》は包囲光配列を横切って“広域移動《sweep》”する。その際，包囲光の構造は，視野の前縁《leading edge》で現れ，視野の後縁《trailing edge》では隠される。このことは，頭部の回転が能動的か受動的か，自ら達成したか強いられたかに関わりなく生じる。これは，非常に明瞭に自己を特定する。即ち，持続する環境から投影された持続的光配列を基準として，頭部の回転を特定する。環境が動物の周囲を回転するという事態はまずあ

4) 2.2章およびLee (1974) を参照されたい。(編者註)
5) この主張は，数多くの実験結果によって確証されている（Lee & Lishman, 1977a, 1977b ; Lishman & Lee, 1973 ; Warren, 1976)。(編者註)

り得ないということを，念頭に置くべきである。このあり得ない事態が，“オプトキネティック・ドラム《optkinetic drum》”によって人工的にシミュレートされると，観察者は自分が回転させられているように“感じる”（或いは，自分自身が回転しているのを“見る”－どちらであろうと，それは問題ではない）[6)]。この装置を用いた実験では，動物は一般的に，同じ視野を維持すべく，身体を回転させて補償を行う《compensate》。これは，姿勢を維持するための一つの方法である。

もちろん，眼は頭の中にあり，頭部の回転を補償するような眼の回転もある。この種の眼の回転は，恐らく，あらゆる眼球運動に関して最も基本的である。この適応的な眼球震盪《nystagmus》は，より複雑なあらゆる眼球の調節機能（これには，ある種の動物に備わった眼窩のある眼で生じる調節機能も含まれる）の基礎となっている。また，適応的な眼球震盪は，サッカード《saccades》を除いて，頭部の回転と同じ機能を果たす。つまり，環境に対して眼を安定させるのである。

視野の縁を包囲光配列を横切って広域移動《sweep》させること，つまり視感覚《visual sensation》に，観察者が気づくことはほとんど不可能である。視感覚は通常，それがどのようであるかに関して（つまり，環境を基準とした頭部の回転を特定するものとして）単に取得される《registered》。そして，サッカードによる眼球の回転を伴って**眼に見える**視野《*ocular* field of view》が急速に変化しても，そのことには観察者は全く気づかない。私が指摘したいのは，その急速な変化もまた，それが何を特定するのか（つまり，サッカード）に関して，通常は取得されるのではないか，ということである。「眼が急に動いても，網膜では“運動”の感覚が得られないのはなぜか」という問題については，ヘルムホルツからフォン・ホルストに至るまで一世紀に及ぶ理論構築の歴史がある。しかし私は，この問題そのものが誤りだと思う[7)]。潜在的網

6）この頭部が回転する感じ《feeling》は，長い間，この状況において生じる眼球震盪のあいだ眼球からの求心性興奮或いは眼球への遠心性興奮の結果であると主張されてきた（Dichgans & Brandt, 1978）。しかしながら，最近の実験では，頭部回転の視覚的な自己受容感覚は，眼球運動から独立であることが示された（Brandt, Dichgans & Koeing, 1973）。（編者註）

7）McKay（1973），L. Matin（1972），E. Matin（1974）は，この文献について解説している。（編者註）

膜像《potential retinal image》，即ち，拡張された像《extended image》の上での網膜の移動は，通常，自己特定的である。眼球運動の実験や暗室で光点を用いた実験の結果は全て，この仮説に合致するのではないだろうか。但し，これはほんの感触に過ぎない。暗闇の中での光点の急速な移動は，同じ状況における同じ速度の眼の回転と区別できないことが証明される可能性がある。もしそうなら，これは，視覚的な外部感覚が視覚的な自己受容感覚と必然的に混同される極めて稀な例の一つである。

視覚的な自己受容感覚に関する以前の理論では，意志については何も論じていない。同様に，能動的な運動や受動的な運動についても，何も語っていない。自己受容感覚は，「環境の知覚を伴った，自己への意識性」と捉えられる。

それでは，意図的な運動についてはどうだろう。そして，知覚の“志向性《intentionality》”（即ち，観察者が，呈示された情報を単に受け取るだけでなく情報を求めている場合における，知覚の能動的で目的を持った性質）についてはどうだろう。この問題は，今まで論じてきたこととは全く異なる水準にあると私には思われる。脳が筋に命令すると仮定しただけでは，この問題に答えることにならない。というのも，そのような答えは，最悪の部類のメンタリズムだからである。いわゆる不随意反射と，いわゆる随意運動の間には，多くの中間的な行為が確かに存在する。それらは，随意対不随意の二分論が放棄されない限り，解明されることは決してない。反射は，機械的ではないが，一方で，魂のような，目的を持った行為《purposive act》でもない[8)]。「行動は，原初的な不随意反射を徐々に随意的に制御することによって，発達する」と仮定することは，不毛である。見込みがあると思われるのは，「能動的な知覚は，環境のアフォーダンスを探すことによって制御され，能動的な行動は，それらのアフォーダンスを知覚することによって制御される」という仮定から出発することである。

---

8）歩行（Forssberg, Grillner, & Rossignol, 1977），直立（Nashner, 1976），観察（Gonshor & Melvill-Jones, 1976；Miles & Eighmy, 1980）に含まれる反射についての最近の研究から，反射は刺激と機械的に結びついた反応ではなく，ある程度は適応的かつ機能的であることが明らかになっている。逆に，単純な随意運動についての研究（Nashner & Cordo, 1981）からは，自動的で機械的な成分が意図的運動に含まれていることが明らかになった。（編者註）

## 第2部：行動の再定義の試みのための覚え書き*

行動《behavior》は，反応《responses》から成っているのではない。であれば，何から成っているのだろうか。心理学における「刺激ー反応」定式の行き詰まりについては，広く理解されつつあるが，ではその代わりに，我々はどのように考えるべきだろうか[9]。私は行動の研究に関心があるが，行動主義の諸仮定を鵜呑みにしようとは思わない。それら仮定のうち最も愚かしいのは，反応《response or reaction》という定式である。元々は「反応は，刺激によって引き起こされる」と想定されていたが，後には，「刺激が存在しなくても生活体が“自発する《emit》”反応」も含むように反応の概念は拡大された。“内的《inner》”反応や“媒介《mediating》”反応，“総体的《molar》”反応なども含めて，あらゆる種類の反応や反応結合《response-combinations》が仮定されてきた。しかし，心理学においては，反応の定式を有意義なものに練り上げることはできなかった。従って我々は，これを放棄すべきである。

その代わりとなる定式は，「行動は，**姿勢**《*postures*》と**運動**《*movements*》から成っている」というものだろう。これをどのように展開できるだろうか。姿勢と運動は，反応のように引き起こされたり自発されたりするのではなく，**制御される**《*controlled*》ことに留意されたい。姿勢と運動は，外界についての情報や自己自身についての情報によって制御される（刺激によって制御されるのではない）。つまり，外界特定的でありしかも自己特定的な情報の流れが，利用可能な状態で常に存在する。情報の流れは“信号《signal》”から構成されているのではない。また，反応は，古典的には，いわゆる不随意反応（反射）と随意反応とに区分されてきたが，そのような区分は，姿勢と運動には当てはまらない。姿勢と運動は，全て制御されているのであり，「制御のなかには随意的なものもある」と言ったところで，それは無意味である。運動性の“命令”の理論は，自ずから行き止まりに向かう。行動に関するなんらかの有意義な分類学を打ち立てられるか否か，ここで試みてみよう。

---

* 未発表原稿（1975年6月）。

9） 最も反行動主義的である認知心理学者でさえ，S-R図式に代わる考えを示すどころか，S-R図式を補足してきたのである（Dennett, 1975)。（編者註）

### 姿勢

行動は，姿勢に依存しており，姿勢とは切り離せない。これは二つの意味で正しい。第一に，身体とその各部を固定する姿勢は，決して長時間持続できない。それは運動へと移り変わってゆく。運動とは，ある姿勢から他の姿勢への変化である[10]。直立のように均衡の取れた姿勢でさえ，小さな修正運動から成っている。直立姿勢《stance》は，支持面へ，重力へ，そして空と大地との対峙への方向定位《orientation》である。姿勢とは，そもそも**環境への方向定位**《*orientation to the environment*》なのである。姿勢は，全体とその部分の両者を，即ち，全身と身体各部を含んでいる。"身体の各部" とは，可動性に基づいて分けられた，身体の単位のことである。

第二に，あらゆる運動は，「ある一般的な姿勢を維持しながら，ある特殊な姿勢を変化させること」に他ならない。例えば，歩行は，直立姿勢の維持を必然的に伴い，腕を使った指示行為《pointing》は，身体の直立を必然的に伴う。姿勢の変化の背後には，常に何らかの，姿勢の不変化がある。

### 運動

動物の運動は，ニュートン運動とはほとんど関係がなく，その研究を進めるには力学だけでは貧弱すぎる。動物の運動は，どのように分類できるだろうか。全身運動と身体各部の運動との間には，はっきりした区別がある。

1. 環境の配置を基準とした身体ユニット《body-unit》の運動。 これには，二つの抽象的な純粋例がある。(a) 固定した環境を基準とした身体の位置変化《displacement》，即ち，ある場所から別の場所への移動《locomotion》と，(b) 一つの向きから別の向きへの "方向転換《turning》"，即ち，身体の回転《rotation》である。歩行においては，両者は普通，結びついている。身体の回転には，さらに下位の例（"縦揺れ《pitch》" と "横揺れ《roll》"）がある。

---

10) 手を伸ばすこと《reaching》（Bizzi, 1980）や直立《standing》（Nashner & Woolacott, 1979）の基礎にあるメカニズムに関する最近の研究から，姿勢から運動への変化や，運動から元の姿勢への復帰（或いは，新しい姿勢への変化）は，極めて急速に実現できることが，明らかになっている。歩行と直立についての研究からは，バランスと移動の基礎である姿勢と運動の制御に視覚が重要な役割を果たすことがわかっている（Berthoz, Lacour, Soechting, & Vidal, 1979）。（編者註）

それには，水中や空中ではなく地上での移動の場合，“転倒《falling》”（即ち，直立姿勢維持の失敗）が含まれている。

次のことは重要である。これら全ての例は，正と負の加速を含んでいて，力学的には複雑だが，しかし，生物学的には単純である。頭部の運動は一般的に，これらの移動や方向転換に際して，身体の残りの部分の運動を“先導する”。

2. 身体ユニットを基準とした身体の部分《body-member》の運動。

**a. 頭部の運動。** 頭部は身体の主要部分である。それは胴体を基準として**回転**し《*turn*》，**上下**し《*nod*》，**傾斜**する《*tilt*》。（そして，頭部の中にある眼球は，光配列や静止環境との関係を維持するよう，補償的な運動《compensatory movement》を行う。）頭部の運動は，環境を基準とした身体の移動中にも生じ得ることに留意されたい。

**b. 眼球運動。** 眼は，頭部を基準として動く（つまり，回転する）ことができる。実際，眼は，三つの軸のいずれの周りでも回転できる。眼球運動は，分類され，測定されてきた。眼・頭部・胴体・脚は，身体部分から成る，一種の階層を形成している。眼と頭部は，その抽出されている環境情報の源に方向づけられている。

**c. 腕と手の運動。** 腕は胴体を基準として動き，手は腕を基準として動く。これは**操作**《*manipulation*》と呼ばれる種類の霊長類の行動である。もし身体の直立姿勢《stance》が維持されているならば，それによって，手は，環境の配置を基準として動くことができる。例えば，手を伸ばす《reach》，掴む《grasp》，押す《push》，引く《pull》，指し示す《point》，さらに，投げる《throw》，受け取る《catch》，そして，打つ《strike》（後述）。

**d. 脚の運動。** 二足歩行するものにとって，胴体を基準として脚が動く時には，脚は支持面を基準として動くことにもなり，従って動物を**前に進ませる**《*propel*》ことになる。これは，地上移動である。霊長類には，“樹木上の《arboreal》”移動，や“よじ登り《climbing》”も可能である。

これまで列挙してきた運動のクラスは，移動・知覚的探索・操作と呼ばれる種類の行動に分類される（“アクロバティックな”運動については，後述する）。しかし，大まかに分けて，“演技的《performatory》”・“性的《sexual》”・“社会的《social》”と呼ばれる種類の行動もある[11]。

**e. 運動と環境の変化。** 環境の配置や，環境にある物質《substance》の構成，その存在《existence》すら変化させるような，手・足・顎の運動がある。遊離対象《detached objects》は，位置を変えられ（輸送させられ《transported》，投げられ《thrown》，蹴られ《kicked》），形作られ《shaped》，破壊され得る。ドアは開かれ得る。液体は撒き散らかされ，流され得る。食料対象は食べられ得る。面には，痕跡が付けられ得る。つまりこれらは，環境の事象は引き起こされ得る，ということを意味している。道具が用いられる時には，手の動きは道具の運動を引き起こし，今度はその運動が，配置に運動を，或いは運動以外の配置の変化を，引き起こす。

**f. 性的相互作用と家族的相互作用のための運動。** 生殖に結びついた，準備行動から性交に至る一連の行動は，複雑であり，よく知られてもいる。運動は，異性の他の動物個体に向けられる。これらの運動の制御は，自己受容感覚ばかりではなく，他の個体の運動についての外部感覚による知覚にも依存している。**慈しみ**《*nurturant*》と呼ばれるタイプの行動も，同じルールに従っている。

**g. 社会的相互作用のための運動**　これらには捕食者《predator》と被食者《prey》の行動，闘争《fighting》，競争《competition》，共同《cooperation》，様々な（特に，子どもにおける）社会的遊びを含んでいる。

**h. 社会的コミュニケーションのための運動。**[12]　胴体や手足の姿勢と身振り《gesture》は，例えば指示行為《pointing》のように，一つの動物から別の動物へのコミュニケーションに役立つ。しかし，“表情”と呼ばれる，顔に

11）運動系の機能的分類法については，Gibson（1966b, pp. 56-57）を参照されたい。（編者註）
12）Smith（1977）を参照されたい。（編者註）

よる表現は，意図についての情報を伝えるので人間にとって重要である。そしてとりわけ，音声を生み出す声道の複雑な動きは，コミュニケーションの優れた手段であり，暗さや遮蔽縁にも影響されない。私の用語法では，顔と発声機構は，頭や四肢と同じく身体の“成員《members》”である。それらは姿勢を取り，ちょうど身体や手と同じように，一つの姿勢から他の姿勢と移って行く。身体の“成員”は，位置関係《positions》のレパートリーや，ある位置関係から別の位置関係への推移のレパートリーを持っていて，それらは，明らかに，刺激に対する反応ではない。

**i. 自分自身のための運動。** 運動の中には，外部感覚によって（即ち，観察者から距離のある対象や事象によって）制御されることが，他の運動より少ないタイプのものがある。最後に，この種の運動を挙げておかねばならない。ダンスの運動が（少なくとも，一人で踊っている場合のダンスの運動は），これに該当する。ダンスには，一つの姿勢（即ち，“ポーズ”）から別の姿勢への移行が，はっきりと見られる。でんぐりがえし，跳びはね，ぐるぐる回り《whirling around》などの“遊戯《play》”をしている子供の運動は，多くの場合，自己制御的である。この種の遊びは“遊具”や“お友達”を必要とせず，ただ支持面があればよい。

今述べた分類は，不完全であるとは言え，その本意は，「刺激に対する反応」を，「姿勢と，姿勢同士の間の運動」で置き換えることにある。姿勢と運動は，**環境との関係において**感じられ見られるのである。

### 行動と知覚

このように再定式化された知覚と行動の関係とは，どのようなものだろうか。「感覚に基づいた知覚」と「反応に基づいた行動」との間に想定されていた関係以上に，それらの関係は緊密である。環境の知覚は，常に自己の知覚（即ち，私がこの用語に与えた新しい意味での**自己受容感覚**）を伴う。我々は，環境の配置《environmental layout》が行動に与えるアフォーダンスに，主に注意を向ける。つまり我々は，言わば，環境の配置の（**抽象的な**幾何学的関係ではなく）**行動的な**幾何学的関係に注意を向けるのである。このように考えると，外部感覚は，自己受容感覚と乖離したものではあり得ない[13)]。知覚系の方向づけ《orienting》と行動の方向づけは共同して進む。（しかし，感覚器官と身体各部を方向づける運動は，パヴロフが考えたような反射反応《reflex responses》ではない。）“感覚的”か“運動的”かという二分論は，消滅する。いずれにせよ，そのような二分論は，神経生理学という，極度に単純化したレベルにとって便利であっただけである。

「世界を知覚するために情報を抽出することと，身体によって行動の実行《performance》を制御するために情報を抽出することとは，たとえ互いに補い合う関係にあるとしても，異なった過程である」という考えは，やはり正しい。目的地《goal》の（即ち，アフォーダンスの）知覚は，一つの仕方で移動を制御するが，外側への光学的流動《optical outflow》の視覚的な自己受容感覚は，それとは全く別の仕方で移動を制御する。花に止まるハチは，花を知覚するとともに自分の飛行を制御する必要がある。ハチは，花を識別するためには不変の環境を見なければならず，自分の移動を導くためには環境を通過して動いている自分を見なければならない。知覚することと行動することは，共同して進行するが，同一の過程ではない。

これまで提出されてきた制御の諸理論は，「刺激－反応」図式に基づいていた。それらの理論から得られたものはと言えば，フィードバックや，反応によって産出された刺激《response-produced stimuli》だけである。自己受容感覚機能が組み込まれた知覚系の概念と，全般的な方向づけを担う系《general orienting system》の概念に基礎を置けば，行動を支配し《steering》，主導し《guiding》，制御することに関する，もっと的確な理論を構築できよう。

13） Lee（1978）は，外部感覚と自己受容感覚の相互依存性を指し示すために，“外自己受容感覚《exproprioception》”という語を用いることを提案している。

# 4.4 持続性と変化に関する新しい考えと，それによって退けられる古い考え*

我々は，環境がある点で変化し，他の点では持続している《persist》ことを知覚する。我々には，環境が，その時々に応じて異なり，さらには一瞬一瞬異なることが見える。しかし我々は，それが時間経過を越えて同じ環境であることも知覚する。我々は，変化とその根底にある不変性との**両方**を知覚している。私の解釈では，知覚系《perceptual systems》は，刺激作用の流動《flux of stimulation》の中の不変項《invariants》を抽出することによって働くが，刺激作用の流動そのものを感受してもいる。

古典的な知覚理論の仮定によれば，刺激作用の流動が感覚の流動（即ち，知覚の基礎）を引き起こすのであり，永続的対象《permanent object》の知覚は，この感覚の流動から何らかの方法で構成されねばならない。一般的な説明では，「我々は**概念**《*concepts*》を持っていて，これによって感覚の流動を解釈することが可能になる」とされている。（この「概念」が，獲得されるのか生得的なのかについては，議論が分かれる。）例えば，ピアジェは，「子供は，持続する環境を知覚できるようになる前に，**対象の永続性**《*object permanence*》の概念を発達させていなければならない」と考えていた（『児童の世界観（Child's Conception of the World)』参照)。この考えは，「“センス・データ”に対して“心の操作”が加えられる」という古い考え方と軌を一にしている。次のことに留意されたい。即ち，刺激作用の流動は，多くの場合，**刺激**の継起《sequence of *stimuli*》（さらに，これに対応して，**感覚**の継起《sequence of *sensations*》が生じる）を意味すると理解されてきた。これは，実

* 未発表原稿（1975年11月)。

験家にとって好都合な仮定である。

「変化を越えた永続性」や「変化を貫く永続性」という考えは，多くの現象に当てはめることができる。私の考えでは，心理学実験室で観察される，いわゆる知覚の恒常性《perceptual constancies》（即ち，対象の大きさ・形・色が，経験上は恒常であること）は，その特殊例である[1]。しかし，そのような恒常性は，永続性の**典型的な**例では決してない。（そして，大きさと形の恒常性は，対象の知覚だけについて述べているので，いずれにせよ，対象の**背後**《*behind*》の地《ground》の知覚に当てはめることはできないだろう。）重要な問題は，「視覚野《visual field》に存在する，変形する，色の着いた小さな点《color-patch》が，どのようにして，外界の対象の恒常的な（観察者から見た）手前側《near side》の知覚に到達し得るのか」では**なく**，「眺望《perspective》の体系的な変化は，どのようにして，（観察者から見て）向う側を持った《with a far side》立体対象の知覚に到達し得るのか」である[2]。

視覚刺激作用が変化する原因を考えてみよう。実際のところは，どうだろうか。照明の変化（これは複雑である）以外に，光配列の変化には四つの原因がある（Gibson, 1979a, Chs. 5-7ー編者註）。第一に，様々な対象が散乱した《cluttered》環境における，ある景色《vista》から別の景色への観察者の移動は，包囲光配列に運動遠近法《motion perspective》を引き起こす[3]。第二に，環境に存在する，持続する対象や動物の移動は，包囲光配列の局所的な乱れ《disturbance》（即ち，対象の眺望《perspective》の変化）を引き起こす[4]。第三に，周囲を見回す場合のような観察者の頭部の回転は，眼が獲得する包囲光配列の**サンプル**に変化を引き起こす[5]。第四に，雲（永続的でない対象）の場合のように，環境に存在する面が物理的に崩壊すると，その投影《projection》も光配列から消滅することになる[6]。以下のことは，重要である。

1） 知覚の恒常性についての文献概説としては、Koffka（1935, ch. 6）と Epstein（1977）を参照されたい。（編者註）

2） 1.2章を参照されたい。（編者註）

3） 2.2章および2.3章を参照されたい。（編者註）

4） 1.2章を参照されたい。（編者註）

5） 2.6章［本書2.3章］およびHay（1966）を参照されたい。（編者註）

6） 2.7章を参照されたい。（編者註）

**表 3　四種類の持続/変化の対**

| 生態学的事象 | 光配列における変化 | 視覚的事象 |
|---|---|---|
| (1) 移動 | 運動遠近法；より速い要素による構造の一掃《wiping》 | 自己運動の視覚的自己受容感覚；視界から出て後方に退く対象 |
| (2) 対象の運動 | 局所的乱れ；より速い要素による構造の一掃 | 対象（群）の位置変化 視界に入る／視界から出る |
| (3) 頭部の運動 | 継起する様々なサンプル；より速い要素による構造の一掃 | 視野の前縁《leading edge》における漸進的遮蔽／視野の後縁《trailing edge》における遮蔽の解消 |
| (4) (複数の) 面の崩壊 | 構造の消滅 | 対象が存在しなくなる |

第一種と第二種の光の変化は，射影幾何学《projective geometry》において研究された類の変形（即ち，観察点における投影の変化）を含んでいる。しかし，これらは**いずれも**，「投影されたものから投影されていないものへ（或いは，その逆）」という，もっと根本的な変化を含んでいる。第四の場合では，面は光を反射することを停止し，**いかなる**観察点にも投影をしない。最初の三種類の場合には，面は**見えなくなる**《*goes out of sight*》のに対して，四番目では，面は**存在しなくなる**（表 3 を参照されたい）。

視感覚に基礎を置く全ての理論では，観察者の視覚野《visual field》の「色の着いた小さな点」が現れたり消えたりするという意味において，感覚が変動することを認めている。即ち，観察者が動き回り，対象が動き，観察者が見回すにつれて，そして視野の「色の着いた小さな点」を**引き起こしている**物質的対象が存在しなくなる場合に，感覚は変動するというのである。感覚はただ，それら感覚を引き起こす刺激が始まるときに始まり，刺激が終わるときに終わるだけである。つまり，感覚にできるのは，生起し停止することだけである。従って感覚は，必然的に，「一時的で，はかなく，永続しない」と捉えられることになる。「色の着いた小さな点」の挙動だけから，動く観察者，動く対象，見回すこと，純粋に非持続的な対象，の四者を区別することは，不可能であろう。視野にある形や色の他にも，何かが必要である。従って，対象についての概念的知識，特に，対象の永続性の概念を問題にすることが必要になってくる。

「人間や動物は，変化と不変を同時に知覚する」という理論は，上のような考えとは全く異なっている。我々は，対象が移動した場合，移動の前後で，対象は同一だが，位置が異なると知覚する。我々は，対象が向きを変える場合，その前後で，対象は同一だが，見えている面が異なると知覚する。我々は，異なった位置にいる**自分**《*me*》から同一の世界を眺める[7]。我々は，ある動物が同じ動物であるが，それが何らかの行動に際して異なった姿勢を取っているのを見る。我々は，ある面に太陽の光が当たると，その面の色と肌理は変わらないが，面の明るさが変わることを知覚する。我々は，水が岩の上を流れるのを見て，それを同じ一つの流れだと知覚する。殊に，我々は，環境のいくつかの不透明な面が他の面によって隠されたときでさえ（もちろん我々は，それらの面が隠されていることを“見る”のだけれども），それら環境の不透明な面の全体的な配置が持続しているのを知覚する。我々は，頭部の背後の世界を知覚する（但しこれは，我々が頭部の存在に気づいていると述べているだけである）。重要なのは，これらの事例の中には，遮蔽縁《occluding edge》の検出を必然的に伴うものがあることである。対象や面は，それらに関する感覚が持続しなくても，現象的に持続している。このことを最も的確に示すのは，上記のような事例である。網膜像は現れては消えるが，面はそうではない。

視界から外れる面には，現象的“持続性《persistence》”がある。このことが何を意味するのか，次に考察しよう。その際，視界から外れることと視界に入ることとは相互依存的であることを念頭に置いておこう。面の現象的“持続性”とは，面が，現在において存在しているとともに，将来も存在し続け，過去にも存在していたと知覚することを意味する。しかし，もし我々が，持続する環境をこのように経験しているならば，重要なのは，これはもはや，伝統的

7)　この知覚的能力の発達に関する実験としては、Lasky, Romano & Wenter（1980）を参照されたい。（編者註）

な意味での**知覚**ではない，ということである。伝統的な意味においては，知覚とは“現在”の経験のみを指し，“過去”の全ての経験を**記憶**《memory》に追いやり，“未来”の全ての経験を**期待**《expectancy》に追いやってしまう。「知覚する」という用語の意味を，記憶や期待を含むまで拡大しなければならないだろう[8)]。

カプラン（Kaplan, 1969）の実験によって明らかな通り，被験者は，静止した光配列を与えられても，遮蔽縁を的確に知覚できない。遮蔽縁の知覚が生じるためには，不変化が同時に存在する状態で，光配列の変化が連続的に進行して行く必要がある。カプランの実験では，変化を次のようなやり方で被験者に示した。即ち，輪郭の片側で，構造の漸進的な増加（添加《accretion》）や減少（削除《deletion》）が生じ，輪郭の他方の側では変化がなかった。構造の添加から「顕わにされていく面《surface-being-revealed》」の知覚が，構造の削除から「覆い隠されていく面《surface-being-concealed》」の知覚が，それぞれ生じた。それらはつまり，「ある面が，別の面の背後に隠れる」という知覚と，「ある面の背後から，別の面が現れる」という知覚である。ここで，次のことを指摘しておきたい。即ち，人によっては，面が顕わにされていくときには，隠されている部分の**期待**《expectancy》があり，面が隠されていくときには，隠される部分の**記憶**《memory》がある，と言うかも知れないが，これは，実際のところ，面の知覚の単純な例なのである。私の考えでは，これは，想像すること《imagining》や思い出すこと《recalling》よりも，見ること《seeing》に近い事態である。我々は，期待《expecting》や想起《remembering》の代わりに，“見通し《foresight》”や“後知恵《hindsight》”という言い方をする場合がある。“見通し”や“後知恵”という言葉には，私が指摘したいことが含まれている。

ウィリアム・ジェームズ（William James）は，「意識の流れ《the stream of

8) 感覚入力や感覚を伴わない現象的持続性に関するミショットの実験（Michotte, 1962）や、隠されたもの《the hidden》に関するメルロ＝ポンティの現象学（Merleau-Ponty, 1962）は、いくつかの点で、ここに述べられたギブソンの見解を先取りしていた。しかし、ミショットやメルロ＝ポンティも、さらに、後年この現象を研究した人々（例えば、Kanizsa, 1979）も、「隠されているが、見えている」という現実を、**現象的**現実《*phenomenal* reality》だと考えた。（編者註）

consciousness》」を記述するのに，過去と未来との**接合点**《junction》はどのようになっているのか，という問題に悩まされた[9]。彼は，過去と未来が分離していることを決して疑わなかったのだが，それでは“現在”とは何なのだろうか。境界線は，明確ではなかった。従ってジェームズは，「現在は，少しは過去に**入り込んで**おり，恐らく，未来にも入り込んでいるのではないか」と提案することしかできなかった。しかしこれは，ただ支離滅裂な混乱である。このような考え方は，用をなさないだろう。これは，恐らく擬似問題であって，未来と過去とは，遮蔽縁という事実において，結び付いている。というのは，遮蔽縁では，現在が，過去を，同じく未来をも，**隠している**からである。生活体の移動中には，覆い隠されていくものは“過去へと入り込み”，顕わにされていくものは“未来からやって来る”。しかし，もちろん実際には，我々はただ，環境全体を把握しているのである。

9)　2.5章［本書2.2章］を参照されたい。（編者註）

# 4.5 アフォーダンスに関する覚え書き

## 第Ⅰ部：どのような事柄が知覚されるのか
## 環境に見える特性の分類に関する再検討*

数学や物理学では，**空間**と**時間**の概念に基づいて，世界を抽象的に分析する。心理学者も，この抽象的分析に従うかたちで，知覚の研究を進めてきた。抽象概念である**質量**や**エネルギー**は，それぞれ“物体”と“光”として我々の世界に具現される，と考えられている。従って，「我々は，空間・時間・物体を知覚し，光（或いは，色）を感じ取る」と仮定される。このような知覚観には，長い歴史がある。対象について知覚できる質は，この知覚観に一致するかたちで分類された。ジョン・ロック（John Locke）による分類では，**位置・形状・大きさ・持続・運動・固体性**といった一次性質《primary qualities》が挙げられ，さらに，**色**の二次性質《secondary qualities》や他の非視覚的な二次性質（即ち，音・味・匂い・暖かさ・冷たさ）が付加された[1)]。心理学では，依然として，**形状**や**大きさ**などと共に，空間内の対象の**位置**の知覚を説明し，**色**の感覚を理解しようと試みている。結果として得られた説明は歪曲に満ちており，今後の成功も見込めない。

しかし，環境に見える諸特性として，数学や物理学ではなく生態学に由来する諸概念を採り上げるならば，それら諸特性の知覚を直接的に説明できるであろう。（おそらく，生態学的な諸概念は，究極的には数学や物理学の諸概念に

---

＊　未発表原稿（1967年8月）。

1)　一次性質・二次性質を挙げたロックのリストは，著書『人間悟性論（Essay concerning Human Understanding）』の中で，場所によって異なっている。一次性質・二次性質の説によって物理学と心理学とを統合することを最初に構想したのは，デカルトである。（編者註）

“還元し得る”であろう。しかし，心理学者はそのような還元をいつまでも待ってはいられない。）環境に見える生態学的な諸特性として，どのような項目が挙げられるだろうか。ここに，その分類の試案を示す。

**空間の諸特性**

我々が視覚によって知覚するのは，“空間”ではなく，次のような，持続的な（即ち，相対的には不変の）外界の諸特性である[2)]。

1. **面の配置**《*surface layout*》。面の配置には，面の傾斜，隅《corner》（二面角），湾曲，他の面を遮蔽する面の縁《edge》が含まれる。面の配置は，地面の後退（“ここ”からの距離）を含む。結局，面の配置は，配置内に存在する各対象の位置，対象（大きさ）のディメンションや面（形状）同士の間の比率と共に，対象を含んでいるのである。隠された対象の持続性《persistence》や永続性《permanence》については，後ほど検討する。
2. **物質**《*substance*》**或いは組成**《*composition*》。物質の固体性・液体性・粘性，面の色（反射率および分光反射率），面の肌理（小さい尺度で捉えた配置）を含む。
3. **採光**《*lighting*》**或いは照明**《*illumination*》。投じられた影，対象に付着する影（“陰影”），面に当たる照明の方向を含む。

**時空間的特性**

我々は，“時間”そのものを知覚するのではない。我々は，外界に生じる変化や外界の変わり行く諸特性を知覚するのであり，そのような変化は時空間的である。

1. **剛体の運動**《*motion of rigid objects*》。地面を基準とした位置の変化や回転を含む。

---

2） 環境の諸特性に関してさらに詳しくは，Gibson（1979a，Part1）と 1.8 章も参照されたい。（編者註）

2. **弾性体の変形**《*deformations of elastic objects*》。粘性或いは流体性を持つ面の流動を含む。
3. **進行する遮蔽，或いは遮蔽の解消**《*progressive occlusion and disocclusion*》。即ち，縁が面（対象）を光学的に覆うこと，また，その縁が取り除かれること。このように対象が覆われ，それが解消される場合には，その対象の持続が特定される。対象が"遠くの方へ"後退して行き，その持続が特定される場合もある。
4. **固体の状態の終了と開始**。即ち，対象の，熱による融解，腐敗による分解，稀釈による溶解など。或いは（場合によるが），その逆の変化。
5. **照明の開始と停止**。多様な一過性の変化を含む。自然に生じるものもあれば，人為的に生み出されるもの（例えば，光の"フラッシュ"）もある。
6. **動物の運動と変形**。動物が置かれている社会的環境において生じる全領域の事象を含む。例えば，表出のための運動や社会的なシグナルである。
7. **事象全般**[3)]。開始と終了が充分明確な事象については，その持続（"時間"）を計測できる。この種の事象が複数生じる場合には，その生起頻度（"出現率"）を測定できる。しかし，一般に，物理学の C. G. S. 単位系は，現在のところ，見える環境において関心を引かない事象にのみ当てはまる。

知覚研究には，ニュートンの『プリンキピア（Principles）』やロックの『人間悟性論（Essay concerning Human Understanding）』に示されたのより新しい指針が必要なのである。

### 視覚による自己の抽出[4)]

自己受容感覚は知覚を伴う。我々は，視覚によって知覚するだけでなく，視覚によって自己受容を行う。そして，この種の抽出もまた，時空間的である。我々は，環境の中心としての自己について，以下のような特性或いは変数を抽出できる。（情報は多様であるが，ここでは視覚情報についてのみ述べる。）

---

3)　2.8章［本書2.4章］を参照されたい。（編者註）
4)　2.4章［本書2.1章］および4.6章［本書4.3章］を参照されたい。（編者註）

1. **身体が一時的に取っている姿勢**。頭部の姿勢が直立しているとか傾いているということは，“見える”。
2. **身体の移動**。環境内での移動の向きや速さは，（運動遠近法《motion perspective》や縁《edge》における面の遮蔽《occlusion》の変化によって）“見える”。これは，乗り物での移動にも当てはまる。
3. **手足の運動**。手足の粗大運動や細かい操作は，“見える”。（指さしている，手を伸ばしている，掴んでいる，といった）手の運動の情報だけでなく，（掻き寄せている，すりつぶしている，作図している，といった）手に握られた道具の運動の情報も，見えるがゆえに取得される。

次の点に留意されたい。即ち，**知覚**という言葉を用いる場合，それは，「環境を知覚する」という意味に他ならない。一方，**抽出**《*detection*》したり**取得**《*registration*》したりするのは，自己である。また，次のことも重要である。視覚によって身体運動を取得する際には，生活体が獲得する場合もあれば，生活体が環境から課される場合もある。即ち，能動的な運動による場合もあれば，受動的な運動による場合もある（Gibson, 1966b, Ch. 2）。このように，全ての運動を生活体自らが生み出すわけではないので，一般に言われているように全ての入力が“フィードバック”や“再求心性《reafferent》”だと捉えるべきではない。情報の取得の問題は，運動の合目的的な制御の問題とは別個である。

## 第Ⅱ部：アフォーダンスに関する試論と分類*

事物は**アフォーダンス**《*affordance*》を持ち，我々はアフォーダンスを知覚する，或いは，アフォーダンスを知覚することを学習する。この仮説は，非常に有望で革命的だが，まだ充分に練り上げられてはいない（Gibson, 1966b, p. 285）。大まかに言えば，事物のアフォーダンスとは，良いことであろうと悪いことであろうと事物が備えている事柄，即ち，事物が観察者に**アフォード**する

* 未発表原稿（1971 年 2 月）。

《afford》事柄である。例を挙げ，分類を示しておきたい。読者も，独自の例を考えたり，以下に示す試案に補足していただきたい。

対象だけでなく，物質・場所・事象・他の動物・人工物も，アフォーダンスを持つ。まず最初に，面や面の配置から成る環境のうち，容易に知覚し得る成分を挙げる。ここでは，観察者に人間を想定しておく。アフォーダンスのリストは，動物の種類に応じて幾分異なるからである。

私の考えでは，アフォーダンスは，主観的な経験に見られる，単に現象的な質（即ち，三次性質《tertiary qualities》，力動的・表面的特性，など）ではない。また，現代の物理科学で言うような，単なる，事物の物理的特性でもない。むしろアフォーダンスは，次のような意味で，**生態学的**である。つまり，アフォーダンスは，動物との**関係において規定される**環境の特性なのである。これらは，過去に類を見ない新しい仮説であり，検討を加える必要がある。

私の理論では，知覚は情報に基づいて成立すると考えている。この理論では，アフォーダンスの知覚を学習することは，知覚学習や知覚発達の一種に過ぎない。（これ以外の知覚学習や知覚発達の例については，Gibson, 1966b, Ch. 13, esp. p. 283 ff や，E. J. Gibson, 1969, Ch. 5 を参照されたい。）

下記の例は，まだ提案に過ぎないことをお断りしておく。

### I．姿勢や移動に関連する，面と「面の配置」

―その上に立てる面（支持面）は，休息をアフォードする。

―その上を歩ける面は，“歩行”をアフォードする。（陸棲生物が移動できるためには，土台は概ね平坦で堅くなければならない。水面を歩行することはできない。）

―垂直に立ち上がった堅い面，即ち障壁は，衝突や移動の妨害をアフォードする。

―障害物の間の隙間や空き地は，移動をアフォードする。

―切り立った場所や崖っ縁は，地面との衝突による負傷をアフォードする。

―崖の突端同士の間の隙間は（幅によるが），跳ぶことをアフォードする。

―段差のある場所は，降りる（昇る）ことをアフォードする。

―上に座れる面（座ることをアフォードする）。

—その上に立つことができる物（例えば，踏み台）は，高い所に手を届かせることをアフォードする。
—登ることのできる配置（木・梯子・階段）。
—その下に潜り込める面は，避難場所（屋根）をアフォードする。

**Ⅱ．隠さない面と隠す面（透明か不透明か）**

—遮蔽面には，遮蔽縁（スクリーン・壁・蓋・衣類）がある。不透明な《opaque》面。
—隠さない面（ガラス）。
—生活体を他者から隠すことをアフォードする場所（隠れ場所，“プライベートな”場所）。
—ある対象を他の対象から隠すことをアフォードする，場所や配置。（次のことに留意されたい。即ち，子供は，「いないいないばあ」や「かくれんぼ」などの隠れる遊びで経験されるような遮蔽の可能性に対して，非常に強い関心を抱く。）

**Ⅲ．操作やそれに関連する活動をアフォードする対象（持ち運べる**《*portable*》固体と**移動させられない**《*immovable*》固体とを，さらに，**掴める**《*graspable*》固体と**掴めない**固体とを，区別する。）

—把手（持ち運べる対象に付着した，掴める対象）。
—握り（移動させることのできない配置に付着した，掴める対象）。
—棒（或いは，熊手）。細長い，堅い物は，遠くの物に手を出す（或いは，手を出して操作する）ことをアフォードする。
—木の枝（霊長類に，樹上生活の際の身体の支持をアフォードする）。
—投げることができる物，飛び道具（堅く，掴むことができて，移動させることができ，適度な重さの物）。
**—打ち付けること**《*hitting*》をアフォードする物，即ち，棍棒・金槌。
—切ること《cutting》をアフォードする物，即ち，ナイフ・斧（鋭い二面角の刃を持つ）。
**—突き通すこと**《*piercing*》をアフォードする物，即ち，針・槍。
—結ぶこと，束ねること，むち打つことをアフォードする物，即ち，糸・革紐・縄・撚り糸。

—**栓で塞ぐこと**《*plugging*》をアフォードする物，即ち，凹部にちょうど填りそれを満たす凸部。

—有用な物の支持をアフォードする面，即ち，作業台・棚・食卓。

—（平坦な**底面**を持ち，**滑ること**をアフォードする物とは違って）地面を**転がること**《*rolling*》をアフォードする物。

**Ⅳ．アフォーダンスを持つ物質**

—注ぐこと，滴り落ちること，はね散らすことをアフォードする物質。**液体**《*liquid*》。

—塗ること，描くこと，作図することをアフォードする物質。**粘性**《*viscous*》物質。

—手先の操作によって形作られることをアフォードする物質。可塑性・可圧延性物質。

—その形状が変わることに抗する物質。形と大きさを維持する固体。物体。（重要なことだが，物質の諸特性は，**物体**《*object*》の諸特性と同じではない。このことは，物理学においては理解されていないにしても，言葉の世界では認められている。というのは，物質を表すのに“可算名詞”ではなく“質量名詞”が用いられるからである。）

—栄養摂取をアフォードする物質や物体。食物。

—病気をアフォードする物質や物体。毒。（食物も毒物も共に，**摂取**《*ingestion*》をアフォードし，しかも，光学的情報《optical information》によって両者を区別するのは往々にして困難である。希にだが，両者を味や匂いでは，つまり，化学的な価値体系では，識別さえできない場合もある。）

**Ⅴ．負傷や恩恵のアフォーダンス**

ここで，事物が持つ正や負の“誘発性《valences》”について検討しておこう。現象学者の主張によれば，誘発性とは“直接経験《immediate experience》”の事実であるが，誘発性の知覚の生物物理学的な基礎についてはまだ分析が行われていない。にもかかわらず，「**もしも**何かと遭遇した場合にそれがアフォードすること」に関する知覚が**離れたところで**成立することは，視覚の大きな長所とされている（“結果として生じそうな損害や恩恵”に関しては，既にバークリが『視覚新論（New Theory of Vision』(1709) で述べている)。物理的接触その他のエネルギー交換によって，身体組織が損傷を受ける場合もある。しかし，負傷をアフォードする物・場所・物質・事象・動物に甘んじて遭遇する必要はない。これらを知覚するならば，**回避する**，**逃げる**，或いは**防ぐ**ことができる。

ー崖の突端は，落下をアフォードする。
ー壁は，衝突をアフォードする（が，登ることをアフォードする場合もある)。
ー飛行物の接近（即ち，“ルーミング《looming》”）は，負傷をアフォードする。
ーナイフの刃は，触れて怪我することをアフォードする（が，何かを切ることもアフォードする)。
ー火は，触れて火傷を負うことをアフォードするが，暖かさをもアフォードする。
ーヘビは，噛まれることをアフォードする。
ー深い水たまりは，溺れることをアフォードするが，浅い水たまりは水浴びすることをアフォードする。

これらの場所・事象・生命体《animate objects》は全て，包囲光配列の中に特定されている。どの場合にも，アフォーダンスは**見える**。但し，負傷が**予見できる**と述べているのではない。シフ（Schiff）の実験では，差し迫った衝突の**危機**を特定する情報は，光によってもたらされることを示す根拠が得られているが，このことから，「アフォーダンスは見える」という主張は強く支持される。しかし，環境には他にも，光配列の中に（明確には）**特定されていない**，或いは，そのアフォーダンスが（特別な訓練なしには）**見えない**，場所・物質・事象が存在する。

ー落石や雪崩の危険性を見て取ることは，困難である。

—落雷の電光は，発生するまで見えない。

—陽射しによる火傷やガンマ線の危険性は，見ただけではわからない。

—“不慮の”爆発の危機が差し迫っていても，見ただけではわからない。

### Ⅵ．動物の子によるアフォーダンスの抽出

人間の子供は，少なくともある程度は，これらのアフォーダンスを知覚することを学ばねばならない。しかし，動物の中には，生死を分けるようなアフォーダンスの知覚を子が学習するのに時間を要しないものもある[5)]。従って，動物行動学者は，そういった刺激を“サイン刺激”や“解発刺激”と呼んで，関心を寄せている。しかしながら，前述のことが正しいならば，動物の子が示すそのような行動を，（刺激の面からではなく）刺激情報の面から検討し直さなければならない。

## 第Ⅲ部：さらにアフォーダンスについて*

教育を受けた成人は，**空間の概念**（例えば，数学的な，或いは幾何学的な空間，ユークリッド空間，デカルト空間，非ユークリッド空間など）を持っている。この事実が，一方の極にある。

そしてこれとは別に，心理学者らが「空間の**知覚**」と呼んできた事柄が存在する。この状態は，全くの混乱であり議論の余地が大いにある。しかし，奥行きの知覚とは，「ここからの距離」を意味するのであり，「**ここ**からの距離の知覚」では，観察者は様々な位置を占める可能性があり，その**周囲を取り巻いて**空間が存在するという事実を，少なくとも認めてはいるのである。

これらの他に，私の言う「**配置**《*layout*》の知覚」が存在する。配置とは，環境に存在する面（主に，不透明な堅い面）の実際の配置や，配置の幾何学的な**成分**を言う。配置の知覚は，環境内の場所や対象を特定する光学的情報に立脚しており，そのような情報は，媒質の中で動物が占め得るあらゆる観察点

---

5) アフォーダンスの知覚の発達に関しては，E. J. Gibson（1982）や，E. J. Gibson and Spelke（印刷中）で，さらに詳しく述べている。（編者註）

* 未発表原稿（1971年5月）。

《point of observation》において得られる。この説では，ある固定的な観察点から見て隠された（眼に投影されていない）面も，隠されていない（眼に投影されている）面も，共に考慮に入れている。

最後に，もう一方の極として，環境に存在する面の配置（対象，場所，さらには生命体《animate objects》も含まれる）の**アフォーダンス**に関する知覚がある。アフォードされる観察者の活動は，配置（即ち，その配列の立体幾何学《solid geometry》）によって規定される。もちろん，各々の動物が異なる行為のレパートリーを持つがゆえに，同一の配置のアフォーダンスも，動物の種類に応じて異なる。従って，異なる動物は，異なるアフォーダンスの集合を知覚する。知覚が生じるのは，**実践的な**配置に関してであって，**理論的な**配置に関してではない。しかし，それにもかかわらず，配置は幾何学的である。

動物や，理論的幾何学を習得するまでの間は子供も，配置が持つ数学的関係ではなく配置のアフォーダンスに注意を向けている。従って我々は，論理の面では空間という数学的概念の理解からアフォーダンスへと進むのだが，発達の面では，逆に，アフォーダンスの知覚から空間の理解へと進むのである。生後間もない子の眼は，視野にある様々な形ではなく，光に含まれる，**形を持たない不変項**《*formless invariants*》を抽出する。形を持たない不変項こそが，アフォーダンスを特定しているのである。

## 第Ⅳ部：さらにまたアフォーダンスについて*

これまで心理学では，**空間や対象**の知覚と**意味**の知覚とは全く異なると考えてきた。空間や対象が，面の配置に関する不透明立体の幾何学によって定義されるならば，さらに，意味が場所・物質・面・物体（以下，“事物《things》”と表記する）のアフォーダンスによって定義されるならば，**空間や対象**の知覚と**意味**の知覚とは関連しあうと考えることが可能になる。例えば，事物が生活体にどのようなことをアフォードするかは，ある程度は，その事物の形状や，その形状（もちろん立体的形状《shape》であって，平面画像としての形

*　未発表原稿（1971 年 5 月）。

《form》ではない）の特徴に依存して決まる。その意味では，「事物の形状こそが意味を持つ」と言えるのである。

事物の意味や価値は，その事物がどのようなことをアフォードするかによって決まる。この定義は，言外に重要な意味を含んでいる。ある事物が特定の観察者（或いは，その観察者が属する種）に対してアフォードすることは，生活体（即ち，**主体**《*subject*》）に向かっている。しかしながら，ある事物の形状・大きさ・組成・剛性は，その事物の物理的存在，即ち**客体**《*object*》を指し示している。但しこれらは，その事物が観察者に対してどのようなことをアフォードするかを規定する。アフォーダンスは，両方向を指し示しているのである。ある事物が何で**ある**のかということと，ある事物が何を**意味する**のかということは別個ではないが，これまで多くの場合我々は，前者は物理的で後者は心理的だと考えてきた。

「その事物が何であるのか」知覚することと，「その事物が何を意味するのか」知覚することもまた，別個ではない。「ある面が水平でしかも堅いこと」を知覚することは，即ち「その面の上を歩けること」を知覚することでもある。従って我々は，(1)「事物に関する，感覚に基づく知覚」が生じるということも，(2)基本的な知覚内容に意味が付加されること（生得的感覚と経験的に獲得された心像に基づいた，知覚の“豊富化《enrichment》”説）も，前提とする必要はないのである[6)]。ある面の配置の知覚を特定するのに利用し得る情報は，「その面の配置がどのようなことをアフォードするのか」の知覚を特定するのと全く同じ情報である。

事物の価値は，“相対的”なのか“絶対的”なのか。価値は，主観的な現象なのか，客観的な事実なのか。こういった議論は，上述のような観点から検討し直さなければならない。

---

6)　4.2章を参照されたい。（編者註）

## 第Ⅴ部：環境のアフォーダンス*

動物が置かれている環境は，様々な水準で記述できる。基礎物理学の水準では，環境は，物体《matter》とエネルギー，即ち，分子とその相互作用から成り立つと言える。もっと一般的な水準（とは言っても，物理学や立体幾何学による記述だが）では，**物質**《*substances*》，**媒質**《*medium*》，それらが境を接する面《surfaces》から成り立つと言える[7]。面とその配置を重視すれば，環境は，下層土《substratum》，囲い《enclosure》，遊離対象《detached object》，縁《edge》，隅《corners》，凸面《convexities》，凹面《concavities》などによって記述できる。つまりこれらは，面の配置の特徴《features》である。こういった環境の特徴は，幾何学的（つまり，いずれにせよ数学的には抽象的）である。しかし，これらの特徴は，**意味を持ち**始める。このことが重要なのである。例えば，縁と隅と面が結びつくことで，何か役に立つ物や，隠れ場として利用される囲いができあがる。（これらは，**解析**幾何学《*analytic* geometry》ではなく，**統合**幾何学《*synthetic* geometry》によって，最も的確に記述される。）次に，媒質の中で生活し動き回る動物を**取り囲むもの**《*surroundings*》として環境を記述できる。最後に，最も高い水準では，**環境が，その中で生活している動物に，どのようなことをアフォードするのか**という観点から環境を記述できる。そのように考えると，環境は，対象・物質・場所・事象・他の動物から成り立っており，それらは皆，意味を持っている。重要なのは，これらの事物がどのようなことをアフォードするかを決めるのは，事物を作り上げている物質，事物の面の配置，その配置の変化の仕方，の三点だということである。

例えば，物質には，栄養の摂取をアフォードするものもあれば，しないものもある。面の配置には，移動をアフォードするものも，しないものもある。動物の行動は，物質・対象・場所の（その動物にとっての）アフォーダンスによって制御されているに違いない。さらに，行動を制御するためには，動物は，

* 未発表原稿（1972年1月）。
7) この区分に関して，さらに詳しくは，Gibson（1979a，Part1）を参照されたい。（編者註）

このアフォーダンスを知覚しなければならない。実際，物質や面のアフォーダンスは，動物の種類に応じて異なる。アリ・鳥類・霊長類は，生態学者が主張する通り，互いに異なる“ニッチ《niche》”に生きている。しかし，動物とその動物が置かれている環境との間に相互依存関係《reciprocity》が成立することは，あらゆる種類の動物について同じである。

アフォーダンスの概念から，意味に関する新しい理論や，心《mind》と物《matter》との隔絶を埋める新しい方法が示唆される。私が「アフォーダンスは意味を持っている」と言うのは，「アフォーダンスは“心理的《mental》”である」と述べているのではない。「アフォーダンスは“物理的《physical》”である」と言うのは，「アフォーダンスは意味を持たない」と主張しているのではない。アフォーダンスの考えに立てば，「心理的か物理的か」という二元論の呪縛から解放される。「意味」について語るために，心という別個の領域が存在すると考える必要はない。また，知覚に物理的刺激が必要であることを認めるために，唯物論を奉じる必要もない。

ここで，**アフォーダンス**の概念が歩んできた歴史を述べておくことは，有意義であろう。この言葉は，クルト・レヴィン（Kurt Lewin）が考案した Aufforderungscharakter を思い起こさせる。これは，最初に**誘引特性**《*invitation-character*》（1929 年，J. F. Brown による），後に（1931 年，D. K. Adams によって）**誘発性**《*valence*》と英訳された。誘発性という語の方が，一般に普及している（Marrow の 1969 年のレヴィンの伝記を参照されたい）。コフカは，『ゲシュタルト心理学の原理（Principles of Gestalt Psychology）』（1935）を執筆した際に，**要求特性**《*demand-character*》という新たな語を考案した。コフカによれば，郵便ポストは手紙を出すよう“誘”い，把手は“握られることを望んで”おり，チョコレートは食べられたいと“望んで”いる。即ち，経験される事物は，“我々がそれらの事物を用いて何を為すべきか，教えてくれる”（p. 353）という。しかし，この説の難点は，要求特性が，誘発性と同様に，物理的対象にではなく**現象的**対象にあると考えている点である。レヴィンの考えでは，誘発性は“場《field》”に存在する。また，コフカの考えでは，要求特性は，彼の言う“行動上の”環境《“behavioral” environment》に存在するのであり，“地理的な”環境《“geographical” environment》に存在するのではない。つまり，彼らの考えでは，事物の価値は，“物理的な”実在性を持っていないのである。対象の誘発性は，観察者の持つ要求《need》や，それに応じて観察者の置かれている場に生じる緊張によって，対象に与えられる。コフカも同じ考えで，「郵便ポストは，観察者が手紙を書くことを要求する時だけ，要求特性を持つ。というのは，その場合にだけ，観察者は郵便ポストに**惹き付けられる**《*attracted*》からである」と主張している。従って，観察者の要求の変化に伴って事物の価値も変化する，と考えられているのである。

これに対して，事物の**アフォーダンス**は，観察者の要求の変化に関わりなく，変化しないと考えられている。例えば，ある物質がある動物にとって食べられるか否かは，その動物が空腹か否かとは無関係である。ある動物がある面の上を歩けるという事実は，（その動物種の移動能力やその動物の行為システム《action system》と関連してはいるが，）実際にその動物がその上を歩くか否かに関わりなく存在する。事物の正のアフォーダンス《positive affordance》は，観察者にそれを利用する必要があるか否かに関わりなく知覚され得る。事物には，「それがどのようにふるまうのか」が表れている。このことこそがまさに，「その事物が何であるか」だからである。レヴィンやコフカも時に賛同していたが，事物の効用は直接に知覚される。しかしこれは，彼らが考えていたように，現象的な「場」において，事物と自我《ego》との間に何らかの力が働くからでは**ない**。ただ，事物を形成している物質や事物の配置が見え，これらが事物の効用を規定するからである。

同様に，対象・場所・動物が観察者を傷つける力，即ち，それらの負のアフォーダンス《negative affordance》も，観察者がそれらを恐れるか否か，嫌悪するか否か，回避するか否かといったこととは無関係である。（例えば，）深い段差のある場所が知覚される場合には，それによって観察者は移動行動を制御できる。しかしこれは，シロイワヤギや山岳民は，崖の縁から無意識的に退くと言っているのではない[8]。段差は，転落をアフォードするだけでなく，それに沿って歩くことをもアフォードする。地表面上の配置には，段差の他にも，通路・障害物・傾斜・障壁・隙間が存在する。これらはみな，移動をアフォー

8)　1.3章［本書1.1章］を参照されたい。（編者註）

ドするか否かのいずれかである。

環境の**アフォーダンス**は，（動物に向けられており，しかもそれぞれの動物種に固有ではあるが）永続的《permanent》である。これに対して，事物が持つ正や負の**誘発性**《*valence*》は，観察者の身体内部の状態に伴って変化するので，一時的で常に変わり行く《temporary》。「事物がどのようなことをアフォードするのか」に関する知覚と，要求や動機《motive》による経験の“潤色”とを，混同してはならない。好みは変動する。ある事物を，今日は気に入っていても明日には気に入らなくなるかも知れない。しかし，その事物が，実際にどのようなことを**示す**《*offer*》かは，今日も明日も同じである[9)]。

従って，アフォーダンスの概念は，理論的発展の面では，**誘発性**《*valence*》や**誘引特性**《*invitation character*》や**要求特性**《*demand character*》といった概念と同じ系統に属してはいるが，概念としてはこれらと同じではないのである。ゲシュタルト心理学者は，この点については明言していない。主客二分論を克服できなかったからである。彼らの言によれば，誘発性は，環境に実在するとされる場合もあれば，経験される事実に過ぎないとされる場合もある。ゲシュタルト心理学者の考える物理的世界は，エディントン（Eddington）のような物理学者が記述している物理学的な世界である。そういった世界は，意味や価値を持たず，従って結局の所，意味や価値は心で生じると想定されることになる[10)]。エディントンの主張から40年を経た今，我々の知見もさらに深まって良さそうなものである。というのも，環境は当時言われていたほど物理的ではないし，経験も当時言われていたほど心的ではないからである。

事物の意味や価値は，「その事物が，観察者（或いは，その観察者が含まれる種）に，どのようなことをアフォードするか」によって決まる。しかし，事物がどのようなことをアフォードするかは，その事物を成している物質，その事物の形状・大きさ・堅さ・動きなどから規定される。「事物がどのようなことを意味するのか」と「その事物がどのようなものか」とは，別々（だと，我我はこれまで信じ込まされてきたのだが）ではないのである。「観察者が，事

9）4.7章［本書4.4章］を参照されたい。（編者註）
10）4.5章［本書4.2章］におけるエディントンの主張に関する検討を参照されたい。（編者註）

物を成している物質と事物の面とを知覚する」ということは即ち,「その事物がどのようなことをアフォードするのか知覚している」ということである。

## 第VI部：アフォーダンスと行動*

アフォーダンスとは，種や個体を考慮に入れて捉えた，事物の（生態学的な水準における）諸特性の不変の組み合わせである。さらに，以下の二点を考慮に入れることにしたい。即ち，(1)（生物学的・社会的）要求《need》,(2)行為システム《action-system》やその解剖学的構造である。アフォードされる行動と，行動する動物とは，**相補的**《*complementary*》な関係を成している。

アフォーダンスは知覚される，即ち，注意の対象となる。

アフォーダンスは，行動を引き起す《cause》のではなく，行動を統制・制御する。

要求は，アフォーダンスの知覚を制御し（選択的注意），行動を開始させる。

行為《acts》は，刺激に対する反応では**ない**。知覚も，刺激に対する反応ではない。観察者は，刺激の“砲撃に曝されて”いるのではない。観察者は，刺激作用の流動から，不変項を抽出しているのである。

アフォーダンスは（さらには，アフォーダンスを特定する刺激情報は），主観的でも客観的でもなく，そのような二分論を超越している。

行為者（知覚者）と環境とは，**相補的**《*complementary*》関係にある。

“意味”は知覚過程の産物だという通念があるが，アフォーダンスは，知覚過程の産物ではない。

## 第VII部：居住環境における知覚に関する覚え書き**

居住環境は，人間という社会的生命体の特殊な集団が存在する，単なる地上環境ではない。人間は確かに生命体であり，行動への複雑なアフォーダンスを

*　未発表原稿（1975年4月）。

**　未発表原稿（1974年8月）。

持っている**が**，それだけではない。人間は，環境の**一部**であるだけでなく，環境の**知覚者**《*perceivers*》でもある。従って，ある観察者は，他の知覚者を知覚する。さらに観察者は，「他の知覚者が**どのようなこと**を知覚しているのか」知覚するのである[11]。このようにして，各々の観察者は，共通の環境を意識する。それは，**特定の観察者**だけの環境ではなく，あらゆる観察者に共通の環境である。

共通の環境が成立するために，二つの根拠が存在し，それらは互いに関連しあっている。第一に，どの観察者も動き回るので，他の観察者がとっていた視点を占めることができる。第二に，観察者は，自分が一度も見たことのない事物について他者から聞いたり，その事物を表した絵を見たりできる。この第二の状況では，観察者は，他者が知覚したことを，他者から与えられる情報を介して知覚する。つまり，間接的な知覚，媒介者を介した知覚である。これに対して，上記の第一の状況では，観察者は，言葉や絵といった媒介を経ることなく，「他者がどのようなことを知覚しているのか」を知覚する。つまり，私自身を引き合いに出して言えば，「私は，あなたが今とっている視点から，対象や場所を見ることができる」。さらに，「私は，あなたが言葉や絵で表現した対象や場所を知ることができる」。これら二つの能力は，常に同時にはたらく。**あなたが**知っていることを私が知るためには，私は我々が部分的に同一であることを知らなければならない。つまり，私は，自分とあなたとを，ある意味で“同一視”できなければならないのである。

私とあなたは同一の対象を眺めることができ，しかも，たとえ，あなたから見たその対象の眺望《perspective》は，私の眺望と同じではないとしても（というのは，あなたはその対象を**そこ**から見ているが，私は**ここ**から見ているからである），同一の対象を見ることができる。何を置いてもまず，このことを理解しておかなければならない。あなたの“感覚”と私の“感覚”とが，**同時に**同一になることはあり得ないが，あなたの知覚と私の知覚は，同一であり得る。時間経過に伴って存在する同一の不変項群は，あなたにも私にも利用可能である。私は，**今は**あなたの観察点を占めることはできないが，今後占め

11）Gibson & Pick（1963）を参照されたい。（編者註）

ることができるし，以前既に占めることもできた。このことが，「私は“あなたの立場で考え”られる」という比喩的な表現の意味ではないだろうか。（この表現は，あなたが今占めている位置に私が移動できるという意味であって，私があなたの身体に入り込めるなどという意味では**ない**。私は，私自身の身体そのものであって，身体から遊離した霊魂ではない。そして，二つの身体が同じ場所に存在することはあり得ない。）

躍りかかるトラを，あなたが正面から，私が側面から見ている場合には，あなたは私よりも危険な状況にある。しかし，我々は共に，同一のトラを見ているのである。我々はまた，同一の事象を見る。つまり，あなたはトラが自分に接近してくるのを見，私はトラがあなたに接近していくのを見る。

次に，間接的な知覚，即ち，媒介者を介した知覚について検討しよう。これは，直接的な知覚とは別の水準にある。つまり，伝達によって媒介され，音声・絵画・文書・彫刻といった，伝達“媒体”に依存して成立する知覚である。この知覚が間接的だというのは，知覚を特定する情報が，話者・画家・書き手・彫刻家によって呈示されているからである。そしてそれは，無限の利用可能な情報の中から，媒介者によって既に**選択**された情報である[12)]。この種の把握《apprehension》は，「音や面に関する直接的な知覚も，間接的な知覚と共に生じる」という事実ゆえに複雑である。記号《sign》はしばしば，意味されている物と共に認識される。にもかかわらず，いかに複雑であろうとも，結果は次のようになる。絵の場合で言えば，人間は，比喩的に画家の眼を通して見ることができる。文書の場合で言えば，書き手の眼や言葉を通して理解できるのである。旅行家・探検家・研究者が理解したことは，このようにして，全ての人々が利用できるようになる。

「知覚は，私秘的な《private》出来事であり，個体に固有だが，知識は，共通の言語を用いることで他者と共有される」という通念がある。しかし，知覚は私秘的であり，知識は公的だというこの考えは，全くの誤りである[13)]。対象

12）媒介を経た知覚に関するさらに詳細な考察については，3.2章［本書3.1章］，3.4章［本書3.3章］，3.6章［本書3.4章］とGibson（1979a, Chs. 14 & 15）を参照されたい。（編者註）

13）私秘的・公的の二分論に対する批判に関しては，4.5章［本書4.2章］を参照されたい。（編者註）

や面に関する直接的な知覚《direct perception》でさえ，時間の経過に伴って共有される。時間を経て共通の観察点を取ったり，今占めているのとは異なる位置から見ることができるからである。絵画を見ることで得られる，環境の一部に関する媒介された知覚は，共有される。このような知覚は，他の光景に向かって開いた一種の窓であり，誰でもその窓を通して見ることができる。言語による記述や，数学における記号による記述から得られる知覚では，媒介の度合いは一層強いと言える。このような知覚（知識）でさえ，その言語や記号を学んだ人々の間では明らかに共有される。

我々は，「世界を共有している」という意識性《awareness》を持つ，即ち，互いの知覚を共有し合う。これは，非常に多くの哲学者が考えているように「我々が他者と言語を共有しているから」だけではない。**我々の知覚は固定的な観察点に立脚しているのではない**から，つまり，我々には，**時間経過に伴って不変項を抽出する能力がある**からでもある[14)]。このことが，絵や言葉を介して知識を獲得する能力を支えている。知識に関する社会心理学的研究の基礎は，生態光学にある。

## 第Ⅷ部：アフォーダンスの理論と環境のデザイン*

建築学やデザインには，充分な理論的基盤がない。知覚・行動の心理学への生態学的アプローチは，その理論的基盤を提供できるだろうか。

環境は，**物質**《*substance*》と物質が持つ「**面**《*surface*》」から成る，と仮定しよう。面とは，物質と媒質（即ち，空気）とが接する境界である。さらに，面は，程度に差はあれ持続する“配置《layout》”を持つ，と仮定しよう。

**物質**《substance》。土・粘土・小石・水・植物組織といった，自然の物質が存在する。人間は，物質を加工できる。例えば，粘土から煉瓦を作り，漆喰を混ぜ，木材を組み立て，鉱石を製錬できる。物質には，ガラス・金属・プラ

14)　Gibson（1974b）を参照。（編者註）
＊　1976年8月，トロントで開催されたアメリカ美学会での，『建築における知覚に関するシンポジウム』の配付資料。講演は，これをもとに展開された。未発表。

スティックのように人工的なものもある。これら人工的物質は，デザイナー・建築家・建設業者にとっては，“素材”である。

**面**《surface》。 同様に，物質の持つ面やこれらの面の配置にも，自然のもの，加工されたもの，人工的なものがある。池や小川の水平面は，自然の配置である。水平な地面，丘の斜面，崖は，自然な陸上の配置に含まれる。しかし人間は，土地を均したり，土累・傾斜路・溝・生け垣を築いたりして，陸地の形状に加工を施してきた。さらに人間は，物体《object》・囲い《enclosure》・板・壁・橋・道具を組み立てて，全く人工的な配置を作ってきた。

物質とそれらが持つ面は，移動能力を備えた動物と出会うと，恩恵や負傷をアフォードする。面の配置が異なれば，異なる姿勢，異なる移動行動，異なる操作がアフォードされる。自然環境であろうと，人工環境であろうと，環境は，どのようなことをアフォードするのか。この点について，以下，いくつか例を挙げておく。

1. 堅い水平面は，動物の身体の**支持**をアフォードする。水面は身体の支持をアフォードしない。
   ―支持面は，休息（休息に向かうこと）をアフォードする。
2. 支持面の広がりは，陸棲動物に，**移動**《*locomotion*》をアフォードする。
3. **垂直**の堅い面は，移動を停止し，**力学的接触**《mechanical contact》をアフォードする。つまり，これは**障壁**《*barrier*》である。
   ―堅い障壁の面は，突然の接触（即ち，衝突）による負傷をアフォードする。つまり，これは**障害物**《*obstacle*》である。衝突しないで接触するためには，減速が必要である。
   ―堅くない障壁の面は，衝突による負傷を防ぐことができる。
4. 垂直の**二重面**《*double surface*》，即ち，壁やスクリーンは，表側の面では**背後を隠すこと**《*hiding behind*》（つまり，裏側の面では観察者の視界から外れること）をアフォードする。これは，二重面が**不透明**《*opaque*》な場合にだけ成り立つ。
5. 地面から充分な高さにある二重面は，**その下に入ること**《*getting un-*

*der*》をアフォードする。これは，**屋根**《*roof*》である。

6. どのような面の配置も，適切な量の空気を囲い込む配置であれば，（風・寒さ・雨・雪からの）避難場所《shelter》をアフォードする。洞窟，動物の隠れ穴，小屋などがこれにあたる。

—囲い《enclosure》は，あらゆる方向にいる観察者の視界から外れること（“プライバシー”）をアフォードする。従って，捕食者からの保護をアフォードする。（あらゆる動物は，場合に応じて**隠れる**必要がある。）

7. 囲いの開口部や隙間は，**出入り**《*entry and exit*》をアフォードする。

—開口部や隙間は，そこから照明（太陽光）を入れることによって，囲いの中での視覚をアフォードする。

—開口部や隙間は，（囲いの中から**外を**，或いは外から**中を**）**見通すこと**をアフォードする。

—開口部や隙間はさらに，長期間の**呼吸**（新鮮な空気を吸うこと）をアフォードする。

—次の点は重要である。即ち，ドア・窓・雨戸・格子窓・窓ガラスなど，様々な複雑なものがあるが，これらの効用は皆，これらが持つ基本的なアフォーダンスから生じている。（例えば，現代の建築物で，ガラスのドアを誤って開口部と知覚すること《misperception》は，非常に危険である。）

8. 支持面より上で膝の高さにある水平面は，座ることをアフォードする（即ち，**座席**）。

9. 地面より上で**腰の高さ**のあたりにある水平面は，物の支持をアフォードし，物の操作を助ける。（例えば，道具や，字を書いたり本を読むための用具，作業台，机，食卓。）

10. 支持面にある大きな段差（即ち，“崖っ縁”）は，落下による負傷をアフォードする。しかし，例えば，柵（これは，移動の障壁となる）のようなもので段差を囲うことは，落下からの保護をアフォードする。

—支持面にある小さな段差は，負傷することなく下に降りることをアフォードする。

—一段ずつ続いている階段は，歩行者が絶壁を昇り降りすることをアフォードする。

ー**梯子**は，昇降をアフォードする。

ー**傾斜路**《ramp》も，梯子とは異なるかたちで昇降をアフォードする。

次のことは，重要である。上で，面同士の隔たり，面の大きさや形について述べる際に基準としているのは，前提としている動物（即ち，人間）の大きさや形である。つまりここでは，いわゆる“人体の規模《human scale》”を念頭に置いて話を進めている。大きいとか小さいということは，相対的に決まる。次に，**移動**《*locomotion*》のアフォーダンスについてもう一度考えてみよう（上記2番）。

11. 水平に広がっている“物が散乱していない《uncluttered》”支持面は，**歩行**《footing》（即ち，二本の足による移動）をアフォードする。しかし，物が散乱した支持面は，脚を立てた状態での移動をアフォードしない。
ー支持面の開口部（即ち，穴）や足の大きさの障害物は，つまづくことをアフォードする。出っ張りも窪みも同様に，つまづくことをアフォードする。小さな隙間は，**跨ぐこと**をアフォードする。より大きな隙間は，**跳び越えること**をアフォードする。さらに大きな隙間は，**中に落ち込むこ**とをアフォードする（例えば，ラットを用いた“跳躍台”の実験)。小さな障害物は，**跨ぐこと**をアフォードする。より大きな障害物は，**跳び越えることや乗り越えること**だけをアフォードする。
12. 障壁に開いた大きな隙間《gap》は，**歩いて通り抜けること**をアフォードする。より小さな隙間は，**無理に押し分けて進むこと**や，**下をくぐり抜けること**や，**下を這って進むこと**をアフォードする。
13. 二つの堅い面から鋭角の二面角が形成される場合には，つまり，“鋭い”刃《edge》は，接触による**負傷**をアフォードする。しかし，堅くない面同士の接合は，負傷をアフォードしない。このことによって，人工環境における柔らかい面（或いは，詰め物を施した面）にどのような利点があるか，説明が付く。現在では，自動車の内部には，詰め物が施されている。一般の家屋の内部にも，詰め物をしてはどうだろうか。

これで，上記のような「面の配置《surface layout》」の視知覚について検討する準備が整った。「面の配置」の視知覚とは，即ち「面の配置が**どのようなことをアフォードするのか**」についての知覚であり，「面の配置」との接触が行動として現れるより前に成立する。「面の配置」の視知覚について検討しなければならないのは，次のような理由による。我々がまず最初に知覚するのは，これまで心理学で主張されてきたような「抽象的な色や空間」などではなく，面とその配置だからである。我々は，面やその配置をどのようにして見るのか。このことについて，生態光学は，新たな解釈を提供する。面とその配置は，光の**配列**《*array*》に含まれる，勾配，不連続性，その他の不変項によって特定される。光そのものによってではない。

我々は，地面の傾斜を知覚する必要がある。さらに，地表の穴や隆起を見る必要がある。そして，面の固体性《solidity》・剛性・不透明性と，これらと逆の性質とを，見分けなければならない。それは，我々が自分の身体を基準として，隙間《gap》・裂け目《separation》・大きさ・形を抽出できる**のであれば**，我々は，それらが我々に対して持つアフォーダンスを，直接的かつ即時的に知覚できるはずだからである。もちろん，意味は，明示されてはおらず，暗黙裡に示されているであろう。その意味を言い表すために，どのような言葉を選んでも，その意味を表現し尽くすことは不可能であろう。しかし，それは問題ではない。事物がそう見えるように見えるのは，それらの事物がそのようにアフォードしているからである。

この点から，新しいデザイン理論が導かれる可能性がある。我々は，環境を成している物質や面に変更を加える。それは，「それらの物質や面がアフォードすること」を求めてのことである。純然たる「よい形」，抽象的な形，数学的簡潔性を備えた形，美的に心地よい形を作るためではない。ユークリッドの言う形や彼の幾何学は，（プラトンによって，実体を伴わない水準にまで抽象化されはしたものの）元来は，我々の移動に制約を加え我々の行動を制御する物質・面・配置に根ざしていた。面が見えるのであれば，それは照明を受けているはずである。我々は，暗闇の中で面を見ることはできない。しかし，イデア的な三角形そのものに照明を当てようというのは，無意味である。

環境内のある場所に存在する，照明を受けた面は，媒質中の観察点《point

of observation》に投影される。これらの投影は配列を構成するが，これを私は，包囲光配列《ambient optic array》と呼んでいる。面は，私の言う「景色《vista》」を構成する[15]。周囲を見回して我々に見えるのは，形からできたパッチワークではなく，身体を支えること，落下すること，休むこと，座ること，歩くこと，ぶつかること，よじ登ること，避難すること，隠れること，掴むこと，動くものを動かすこと，道具を使うこと，等々である。もちろん，食べたり飲んだりする可能性や，社会的・性的な出会いの可能性もあるが，ここでは考慮に入れないでおく。これらは全て，景色が持つ「面」に存在する。私がここで強調しておきたいのは，我々は，角を曲がって，或いはドアを通り抜けて，或いは，丘を越えて，**次の景色の中に進んで行く**可能性をも見ているということである。もっと正確に言えば，我々は，現在眼に投影されている面の遮蔽縁《occluding edge》を見ているのである。生きている観察者がその瞬間の景色の中で静止することは，決してない。知覚は，常に連続しているのである。

直立した遮蔽縁を見ることは，即ち，「歩いて回り込む，覗き込む，手を回り込ませることを，その遮蔽縁がアフォードすること」を見ることでもある。これは，生態光学にとっての事実であって，物理光学にとっての事実ではない。この主張は，私が論じてきた全てのアフォーダンスの中で，最も急進的《radical》である。というのは，これは「観察者は，遮蔽された面を知覚する」，即ち，「観察者は，次の景色を抽出する」と述べているからである。我々は，角を回り込んだ向こう側を見ることができる。時間経過と共に，角の向こう側に回り込めるからである。固定された網膜像という概念によって，我々は，誤った方向に導かれてきた。静止画像は，視知覚の基本的要素ではない。

建築家は，自らがデザインした配置における移動や行動のアフォーダンスに注意を向ける必要がある。建築物（都市や迷路でも同じだが）の中で自分がどこにいるかわかっているということは即ち，どこに行けば望むものが手に入るか知っていることである。目標に到達するために我々は，目標とする「面」が最終的な景色に含まれるまで，景色を連続して広げていかなければならない。

15）Gibson（1979a, pp. 198-200）を参照されたい。（編者註）

現代建築では，このアフォーダンスの知覚が，必要以上に困難にされている。

私の考えでは，建築家が現在，教育の出発点としている“基礎デザイン”の課程は，間違っている。そういった課程では，**“図学《*graphics*》”**の教育が行われるが，それは，“形《form》”の理解が，画家にとって当然必要であるのと同様に，建築家にとっても必要だとの前提に立ってのことである。しかし，私に言わせれば，“形”を理解するに至る者など一人もいない。“形”という言葉を用いると，さらなる混乱を招くだけである[16]。建築家が取り組むべき問題は，面の配置の方である。

## 第Ⅸ部：「実在の生態学的水準には何が存在するのか」に関する覚え書き*

私は，次のように考えてきた。（物理的実在《physical reality》とは区別される）生態学的実在《ecological reality》は，物質・媒質と，両者を隔てる面，さらに，多様な面の配置から成る。これらに生じる変化も，生態学的実在だと考えなければならない。これらは，ある面では変化し，別の面では持続する（即ち，変化は持続性と同様に実在する）からである。このような変化を，私は**事象**《*events*》と総称している（Gibson，1979a，Ch. 6）[17]。

媒質，支持面，ある種の物質は，非常に持続的である。多くの局所的な物質と配置は，非常に変化しやすい。そして，それらが持つ面は，消滅したり出現したりする場合さえある。

我々が知覚すべく（即ち，直接的に認識すべく）存在しているのは，物質・媒質・面・配置・事象である。知覚することは，即ち，動物を包囲している，光・音・匂い・力学的接触に含まれる情報を抽出することである。これら実在物《realities》の**アフォーダンス**の基礎となる特徴には，不変の組み合わせがある。動物は，この不変の組み合わせに注意を向けるのである。

この考えによれば，実在物《realities》は，決して**対象**《objects》だけで

---

16）　この問題に関する詳細な考察については，4.1章を参照されたい。（編者註）

＊　未発表原稿（1978年11月）。

17）　2.8章［本書2.4章］，2.9章［本書2.5章］を参照されたい。（編者註）

はない。対象とは，単に，トポロジカルに閉じた面（遊離対象《detached object》）或いは，ほぼ閉じた面（付着対象《attached object》）を伴う物質である。対象とは，配置の一つのあり方であり，配置には他にも多くの形態がある。例えば，囲い，中がうつろな対象，場所，出っ張り，窪み，縁，隅《corners》等である。対象は，確かに，重要な形態をとった配置ではあるが（例えば，動物は遊離対象である），対象が集まって実在世界《reality》が構成されるわけではないし，ましてや空間に浮かんだ対象が世界を作り上げているのでもない。非常に多様な対象が，人間に対するアフォーダンスを持っている。それらを言葉（下位語と上位語）を用いて**カテゴリー**に分けることは，認識を暗黙裡に留めるのではなく顕在化させることである。しかし，対象の知覚と対象の命名とだけが，知覚研究の問題の全てではない（しばしばそのように考えられてはいるが）。

この見解に立てば，**抽象的な**《*abstract*》対象というものはあり得ない。直接には知覚されないが，装置，測定の実施，絵画，言語などによって間接的にのみ認識される実在は，確かに存在する。しかし，そういった実在を，（“具体的”に対して）“抽象的《abstract》”と呼ぶのは誤りだと思われる。（手描きの絵や文字を用いた）伝達による間接的な認識は，心理学では，まだ明らかにされておらず，しかも誤解されている。

これら様々な種類の実在《reality》の知覚は，成長や学習によって発達する。その過程は，確かに多様である。遊離**対象**《detached *object*》の知覚の学習と，（例えば，棲息環境を学習する場合においてのような）**場所**の知覚の学習について考えてみよう。移動させ得る対象は，位置を変えたり，順番を入れ替えたり，比較するために並べたり，数を数えたり，階層的に分類できる。しかしながら，場所は，より大きな場所の中に入れ子になっており，明確な境界を持たず，位置を変えたり入れ替えたりできない。対象の分類とは全く異なる方法で分類され，移動しながら（景色《vista》を広げて行くことで）学習される。従って，子供が対象の概念を発達させる過程は，場所の認識を発達させる過程と同じであるはずがない。

子供が事象の知覚を学習する過程は，さらに，これらとも異なる。生態学的水準にある事象とはどのようなものか，的確には理解されていない。研究者らは，「事象とはどのようなものか」についてさえ明言できないでいる。“物体”の“運動”という考えに囚われているからである。しかし，次のような知見が得られている。即ち，乳児は，対象を識別するよりも早く，（偶発的な出来事，移り変わり，変形，位置の変化などを含む）環境に生じる変化を識別し始める[18)]。幼児は，進行する不可逆的事象と，反復的・周期的事象とを識別している。人間によって生じる，動き・音・接触には，特に注意を向ける価値がある。その人間がどのようなことをアフォードするのか，それらが特定するからである[19)]。

事象も，場所と同様に入れ子になっている。エピソードは，さらに長いエピソードの中に含まれている。知覚にとって重要なのは，この入れ子構造であって，任意の瞬間《instants》や持続《duration》を伴う空虚な時間という量的なディメンションではない。我々は，空間そのものを知覚できないのと同様に，時間そのものを知覚することはできない。

いわゆる“主観的”実在に関しては，どのようなことが言えるだろうか。持続し変化する環境に関する意識性《awareness》（即ち，知覚）は，持続し変化する自己（即ち，私が言う広義の自己受容感覚）という相補的な意識性と同時に成立する。この意識性は，身体とその部分とを，さらに，移動から思考に至る活動の全てを含んでいる。これらの活動には，“心理的《mental》”なものと“物理的《physical》”なものといった区別は全くない。自己と自己の身体とは，環境と共に存在する。これらは，同時に知覚される。自己と自己の身体とは，環境の中の“ここ《here》”と呼ばれる場所から離れられない。これらは，生態学的実在とは全く異なるあり方で存在する。「自己と自己の身体」と「生態学的実在」という二種類の存在のあり方を混同してはならない。自分の鼻・両手・両足・心臓・胃は，同時に知覚される。痛み，痒み，刺激作用の残効（残像や眩暈《vertigo》の感覚）も，同時に知覚される。観念《idea》，洞察，空想，夢，子供時代の記憶も，同時に知覚される。しかし，これらが生態学的実在とは異なる存在領域を形作っているとか，生態学的実在とは別種の

18）E. J. Gibson, Owsley, & Johnston（1978），E. J. Gibson, Owsley, Walker, & Megaw-Nyce（1979）を参照されたい。（編者註）

19）Spelke & Cortelyou（1980），Walker（1980）を参照されたい。（編者註）

実在であると考えるべきではない。さらに，これらが“物理的”ではなく“心理的”であるとの考えも，誤りである。

# 訳者解説

以下は，訳者らによる解説である。二名の訳者が，各々邦訳を担当した章について，個別に述べた。尚，原著の編者らの見解とは多少異なる部分もあることを付記しておく。

### 1.1　光に含まれる情報について

動物が測点（環境内の一点を指す，物理光学的概念）を占めるという事実から出発して，光の幾何学的構造に含まれる情報について論じている。ギブソンが言う「情報」とは，環境に存在して環境の事象や対象を特定する構造であって，脳内過程において処理されるべき「入力」ではない。この論文では，射影幾何学や透視幾何学の概念を援用してはいるが，既に「包囲光」や「光配列」の概念が述べられ，「生態光学」或いは「環境光学」の語も見られる。光が情報を運ぶという新しい考え方は，この数年後に確立される生態光学の根幹を成すことになる。（境）

### 1.2　生態光学

「生態光学《ecological optics》」が宣言される。第1部では，「潜在的な刺激」でありしかも「至る所に普く存在する刺激」（pp. 43-44）としての光配列の概念について考察が深められる。（このような刺激観は，後年，アフォーダンスの概念に継承される。）第2部では，刺激エネルギーとしての包囲光と，刺激情報としての包囲光配列との相違が語られる（p. 57）。また，物理光学的な概念である「測点」の代わりに，「観察点」の語が導入されて，環境における観察者の存在が，より明確なかたちで考慮される（p. 59）。（境）

## 1.3　生態光学を支える諸概念の歴史的背景

物理光学・幾何光学・生理光学と生態光学との対比を軸に，生態光学を形作る重要な概念について，ギブソン自身の考え方の変遷を交えて論じている。ここでギブソンは，メッツガーの等質視野《Ganzfeld》の実験に関する理論的解釈，コフカの近刺激と遠刺激の概念における混乱について述べ，さらにはかつて自らが提唱した，網膜上の肌理の勾配と知覚との間の精神物理対応《psychophysical correspondence》を明確に否定し，「知覚は，刺激作用の関数として規定される」との考えを完全に却下している。この過程で，「刺激とは何か」に関する考察が常に念頭に置かれていたことは重要である。（境）

## 1.4　面の知覚を規定するのは何か

最後の著書となった『生態学的視覚論』の出版後に書かれた未発表の原稿である。ここでギブソンは，「面の特性」について，『生態学的視覚論』での記述を超えてさらに詳細に述べている。このことについて，いくつか重要な点を挙げることができる。第一に，ここでギブソンが挙げているのが，「面の現象的特性」ではなく，「面に実在する特性」だということである。この特性は，環境に存在する面と動物との関わりにおいて規定され知覚されるという点で，生態学的特性だと言える。第二に，ギブソンは，「面の特性」を様々な条件の下に整理し列挙している。これは，現象学的な方法論の採用だと言える。この章を（即ち，生涯最後の年に書かれた原稿を）閉じるにあたってギブソンが述べた，「私の理論は，一種の**生態学的な**ゲシュタルト理論《*ecological* Gestalt theory》である」という一文は，ギブソンの理論の核心を理解する上で殊に重要であろう。（境）

## 2.1　自己受容感覚の効用と自己を特定する情報の抽出

ギブソンはここで，自己受容感覚に対する独自の考えを述べている。感覚器官の生理学的・解剖学的分析から導かれた，二種類の理論的分類がある。第一に，ヨハネス・ミュラーの固有神経エネルギー説に由来する，感覚相互の絶対的な分離。第二に，感覚の分離に基づく，外部受容器と自己受容器との明確な区別である。ギブソンは，第一の分離に反対して，感覚器官だけでなく，姿勢の維持や移動を担う機構をも含めた機能的システムとしての「知覚系」の概念を提唱した。また，第二の区別に反対して，自己受容感覚とは，個体の行動から得られる感覚的フィードバックではなく，知覚系全体が担う，自己を特定する情報を抽出する機能であり，自己の知覚と外界の知覚とは，相互依存的に成立する，と主張している。(境)

### 2.2 刺激作用と知覚における時間順序の問題

刺激の入力が構成されて知覚が生じるという考えに対するギブソンの批判的な思索は，記憶・時間・変化の知覚といった諸問題にも向けられた。断片的・継起的な入力を記憶痕跡として貯蔵し，新たな入力と比較することで変化が知覚されるという考えや，記憶は過去に帰属し知覚は現在に関わるとする旧来の通念に，疑義を呈したのである。代案としてギブソンは，知覚とは「変わり行く世界を把握すること」であり，その本質を「変換の中の不変項を抽出すること」と捉えるならば，記憶痕跡を想定する必要もなくなると主張している。従来，知覚とは別のものと捉えられてきた記憶を，不変項抽出に伴う事象として捉え直そうという興味深い試みである。(境)

### 2.3 運動の知覚は何から生じるのか

知覚は，断片的・継起的な刺激の入力が構成されて生じるのではない。ギブソンのこの考えは，対象の運動，自己の運動，自己の身体各部の運動を論じる際にも貫かれた。この章は，いずれも 1968 年に書かれた，既発表論文と未発表原稿とから成るが，ここでギブソンは，1966 年の著書『知覚系として捉えられる諸感覚』で述べた「動きながら環境を見ることこそが動物の視知覚の基本的な在り方だ」という指摘をさらに詳細に練り上げている。尚，ギブソンは，この章の冒頭で，運動の視知覚に関する研究の行き詰まりは，刺激に関する誤った仮説を奉じてきたことに起因すると指摘している。このことは，ギブソンが「刺激」の概念に対する問題意識（4.1 章で論じられる）を常に念頭に置いていたことを示唆していると言えよう。(境)

### 2.4　事象知覚の問題

心理学か哲学かを問わず，従来の知覚論はしばしば，図形あるいは物の知覚を範例としてきた。これに対してギブソンは，変化する媒質，面（固体・粘性体・流体）からなる生態学的な事象《event》の知覚に着目する。事象には始まりと終わりがあり，反復し，継起し得る。自然の事象はサイクルを持ち，入れ子状を成している。動物の行動も，粘弾性のある入れ子状の事象として捉えられる。後半では，事象知覚がどのような光学的情報に支えられているかが分析される。（河野）

### 2.5　生態物理学・奇術・実在

奇術（マジック）を生態光学の観点から分析した興味深い論文である。生態学的環境は，媒質・面・遮蔽縁・遊離対象と，その変化・運動とから成っている。生態学的環境には，それ独自の法則性（規則性）が存在し，ギブソンは12種の例を挙げている。奇術師は，見事なテクニックで光学的情報を抑制し，これらの生態学的法則に反するかのような現象を作り出す。（河野）

### 3.1　画像知覚の理論／3.2　画像・パースペクティブ・知覚

ギブソンは，生態学的環境における生きた知覚を研究する一方で，絵画や映画，模型，図解，グラフ，図表，地図などといった，人工的な表現物の知覚にも多大な関心を払っていた。「画像知覚の理論」では，言語と画像という二つの代理物（表現物）の比較，画像や模型の忠実性などが論じられる。「画像・パースペクティブ・知覚」では，遠近法や画像の本質が生態光学の観点から解明される。（河野）

### 3.3　絵画において利用できる情報

ギブソンは，網膜像を絵画になぞらえることも，そのようになぞらえられた網膜像を視知覚の原因に据えることも共に退けたが，この論文では，絵画そのものについて詳細に検討している。絵画情報の点投影説と象徴説について批判的に論じた上で，様々な種類の絵画の知覚に関して，一貫して生態光学の視点から考察している。現代の美術家・美術批評家・美術史家にも，重要な着想を

与え得る論考であろう。(境)

### 3.4 直接的な知覚と間接的な把握に関する覚え書き

第1部は，1977年5月に書かれた未発表原稿だが，1979年の著書『生態学的視覚論』に言及している部分を含んでいる。この理由は定かではないが，恐らくこの部分が後年加筆されたためと思われる。「直接的な知覚」とは，何らかの媒介（他者や他者が操作する器具など）を介さない知覚という意味だが，ギブソンは，この「直接的な知覚」があらゆる間接的把握の根幹を成すと考えている。第2部として，1979年7月に書かれた未発表原稿を収めているが，これは『生態学的視覚論』の執筆後に書かれたものである。アフォーダンスや「刺激」に関する言及を含んでおり，簡潔だが示唆に富んだ原稿である。(境)

### 4.1 心理学における刺激の概念

1960年に書かれたこの論文で，ギブソンは，シンプルながら極めて重要な問いを我々に投げかけている。「刺激」をどのようなものと捉えるのか。「刺激」という言葉を用いるにあたって，「反応」を想定しているのか否か。「刺激」という概念は，心理学の理論構築にとって真に不可欠なのか。或いは逆に，当該の問題について「刺激」という概念を含まない理論を構築することは不可能なのか。さらには，科学的に価値ある理論にとって，「刺激」の概念は必要なのか否か。即ち，端的に言えば，「刺激」という概念に対してどのような態度を取るかが，心理学の（殊に，知覚や認知の）研究上のアプローチの在りようを規定することになるのである。具体的に言えば，敢えて「刺激」の名を用いる必要がないような場合に，或いは，「刺激」の語の使用を不可欠とする理論的立場を意識して取っているわけでもないのに，観察対象を安易に「刺激」と呼び，記述や言語報告を「反応」と捉えることの是非が，問われているのである。「刺激」という概念に対してどのような態度を取るか。知覚研究とは，この問いに何らかの答えを用意するための営みだと言っても過言ではないだろう。(境)

### 4.2 実在論の新たな根拠

ギブソン知覚論の最大の論点は，実在論にある。そこには，「世界には何が存在するのか」という存在論と，「我々はそれらの存在を直接に知覚する」という認識論が含まれている。「実在論の新たな根拠」は，ギブソンが自分の存在論と認識論を改めて弁明した最重要の論文であり，心理学者のみならず，哲学者にとっても味読されるべきである。(河野)

### 4.3 行為についての覚え書き

ギブソンは，知覚と行為を抜きがたく絡み合ったものとして一元的に捉える。この論文でギブソンは極めて独創的な行為論を提案する。行為は反応からなっているのではなく，姿勢と運動からなっている。行為は外界や自己についての知覚情報によって制御される。これは，システム論に親和性をもった全く新しい行為論である。(河野)

### 4.4 持続性と変化に関する新しい考えと，それによって退けられる古い考え

時間と変化は，ギブソンにとって最も重要なテーマであった。この論文では，環境における持続的な局面と変化する局面がいかに知覚されるかが論じられる。知覚は現在の瞬間時に限られるものではない。知覚される環境には，知覚者の記憶と予測が書き込まれている。「未来と過去は，遮蔽縁という事実において結び付いている」との示唆は，我々の思惟を触発してやまないだろう。(河野)

### 4.5 アフォーダンスに関する覚え書き

1967 年から 1978 年にかけて書かれた，九編の未発表原稿を収めている。アフォーダンスの多様な局面について，詳細に述べられている点で，貴重な資料である。例えば，これらのうちの一編では居住環境のアフォーダンスについて，また，別の一編では，建築やデザインのアフォーダンスについて論じられている。しかし重要なのは，この「覚え書き」の第一編において，「どのような事柄か知覚されるのか」と題して，環境に見える特性をギブソンが整理し直している点である。ギブソンは，アフォーダンスの概念について述べるにあたって，

「環境の中に存在する生活体には何が見えるのか」という，環境と生活体との相互依存関係としての視知覚を，まず出発点に据えているのである。（境）

# 訳者あとがき

本書の邦訳を我々が最初に企図したのは，2000年9月のことであった。当初は一年後の完成を目指していたが，諸般の事情もあって，ほぼ四年の歳月を要することとなった。この間，我々は個別に，ギブソンの理論に関する書物を上梓した。境は心理学（特に，実験心理学史・知覚心理学）の文脈から『ギブソン心理学の核心』（共著）を，河野は哲学の文脈から『エコロジカルな心の哲学——ギブソンの実在論から』を，それぞれ著した。しかし，これらの書物は本書と無関係ではなく，同時に読み進めていた本書から得られた知見が織り込まれている。四年のうちには，他にも様々な出来事があった。例えば，訳者らの所属は，ともに本邦訳を開始した時点の機関とは異なっている。また，訳出に時日を要しているうちに，原著に序を寄せているエレノア・ギブソン女史の訃報に接することにもなった。

本書の最大の特徴は，ギブソンの思索の変遷をつぶさに物語っている点である。自説の欠点を次々に改めていくギブソンの姿勢は，本書の随所に現れている。このことに加え，各々の章は，原典も形式も多様であり，それらが相俟って，本書には，一読して容易に理解できるとは言い難い面がある。邦訳に当たって我々は，読者にとって極力読みやすい訳文の実現を目指し，まず各々の分担部分を訳した後，原稿を取り交わして相互の訳文を検討し合った。その上で，両者の解釈を総合するかたちで，境が訳文の修整や用語の統一を行った。我々の訳業の成否は，読者の判断に委ねる他ないが，諸賢にはお気づきの点をご指摘いただければ幸いである。我々もギブソンに倣い，自説に対して率直でありたい。

訳出する章の選定にあたっては，「訳者まえがき」にも述べた通り，(1) 未発表の論文，(2) ギブソンの理論やその変遷を知る上で重要であると考えられる論文，の二つの条件を充たす論文を優先したが，その際，『生態学的視覚論』

の訳者であり慶應義塾大学名誉教授であられる古崎 敬 先生から重要なご助言を頂戴した。特に，訳者解説において触れた，「刺激という概念をどのように捉えるかが，知覚研究のあり方を規定する」という見解は，元々，古崎先生のお考えである。我々の共通の師である古崎先生に，心中より御礼申し上げる次第である。最後になったが，訳文の完成を忍耐強くお待ちいただき，的確な助言を与えてくださった，勁草書房の富岡 勝 氏に御礼申し上げる。

2004 年 6 月 30 日

訳者代表　境　敦史

# 参考文献


Allport, G., & Vernon, P. *Studies in expressive movement*. New York: MacMillan, 1933.

Aquila, R. *Intentionality: A study of mental acts*. University Park, PA: Pennsylvania State University Press, 1977.

Arnheim, R. *Art and visual perception*. Berkeley: University of California Press, 1954.

Arnheim, R. *Visual thinking*. Berkeley: University of California Press, 1969.

Austin, J. L. A. *Sense and sensibilia*. Oxford, England: Oxford University Press, 1962.

Avant, L. L. Vision in the Ganzfeld. *Psychological Bulletin*, 1965, *64*, 246-258.

Bartlett, F. H. *Remembering*. Cambridge, England: Cambridge University Press, 1932.

Bastian, H. C. *The brain as an organ of mind*. London: Kegan Paul, 1880.

Bastian, H. C. The "muscular sense": Its nature and cortical localization. *Brain*, 1887, *10*, 1-137.

Beck, J. *Surface color perception*. Ithaca, NY: Cornell University Press, 1972.

Benedikt, M. To take hold of space: Isovists and isovist fields. *Environment and Planning B*, 1979, *6*, 47-65.

Berkson, W. *Fields of force: The development of a world view from Faraday to Einstein*. London: Routledge & Kegan Paul, 1974.

Berthoz, A., Lacour, M., Soechting, J., & Vidal, P. The role of vision in the control of posture during linear motion. *Progress in Brain Research*, 1979, *50*, 197-209.

Bizzi, E. Central and peripheral mechanisms in motor control. In G. Stelmach & J. Requin (Eds.), *Tutorials in motor behavior*. Amsterdam: North Holland Press, 1980.

Black, M. *Language and philosophy*. Ithaca, NY: Cornell University Press, 1949.

Boring, E. G. *The physical dimensions of consciousness*. New York: Century, 1933.

Boring, E. G. *Sensation and perception in the history of experimental psychology*. New York: Appleton-Century-Crofts, 1942.

Boring, E. G. Visual perception as invariance. *Psychological Review*, 1952, *59*, 141-148. (a)

Boring, E. G. The Gibsonian visual field. *Psychological Review*, 1952, *59*, 246-247. (b)

Bower, T. G. R. The development of object-permanence: Some studies of existence constancy. *Perception & Psychophysics*, 1967, *2*, 411-418.

Boynton, R. The visual system: Environmental information. In E. C. Carterrette & M. P. Friedman (Eds.), *Handbook of Perception* (Vol. 1). New York: Academic, 1974.

Braddick, O., Campbell, F. W., & Atkinson, J. Channels in vision. In *Handbook of Sensory Physiology* (Vol. VIII). Berlin: Springer-Verlag, 1978.

Brandt, T., Dichgans, J., & Koenig, E. Differential effects of central versus peripheral vision on egocentric and exocentric motion perception. *Experimental Brain Research,* 1973, *16,* 476-491.

Bransford, J., McCarrell, N., Franks, J. J., & Nitsch, K. Towards unexplaining memory. In R. Shaw & J. Bransford (Eds.), *Perceiving, acting and knowing: Towards an ecological psychology.* Hillsdale, NJ: Erlbaum, 1977.

Braunstein, M. L. *Depth perception through motion.* New York: Academic Press, 1976.

Brentano, F. [*Psychology from an empirical standpoint.*] London: Routledge & Kegan Paul, 1973. (Originally published, 1874.)

Brodatz, P. *Textures; a photographic album for artists and designers.* New York: Dover, 1966.

Bruner, J. S. Personality dynamics and the process of perceiving. In R. R. Blake & G. V. Ramsey (Eds.), *Perception: An approach to personality.* New York: Ronald, 1951.

Brunswik, E. Thing constancy as measured by correlation coefficients. *Psychological Review,* 1940, *47,* 69-78.

Brunswik, E. Distal focussing of perception: Size constancy in a representative sample of situations. *Psychological Monographs,* 1944, *56* (254).

Brunswik, E. *The conceptual framework of psychology.* Chicago: University of Chicago Press, 1952.

Brunswik, E. *Perception and the representative design of psychological experiments.* Berkeley: University of California Press, 1956.

Burlingame, H. J. *The magician's handbook.* Chicago: Wilcox & Follett Co., 1942.

Cantril, H. *The "why" of man's experience.* New York: Macmillan, 1950.

Cantril, H., Ames, A., Hastorf, A., & Ittelson, W. H. Psychology and scientific research. *Science,* 1949, *110,* 461-464, 491-497, 517-522.

Čapek, M. *The philosophical impact of contemporary physics.* New York: Van Nostrand, 1961.

Čapek, M. (Ed.). *The concepts of space and time.* Boston: D. Reidel, 1976.

Caviness, J. A., & Gibson, J. J. The equivalence of visual and tactual stimulation for the perception of solid forms. Paper presented at the Eastern Psychological Association, Atlantic City, April 1962.

Cohen, W. Spatial and textural characteristics of the Ganzfeld. *American Journal of Psychology,* 1957, *70,* 403-410.

Costall, A. On how so much information controls so much behavior: James Gibson's theory of direct perception. In G. Butterworth (Ed.), *Infancy and epistemology.* Brighton, England: Harvester Press, 1981.

DeLaguna, G.A. *Speech: Its function and development.* New Haven: Yale University Press, 1927.

Dennett, D. Why the law of effect will not go away. *Journal for the Theory of Social Behaviour,* 1975, *5,* 169-187.

DeSilva, H. R. *Research on the scientific investigation of driving skill.* Massachusetts State College, Amherst (Now University of Massachusetts) F. E. R. A. Project #XS-F2-U-25. Boston: Reproduction Section Project #428, 1935.

Dichgans, J., & Brandt, T. Visual-vestibular interaction: Effects on self movement perception and postural control. In *Handbook of Sensory Physiology* (Vol. VIII). Berlin: Springer-Verlag, 1978.

Duncker, K. Über induzierte Bewegung. *Psychologische Forschung,* 1929, *12,* 180-259.

Eddington, A. S. *The nature of the physical world.* New York: MacMillan, 1929.

Eimas, P., & Miller, J. Effects of selective adaptation on the perception of speech and visual patterns: Evidence for feature detectors. In R. Walk & H. Pick (Eds.), *Perception and experience.* New York: Plenum Press, 1978.

Epstein, W. (Ed.) *Stability and constancy in perception.* New York: Wiley, 1977.

Epstein, W., & Park, J. An examination of Gibson's psychophysical hypothesis. *Psychological Bulletin,* 1964, *62,* 180-196.

Fearing, F. *Reflex action.* Cambridge, MA: M.I.T. Press, 1971. (Originally published in 1929.)

Fisichelli, V. R. Effect of rotational axis and dimensional variations on the reversals of apparent movement of Lissajous figures. *American Journal of Psychology,* 1946, *59,* 669-675.

Flock, H. R. Some conditions sufficient for accurate monocular perceptions of moving slant. *Journal of Experimental Psychology,* 1964, *67,* 560-572. (a)

Flock, H. R. A possible optical basis for monocular slant perception. *Psychological Review,* 1964, *71,* 380-391. (b)

Flock, H. R. Optical texture and linear perspective as stimuli for slant perception. *Psychological Review,* 1965, *72,* 505-514.

Forssberg, H., Grillner, S., & Rossingnol, S. Phasic gain control of reflexes from the dorsum of the paw during spinal locomotion. *Brain Research,* 1977, *132,* 121-139.

Fraenkel, G. S., & Gunn, D. L. *The orientation of animals.* London: Oxford University Press, 1940.

Freeman, R. B. Ecological optics and visual slant. *Psychological Review,* 1965, *72,* 501-504.

Freud, S. *Collected papers.* London: Hogarth Press, 1949.

Gallistel, C. R. *The organization of action.* Hillsdale, NJ: Erlbaum, 1980.

Gibson, E. J. Sensory generalization with voluntary reactions. *Journal of Experimental Psychology,* 1939, *24,* 237-253.

Gibson, E. J. A systematic application of the concepts of generalization and differentation to verbal learning. *Psychological Review,* 1940, *47,* 169-229.

Gibson, E. J. Improvement in perceptual judgments as a function of controlled practice or training. *Psychological Bulletin,* 1953, *50,* 401-431.

Gibson, E. J. *Principles of perceptual learning and development.* New York: Appleton-Century-Crofts, 1969.

Gibson, E. J. The concept of affordances in development: The renascence of functionalism. In W. A. Collins (Ed.), *Minnesota symposia on child psychology, Vol. 15: The concept of development.* Hillsdale, NJ: Erlbaum, in press.

Gibson, E. J. & Levin, H. *The psychology of reading.* Cambridge, MA: M.I.T. Press, 1975.

Gibson, E. J., Owsley, C. J., & Johnston, J. Perception of invariants by 5-month-old infants: Differentiation of two types of motion. *Developmental Psychology,* 1978, *14,* 407-415.

Gibson, E. J., Owsley, C. J., Walker, A., & Megaw-Nyce, J. Development of the perception of invariants: Substance and shape. *Perception,* 1979, *8,* 609-619.

Gibson, E. J., & Spelke, E. The development of perception. In J. Flavell & E. Markman (Eds.), *Cognitive development. Volume 3 of Handbook of Child Psychology.* New York: Wiley, in press.

Gibson, E. J., & Walk, R. D. The "visual cliff." *Scientific American,* 1960, *202,* 64-71.

Gill, R. W. *Basic perspective.* London: Thames & Hudson, 1974.

Gombrich, E. *Art and illusion: A study in the psychology of pictorial representation.* Princeton, NJ: Princeton University Press, 1961.

Gonshor, A., & Melvill-Jones, G. Extreme vestibulo-ocular adaptation induced by prolonged optical reversal of vision. *Journal of Physiology (London),* 1976, *256,* 381-414.

Goodman, N. *The languages of art.* Indianapolis: Bobbs-Merrill, 1968.

Gottschaldt, K. Über den Einfluss der Ehrfahrung auf die Wahrnehmung von Figuren II. Vergleichende Untersuchungen über die Wirkung figuraler Einprägung und die Einfluss spezifischer Geschehensverlaufe auf die Auffassung optischer Komplexe. *Psychologische Forschung,* 1929, *12,* 1-87.

Gottsdanker, R. M. The ability of human operators to detect acceleration of target motion. *Psychological Bulletin,* 1956, *53,* 477-487.

Graham, C. H. Visual perception. In S. S. Stevens (Ed.), *Handbook of Experimental Psychology.* New York: Wiley, 1951.

Granit, R. Linkage of alpha and gamma motoneurones in voluntary movement. *Nature (New Biology),* 1973, *243,* 52-53.

Gregory, R. Seeing as thinking. *Times Literary Supplement,* June 23, 1972, 707-708.

Gyr, J. Is a theory of direct visual perception adequate? *Psychological Bulletin,* 1972, *77,* 246-261.
Hagen, M. A. Picture perception: Toward a theoretical model. *Psychological Bulletin,* 1974, *81,* 471-497.
Hagen, M. A. Problems with picture perception: A reply to Rosinski. *Psychological Bulletin,* 1976, *83,* 1176-1178.
Hagen, M. A. A new theory of the psychology of representational art. In C. Nodine & D. Fisher (Eds.), *Perception and pictorial representation.* New York: Praeger, 1979.
Hagen, M. A., Glick, R., & Morse, B. Role of two-dimensional surface characteristics in pictorial depth perception. *Perceptual and Motor Skills,* 1978, *46,* 875-881.
Hagen, M. A., & Jones, R. K. Plane surface information as a determinant of pictorial perception. In J. Long & A. Baddeley (Eds.), *Attention and performance IX.* Hillsdale, NJ: Erlbaum, 1981.
Hagen, M. A., Jones, R. K., & Reed, E. S. On a neglected variable in theories of pictorial perception: Truncation of the visual field. *Perception & Psychophysics,* 1978, *23,* 326-330.
Hamlyn, D. W. The concept of information in Gibson's theory of perception. *Journal for the Theory of Social Behaviour,* 1977, *7,* 5-14.
Harper, R. S., & Boring, E. G. Cues. *American Journal of Psychology,* 1948, *61,* 343-351.
Hay, J. C. Optical motions and space perception: An extension of Gibson's analysis. *Psychological Review,* 1966, *73,* 550-565.
Hayek, F. A. *The sensory order.* Chicago: University of Chicago Press, 1952.
Hebb, D. O. *The organization of behavior.* New York: Wiley, 1949.
Heft, H. An examination of contructivist and Gibsonian approaches to environmental psychology. *Population and Environment: Behavioral and Social Issues,* 1981, *4,* 227-245.
Heider, F. Ding und medium. *Symposium,* 1926, *1,* 109-157. Excerpted as "Thing and medium" in Heider (1959).
Heider, F. *On perception, event structure, and psychological environment.* New York: International Universities Press, 1959. (Psychological Issues Monographs, Vol. 1, No. 3).
Held, R., & Bauer, J. Visually guided reaching in infant monkeys after restricted rearing. *Science,* 1967, *155,* 718-720.
Helmholtz, H. von [*Handbuch der Physiologischen Optik.*] Translated as *Physiological Optics,* New York: Dover, 1962. (1st German Ed: 1866/3rd German Ed.: 1909-1911).
Henney, K., & Dudley, B. *Handbook of photography.* New York: Whittlesey House, 1939.
Hick, W. E. Threshold for sudden change in the velocity of a seen object. *Quarterly Journal of Experimental Psychology,* 1950, *2,* 33-41.
Hilgard, E. R. The role of learning in perception. In R. R. Blake & G. V. Ramsey (Eds.), *Perception: An approach to personality.* New York: Ronald, 1951.
Hilgard, E. R., & Marquis, P. G. *Conditioning and learning.* New York: Appleton-Century-Crofts, 1940.
Hochberg, J. E. The psychophysics of pictorial perception. *Audio-Visual Communication Review,* 1962, *10,* 22-54.
Hochberg, J. E., & Brooks, V. Pictorial recognition as an unlearned ability. *American Journal of Psychology,* 1962, *75,* 624-628.
Hochberg, J. E., Triebel, W., & Seaman, G. Color adaptation under conditions of homogeneous visual stimulation (Ganzfeld). *Journal of Experimental Psychology,* 1951, 41, 153-159.
Hogben, L. *From cave painting to comic strip.* New York: Chanticleer, 1949.
von Holst, E. Relations between the central nervous system and the peripheral organs. *British Journal of Animal Behaviour,* 1954, *2,* 89-94.
von Holst, E., & Mittelstaedt, S. M. Das reafferenzprinzip. *Naturwissenschaften,* 1950, *20,* 464-476. Translated in von Holst, E. *The behavioral physiology of animals and man* (Vol. 1). London: Methuen, 1973.
Holt, E. B. *The Freudian wish.* New York: Holt, 1915.
Hubel, D. H., & Wiesel, T. N. Receptive fields, binocular interaction, and functional architecture in the cat's visual cortex. *Journal of Physiology,* 1962, *160,* 106-154.

Hughes, A. The topography of vision in mammals. In *Handbook of Sensory Physiology* (Vol. VII/5). Berlin: Springer-Verlag, 1977.

Hull, C. L. The goal-gradient hypothesis applied to some "fieldforce" problems in the behavior of young children. *Psychological Review*, 1938, *45*, 271-299.

Hull, C. L. *The principles of behavior*. New York: Appleton-Century-Crofts, 1943.

Hull, C. L. *A behavior system*. New Haven: Yale University Press, 1952.

Hurvich, L., & Jameson, D. *The perception of lightness and brightness*. Boston: Allyn & Bacon, 1966.

Hyland, D. *The origins of philosophy*. New York: Putnams, 1973.

Ittelson, W. H. The constancies in perceptual theory. *Psychological Review*, 1951, *58*, 285-294.

James, W. *The principles of psychology*. New York: Holt, 1890. (Dover reprint edition).

Jansson, G., & Börjesson, E. Perceived direction of rotary motion. *Perception & Psychophysics*, 1969, *6*, 19-26.

Jansson, G., & Runeson, S. Measurement of perceived oscillation. *Perception & Psychophysics*, 1969, *6*, 27-32.

Jastrow, J. Psychological notes on Helen Keller. *Psychological Review*, 1894, *1*, 356-362.

Jenkins, J. J., Wald, J., & Pittenger, J. Apprehending pictorial events: An instance of psychological cohesion. In C. W. Savage (Ed.), *Perception and cognition: Issues in the foundations of psychology*. Minneapolis, MN: University of Minnesota Press, 1978.

Jennings, H. S. *Behavior of the lower organisms*. New York: Columbia University Press, 1906.

Johansson, G. *Configurations in event perception*. Uppsala, Sweden: Almqvist & Wiksell, 1950.

Johansson, G. Rigidity, stability and motion in perceptual space. *Acta Psychologica*, 1958, *13*, 359.-370.

Johansson, G. Perception of motion and changing form. *Scandinavian Journal of Psychology*, 1964, *5*, 181-208.

Johansson, G. On theories for visual space perception: A letter to Gibson. *Scandinavian Journal of Psychology*, 1970, *11*, 67-74.

Johansson, G. Visual perception of biological motion and a model for its analysis. *Perception & Psychophysics*, 1973, *14*, 201-211.

Johansson, G. Spatial constancy and motion in visual perception. In W. Epstein (Ed.), *Stability and constancy in visual perception: Mechanisms and processes*. New York: Wiley, 1977.

Johansson, G., von Hofsten, C., & Jansson, G. Event perception. *Annual Review of Psychology*, 1980, *31*, 27-63.

Johansson, G., & Jansson, G. Perceived rotary motion from changes in a straight line. *Perception & Psychophysics*, 1968, *4*, 165-170.

Jones, R. K., & Lee, D. N. Why two eyes are better than one: The two views of binocular vision. *Journal of Experimental Psychology: Human Perception and Performance*, 1981, *7*, 30-40.

Jones, R. K., & Pick, A. D. On the nature of information in behalf of direct perception. *The Behavioral and Brain Sciences*, 1980, *3*, 388-389.

Julesz, B. *Foundations of cyclopean vision*. Chicago: University of Chicago Press, 1971.

Kanizsa, G. *Organization in perception*. New York: Praeger, 1979.

Kant, I. [*The critique of pure reason*.] (N. K. Smith, trans.). London: St. Martins, 1929. (Originally published as *Kritik der reinen Vernunft*, 1781 (1st) and 1787 (2d).)

Kaplan, G. Kinetic disruption of optical texture: The perception of depth at an edge. *Perception & Psychophysics*, 1969, *6*, 193-198.

Katz, D. *Der Aufbau der Tastwelt*. Leipzig: Barth, 1925.

Katz, D. [*The world of color*.] London: Kegan Paul, 1935. (Originally published as *Der Aufbau der Farbwelt*, 1930.)

Keller, F. S. Studies in International Morse Code I. A new method of teaching code reception. *Journal of Applied Psychology*, 1943, *27*, 407-415.

Kennedy, J. M. Line representation and pictorial perception. Unpublished PhD., Cornell University, 1970.
Kennedy, J. M. *A psychology of picture perception*. San Francisco: Jossey Bass, 1974.
Kepes, G. *Language of vision*. Chicago: Theobald, 1944.
Kilpatrick, F. P. *Human behavior from the transactional point of view*. Hanover, NH: Institute for Advanced Research, 1952.
Koch, S. (Ed.). *Psychology: A study of a science* (Vol. 2). New York: McGraw-Hill, 1959.
Koffka, K. *The principles of Gestalt psychology*. New York: Harcourt-Brace, 1935.
Kohler, I. [*Über Aufbau und Wandlungen der Wahrnehmungswelt*. Vienna: R. Mohrer, 1951] Translated as, The formation and transformation of the perceptual world. *Psychological Issues*, 1964, *3*(4).
Köhler, W. [On unnoticed sensations and errors of judgment] *Zeitschrift fur Psychologie*, 1913, *66*, 51–80. Reprinted in M. Henle (Ed.), *The selected papers of Wolgang Köhler*. New York: Liveright, 1971.
Köhler, W. *Gestalt psychology*. New York: Liveright, 1929.
Köhler, W. *Dynamics in psychology*. New York: Liveright, 1940.
Köhler, W., & Wallach, H. Figural after-effects: An investigation of visual processes. *Proceedings of the American Philosophical Society*, 1944, *88*, 269–357.
Langewiesche, W. *Stick and rudder*. New York: McGraw-Hill, 1944.
Lappin, J., Doner, J., & Kottas, B. Minimal conditions for the visual detection of structure and motion in three dimensions. *Science*, 1980, *209*, 717–719.
Lashley, K. In search of the engram. In *Symposium of the Society of Experimental Biology, Vol. 4: Physiological mechanisms in animal behavior*. New York: Academic Press, 1950.
Lashley, K. The problem of serial order in behavior. In L. A. Jeffress (Ed.), *Cerebral mechanisms in behavior*. New York: Wiley, 1951.
Lashley, K. Dynamic processes in perception. In J. F. Delafresnaye (Ed.). *Brain mechanisms and consciousness*. Oxford, England: Blackwell, 1954.
Lasky, R., Romano, N., & Wenters, J. Spatial localization in children after changes in position. *Journal of Experimental Child Psychology*, 1980, *29*, 225–248.
Lee, D. N. Theory of the stereoscopic shadow-caster: An instrument for the study of binocular kinetic space perception. *Vision Research*, 1969, *9*, 145–156.
Lee, D. N. Binocular stereopsis without spatial disparity. *Perception & Psychophysics*, 1971, *6*, 216–218.
Lee, D. N. Visual information during locomotion. In R. MacLeod & H. Pick (Eds.), *Perception: Essays in honor of James J. Gibson*. Ithaca, NY: Cornell University Press, 1974.
Lee, D. N. A theory of visual control of braking based on information about time-to-collision. *Perception*, 1976, *5*, 437–459.
Lee, D. N. The functions of vision. In H. Pick & E. Saltzman (Eds.), *Modes of perceiving and processing information*. Hillsdale, NJ: Erlbaum, 1978.
Lee, D. N. The optic flow field: The foundation of vision. *Philosophical Transactions of the Royal Society, London*, (B), 1980, *290*, 169–178. (a)
Lee, D. N. Visuo-motor coordination in space-time. In G. Stelmach & J. Requin (Eds.), *Tutorials in motor control*. Amsterdam: North Holland Press, 1980. (b)
Lee, D. N., & Lishman, J. R. Visual control of locomotion. *Scandinavian Journal of Psychology*, 1977, *18*, 224–230. (a)
Lee, D. N., & Lishman, J. R. Vision: The most efficient source of proprioceptive information for balance control. *Aggressologie*, 1977, *18*(A), 83–94. (b)
Leeper, R. A study of a neglected portion of the field of learning: The development of sensory organization. *Journal of Genetic Psychology*, 1935, *46*, 41–75.
LeGros Clark, W. E., & Medawar, P. B. (Eds.). *Essays on growth and form presented to D'Arcy Thompson*. New York: Oxford University Press, 1945.

Lewin, K. Environmental forces. In C. Murchison (Ed.), *A handbook of child psychology*. Worcester, MA: Clark University Press, 1933.
Lewin, K. *A dynamic theory of personality*. New York: McGraw-Hill, 1935.
Lewin, K. *Principles of topological psychology*. New York: McGraw-Hill, 1936.
Liberman, A., Cooper, F., Shankweiler, D., & Studdert-Kennedy, M. Perception of the speech code. *Psychological Review*, 1967, *74*, 431-461.
Lishman, J. R., & Lee, D. N. The autonomy of visual kinesthesis. *Perception*, 1973, *2*, 287-294.
Lishman, J. R., & Lee, D. N. Visual proprioceptive control of stance. *Journal of Human Movement Studies*, 1975, *1*, 87-95.
Loftus, E., & Loftus, G. On the permanence of stored information in the human brain. *American Psychologist*, 1980, *35*, 409-420.
Lombardo, T. J. J. Gibson's ecological approach to visual perception: Its historical context and development. Doctoral dissertation, University of Minnesota, 1973. Dissertation Abstracts International, 1973-1974, *34*, 3534-3535B (University Microfilms No. 74-721).
Lumsden, E. Problems of magnification and minification: An explanation of the distortions of distance, slant, shape, and velocity. In M. A. Hagen (Ed.), *The perception of pictures* (Vol. 1). New York: Academic Press, 1980.
Mace, W. M. Ecologically stimulating cognitive psychology. In W. Weimer & D. Palermo (Eds.), *Cognition and the symbolic process*. Hillsdale, NJ: Erlbaum, 1974.
Mace, W. M. J. J. Gibson's strategy for perceiving: Ask not what's inside your head, but what your head's inside of. In R. Shaw & J. Bransford (Eds.), *Perceiving, acting and knowing: Towards an ecological psychology*. Hillsdale, NJ: Erlbaum, 1977.
Mace, W. M., & Pittenger, J. Directly perceiving Gibson. *Psychological Bulletin*, 1975, *82*, 137-139.
Mace, W. M., & Shaw, R. E. Simple kinetic information for transparent depth. *Perception & Psychophysics*, 1974, *15*, 201-209.
Mach, E. *Grundlinien der Lehre von den Bewegungsempfindungen*. Leipzig: Verlag von Wilhelm Engelmann, 1875.
MacLeod, R. An experimental investigation of brightness constancy. *Archives of Psychology*, 1932,(135).
Marmolin, H., & Ulfberg, S. Rörelse-perception och formförändring. [Perception of motion and change of form]. Unpublished report, Psychological Laboratories, University of Uppsala, Uppsala, Sweden, 1967.
Marrow, A. J. *The practical theorist: The life and work of Kurt Lewin*. New York: Basic Books, 1969.
Masterton, R. B., & Berkley, M. A. Brain function: Changing ideas on the role of sensory, motor and association cortex in behavior. *Annual Review of Psychology*, 1974, *25*, 277-312.
Matin, E. Saccadic suppression: A review and an analysis. *Psychological Bulletin*, 1974, *81*, 899-917.
Matin, L. Eye movements and perceived visual direction. *Handbook of Sensory Physiology* (Vol. VII/4). Berlin: Springer-Verlag, 1972.
Maull, N. Cartesian optics and the geometrization of nature. *Review of Metaphysics*, 1978, *32*, 253-273.
McCloskey, D. Kinesthetic sensibility. *Physiological Review*, 1978, *58*, 763-820.
McIntyre, C., Hardwick, C., & Pick, H. L. The content and manipulation of cognitive maps in children and adults. *Monographs of the Society for Research in Child Development*, 1976, *41*(166).
McKay, D. M. Visual stability and voluntary eye movements. *Handbook of Sensory Physiology* (Vol. VII/3/A). Berlin: Springer-Verlag, 1973.
Menzel, E. W. Cognitive mapping in chimpanzees. In S. H. Hulse, H. Fowler, & W. K. Honig (Eds.). *Cognitive processes in animal behavior*. Hillsdale, NJ: Erlbaum, 1978.

Merleau-Ponty, M. [*The phenomenology of perception.*] London: Routledge & Kegan Paul, 1962. (French ed. 1946).
Metelli, F. Achromatic color conditions in the perception of transparency. In R. MacLeod & H. Pick (Eds.), *Perception: Essays in honor of James J. Gibson*. Ithaca, NY: Cornell University Press, 1974.
Metzger, W. Optische untersuchungen am Ganzfeld, II. Zür Phänomenologie des homogenen Ganzfelds. *Psychologische Forschung*, 1930, *13*, 6-29.
Metzger, W. Beobachtungen über phänomenale Identität. *Psychologische Forschung*, 1934, *19*, 1-60.
Metzger, W. *Gesetze des Sehens*. Frankfurt: W. Kramer, 1953 (A much revised edition appeared in 1975).
Michaels, C., & Carello, C. *Direct perception*. New York: Prentice Hall, 1981.
Michotte, A. *Causalité, permanence et realité phénomenales*. Louvain: Publications Universitaires, 1962.
Michotte, A. [*The perception of causality.*] New York: Basic Books, 1963. (Originally published as *La perception de la causalité*, 2nd ed. 1954).
Michotte, A., Thinès, G., & Crabbé, G. Les complements amodaux des structures perceptives. *Studia Psychologica*, Louvain: Publication de l'Université de Louvain, 1964.
Miles, F. A., & Eighmy, B. Long-term adaptive changes in primate vestibulocular reflex I. Behavioral observations. *Journal of Neurophysiology*, 1980, *43*, 1407-1425.
Miles, F. A., & Evarts, E. V. Concepts of motor organization. *Annual Review of Psychology*, 1979, *30*, 327-362.
Miller, N. E. (Ed.). *Psychological research on pilot training*. AAF Aviation Psychology Reports No. 8. Washington: U.S. Government Printing Office, 1947.
Miller, N. E., & Dollard, J. *Social learning and imitation*. New Haven: Yale University Press, 1941.
Mollon, J. D. Neurons and neural codes. In K. von Fieandt & I. Moustgaard (Eds.), *The perceptual world*. New York: Academic Press, 1977. (a)
Mollon, J. D. Neural analysis. In K. von Fieandt & I. Moustgaard (Eds.), *The perceptual world*. New York: Academic Press, 1977. (b)
Morris, C. *Signs, language, and behavior*. New York: Prentice-Hall, 1946.
Müller, J. [*Elements of Physiology* (Vol. 2).] (W. Baly trans.). London: Murray, 1838. (German Original, 1834.)
Murchison, C. *Handbook of General Experimental Psychology*. Worcester, MA: Clark University Press, 1934.
Musatti, C. L. Sui fenomeni stereocinetici. *Archivio Italiano di Psychologia*, 1924, *3*, 105-120.
Nashner, L. Adapting reflexes controlling the human posture. *Experimental Brain Research*, 1976, *26*, 59-72.
Nashner, L., & Cordo, P. Relation of automatic postural responses and reaction-time voluntary movements of human leg muscles. *Experimental Brain Research*, 1981, *43*, 395-405.
Nashner, L., & Woolacott, M. The organization of rapid postural adjustments of standing humans. In R. E. Talbott & D. R. Humphreys (Eds.), *Posture and movement*. New York: Raven Press, 1979.
Neisser, U. *Cognition and reality*. San Francisco: W. H. Freeman, 1976.
Neisser, U. Gibson's ecological optics: Consequences of a different stimulus description. *Journal for the Theory of Social Behaviour*, 1977, *7*, 17-28.
Neisser, U. Perceiving, anticipating and imagining. In C. W. Savage (Ed.), *Perception and cognition: Issues in the foundations of psychology*. Minneapolis, MN: University of Minnesota, 1978.
Newton, I. *Opticks*. New York: Dover, 1952. (Reprint of 1730 ed.)
Nicod, J. *Foundations of geometry and induction*. London: Kegan Paul, 1930.
Norman, D. Categorization of action slips. *Psychological Review*, 1981, *88*, 1-15.
Osgood, C. E. *Method and theory in experimental psychology*. New York: Oxford University Press, 1953.

Panofsky, E. Die Perspektive als 'Symbolische Form', *Vorträge der Bibliothek Warburg, 1924-1925;* 258-331, Leipzig, 1927.

Pavlov, I. P. *Conditioned reflexes.* (Transl. by G. V. Anrep) London: Oxford University Press, 1927.

Perkins, D., & Hagen, M. A. Convention, context, and caricature. In M. A. Hagen (Ed.), *The perception of pictures* (Vol. 1). New York: Academic Press, 1981.

Piaget, J. *The child's conception of the world.* New York: Harcourt Brace, 1929.

Pick, A. D. Improvement of visual and tactual form discrimination. *Journal of Experimental Psychology,* 1965, *69,* 331-339.

Pick, H. Tactual and haptic perception. In R. Welsh & B. Blasch (Eds.), *Foundations of orientation and mobility.* New York: American Foundation for the Blind, 1980.

Pirenne, M. H. *Optics, painting & photography.* Cambridge, England: Cambridge University Press, 1970.

Pittenger, J., & Shaw, R. Perceiving the face of change in changing faces. In R. Shaw & J. Bransford (Eds.), *Perceiving, acting and knowing: Towards an ecological psychology.* Hillsdale, NJ: Erlbaum, 1977.

Polanyi, M. *Personal knowledge.* Chicago: University of Chicago Press, 1958.

Popper, K. *Conjectures and refutations.* New York: Harper & Row, 1963.

Postman, L. Toward a general theory of cognition. In J. H. Rohrer & M. Sherif (Eds.), *Social psychology at the crossroads.* New York: Harper, 1951.

Postman, L. Association theory and perceptual learning. *Psychological Review,* 1955, *62,* 438-446.

Purdy, J., & Gibson, E. J. Distance judgment by the method of fractionation. *Journal of Experimental Psychology,* 1955, *50,* 374-380.

Purdy, W. C. The hypothesis of psychophysical correspondence in space perception (Unpublished doctoral dissertation, Cornell University). Ann Arbor: University Microfilms, 1958, No. 58-5594.

Rabaud, E. [*How animals find their way about.*] (Translation of French original). New York: Harcourt, Brace & Co., 1928.

Radner, D. *The philosophy of Malebranche.* Amsterdam: Gorcum Publishers, 1978.

Reed, E. S. Information pickup is the activity of perceiving. *The Behavioral and Brain Sciences,* 1980, *3,* 397-398.

Reed, E. S., & Jones, R. K. Gibson's theory of perception: A case of hasty epistemologizing? *Philosophy of Science,* 1978, *45,* 519-530.

Reed, E.S., & Jones, R. K. J. J. Gibson's ecological revolution in psychology. *Philosophy of the Social Sciences,* 1979, *9,* 189-204.

Reed, E. S., & Jones, R. K. Is perception blind? A reply to Heil. *Journal for the Theory of Social Behaviour,* 1981, *11,* 87-91.

Reid, T. *Essays on the intellectual powers of man.* Cambridge, MA: M.I.T. Press, 1969. (Originally published, 1785.)

Restle, F. Coding theory of the perception of motion configurations. *Psychological Review,* 1979, *86,* 1-24.

Revesz, G. *Psychology and the art of the blind.* London: Longmans & Green, 1950.

Reynolds, H. N. Temporal estimation in the perception of occluded motion. *Perceptual and Motor Skills,* 1968, *26,* 407-416.

Richards, R. J. Gibson's passive theory of perception: A criticism of Müller's specific energies hypothesis. *Philosophy and Phenomenological Research,* 1976, *37,* 221-234.

Rogers, B., & Graham, M. Motion parallax as an independent cue for depth perception. *Perception,* 1979, *8,* 125-134.

Rosenbaum, D. Perception and extrapolation of velocity and acceleration. *Jouranl of Experimental Psychology: Human Perception and Performance,* 1975, *1,* 395-403.

Rosenzweig, M. R. Development of research on the physiological mechanisms of auditory localization. *Psychological Bulletin,* 1961, *58,* 376-389.

Rosinski, R., & Farber, J. Compensation for viewing point in the perception of pictured space. In M. A. Hagen (Ed.), *The perception of pictures* (Vol. 1). New York: Academic Press, 1980.
Runeson, S. On visual perception of dynamic events. Unpublished PhD Dissertation, Uppsala University, Uppsala Sweden, 1977.
Ryan, T. A., & Schwartz, C. Speed of perception as a function of mode of representation. *American Journal of Psychology,* 1956, *69,* 60–69.
Schiff, W. Perception of impending collision: A study of visually directed avoidant behavior. *Psychological Monographs,* 1965, *79*(604).
Schlosberg, H. Stereoscopic depth from single pictures. *American Journal of Psychology,* 1941, *54,* 601–605.
Searle, J. Minds, brains, and programs. *The Behavioral and Brain Sciences,* 1980, *3,* 417–457.
Sedgwick, H. The geometry of spatial layout in pictorial representation. In M. A. Hagen (Ed.), *The perception of pictures* (Vol. 1). New York: Academic, 1980.
Shankweiler, D., Strange, W., & Verbrugge, R. Speech and the problem of perceptual constancy. In R. Shaw & J. Bransford (Eds.), *Perceiving, acting and knowing: Towards an ecological psychology.* Hillsdale, NJ: Erlbaum, 1977.
Shannon, C. A mathematical theory of communication. *Bell System Technical Journal,* 1948, *27,* 379–423, 623–656.
Shaw, R., & Pittenger, J. On perceiving change. In H. Pick & E. Saltzman (Eds.), *Modes of perceiving and processing information.* Hillsdale, NJ: Erlbaum, 1978.
Shaw, R., Turvey, M. T., & Mace, W. M. Ecological psychology: The consequences of a commitment to realism. In W. Weimer & D. Palermo (Eds.), *Cognition and the symbolic process* (Vol. 2). Hillsdale, NJ: Erlbaum, 1982.
Sherrington, C. S. The muscular sense. In E. A. Schafer (Ed.), *Textbook of physiology.* Edinburgh: Pentland, 1900.
Sherrington, C. S. On the proprioceptive system especially in its reflex aspect. *Brain,* 1906, *29,* 467–482.
Skavenski, A., Hansen, R., Steinman, R., & Winterson, B. Quality of retinal image stabilization during small natural and artificial body rotations in man. *Vision Research,* 1979, *19,* 675–683.
Skinner, B. F. *The behavior of organisms.* New York: Appleton-Century-Crofts, 1938.
Skinner, B. F. *Verbal behavior.* New York: Appleton-Century-Crofts, 1957.
Skinner, B. F. *Cumulative record.* New York: Appleton-Century-Crofts, 1959.
Smith, O. W., & Gruber, H. Perception of depth in photographs. *Perceptual and Motor Skills,* 1958, *8,* 307–313.
Smith, O. W., & Sherlock, L. A new explanation of the velocity transposition phenomenon. *American Journal of Psychology,* 1957, *70,* 102–105.
Smith, P. C., & Smith, O. W. Ball-throwing responses to photographically portrayed targets. *Journal of Experimental Psychology,* 1961, *62,* 223–233.
Smith, W. J. *The behavior of communicating.* Cambridge, MA: Harvard University Press, 1977.
Spelke, E., & Cortelyou, A. Perceptual aspects of social knowing: Looking and listening in infancy. In M. Lamb & L. Sherrod (Eds.), *Infant social cognition: Empirical and theoretical considerations.* Hillsdale, NJ: Erlbaum, 1980.
Spence, K. W. *Behavior theory and conditioning.* New Haven: Yale University Press, 1956.
Spigel, I. M. (Ed.). *Readings in the study of visually perceived movement.* New York: Harper & Row, 1965.
Steinman, R., & Winterson, B. J. Binocular retinal image motion during active head rotation. *Vision Research,* 1980, *20,* 415–430.
Stevens, P. S. *Patterns in nature.* Boston, MA: Atlantic-Little Brown, 1974.
Stevens, S. S. (Ed.). *Handbook of Experimental Psychology.* New York: Wiley, 1951.
Stoeckel, R. B., May, M. A., & Kirby, R. S. *Sense and safety on the road.* New York: D. Appleton-Century, 1936.

Stratton, G. M. Some preliminary experiments on vision without inversion of the retinal image. *Psychological Review*, 1896, *3*, 611-617.

Stratton, G. M. Vision without inversion of the retinal image. *Psychological Review*, 1897, *4*, 341-360, 463-481.

Taylor, B. Linear perspective. London, 1715.

Thinès, G. *Phenomenology and the science of behavior*. London: Allen & Unwin, 1977.

Thompson, D'Arcy W. *On growth and form*. New York: Macmillan, 1942.

Thorpe, W. H. *Learning and instinct in animals*. London: Methuen, 1956.

Tinbergen, N. *The study of instinct*. London: Oxford University Press, 1951.

Todd, J., Mark, L., Shaw, R., & Pittenger, J. The perception of human growth. *Scientific American*, 1980, *242*, 106-114.

Tolman, E. C. *Purposive behavior in animals and men*. New York: Appleton-Century-Crofts, 1932.

Tolman, E. C. Cognitive maps in rats and men. *Psychological Review*, 1948, *55*, 189-208.

Troland, L. T. *Psychophysiology* (Vol. 2). New York: Van Nostrand, 1930.

Tschernak-Seysenegg, H. Über parallaktoscopie. *Archiv fur die geschichte der Physiologie*, 1939, *241*, 454-469.

Turvey, M. T., & Shaw, R. The primacy of perceiving: An ecological reformulation of perception for understanding memory. In L-G Nilsson (Ed.), *Perspectives on memory research*. Hillsdale, NJ: Erlbaum, 1979.

Ullman, S. Against direct perception. *The Behavioral and Brain Sciences*, 1980, *3*, 373-415.

Underwood, B. J. *Psychological research*. New York: Appleton-Century-Crofts, 1957.

Uttal, W. *The psychobiology of sensory coding*. New York: Harper & Row, 1973.

Vernon, M. D. *A further study of visual perception*. Cambridge, England: Cambridge University Press, 1952.

Volkmann, A. Über den Einfluss der übung auf das Erkennen raumlicher Distanzen. *Ber. d. Sachs. Ges. d. wiss., math. phys. Abth.*, 1858, *10*, 38-69.

Walk, R., & Gibson, E. J. A comparative and analytical study of depth perception. *Psychological Monographs*, 1961, *75*, No. 519.

Walk, R., Gibson, E. J., & Tighe, T. The behavior of light- and dark-reared rats on a visual cliff. *Science*, 1957, *126*, 80-81.

Walker, A. The perception of facial and vocal expressions by human infants. Unpublished PhD thesis, Cornell University, 1980.

Wall, P. D. The sensory and motor role of impulses travelling in the dorsal columns towards cerebral cortex. *Brain*, 1970, *93*, 505-524.

Wallach, H. The role of head movements and vestibular and visual cues in sound localization. *Journal of Experimental Psychology*, 1940, *27*, 339-368.

Wallach, H. *On perception*. New York: Quadrangle, 1976.

Wallach, H., & O'Connell, D. N. The kinetic depth effect. *Journal of Experimental Psychology*, 1953, *45*, 205-217.

Walls, G. L. *The vertebrate eye*. Bloomfield Hills, MI: Cranbrook Institute of Science, 1942.

Ware, W. R. *Modern perspective*. New York: MacMillan, 1900.

Warren, R. The perception ego motion. *Journal of Experimental Psychology: Human Perception and Performance*, 1976, *2*, 448-456.

Warren, W. Visual information for object identity in apparent movement. *Perception & Psychophysics*, 1977, *21*, 264-268.

Warren, W., & Shaw, R. The visual specification of events: A reply to Ullman. *Perception & Psychophysics*, 1978, *24*, 387-389.

Watson, J. B. *Psychology from the standpoint of a behaviorist*. Philadelphia: Lippincott, 1924.

Wertheimer, M. Experimentelle studien über das Sehen von Bewegung. *Zeitschrift fur Psychologie*, 1912, *61*, 161-265.

Wertheimer, M. Untersuchungen zur Lehre von der Gestalt, II. *Psychologische Forschung*, 1923, *4*, 301-350.

Whipple, G. M. *Manual of mental and physical tests, Part 1: Simpler processes*. Baltimore: Warwick & York, 1924.

Whitrow, J. G. *The natural philosophy of time*. London: T. Nelson & Sons, 1961.

Wiener, N. *Cybernetics*. Cambridge, MA: M.I.T. Press, 1948.

Woodworth, R. S. *Psychology*. New York: Holt, 1929.

Woodworth, R. S. *Dynamics of behavior*. New York: Holt, 1958.

Woodworth, R. S., & Schlosberg, H. *Experimental psychology*. London: Methuen, 1954.

Yolton, J. On Gibson's realism. *Synthese*, 1968-1969, *19*, 400-406.

Young, R. M. *Mind, brain and adaptation in the nineteenth century*. London: Oxford University Press, 1971.

---

## 邦訳文献

ルドルフ・アルンハイム『美術と視覚：美と創造の心理学』上・下，波多野完治・関計夫訳，美術出版社，1963-1964。

ルドルフ・アルンハイム『視覚的思考：創造心理学の世界』関計夫訳，美術出版社，1974。

J. L. オースティン『知覚の言語：センスとセンシビリア』丹治信春・守屋唱進訳，勁草書房，1984。

F. C. バートレット『想起の心理学：実験的社会的心理学における一研究』宇津木保・辻正三訳，誠信書房，1983。

E. J. ギブソン『知覚の発達心理学』小林芳郎訳，田研出版，1983。

E. H. ゴンブリッチ『芸術と幻影：絵画的表現の心理学的研究』瀬戸慶久，岩崎美術社，1979。

F. A. von ハイエク『感覚秩序』穐山貞登訳，春秋社，1989。

D. O. ヘッブ『行動の機構』白井常訳，岩波書店，1957。

L. T. ホグベン『洞窟絵画から連載漫画へ：人間コミュニケーションの万華鏡』寿岳文章［ほか］訳，岩波書店，1979。

C. L. ハル『行動の基本』河合伊六訳，ナカニシヤ出版，1980。

C. L. ハル『行動の体系』能見義博・岡本栄一［ほか］訳，誠信書房，1971。

G. カニッツァ『視覚の文法：ゲシュタルト知覚論』野口薫監訳，サイエンス社，1985。

ダーヴィット・カッツ『触覚の世界：実験現象学の地平』東山篤規・岩切絹代訳，新曜社，2003。

クルト・コフカ『ゲシュタルト心理学の原理』鈴木正彌監訳，福村出版，1998。

W. ケーラー『心理學における力學説』相良守次訳，岩波書店，1951。

W. ケーレル『ゲシタルト心理学』佐久間鼎訳，訂正第5版，内田老鶴圃，1944。

W. ランゲビーシュ『スティックアンドラダー』小路浩史訳，プレアデス出版，現代数学社（発売），2001。

K. レヴィン『パーソナリティの力学説』相良守次・小川隆訳，岩波書店，1957。

K. レヴィン『トポロギー心理學の原理』外林大作・松村康平訳，生活社，1942。

A. J. マロー『KURT LEWIN：その生涯と業績』望月衛・宇津木保訳，誠信書房，1972。

M. メルロー＝ポンティ『知覚の現象学』1巻　竹内芳郎・小木貞孝訳，2巻　竹内芳郎・木田元・宮本忠雄，みすず書房，1967-1974。

W. メッツガー『視覚の法則』盛永四郎訳，岩波書店，1968。

N. E. ミラー，J. ドラード『社会的学習と模倣』山内光哉［ほか」訳，理想社，1956。

Ch. モリス『記号と言語と行動：意味の新しい科学的展開』寮金吉訳，三省堂，1960。

U. ナイサー『認知の構図：人間は現実をどのようにとらえるか』古崎敬・村瀬旻共訳，サイエンス社，1978。
I. ニュートン『光学』島尾永康訳，岩波書店，1983。
J. ピアジェ『児童の世界観』大伴茂訳，同文書院，1960。
M. ポラニー『個人的知識：脱批判哲学をめざして』長尾史郎訳，ハーベスト社，1985。
K. R. ポパー『推測と反駁：科学的知識の発展』藤本隆志［ほか］訳，法政大学出版局，1980。
J. サール『心・脳・科学』土屋俊訳，岩波書店，1993。
K. W. スペンス『行動理論と条件づけ：心理学講義』三谷恵一訳，ナカニシヤ出版，1982。
P. S. スティーヴンズ『自然のパターン：形の生成原理』金子務訳，白揚社，1987。
G. ティネス『現象学と心理学』小野章夫訳，誠信書房，1982。
D. トムソン『生物のかたち』柳田友道［ほか］訳，東京大学出版会，1973。
N. ティンバーゲン『本能の研究』永野為武訳，三共出版，1975。
E. C. トールマン『新行動主義心理学：動物と人間における目的的行動』富田達彦訳，清水弘文堂，1977。
N. ウィーナー『サイバネティックス：動物と機械における制御と通信』池原止戈夫［ほか］共訳，第2版，岩波書店，1962。

# J. J. ギブソンの全業績一覧

Gibson, J. J. The reproduction of visually perceived forms. *Journal of Experimental Psychology*, 1929, *12*, 1-39.

Gibson, J. J., Jack, E. G., & Raffel, G. Bilateral transfer of the conditioned response in the human subject. *Journal of Experimental Psychology*, 1932, *15*, 416-421.

Gibson, J. J. Adaptation, after-effect and contrast in the perception of curved lines. *Journal of Experimental Psychology*, 1933, *16*, 1-31.

Gibson, J. J. Retroaction and the method of recognition. *Journal of General Psychology*, 1934, *10*, 234-236. (a)

Gibson, J. J. Vertical and horizontal orientation in visual perception. *Psychological Bulletin*, 1934, *31*, 739. (Abstract) (b)

Gibson, J. J., & Gibson, E. J. Retention and the interpolated task. *American Journal of Psychology*, 1934, *46*, 603-610.

Gibson, J. J. (Ed.) Studies in psychology from Smith College. *Psychological Monographs*, 1935, *46* (6, Whole No. 210).

Gibson, J. J., & Hudson, L. Bilateral transfer of the conditioned knee-jerk. *Journal of Experimental Psychology*, 1935, *18*, 774-783.

Gibson, J. J., & Robinson, D. Orientation in visual perception: The recognition of familiar plane forms in differing orientations. *Psychological Monographs*, 1935, *46* (6, Whole No. 210, 39-47).

Radner, M., & Gibson, J. J. Orientation in visual perception: The perception of tip-character in forms. *Psychological Monographs*, 1935, *46* (6, Whole No. 210, 48-65).

Gibson, J. J. A note on the conditioning of voluntary reactions. *Journal of Experimental Psychology*, 1936, *19*, 397-399. (a)

Gibson, J. J. Review of E. Freeman, *Social Psychology*. *Psychological Bulletin*, 1936, *33*, 664-666. (b)

Gibson, J. J., & Raffel, G. A technique for investigating retroactive and other inhibitory effects in immediate memory. *Journal of General Psychology*, 1936, *15*, 107-116.

Gibson, J. J. Adaptation, after-effect, and contrast in the perception of tilted lines: II. Simultaneous contrast and the areal restriction of the after-effect. *Journal of Experimental Psychology*, 1937, *20*, 553-569. (a)

Gibson, J. J. Adaptation with negative after-effect. *Psychological Review*, 1937, *44*, 222-244. (b)

Gibson, J. J., & Radner, M. Adaptation, after-effect and contrast in the perception of tilted lines: I. Quantitative studies. *Journal of Experimental Psychology*, 1937, *20*, 453–467.
Gibson, J. J., & Crooks, L. E. A theoretical field analysis of automobile-driving. *American Journal of Psychology*, 1938, *51*, 453–471.
Gibson, J. J., & Mowrer, O. H. Determinants of the perceived vertical and horizontal. *Psychological Review*, 1938, *45*, 300–323.
Gibson, J. J. The Aryan myth. *Journal of Educational Sociology*, 1939, *13*, 164–171. (a)
Gibson, J. J. Why a union for teachers? *Focus*, 1939, *2*, 3–7. (b)
Gibson, J. J. A critical review of the concept of set in contemporary experimental psychology. *Psychological Bulletin*, 1941, *38*, 781–817. (a)
Gibson, J. J. Review of S. H. Britt, *Social psychology of modern life*. *Psychological Bulletin*, 1941, *38*, 895–897. (b)
Gibson, J. J. Visual organization in relation to camouflage. In S. W. Fernberger (Ed.), *Perception*. *Psychological Bulletin*, 1941, *38*, 432–468. (c)
Gibson, J. J. History, organization, and research activities of the Psychological Test Film Unit, Army Air Forces. *Psychological Bulletin*, 1944, *41*, 457–468.
Gibson, J. J. *Motion picture testing and research*. Aviation Psychology Research Reports, No. 7. Washington: U.S. Government Printing Office, 1947. Pages 181–195 reprinted in D. Beardslee & M. Wertheimer (Eds.), *Readings in perception*. Princeton, N.J.: D. van Nostrand, 1958.
Gibson, J. J. Studying perceptual phenomena. In T. G. Andrews (Ed.), *Methods of psychology*. New York: Wiley, 1948.
Gibson, E. J., & Gibson, J. J. The identifying response: A study of a neglected form of learning. *American Psychologist*, 1950, *7*, 276. (Abstract)
Gibson, J. J. *The perception of the visual world*. Boston: Houghton Mifflin, 1950. (a)
Gibson, J. J. The implications of learning theory for social psychology. In J. G. Miller (Ed.), *Experiments in social process: A symposium on social psychology*. New York: McGraw-Hill, 1950. (b)
Gibson, J. J. The perception of visual surfaces. *American Journal of Psychology*, 1950, *63*, 367–384. (c)
Gibson, J. J. What is a form? *Psychological Review*, 1951, *58*, 403–412. (a)
Gibson, J. J. Theories of perception. In W. Dennis (Ed.), *Current trends in psychological theory*. Pittsburgh: University of Pittsburgh Press, 1951. (b)
Gibson, J. J. The visual field and the visual world: A reply to Professor Boring. *Psychological Review*, 1952, *59*, 149–151. (a)
Gibson, J. J. The relation between visual and postural determinants of the phenomenal vertical. *Psychological Review*, 1952, *59*, 370–375. (b)
Gibson, J. J., & Carel, W. Does motion perspective independently produce the impression of a receding surface? *Journal of Experimental Psychology*, 1952, *44*, 16–18.
Gibson, J. J., & Cornsweet, J. The perceived slant of visual surfaces—optical and geographical. *Journal of Experimental Psychology*, 1952, *44*, 11–15.
Gibson, J. J., & Dibble, F. N. Exploratory experiments on the stimulus conditions for the perception of a visual surface. *Journal of Experimental Psychology*, 1952, *43*, 414–419.
Gibson, J. J., & Waddell, D. Homogeneous retinal stimulation and visual perception. *American Journal of Psychology*, 1952, *65*, 263–370.
Gibson, J. J. Social perception and the psychology of perceptual learning. In M. Sherif & M. O. Wilson (Eds.), *Group relations at the crossroads*. New York: Harper & Brothers, 1953. (a)
Gibson, J. J. Review of E. F. Tait, *Textbook of refraction*. *American Journal of Psychology*, 1953, *66*, 678. (b)
Gibson, J. J. Ordinal stimulation and the possibility of a global psychophysics. *Proceedings of the 14th International Congress of Psychology*. Amsterdam: North-Holland, 1954. (a)
Gibson, J. J. The visual perception of objective motion and subjective movement. *Psychological Review*, 1954, *61*, 304–314. (b)

Gibson, J. J. A theory of pictorial perception. *Audio-Visual Communication Review*, 1954, *1*, 3-23. (c)
Gibson, J. J. Review of M. D. Vernon, *A further study of visual perception*. *Psychological Bulletin*, 1954, *51*, 96-97. (d)
Beck, J., & Gibson, J. J. The relation of apparent shape to apparent slant in the perception of objects. *Journal of Experimental Psychology*, 1955, *50*, 125-133.
Gibson, J. J. The optical expansion pattern in aerial locomotion. *American Journal of Psychology*, 1955, *68*, 480-484. (a)
Gibson, J. J. *Optical motions and transformations as stimuli for visual perception* (motion picture). State College, PA.: Psychological Cinema Register, 1955. (b)
Gibson, J. J., & Gibson, E. J. Perceptual learning: Differentiation or enrichment? *Psychological Review*, 1955, *62*, 32-41. (a)
Gibson, J. J., & Gibson, E. J. What is learned in perceptual learning? A reply to Professor Postman. *Psychological Review*, 1955, *62*, 447-450. (b)
Gibson, J. J., Olum, P., & Rosenblatt, F. Parallax and perspective during aircraft landings. *American Journal of Psychology*, 1955, *68*, 372-385.
Gibson, J. J., Purdy, J., & Lawrence, L. A method of controlling stimulation for the study of space perception: The optical tunnel. *Journal of Experimental Psychology*, 1955, *50*, 1-14.
Gibson, J. J., & Smith, O. W. The perception of motion in space. In *Symposium on Physiological Psychology* (ONR Symposium Report ACR-1). Washington, D.C.: Office of Naval Research, 1955.
Gibson, J. J. The non-projective aspects of the Rorschach experiment: IV. The Rorschach blots considered as pictures. *Journal of Social Psychology*, 1956, *44*, 203-206.
Gibson, J. J. Optical motions and transformations as stimuli for visual perception. *Psychological Review*, 1957, *64*, 288-295. (a)
Gibson, J. J. Technical and scientific communication: A reply to Calvert. *American Journal of Psychology*, 1957, *70*, 129-131. (b)
Gibson, J. J. Survival in a world of probable objects. Review of E. Brunswik, *Perception and the representative design of psychological experiments*. *Contemporary Psychology*, 1957, *2*, 33-35. (c)
Gibson, J. J., & Gibson, E. J. Continuous perspective transformations and the perception of rigid motion. *Journal of Experimental Psychology*, 1957, *54*, 129-138.
Gibson, J. J., & Smith, O. W. Apparatus for the study of visual translatory motion. *American Journal of Psychology*, 1957, *70*, 291-294.
Gibson, J. J., Smith, O. W., Steinschneider, A., & Johnson, C. W. The relative accuracy of visual perception of motion during fixation and pursuit. *American Journal of Psychology*, 1957, *70*, 64-68.
Gibson, J. J. The registering of objective facts: An interpretation of Woodworth's theory of perceiving. In G. Seward & J. Seward (Eds.), *Current psychological issues: Essays in honor of Robert S. Woodworth*. New York: Holt, 1958. (a)
Gibson, J. J. Visually controlled locomotion and visual orientation in animals. *British Journal of Psychology*, 1958, *49*, 182-194. (b)
Gibson, J. J. Research on the visual perception of motion and change. In *Second Symposium on Physiological Psychology* (ONR Symposium Report ACR-30). Washington, D.C.: Office of Naval Research, 1958. (c) Reprinted in I. Spigel (Ed.), *Readings in the study of visually perceived movement*. New York: Harper & Row, 1965.
Gibson, J. J. *Further experiments on optical motion and visual depth* (motion picture). State College, PA.: Psychological Cinema Register, 1958. (d)
Bergman, R., & Gibson, J. J. The negative after-effect of the perception of a surface slanted in the third dimension. *American Journal of Psychology*, 1959, *72*, 364-374.
Gibson, E. J., Gibson, J. J., Smith, O. W., & Flock, H. Motion parallax as a determinant of perceived depth. *Journal of Experimental Psychology*, 1959, *58*, 40-51.

Gibson, J. J. Perception as a function of stimulation. In S. Koch (Ed.), *Psychology: A study of a science* (Vol. 1). New York: McGraw-Hill, 1959. (a)

Gibson, J. J. After-effects: Figural and negative. Review of P. McEwen, *Figural after-effects. Contemporary Psychology*, 1959, *3*, 294–295. (b)

von Fieandt, K., & Gibson, J. J. The sensitivity of the eye to two kinds of continuous transformation of a shadow-pattern. *Journal of Experimental Psychology*, 1959, *57*, 344–347.

Gibson, J. J. Pictures, perspective, and perception. *Daedalus*, 1960, 216–227. (a)

Gibson, J. J. The information contained in light. *Acta Psychologica*, 1960, *17*, 23–30. (b)

Gibson, J. J. The concept of the stimulus in psychology. *American Psychologist*, 1960, *16*, 694–703. (c)

Gibson, J. J. Review of E. H. Gombrich, *Art and illusion. American Journal of Psychology*, 1960, *73*, 653–654. (d)

Gibson, J. J. Perception. In *Encyclopedia of Science and Technology*. New York: McGraw-Hill, 1960/1977.

Gibson, J. J. Ecological optics. *Vision Research*, 1961, *1*, 253–262. (a)

Gibson, J. J. The contribution of experimental psychology to the formulation of the problem of safety: A brief for basic research. In *Behavioral approaches to accident research*. New York: Association for the Aid of Crippled Children, 1961. (b)

Gibson, E. J., & Gibson, J. J., Pick, A. D., & Osser, H. A developmental study of the discrimination of letter-like forms. *Journal of Comparative and Physiological Psychology*, 1962, *55*, 897–906.

Gibson, J. J. Observations on active touch. *Psychological Review*, 1962, *69*, 477–491. (a)

Gibson, J. J. Introduction to I. Kohler, *The formation and transformation of the perceptual world*. New York: International Universities Press, 1962. (b)

Gibson, J. J. The survival value of sensory systems. *Biological prototypes and synthetic systems* (Vol. 1). New York: Plenum, 1962 (c)

Gibson, J. J., & Flock, H. The apparent distance of mountains. *American Journal of Psychology*, 1962, *75*, 501–503.

Gibson, J. J., Schiff, W., & Caviness, J. Persistent fear responses in rhesus monkeys to the optical stimulus of "looming." *Science*, 1962, *136*, 982–983.

Gibson, J. J. The useful dimensions of sensitivity. *American Psychologist*, 1963, *18*, 1–15.

Gibson, J. J., & Backlund, F. An after-effect in haptic space perception. *Quarterly Journal of Experimental Psychology*, 1963, *15*, 145–154.

Gibson, J. J., & Pick, A. D. Perception of another person's looking behavior. *American Journal of Psychology*, 1963, *76*, 386–394.

Gibson, J. J. Constancy and invariance in perception. In G. Kepes (Ed.), *The nature and art of motion*. New York: Brazilier, 1965. (a)

Gibson, J. J. Review of R. J. Hirst (Ed.), *Perception and the external world. American Journal of Psychology*, 1965, *78*, 700. (b)

Gibson, J. J. The problem of temporal order in stimulation and perception. *Journal of Psychology*, 1966, *62*, 141–149. (a)

Gibson, J. J. *The senses considered as perceptual systems*. Boston: Houghton Mifflin, 1966. (b)

Gibson, J. J. James J. Gibson. In E. G. Boring & G. Lindzey (Eds.), *A history of psychology in autobiography* (Vol. 5). New York: Appleton-Century-Crofts, 1967. (a)

Gibson, J. J. On the proper meaning of the term "stimulus." *Psychological Review*, 1967, *74*, 533–534. (b)

Gibson, J. J. Invariant properties of changing stimulation as information for perception. In F. Klix (Ed.), *The organization of human information processing: Symposium von XVII Internationalen Kongress für Psychologie*. Berlin: Akademie-Verlag, 1967. (c)

Gibson, J. J. New reasons for realism. *Synthese*, 1967, *17*, 162–172. (d)

Gibson, J. J. What gives rise to the perception of motion? *Psychological Review*, 1968, *75*, 335–346. (a)

Gibson, J. J. Depth perception. In *International Encyclopedia of the Social Sciences*. New York: Macmillan, 1968. (b)
Gibson, J. J. *The change from visible to invisible: A study of optical transitions* (motion picture). State College, PA.: Psychological Cinema Register, 1968. (c)
Gibson, J. J. *The senses considered as perceptual systems*. London: G. Allen & Unwin, 1968. (d)
Gibson, J. J. Are there sensory qualities of objects? *Synthese,* 1968-1969, *19,* 408-409.
Gibson, J. J. Further thoughts on the perception of rigid motion. In J. Järvinen (Ed.), *Contemporary research in psychology of perception: In honorem Kai von Fieandt Sexagenarii*. Porvoo, Finland: Werner Söderstrom Osakeyhtiö, 1969. (a)
Gibson, J. J. *Varå sinnen som perceptuella system*. Stockholm: J. Beckmans Bockforlag, 1969. (b) (Translation of Gibson, 1966 b, by L. Eriksson.)
Gibson, J. J., Kaplan, G., Reynolds, H., & Wheeler, K. The change from visible to invisible: A study of optical transitions. *Perception & Psychophysics,* 1969, *5,* 113-116.
Gibson, J. J. On theories for visual space perception: A reply to Johansson. *Scandinavian Journal of Psychology,* 1970, *11,* 75-79. (a)
Gibson, J. J. On the relation between hallucination and perception. *Leonardo,* 1970, *3,* 425-427. (b)
Gibson, J. J. The information available in pictures. *Leonardo,* 1971, *4,* 27-35. (a)
Gibson, J. J. The legacies of Koffka's *Principles*. *Journal for the History of the Behavioral Sciences,* 1971, *7,* 3-9. (b)
Gibson, E. J., & Gibson, J. J. The senses as information-seeking systems. *The London Times Literary Supplement,* June 23, 1972, 711-712.
Gibson, J. J. A theory of direct visual perception. In J. Royce & W. Rozeboom (Eds.), *Psychology of knowing*. New York: Gordon & Breach, 1972.
Gibson, J. J. On the concept of "formless invariants" in visual perception. *Leonardo,* 1973, *6,* 43-45. (a)
Gibson, J. J. Direct visual perception: A reply to Gyr. *Psychological Bulletin,* 1973, *79,* 396-397. (b)
Gibson, J. J. *Die Wahrnehmung der Visuellen Welt*. Weinheim and Basel: Beltz Verlag, 1973. (c) (Translation of Gibson, 1950a, by V. Schumann.)
Gibson, J. J. *Die Sinne und der Prozess der Wahrnehmung,* mit einem geleitwort zur Deutschsprachigen Ausgabe bei J. J. Gibson. Bern, Stuttgart, and Wien: Verlag Hans Huber, 1973. (d) (Translation of Gibson, 1966b, by I. Kohler, E. Kohler, & M. Groner.)
Gibson, J. J., & Kaushall, P. *Reversible and irreversible events* (motion picture). State College, PA.: Psychological Cinema Register, 1973.
Gibson, J. J. A note on ecological optics. In E. Carterette & M. Friedman (Eds.), *Handbook of perception* (Vol. 1). New York: Academic Press, 1974. (a)
Gibson, J. J. Visualizing conceived as visual apprehending without any particular point of observation. *Leonardo,* 1974, *7,* 41-42. (b)
Gibson, J. J. *La percepción del mundo visual*. Buenos Aires: Edicianes Infinito, 1974. (c) (Translation of Gibson, 1950a, by E. Revol.)
Gibson, J. J. Events are perceivable but time is not. In J. T. Fraser & N. Lawrence (Eds.), *The study of time, II*. New York: Springer-Verlag, 1975. (a)
Gibson, J. J. Pickford and the failure of experimental esthetics. *Leonardo,* 1975, *8,* 319-321. (b)
Gibson, J. J. The implications of experiments on the perception of space and motion. Office of Naval Research Final Report (Contract No. N000 14-67A-0077-0005). Arlington, VA.: Office of Naval Research (Environmental Physiology), 1975. (c)
Gibson, J. J. Three kinds of distance that can be seen, or how Bishop Berkeley went wrong. In G. B. Flores D'Arcais (Ed.), *Studies in perception: Festschrift for Fabio Metelli*. Milano-Firenze: Giunte Editore, 1976. (a)
Gibson, J. J. The myth of passive perception: A reply to Richards. *Philosophy and Phenomenological Research,* 1976, *37,* 234-238. (b)

Gibson, J. J. Commentary and a further note on "The relation between audition and vision in the human newborn" by M. J. Mendelson and M. M. Haith. *Monographs of the Society for Research in Child Development,* 1976, *41* (4, Whole No. 167). (c)
Gibson, J. J. On the analysis of change in the optic array. *Scandinavian Journal of Psychology,* 1977, *18,* 161-163. (a)
Gibson, J. J. The theory of affordances. In R. Shaw & J. Bransford (Eds.), *Perceiving, acting and knowing: Towards an ecological psychology.* Hillsdale, N.J.: Erlbaum, 1977. (b)
Gibson, J. J. The perceiving of hidden surfaces. In P. Machamer & R. Turnbull (Eds.), *Studies in perception.* Columbus: Ohio State University, 1978. (a)
Gibson, J. J. The ecological approach to the visual perception of pictures. *Leonardo,* 1978, *11,* 227-235. (b)
Gibson, J. J. *The ecological approach to visual perception.* Boston: Houghton-Mifflin, 1979. (a)
Gibson, J. J. A note on E. J. G. by J. J. G. In A. D. Pick (Ed.), *Perception and its development: A tribute to Eleanor J. Gibson.* Hillsdale, N.J.: Erlbaum, 1979. (b)
Gibson, J. J. Foreward. A prefatory essay on the perception of surfaces versus the perception of markings on a surface. In M. A. Hagen (Ed.), *The perception of pictures* (Vol. 1). New York: Academic Press, 1980.
Gibson, J. J. [The ecological approach to visual perception.] Munich: Urban N. Schwartzenberg, 1981 (German edition of Gibson, 1979a).
Gibson, J. J. [The ecological approach to visual perception.] Tokyo: Saiensu-Sha Co., Ltd., 1982 (Japanese edition of Gibson, 1971a).

# 人 名 索 引


## A

アリストテレス　Aristotle　258
アルンハイム　Arnheim, R.　241

## B

バートレット　Bartlett, F. C.　279f
ビーチ　Beach, F. A.　289
バークリ　Berkeley, G.　29, 111, 344
ボーリング　Boring, E. G.　2, 102, 121, 290
ボイントン　Boynton, R. M.　56
ブラック　Braque, G.　241
ブラウンスタイン　Braunstein, M. L.　93
ブレンターノ　Brentano, F.　292f
ブロダッツ　Brodatz, P.　69
ブラウン　Brown, J. F.　144
ブルンスウィック　Brunswik, E.　51, 68, 69, 289
バーリンゲーム　Burlingame　175

## C

キャレル　Carel, W.　4
クルックス　Crooks, L.　2, 94

## D

ド・ラグナ　De Laguna, G. A.　192
デカルト　Descartes, R.　276, 337f

## E

エディントン　Eddington, A. S.　80, 351, 305f
エステズ　Estes, W. K.　279
ユークリッド　Euclid　359

## F

フェヒナー　Fechner, G. T.　276
フロック　Flock, H. R.　4, 71
フロイト　Freud, S.　277

## G


| | | |
|---|---|---|
| ガルヴァーニ | Galvani, L. | 275 |
| ゴンブリッチ | Gombrich, E. | 9, 239 |
| グッドマン | Goodman, N. | 239 |
| ガスリー | Guthrie, E. R. | 280 |


## H


| | | |
|---|---|---|
| ヘイ | Hay, J. C. | 4 |
| ハイエク | Hayek, F. A. | 280 |
| ハイダー | Heider, F. | 67, 68, 69 |
| ヘルムホルツ | Helmholtz, H. von. | 74, 129, 162, 290, 322 |
| ヘラクレイトス | Heraclitus | 124, 270 |
| ヘリング | Hering, E. | 87 |
| ヒルガード | Hilgard, E. R. | 278 |
| ホッホバーグ | Hochberg, J. | 9, 67 |
| ホルスト | Holst, E. von. | 104, 129, 319, 322 |
| ホルト | Holt, E. B. | 102, 292 |
| ハル | Hull, C. L. | 102, 283 |
| ハンター | Hunter, I. | 5 |
| フッサール | Husserl, E. | 81f |


## J


| | | |
|---|---|---|
| ジェームズ | James, W. | 116, 270, 280f, 335 |
| ヤンソン | Jansson, G. | 6 |
| ジェニングズ | Jennings, H. S. | 282 |
| ヨハンソン | Johansson, G. | 23, 77, 156 |


## K


| | | |
|---|---|---|
| カント | Kant, I. | 116f |
| カプラン | Kaplan, G. | 88, 335 |
| カッツ | Katz, D. | 85 |
| ケネディ | Kennedy, J. M. | 252 |
| キープス | Kepes, G. | 239 |
| クレー | Klee, P. | 241 |
| コッホ | Koch, S. | 17, 72 |
| コフカ | Koffka, K. | 64, 68, 69, 177, 282, 284, 287, 349, 350 |
| コーラー | Kohler, I. | 74 |
| ケーラー | Köhler, W. | 3, 284, 285, 299f |


## L


| | | |
|---|---|---|
| ラシュレー | Lashley, K. S. | 96, 113, 120, 125, 284, 285 |

| | | |
|---|---|---|
| リー | Lee, D. N. | 6 |
| レヴィン | Lewin, K. | 2, 94, 272, 349, 350 |
| ロック | Locke, J. | 104, 337, 339 |

**M**

| | | |
|---|---|---|
| マッハ | Mach, E. | 75, 93 |
| マクラウド | MacLeod, R. B. | 3 |
| マールブランシュ | Malebranche, N. | 279f |
| マリナ | Malina, F. | 9 |
| マーキス | Marquis, P. G. | 278 |
| ミード | Mead, G. H. | 102 |
| メルロ＝ポンティ | Merleau-Ponty, M. | 335f |
| メテリ | Metelli, F. | 86 |
| メッツガー | Metzger, W. | 64, 65, 69, 176 |
| ミショット | Michotte, A. | 145, 335f |
| ミル | Mill, J. S. | 281f |
| ミラー | Miller, N. E. | 278, 279, 281, 282 |
| モリス | Morris, C. | 194, 197 |
| ミュラー | Müller, J. | 57, 103, 104, 275, 282, 295, 299 |

**N**

| | | |
|---|---|---|
| ナルキッソス | Narcissus | 249 |
| ニュートン | Newton, I. | 48, 77, 81, 151, 234, 312, 339 |
| ニッセン | Nissen, H. W. | 284 |

**O**

| | | |
|---|---|---|
| オズグッド | Osgood, C. E. | 283 |

**P**

| | | |
|---|---|---|
| パノフスキー | Panofsky, E. | 241 |
| パルメニデス | Parmenides | 124, 270 |
| パヴロフ | Pavlov, I. P. | 108, 278, 281, 292, 329 |
| ピアジェ | Piaget, J. | 331 |
| ピカソ | Picasso, P. | 241 |
| ピレンヌ | Pirenne, M. H. | 254f |
| プラトン | Plato | 359 |
| ポストマン | Postman, L. | 267 |
| パーディ | Purdy, J. | 4 |
| ピグマリオン | Pygmalion | 239, 249 |

**R**

| | | |
|---|---|---|
| ローゼンブラット | Rosenblatt, F. | 4 |

ルネソン Runeson, S. 6, 82

S

シフ Schiff, W. 344
シュマイドラー Schmeidler, G. R. 2
ショウ Shaw, R. 6
シェリントン Sherrington, C. S. 102, 276, 296
スキナー Skinner, B. F. 192, 278, 279, 281, 282
スペンス Spence, K. W. 281, 282, 285
スピゲル Spigel, I. M. 130, 131
スティーヴンス Stevens, S. S. 291
ストラットン Stratton, G. M. 70

T

ティチナー Titchener, E. B. 106, 117
トールマン Tolman, E. C. 261, 272, 292
トローランド Troland, L. T. 282

U

アンダーウッド Underwood, B. O. 298

V

ヴァーノン Vernon, M. D. 279
ヴォルタ Volta, C. A. 275

W

ウォーク Walk, R. 76
ワラック Wallach, H. 83f
ウォーラー Waller, F. 211
ワトソン Watson, J. B. 278, 292
ウェーバー Weber, E. H. 276
ヴェルトハイマー Wertheimer, M. 130
ウィートストーン Wheatstone, C. 228
ウィトロー Whitrow, J. G. 153
ウッドワース Woodworth, R. S. 278, 282, 284, 289

Y

ヨルトン Yolton, J. W. 316, 316f

Z

ゼノン Zeno 124

# 事項索引

## あ

アウベルト現象《Aubert phenomenon》　138
青焼き本《purple perils》　14, 65f, 271
明るさ《luminosity》　87
後知恵《hindsight》　335
アフォーダンス《affordance》　3, 7, 255, 257, 260, 271-273, 323, 328, 340, 344, 345, 346, 347, 349, 351, 360, 362
暗黙知《tacit knowing》　259f
閾《thresholds》　276
閾下刺激《subthreshold stimulus》　281
イコン的《iconic》　197
意識性《awareness》　18, 136, 149f, 255, 258, 304, 310, 311, 315, 355, 363
意識の流れ《stream of consciousness》　116, 335
一義性《univocality》　199, 200
一次性質《primary qualities》　337
位置変化《displacement》　150, 157, 159, 160, 171
一般幾何学《general geometry》　225
移動《locomotion》　150, 269, 307, 320, 325, 356, 358
移動視《ambulatory vision》　95, 260
意味《meanings》　260, 269, 346-349
意味論《semantics》　290
入れ子《nesting》　25, 34, 123, 155, 166, 167, 185, 244, 260, 269, 292, 363
入れ子状階層構造《nested hierarchy》　156
陰影《shading》　338
飢え《hunger》　278
動きの勾配《gradients of motion》　50
動く芸術《kinetic art》　144
運動《movements》　269, 324
運動遠近法《motion perspective》　97, 136, 137, 146, 320, 332, 333, 340
運動学習《motor learning》　108
運動感覚《kinesthesis》　101, 133, 140
運動器官《motor equipment》　295
運動行為《motor act》　195
運動視差《motion parallax》　73, 136, 162
運動性神経系《motor nervous system》　101
運動知覚《motion perception》　93

永続性《permanence》　87, 119, 124, 125, 332, 338
永続的《permanent》　351
永続的対象《permanent object》　331
永続的な環境《permanent environment》　281
液面《liquid surface》　171
S-R アプローチ　269
S-R アプローチ　267, 269
S-R 心理学　294
エネルギー流動《energy flux》　305
遠近画法《perspective representation》　215
遠近感《perspective》　250, 41, 59, 241, 243
遠近法絵画《perspective pictures》　184
遠刺激《distal/distant stimulus》　23, 54, 64, 67, 69, 119, 158f, 266, 282, 296f
遠心性《afferent》　101
遠心性インパルス《afference》　269
遠心性複製《efference copy》　319
遠対象《distal objects》　51
凹面《concavities》　348
大きさの恒常性《size constancy》　207
奥行き《depth》　206
奥行き効果《depth effects》　78
奥行き知覚　345
奥行き知覚の手がかり　136
奥行きの手がかり《clues for distance》　4, 238
恐れ《fear》　278
音の大きさ《loudness》　313

か

絵画《pictures》　8
外界特定的《exterospecific》　320, 324
外界に合致した知覚《veridical perception》　55
絵画情報《pictorial information》　250
外眼筋《eye muscles》　139
外自己受容感覚《exproprioception》　329f
解析幾何学《analytic geometry》　159, 348
階層構造《hierarchy》　244, 292
回転《rotation》　325
概念《concepts》　331
解発刺激《releasers》　345
外部感覚《exteroception》　102, 105, 107, 110, 140, 269, 319, 323, 329, 329f
可感覚性《sensitivity》　316
可逆的遮蔽《reversible occlusion》　97, 157f, 261
学習《learning》　260, 362

学習する《learn》　190
拡張された像《extended image》　322
崖っ縁《brink》　357
囲い《enclosure》　177，348，357
重なり合い《interposition》　162f
画像《pictures》　189
仮想的対象《virtual object》　248
下層土《substratum》　348
固さ《firmness》　82
形《form》　346，361
形の移調可能性《transposability of form》　75
形を持たない不変項《formless invariants》　78，183，186，346
価値《value》　347
過渡現象《transients》　285
可変項《variants》　308
可変性《variance》　270
可変特性《variant properties》　52，308
構え《set》　15-17，260
カムフラージュ《camouflage》　175
カメラ眼《chambered eye》　40，44，59
カリカチュア《caricature》　185，186，237，244，258
変わり行く構造《changing structure》　84
感覚《senses》　275
感覚《sensation》　106，107，245，275，276，289，311，315，328，353
感覚印象《sensory impression》　289，304
感覚器官《senses》　311
感覚機能《the senses》　289，304
感覚系《sensory system》　43
感覚受容器官《receptor equipment》　295
感覚順応《sensory adaptation》　286
感覚神経《nerves of sense》　282
感覚性神経系《sensory nervous system》　101
感覚生理学《sensory physiology》　295
感覚生理学者《sensory physiologist》　277
感覚データ《sensory data》　105，289，290
感覚に基づいた知覚　309，311
感覚の継起《sequence of sensations》　331
感覚の体制化《sensory organization》　284，299
感覚モダリティ《sensory modality》　110，111
感官《senses》　105
眼球運動《eye movement》　55，73，107，139，142，299f，322f
眼球震盪《nystagmus》　128，322，322f
環境《environment》　152，153，290

環境光学《environmental optics》　219
環境視《ambient vision》　260
環境の配置《environmental layout》　81，328
観察位置《viewing point》　208
観察者の運動《movement》　128
観察点《point of observation》　41，59，246，345，355，360
感受性《sensitivity》　58
間接的《indirect》　312
間接的意識性《indirect awareness》　312
間接的な知覚《perception at second hand》　354
間接的な知覚《indirect perception》　192，353
間接的把握《indirect apprehension》　256
桿体《rods》　306
ガンツフェルト《Ganzfeld》　64，65，66，176
観念《idea》　191
記憶《memory》　114，123，335
記憶イメージ《memory images》　309
記憶痕跡《engram》　113，121，165
機械的事象《mechanical events》　156，160
幾何光学《geometrical optics》　80，236，295
記号《sign》　197，289，354
奇術《magic》　98
期待《expectancy》　335
拮抗過程《opponent process》　3
機能的忠実性《functional fidelity》　186，225
ギブソン効果《Gibson effect》　16f
肌理《texture》　30，32，69，84
肌理の勾配《texture gradients/gradients of texture》　4，22，249，290
肌理の剪断《shearing》　27，143
肌理の途絶《disruption》　142，143
肌理の密度勾配《gradient of the density of texture》　50，71，73，301
規約《convention》　198，230，238，241，259
逆遠近法《inverse perspective》　242
規約性《conventionality》　184
客体《object》　347
規約的《conventional》　214
規約的代理物《conventional surrogate》　199
客観的運動《objective motion》　150
客観的経験　311
求心性《efferent》　101
求心性インパルス《afferent impulse》　269
求心性入力《afferent input》　319
協応《coordination》　96

境界《border》　174
強度《intensity》　317
共鳴《resonance》　114, 125, 310, 304, 311
共約不可能《incommensurable》　207
局所指標《local sign》　74, 82
極投影《polar projection》　203
居住環境《populated environment》　352
距離《distance》　206
切子面《facet》　160
筋感覚《muscle sense》　101
近刺激《proximal stimulus》　23, 24, 51, 54, 64, 67, 69, 119, 128, 158f, 266, 282, 296f
近刺激作用　291
空間《space》　115
空間言語《spatial-language》　240
空間知覚《spatial perception》　210
空間的隣接《adjacencies》　121
空間の概念　345
空間の知覚　345
空中浮揚《levitation》　173
群化《grouping》　299
経過音《transients》　313
傾斜路《ramp》　358
形態質《Gestalt-quality》学派　75
経路《path》　153
景色《vista》　132, 136, 360, 362
ゲシュタルト《Gestalt》　73
ゲシュタルト心理学者《Gestalt psychologist》　284, 285, 299, 351
ゲシュタルト理論《Gestalt theory》　84, 90, 287, 299
ゲシュタルト心理学《Gestalt psychology》　94
幻覚の対象《hallucinated object》　178
検索《retrieval》　165
現実的《realistic》　191
現実的対象《real object》　248
現象学《phenomenology》　335f
現象的現実《phenomenal reality》　335f
現象的恒常性《phenomenal constancy》　210
現象的同一性《phenomenal identity》　122
現象的歪曲《phenomenal distortion》　210
現代建築《modern buildings》　361
建築学《architecture》　355
建築物《building》　361
行為《act/acting》　96, 304, 352
行為システム《action system》　350

後縁《trailing edge》　321，333
光学的運動《optical motion》　21，72，73，77，127，128，133，135，141，165，174，286，320
光学的肌理《optical texture》　33，34，47，158，161，175，249
光学的構造《optical structure》　23-25，32，70，183，186
光学的勾配《optical gradients》　160
光学的刺激《optical stimuli》　290
光学的刺激作用《optical stimulation》　286
光学的情報《optical information》　21，77，88，97，134，144，161，172，174，244，245，249，256，258，345
光学的推移《optical transition》　61，97，157，158f，160，161，166
光学的単位《optical units》　164
光学的断崖《optical cliff》　28
光学的な肌理《optical texture》　295
光学的不変項《optical invariants》　187
光学的変化《optical change》　165
光学的変換《optical transformations》　142，183，286
光学的変換（変形）《optical transformation》　78，119
光学的変形《optical deformation》　97
光学的崩壊《optical disruption》　164
光学的流動《optical flow》　40，159，162
高次の刺激　301
高次の刺激作用《higher orders of stimulation》　284
高次変数群《higher order variables》　22，72
恒常仮定《constancy hypothesis》　299f
恒常性《constancy》　53，54，78，123，291，310
剛性《rigidity》　82
構成主義《constructivism》　279f
光線束《sheaf of light rays》　233
構造《structure》　287
後退《recession》　292
剛体運動《rigid motion》　151
剛体の運動《motion of rigid objects》　338
光沢《luster》　85，88
公的《public》　149
行動《behavior》　324，328，352
行動主義者《behaviorists》　281
行動上の環境《behavioral environment》　349
行動理論《behavior theory》　277
ここ《here》　317，363
固体性《solidity》　86
固体面《solid surface》　171
誇張《distortion》　200，202
コミュニケーション《communication》　192

痕跡説《the theory of traces》　121
混沌《chaos》　153, 159, 163

## さ

再求心性《reafferent》　164
再求心性入力《reafference》　101, 103, 106, 108, 319, 340
採光《lighting》　338
再生《reproduction》　115
再認《recognition》　115, 122, 123
サイン刺激《sign-stimuli》　345
削除《deletion》　6, 25, 97, 162, 249, 335
支え《support》　32
サッカード《saccade》　128, 139, 322
錯覚としての現実感《illusion of reality》　226, 227, 239, 250
残像《after effect》　364
三次性質《tertiary qualities》　341
参照枠《frame of reference》　141, 145
残像《after-images》　120, 311, 364
恣意的《arbitrary》　214
自我《ego》　212, 350
視覚システム《visual system》　75
視覚性運動感覚《visual kinesthesis》　136
視覚世界《visual world》　245
視覚世界の知覚（The Perception of the Visual World）　4, 70, 301
視覚的疑似トンネル《optical pseudotunnel》　75, 176
視覚的情報《visual information》　253
視覚的接触《visual contact》　57
視覚的断崖《optical cliff》　76
視覚的トンネル《optical tunnel》　76
視覚野《visual field》　72, 245, 307, 317, 332, 333
時間《time》　115
視感覚《visual sensation》　56, 322
視感覚野《the field of visual sensations》　317
時間順序《temporal order》　114, 115
時間的継起《successivities》　121
時間的忠実性《temporal fidelity》　203
刺激《stimulus》　43, 69, 70, 127, 174, 275
刺激エネルギー《stimulus energy》　76
刺激勾配《stimulus gradient》　4
刺激作用《stimulation》　5, 44, 66, 68, 121, 266, 298, 305
刺激作用の流動《flow of stimulation》　118, 352
刺激情報《stimulus information》　53, 57, 60, 66, 69, 76, 108, 119, 139, 147, 148, 166, 244, 255, 298, 305, 306, 307, 313, 345

刺激般化《stimulus generalization》　285
「刺激ー反応」心理学　277
「刺激ー反応」図式　329
刺激流動《stimulus flux》　307
自己意識性《self-awareness》　165
思考《thinking》　197
志向性《intentionality》　292f，323
自己感受性《self-sensitivity》　102
自己刺激作用《self-stimulation》　197
自己自身《self》　318
自己受容感覚《proprioception》　95，102，105，108，133，140，149，212f，269，319，320，322f，323，328，329，329f，339，363
自己特定的《propriospecific》　320，324
自己の運動《movement》　97，98，133
自己への意識性《awareness of self》　149
示差的特徴《distinctive features》　186，213f
四肢運動《limbs movements》　269
指示対象《referent》　184，193
支持面《surface of support》　153，171，341
事象《event》　147，154，166，273，303，361，363
事象知覚《event perception/perception of event》　77，97，147，158，164
姿勢《postures》　269，324
持続《duration》　317，331，363
持続時間《duration》　148
持続性《protensity》　117
持続性《persistence》　6，87，117，334，338
持続的構造《persistent structure》　84
視知覚《visual perception》　56
質《quality》　317
実在《reality》　265
実在世界《reality》　362，361，11，12，267，303，311，129，211，227，321，324，314，149，354，346，204，321
実在物《realities》　361
実在論《realism》　11，12，267，303，311
自動運動現象《autokinetic phenomenon》　129
シネラマ《Cinerama》　211，227，321
自発する《emit》　324
私秘性《privacy》　314
私秘的《private》　149，354
事物《things》　346
視野《field of view》　204，321
射影幾何学《projective geometry》　23-24，30，41，52，134，159，234，333
社会的刺激作用《social stimulation》　197

写実性《realism》　211，213
遮蔽《occlusion》　25，97，135，141，146，157，163，166，170，340
遮蔽縁《occluding edge》　60，82，160，161，162，171，174，334，335，360
遮蔽の解消《disocclusion》　61，97，135，166，333，339
遮蔽の変換《occlusion transformation》　135
主観的運動《subjective movement》　150
主観的経験《subjective experience》　311，317
主観的な感覚印象《subjective sensory impressions》　316
主客二分論《subjective-objective dichotomy》　351
主体《subject》　347
出現《appearance》　157
取得《registration》　340
受容器細胞《receptor cells》　276
受容野《receptive field》　299
瞬間《instants》　363
循環的反射《circular reflex》　102
瞬間露出器　117，261
循環論的定義《circular definition》　279
順応《adaptation》　74，111
準備刺激《preparatory stimulus》　192
障害物《obstacle》　356
条件刺激《conditioned stimulus》　192
象徴《symbol》　184，197，239
障壁《barrier》　356
情報《information》　4，5，6，25，50，56，70，106，110，124，136，137，143，164，183，185，191，229，252，258，300，347，361
情報処理《information processing》　90
情報抽出《information pickup》　54，58，110，111，142，187，270，304
情報に基づいた知覚　309，311
情報の抽出《pickup of information》　245，252
照明《illumination》　338
消滅《disappearance》　157
消滅《vanish》　175
新近性《recency》　276
神経興奮《stimulation》　282
神経支配の感覚《feeling of innervation》　104
神経生理学《neurophysiology》　329
進行する不可逆的事象《progressive non-reversible events》　363
振顫《tremor》　128，131，139
身体運動《bodily movements》　93
身体感覚《somaesthesis》　102，317
人体の規模《human scale》　358
心的事象《mental events》　147

図《figure》　135, 140, 141, 201, 204
推移《transition》　23, 30, 33, 46, 49, 121, 217, 224, 225, 285, 300
随意運動《voluntary movements》　323, 323f
水晶体調節《accommodation》　65, 107
錐体《cones》　306
図学《graphics》　361
スケール・モデル《scale model》　201, 202
図式的《schematic》　191
図－地現象《figure-ground phenomenon》　33, 82, 250
ストロボ運動視《stroboscopic motion》　130, 174, 286
スペクトル《spectrum》　312
隅《corners》　49, 348
生活体《organism》　290
静止《rest》　171
静止画像《stationary/static picture》　120, 360
静止観察点《stationary point of observation》　158
静止した光配列《frozen optic array》　187
静止網膜像《stabilized retinal image》　131
精神光学《psycho-optics》　167
精神物理学《psychophysics》　276
精神物理対応《psychophysical correspondence》　17, 48, 71
棲息環境《habitat》　169, 170, 261, 362
生態音響学《ecological acoustics》　313
生態学《ecology》　337
生態学者《ecologist》　349
生態学的アプローチ《ecological approach》　265, 269, 271, 355
生態学的視覚論（The Ecological Approach to Visual Perception）　7, 12, 25-26, 81, 183, 257, 260, 262, 271
生態学的事象《ecological events》　98, 148, 157, 158, 158f, 161
生態学的実在《ecological reality》　361, 363
生態学的実在論《ecological realism》　265, 268
生態学的情報《ecological information》　158f, 268
生態学的妥当性《ecological validity》　51, 290
生態学的変形《ecological transformations》　170
生態光学《ecological optics》　6, 7, 12, 21, 30, 39, 42, 63, 74, 75, 79, 132, 146, 153, 183, 185, 236, 252, 306, 313, 359, 360
生態物理学《ecological physics》　25, 99, 169, 172, 294, 296f
正のアフォーダンス《positive affordance》　350
生物学的運動《biological motion》　135f, 151f
生物学的事象《biological events》　150, 156
生物学的変形《biological transformations》　170
生理光学《physiological optics》　183, 184
世界《world》　311

前縁《leading edge》　321，333
線遠近法《linear perspective》　218，225，242
宣言《proclamation》　192
潜在的機会《potential occasion》　280
潜在的刺激《potential stimuli》　31，43，49，55，280，281，293
潜在的刺激作用《potential stimulation》　45-46，106，221
潜在的情報《potential information》　107，229
潜在的網膜像《potential retinal image》　142，322
全視野《total field》　64
漸進的削除《gradual deletion》　175
漸進的遮蔽《progressive occlusion》　173，333
センス・データ《sense data》　58，133，304，311，331
選択的注意《selective attention》　221，352
前庭感覚《vestibular sense》　101
像《images》　219
想起《recollection》　123
相互依存関係《reciprocity》　7，118，349
走査《scanning》　118
操作《operations》　280
総体的行動《molar behavior》　284
総体的刺激《molar stimuli》　292，296
属性《attribute》　117
測点《station point》　27，41，44，51，59，136，185，208，216，229，233，293
速度《velocity》　155
速度の勾配《gradients of velocity》　64，73
組成《composition》　338
外側への光学的流動《optical outflow》　329
素朴実在論《naive realism》　310
存在物《existents》　178

## た

体系的画法《system》　242，243
対象《objects》　272，303，362
対象の運動《motion》　97，98，128，133
体制化《organization》　266
代替刺激《substitute stimulus》　191，192
代替物《substitutes》　190
大地説《ground theory》　21
対比《contrast》　300
代理物《surrogates》　184，191，192，193，210
タキストスコープ（瞬間露出器）　117，261
タクト《tact》　192
短期記憶《short-term memory》　166

探索《exploration》　269
探索《search》　270
探索《exploration》　295，308
探索的運動《exploratory movements》　61
探索的視覚システム《exploratory visual system》　165
弾性《elasticity》　135
弾性体《elastic objects》　339
地《ground》　135，140，201，204，332
知覚《perceiving》　96
知覚《perception》　220，328，353，363
知覚学習《perceptual learning》　108，125，266，295，341
知覚活動《perceptual activity》　109，271
知覚器官《perceptual organs》　304
知覚系《perceptual system》　7，23，105，108，110，148，267，269，270，301，304，306，308，311，320，329，331
知覚系として捉えられる諸感覚（The Senses Considered as Perceptual Systems）　5，57，95，245，271
知覚者《perceivers》　353
知覚的感受性《perceptual sensitivity》　267
知覚と記憶《perception and memory》　309
知覚内容《percept》　121，166，224，279，304，309
知覚の誤り《misperception》　174
知覚の恒常性《perceptual constancy》　210，283，287，332
知覚発達《perceptual development》　295，341
知識《knowledge》　311
注意《attention》　56，108，231，295，328，352
忠実性《fidelity》　184，185，199，200，201，202，203，207，212，223，229
忠実度《fidelity》　234
抽出《detection》　270，340
中心窩《fovea》　118
中心射影《polar projection》　203
長期記憶《long-term memory》　166
兆候《signs》　192
眺望《perspective》　109，124，125，134，262，287，314，332，353
眺望の変換《perspective transformation》　119，134，141，246
直接経験《immediate experience》　343
直接実在論《direct realism》　268，310
直接知覚《direct perception》　154
直接的な知覚《direct perception》　193，196，250，254，255，297，355
直接的な知覚内容《direct percepts》　196
貯蔵《storage》　165
地理的な環境《geographical environment》　349
定位反応《orienting response》　108，149

ディメンション《dimension》　3, 15-16, 22, 82f, 116, 184, 257, 260
手がかり《cue/clue》　29, 34, 50-51, 78, 118, 205, 281, 289
手描き画像《chirographic pictures》　200
デカルト空間《Cartesian space》　345
適応的行動《adaptive behavior》　276
適合化《attunement》　96, 114, 120, 256
出来事《occurrences》　178
デザイン《design》　355
デザイン理論《theory of design》　359
デフォルメ《deformed》　237
転移《transfer》　190
添加《accretion》　6, 25, 97, 162, 249, 335
点対点の投影説《point-projection theory》　185, 234
同一視《identify》　353
動因価《drive value》　278
投影《projection》　41, 198, 238, 259, 291, 332
投影性《projection》　184
投影的《projective》　199
投影法《projective tests》　287
動画《motion picture》　228
動眼神経系《oculomotor system》　142
導関数《derivatives》　151
動機《motive》　351
動機づけ《motivation》　193
統合幾何学《synthetic geometry》　348
透視幾何学《perspective geometry》　30, 41, 59, 159, 203f, 230, 241, 243, 252, 305
等質視野《Ganzfeld》　64, 176
同調《tuning》　109
同定《identify》　190, 192
同定反応《identifying reactions》　194
動物行動学者《ethologist》　345
動物心理学者《animal psychologists》　277
透明《transparent》　85
動揺《perturbations》　166-167
独我論《solipsism》　315
特殊感覚《special sense》　103, 109
特定化《specificity》　266
特定性《specificity》　193
凸面《convexities》　348
トポロジー《topology》　163
トロンプ・ルイユ《trompe l'oeil》　225, 243f
トンネル効果《tunnel effect》　170

## な


二元論《dualism》 349
二次性質《secondary qualities》 314, 337
二重像《double images》 311
日常言語《ordinary language》 189
ニッチ《niche》 349
二面角《dihedral angle》 72
ニュートン力学《Newtonian mechanics》 134f, 145
入力《input》 290
認知心理学《cognitive psychology》 262
粘性《viscosity》 82, 135
粘弾性《visco-elasticity》 156, 160
粘弾性運動《visco-elastic motions》 150
能動的情報抽出 271, 108, 268, 287, 288, 314, 349, 118, 121, 122, 125, 194, 255, 312, 354, 215, 218, 14
能動的触知《active touch》 108, 268


## は


場《field》 287, 288, 314, 349
把握《apprehension》 118, 121, 122, 125, 194, 255, 312, 354
パースペクティブ《perspective》 215, 218
パープル・パールズ《purple pearls》 14
媒介《mediation》 353
媒介された《intermediate》 312
媒介された意識性《mediated awareness》 84, 187
媒介された経験《experience at second hand》 189
媒介された知覚《mediated perception》 192, 207, 223, 250, 254, 297
媒介された知覚内容《mediated percepts》 196
媒介されない知覚《immediate perception》 222
媒介者を介した知覚 353
媒介を伴わない経験《experience at first hand》 189
媒介を伴わない経験《first-hand experience》 213
媒質《medium》 255, 348, 361
配置《arrangement》 40, 66, 163, 266
配置《layout》 5, 30, 49, 177, 355
配置《layout》の知覚 345
ハイライト《highlights》 85, 88, 176
配列《array》 359
場所《places》 273, 362
パターン《pattern》 284
波動の源《source of the waves》 313
波動列《wave train》 313

パノラマ《panorama》　227
速さ《speed》　154
速さの移調現象《velocity transposition phenomenon》　144
場理論《field theory》　94
反射《reflex》　323
反射弧《reflex arc》　276
反射光の流動《reverberating flux》　216
反射反応《reflex responses》　329
反射率《reflectance》　84
反証可能性《falsifiable》　12
半対象《semi-objects》　321
反転図形《reversible figures》　250
反応《response》　324, 328
反応が生み出す刺激作用《response-produced stimulation》　102
反復的・周期的事象《repeating or cyclic events》　363
比較心理学者《comparative psychologists》　289
光配列《optic array》　6, 21, 23, 30, 33, 40, 42-55, 66, 76, 80, 89, 128, 145, 153, 163, 217, 218, 244, 253, 294, 300f
光配列の構造　31
引き伸ばし《enlargement》　204
微小構造《microstructure》　69-70, 176
ピッチ《pitch》　313
ピッチ混成体《pitch mixture》　313
避難場所《shelter》　357
微分幾何学《differential geometry》　151
非ユークリッド空間《non-Euclidean space》　345
標識《indicators》　290
表出運動《expressive movement》　156
表面色《surface color》　32, 51
非類似関係《extrinsic relation》　198
頻度《frequency》　276
ピンホール・カメラ《pinhole camera》　226
ファイ現象《phi-phenomenon》　286
フィードバック《feedback》　101, 103, 108, 140, 197, 308, 329, 340
不可視性《invisibility》　175
不可能事象《impossible events》　172
複眼《compound eye》　40, 44, 59
複製的《replicative》　199
輻輳《convergence》　141
符号《signal》　289
符号化《coding》　291
不随意反射《involuntary reflex》　323
不随意反応《involuntary response》　324

布置《configuration》　156
付着対象《attached object》　362
物質《substance》　25，89，156，255，338，348，355，361
物質性《substantiality》　89
物体《body》　81
物体《matter》　89
物理音響学《physical acoustics》　313
物理光学《physical optics》　39，79，172，305，360
物理的エネルギー《physical energy》　280
物理的事象《physical events》　147
物理的実在《physical reality》　361
不適刺激《irrelevant stimuli》　276
不透視幾何学《opaque geometry》　261
負のアフォーダンス《negative affordance》　350
負の運動残像《negative afterimage》　130
負の残効《negative aftereffect》　3，74
負の残効を伴う順応《adaptation with negative aftereffect》　16
負の残像《negative after-image》　315
不変項《invariants》　4，53，60，61，72，90，120，124，125，144，169，186，218，221，245，246，255，256，258，268，287，300，303，305，307，308，313，331，352，355，359
不変構造《invariant structure》　262
不変性《invariance》　270，331
不変特性《invariant properties》　52-53，60，221，307
ブラウン運動《Brownian movement》　89
分化《differentiation》　255，266
平行投影《parallel projection》　203
縁《edge》　5，49，154，204，321，340
変化《change》　122，331
変換《convert》　256
変換《transformation》　33，77，122，136，142
変形《deformations》　155
変形《transformation》　159，183，209，218
変形（変換）《transformations》　4，5，21，22，35，50，51，118
弁別《discrimination》　109，190，192
包囲《ambient》　40，41
包囲エネルギー野《ambient energy fields》　268
包囲光《ambient light》　30，40，56，57，60，66，80，178，216，262，305，313
包囲光構造《ambient optical structure》　185
包囲光配列《ambient optic array》　6，8，23，57，60，70，74，78，80，83，85，87，88，97，132，134，136，139，157，158，160，167，252，299，332，360
包囲光配列の構造　306
崩壊《disruptions》　166
方向づけ《orienting》　329

方向定位《orientation》　325
方向転換《turning》　325
放射《radiant》　41
放射光《radiant light》　66
豊富化《enrichment》　266，347
補償性眼球震盪《compensatory nystagmus》　139
補助的刺激作用《supplementary stimulation》　206
ボディ・イメージ《body image》　317
ホメオスタシス《homeostasis》　301
ホワイトアウト《whiteout》　175

## ま

マンド《mand》　192
見え《appearance》　246
乱れ《disturbance》　7，21，158，159，161，166，320，332
密度勾配《gradient of density》　34
見通し《foresight》　335
耳鳴り《ringing in the ears》　311
見る《seeing》　252
無意識的推論《unconscious inference》　290
無意味綴り《nonsense syllables》　155，166
無心像《imageless》　309
無配置《non-layout》　161
無配列《non-array》　161
無変化《nonchange》　122
無変換《nontransformation》　122，136
明示的な知識《explicit knowledge》　258
命令《command》　192
迷路学習《maze learning》　261
眼に見える視野《ocular field of view》　322
眼のシステム《ocular system》　43-46，55，66，67，73，107，139，220
眩暈《vertigo》　129，137，364
メモリードラム《memory drum》　117
メロディ《melody》　285
面《surface》　25，81，148，169，255，272，348，355，356，361
面が散在する環境《cluttered environment》　261
面色《film color/filmy color》　32，51，130，205，288
面性《surfaciness》　88
メンタリズム《mentalism》　323
面の一貫性《coherence》　89
面の単一性《unity》　89
面の配置《surface layout/layout of surface》　61，90，164，272，338，341，346，359，361
網膜《retina》　67，306

網膜像《retinal image》　43, 103, 128, 131, 177, 205, 210, 219, 306, 360
網膜像移動説《retinal image displacement hypothesis》　128-133, 165
目的達成《achievement》　267
目的地《goal》　329
目的的行動《purposive behavior》　272
目的を持った行為《purposive act》　323
模型《models》　189, 201
モダリティ《modality》　101, 110

## や

屋根《roof》　357
柔らかさ《softness》　82
唯一の観察位置《unique viewing point》　206, 208, 209
唯物論《materialism》　349
有意味性《meaningfulness》　276
誘引特性《invitation character》　349, 351
ユークリッド空間《Euclidean space》　345
有効刺激《effective stimuli》　295
融通のきく変形《elastic deformation》　210
誘発性《valence》　343, 349, 351
遊離対象《detached object》　33, 81, 171, 348, 362
歪み《distortion》　184
要求《need》　350, 352
要求特性《demand character》　349, 351
予期《expectation》　116

## ら

理解する《understanding》　252
力学事象《mechanical events》　150
力学的接触《mechanical contact》　356
力学的な乱れ《mechanical disturbance》　313
陸棲動物《terrestrial animals》　89
立体角《solid angle》　58, 66, 80, 204
立体幾何学《solid geometry》　346, 348
立体鏡《stereoscope》　228
立体視角《visual solid angle》　59, 80, 83, 85, 171, 185, 208, 243, 256
立体的形状《shape》　346
両眼視差《binocular parallax》　46, 226
両眼非対応《binocular disparity》　52, 249
理論的幾何学《theoretical geometry》　346
輪郭《outlines》　212
隣接序列構造《adjacent order》　88, 89, 163, 164, 203, 236
類似関係《intrinsic relation》　198

ルーミング《looming》 344
冷光《luminescence》 87
連合《association》 260
連合学習《associative learning》 199
連続性《connectedness》 89
連続的勾配《continuous gradients》 159
ロールシャッハ・テスト《Rorschach test》 287
論理的・数学的思考《logical and mathematical thinking》 200
論理的命題《logical proposition》 200

## 原著の編者略歴

エドワード・リード（Edward S. Reed, 1955-1997）は、著名な生態心理学者あり、科学的研究を実践しながら哲学的問題に取り組む「応用科学哲学者」であった。『エコロジカル・サイコロジー』誌の編集者の一人として活躍したが、残念ながら97年に早世した。トリニティカレッジ（米コネティカット）の学部時代には、進化論とポパーの科学哲学を研究し、ボストン大学では科学哲学を研究すると同時に、心理学の助手を務めた。博士論文は、デカルトを批判的に論じたものであった。77年に、本書の共編者であるレベッカ・ジョーンズ（Rebecca Jones）と結婚する。

彼は、妻と共に、82年に本書『直接知覚論の根拠』（Reasons for Realism）を編集し、88年には、優れたギブソンの学問的伝記である『ギブソンと知覚の心理学』（James J. Gibson and the Psychology of Perception, Yale UP）をまとめている。その卓越したギブソン理解は、本書の解説・導入部にも明らかである。

その後、リードは、『アフォーダンスの心理学』（Encountering the World : Towards an Ecological Psychology, Oxford UP, 1996, 邦訳 細田直哉訳・佐々木正人監修、新曜社、2000）、『経験の必要性』（The Necessity of Experience, Yale UP, 1996）、『魂から心へ―心理学の誕生』（From Soul to Mind : The Emergence of Psychology, from Erasmus Darwin to William James, Yale UP, 1997, 邦訳 村田純一ほか訳、青土社、2000）の3冊の重要な著作を矢継ぎ早に出版した。亡くなるまで、次作となるウィリアム・ジェームズの伝記の執筆に取り組んでいた。なお、リードの経歴については、上述の2冊の邦訳に詳細を見ることができる。

レベッカ・ジョーンズは、80年代の終わりに専門を心理学から医学に移し、ペンシルヴァニア大学の医学校を修了した。彼女は当地の病院で研修を積み、エドワード・リードもそれにあわせてペンシルベニアのフランクリン・マーシャルカレッジに職を得て、同大学に「心の科学と哲学研究」プログラムを開設した。

## 訳者略歴

境　敦史（さかい・あつし）

1961年　兵庫県生まれ
1992年　慶應義塾大学大学院社会学研究科心理学専攻後期博士課程修了・博士（心理学）
現　在　明星大学人文学部心理学科教授
著　書　『ギブソン心理学の核心』（共著、勁草書房）ほか

河野哲也（こうの・てつや）

1963年　東京都生まれ
1993年　慶應義塾大学大学院文学研究科哲学専攻後期博士課程修了・博士（哲学）
現　在　立教大学文学部教育学科教授
著　書　『メルロ＝ポンティの意味論』（創文社）
『エコロジカルな心の哲学』（勁草書房）ほか

James Jerome Gibson (1904-1979)

アメリカの知覚心理学者であり、生涯に三冊の書物を著した。『視覚世界の知覚 (The Perception of the Visual World)』(1950) では、空間の概念を再構築し、奥行きの知覚を直接規定する「刺激」を探求した。また、『知覚系として捉えられる諸感覚 (The Senses Considered as Perceptual Systems)』(1966) では、知覚という能動的過程を担う機能的単位として「知覚系」の概念を提唱した。さらに、『生態学的視覚論 (The Ecological Approach to Visual Perception)』(1979) では、知覚を「生活体と環境との相互依存関係として環境において生起する生態学的事象」と捉え、知覚される環境の特性について詳細に記述した。ギブソンが提唱したアフォーダンス《affordance》(「生活体との関係において規定される環境の特性」) の概念は、生活体と環境との相互依存関係を指し示している。ギブソンの思想の根幹を成すのは、認識の対象とは「身体内部や脳で生じる外界の表象」ではなく、外界に存在する事物や事象だとする、直接知覚《direct perception》論である。ギブソンの考えでは、外界には、事物や事象を特定する情報が潜在的に存在しており、認識とは生活体がそれらの情報を抽出することである。

ギブソン心理学論集　直接知覚論の根拠

2004年9月10日　第1版第1刷発行
2012年3月30日　第1版第2刷発行

著者　J. J. ギブソン
編者　エドワード・リード
　　　レベッカ・ジョーンズ
訳者　境　敦史
　　　河野哲也
発行者　井村寿人

発行所　株式会社　勁(けい)草(そう)書房

112-0005 東京都文京区水道2-1-1　振替 00150-2-175253
(編集) 電話 03-3815-5277／FAX 03-3814-6968
(営業) 電話 03-3814-6861／FAX 03-3814-6854
大日本法令印刷・ベル製本



ISBN978-4-326-10153-5　Printed in Japan